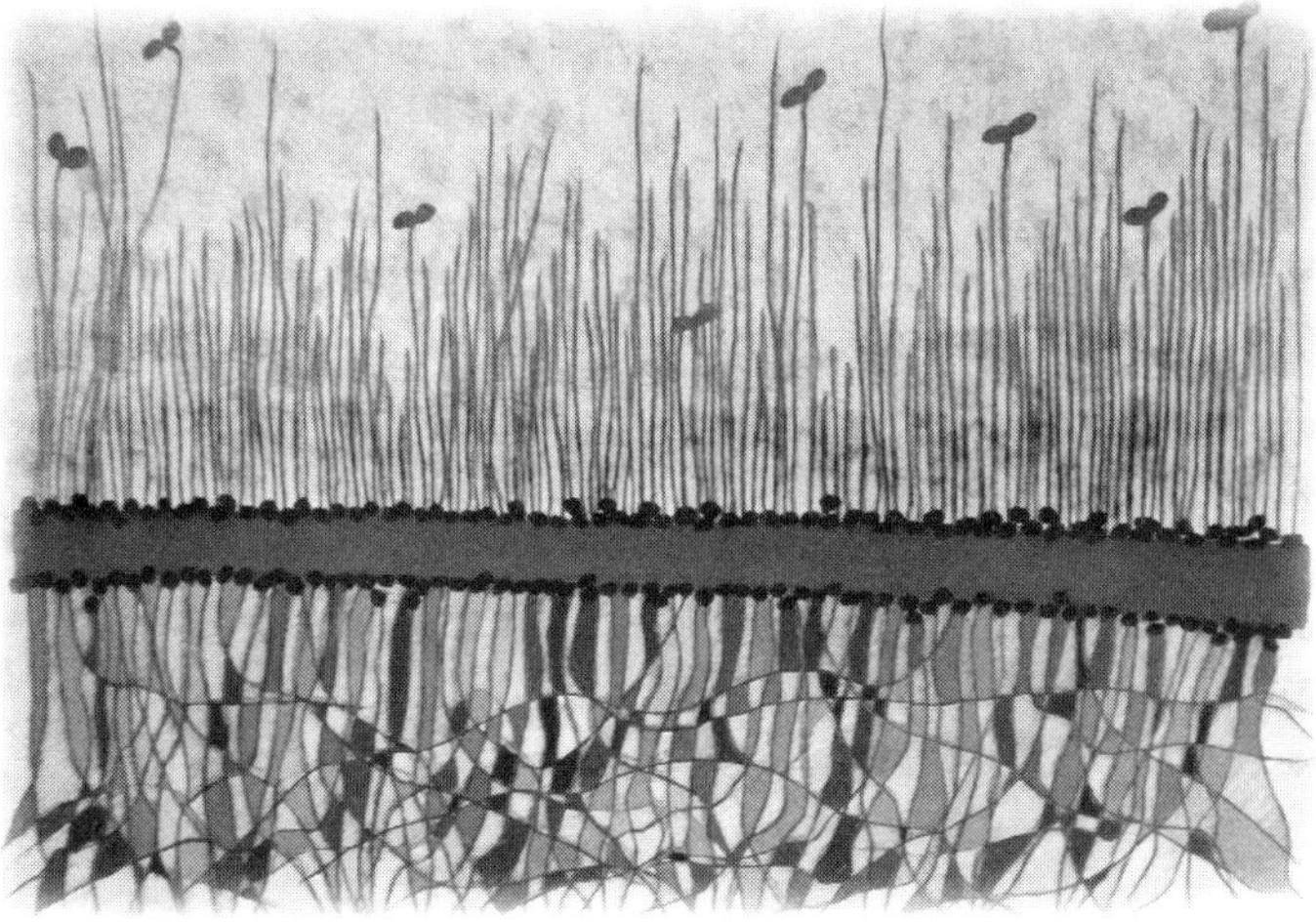

「ジェンダー×植民地主義　交差点としてのヒロシマ」
連続講座論考集

広島

爆心都市からあいだの都市へ

高雄きくえ【編】

インパクト出版会

はじめに

本書は、「ジェンダー×植民地主義　交差点としてのヒロシマ連続講座」（二〇二一年一月〜九月、全八回）登壇者二一人によって試みた〈広島〉をめぐっての挑戦的な論考集である。

その前史は、二〇一五年冬、二日間にわたって開催したシンポジウム「被爆七〇年ジェンダー・フォーラムin広島　ヒロシマという視座の可能性をひらく」にある。「ジェンダー・フェミニズム視点」に関心と希望を抱いてきた有志が一年かけて準備したものだ。

その一年後に刊行したシンポジウム『全記録』の「はじめに」に編者はこう記している。

> 被爆七〇年だからジェンダー・フォーラムを開催したわけではない。ジェンダー視点で「廣島・ヒロシマ・広島」を検証することがようやく可能になったと思えたのが、被爆七〇年にあたる二〇一五年だったに過ぎない。節目を記念するほど、ジェンダー視点は広島に根付いてはいない。

しかし、二二人の登壇者、質疑応答、全体討論で明らかになったことは、「ジェンダーだけで廣島・ヒロシマ・広島は語れない」ということでもあり、広島の輻輳性、複合・複雑性、インターセクショナリティという視点、概念の重要性を「ヒロシマという視座」に位置づけることが喫緊の課題であることを確認することになった。

その後も断続的に学習会を持ってきた有志は、二〇二〇年に第一回ジェンダー・フォーラムを開催すべく準備を進めていたが、コロナパンデミックに入り様子を見ながらフォーラム内容を検討していた。そんなとき一本の電話が入った。本書執筆者のひとり平井和子さんから「加納実紀代さん（女性史研究者、二〇一九年二月逝去）」の蔵書・資料を広島で引き受けませんか」と。

加納実紀代さんとは、筆者が発行していたミニコミ紙月刊家族にたびたび登場していただいたり、女性学講座講師を引き受けていただいたという経緯がある。被爆者であり女性史研究者である加納さんは、ことに「銃後の女」の「被害と加害」性を「女たちの現在を問う会」の活動を通して、聞き取り、資料等で実証・研究してきたことで知られている。軍都であった広島においても必須の検証視点であることは言うまでもない。

広島は「被害者」として「女性化」されてきたという戦後史をもつ被爆地であり、そのことを問うフォーラムを開催し、なぜそうだったのかを検証しようと第二回を企画していた有志は、すぐに承諾の意を伝えた。と同時に、散逸する広島の在日資料とジェンダーの交差点的資料室をつくろうという構想に結実していった。こうして前回の課題を議論する「ジェンダー×植民地主義」視点を明確に打ち出した。

さっそく広く問題意識を共有するため連続講座を早急に企画することになった。広島でジェンダー・フェミニズムそして植民主義を同時に議論する企画は初めてだ。第二回ジェンダー・フォーラムと連続講座構想を合流させたうえで、全八回「ジェンダー×植民地主義　交差点としてのヒロシマ」と題した。「ヒロシマという磁場を被害性だけで語ることなく、ジェンダー・植民地主義という視点で〈広島〉の輻輳性を明らかにし、広島がアジアの交差点になるための思考を紡ぐ」ための企画として広く関心を呼び起こし、各登壇者がこの連続講座の目的をしっかり受けとめてくださり、実に多様に、具体的に議論を展開してくださったことは言うまでもない。

連続講座の「連続」にはたくさんの意味を込めている。全八回のテーマのあいだは「連続」しているのであり、第一回ジェンダー・フォーラムの実りと「連続」しているのであり、〈広島・ジェンダー・在日〉資料室の未来と「連続」している――幾重もの「連続性」を提示した。〈広島〉は、一九四五年八月六日の被爆によって「断絶」したのではなく常に「連続」しているのであり、「あの日」から始まったとされる広島の戦後史が、何を不可視化し、誰と出会い損ねてきたのか——その「問い」を明確にする「連続」でもあった。

連続講座各回テーマの設定時、とりわけ「戦争責任」は語られるが「植民地責任」は語られないという現在をどう見るか——この問題を意識してプログラムをつくった。一見関係ないようなテーマが、あるところでからまり、交差し、捩れ、縺れていることが見えてくるが、それこそが本書の持つ意味であり、次につながる「思考の連続性」という希望になることを確信している。

二〇一五年を倣ってこう記しておきたい。


被爆七七年だから連続講座を開催したわけではない。ジェンダー・植民主義視点で「廣島・ヒロシマ・広島」を検証することがようやく可能になったと思えたのが、被爆七七年にあたる二〇二二年だったに過ぎない。節目を記念するほど、ジェンダー・植民主義視点は〈広島〉に、〈わたし（たち）〉に根付いてはいない。というより、忘却という「暴力」さえ呼び込み、その延長線上に「ヒロシマ」はある。


筆者が「植民地主義」の欠落を、自分の中に、広島という磁場の中に、発見し、認めざるをえなかったのは「名前と政治性」についてまとめた『わたしの名前　フェミニズム・植民主義という視点』（二〇二〇年）を刊行してからだが、日本の植民地であった旧南洋諸島の研究者である森亜紀子さんは当論考で「これまで広島で蓄積されてきた議論は「戦争」を主題化する一方で、「植民地」の問題を後景化する傾向があったのではないか」と指摘し、「植民地支配・植民地主義の問題（つまり日常の問題）へとさらに開」くことを提起する。

〈日常の支配〉は〈暴力〉であるといいたい。「日本が朝鮮を植民地化し、生活のため渡日せざるを得ない朝鮮人の日本での日常〈言葉・名前・生活〉を支配した」歴史が、在日朝鮮人の友人・知人の現在とどのようにつながっているのかという「問い」は、筆者の同世代である幾人かの在日朝鮮人の友人・知人の言葉から「痛み」として残響し続けている。

・日本人は「慰安婦」には目を向けるが、「在日朝鮮人（女性）」には関心を持たないよね。
・この日本で、いつ後ろからナイフで背中を刺されるかと緊張しながら生きている。
・僕は自分が韓国人であることを隠して生きてきた人間です。この日本で自分が韓国人であることを表明して、なんのいいことがあるんですか。一つとしてないですよ。

「在日朝鮮人が日本で生きる日常の困難」はまた、日本がまさしく植民地宗主国であったことを想起させる。フェミニズムはまさしく女の日常を支配する家父長制や性差別を告発し変革しようとしてきたのではないか。では、そのフェミニズムは植民地主義とどのように格闘してきたのだろうか。

鄭暎恵は、「いつも民族差別と闘う運動は男だけ、女性差別と闘う運動は日本人だけ」（『女性学辞典』二〇〇二年）だったという。在日社会からも、日本社会からも「排除」された在日朝鮮人女性の「声」は誰に届いているのか、日本のフェミニズムに届いているのか――と早くから批判的提言をしていた。しかし、聞こえていなかったというしかない。いや聞こうとしていなかったのかもしれない。

本書が、一人ひとりの読者になんらかの「問い」を生み出す契機になることを願っている。

第5章　広島の在日朝鮮人史を掘り起こすために……185

第6章　セクシャル・マイノリティとフェミニズムの対話……237

第7章　〈この世界の片隅に〉現象を読み解くためのレッスン……283

川口隆行

第１章

旧陸軍被服支廠とヒロシマの記憶

何のために残すのか

爆心地の彫刻

広島から得た視点を敷衍する

小田原のどか

「ジェンダー×植民地主義　交差点としての「ヒロシマ」」連続講座の初回登壇者として広島を訪れてから、あっという間に一年が経ちました。振り返れば、二〇一五年に広島市現代美術館が主催するコンペティションで選出され、旧日本銀行広島支店で作品を展示してから、わたしと広島との縁は始まりました。

連続講座は旧広島陸軍被服支廠の保存と活用についてが議題でした。残すのか、残さないのか、残すならなぜ残すのかが、当日のテーマとして俎上に載せられました。かつての軍都・広島における加害の歴史の発信はいかに可能かを、切明千枝子さん、森田裕美さんがそれぞれの立場と専門から話してくださり、わたしも自身の経験に根ざした話をしました。

わたしは旧被服支廠について多くを知る人間ではありません。彫刻家として、長崎に関わる仕事をこの一〇年のあいだ続けてきました。評論を書くこともわたしの生業のひとつで、広島や長崎についていくつかの評論を書いています。加えて、出版社を経営しており、二〇二一年一〇月には「長崎原爆の戦後史をのこす会」のみなさんが編纂した『原爆後の75年――長崎の記憶と記録をたどる』という書籍を刊行しました。

批評の必要

そうして爆心地とのつながりを維持していますが、なかでも広島では作品展示の機会に多く恵まれました。二〇一七年には廿日市の「アートギャラリーミヤウチ」で作品展示の依頼があり、二〇一八年には福山市鞆の浦に残る築一五〇年の元醤油蔵を改築して開館した「鞆の津ミュージアム」から依頼され、作品を展示しました。いずれも展示をしたのは長崎原爆をめぐる作品です。

社会福祉法人が運営する鞆の津ミュージアムで二〇一八年から一九年にかけて開催された展覧会「かたどりの法則」の出品作家は、わたし以外正規の美術教育を受けた方はひとりもいませんでした。忘れがたいのは、勝楽佐代子さんの人形の作品です。

一九二九年に京都に生まれ、兵庫県在住の勝楽さんは、聴覚障害者同士で結婚し、優生保護法により強制的に不妊手術を受けさせられたお連れ合いと暮らしながら、産むことのできなかった子どもの「代わり」としての人形を、ご夫妻でつくり続けました。残された人形は一見するとかわいらしく、華やかさにあふれた造形をしています。しかし、支持体に空き瓶が用いられていることを知ると、人形の内部の空洞が子宮のようにも思え、悲しみを受けとめる容れ物としても捉えることができます。

勝楽さんとお連れ合いの悲しみ、そして苦しみを、わたしが代弁できるはずもありませんが、優生保護法という国家的暴力と、結婚と出産がこれへの抵抗の手段ともなるフェミニズムにおけるインターセクショナリティを考える際、勝楽さんの人形を思い出すようにしています。

そしてまた、優生保護法制定に尽力した太田典礼という人物が、もとは出産する身体の保護のため、避妊と人工妊娠中絶を推進する運動を行っていたという事実に、目を背けてはいけないと考えます。どのような理路からこの国の優生思想は生まれたのか、そこには女性の権利の問題がありました。

権利の推進を誤った目的のために用いることで排斥が加速することは、現在進行形で起きています。トランスジェンダー女性を排斥するＴＥＲＦ（トランス排除的ラディカルフェミニスト）の出現も、そのひとつと言えるでしょう。

さて、二〇一九年には、広島平和記念資料館の展示リニューアルについての評論を、ウェブ版「美術手帖」に寄稿しました。ここで疑問を呈したのが、広島の加害の側面が骨抜きになってはいないだろうかということでした。引き合いに出したのは、長崎原爆資料館の「加害展示論争」です。

長崎の事例に顕著なように、展示は「物語」をつくり出します。起承転結を体験として来場者に提供します。現実はそのように単線的で、単純明快ではないのですが、だからこそ、展示という体験装置が「わかりやすさ」に落ちてしまわないよう、外部に批評や評論が必要なのです。

広島からどのような物語が発信されるのか、それが被害の物語にのみ収斂しないよう、つねに批評の目をたやさないこと。わたしは東北地方の出身で東京在住、広島とは何の関わりもありませんが、それでもこの地からたくさんの縁をもらった身として、つくることと書くことを通じ、関心を持ち続けたいと考えています。

彫刻の恥ずかしさ

広島で三度、作品を展示したと書きました。それらはすべて《↓》というタイトルの彫刻作品です。ところで彫刻というと、どのようなものを想像されるでしょうか。仏像でしょうか。あるいは、街角の裸体像でしょうか。はたまた銅像と呼ばれる偉人たちの彫像でしょうか。それとも、ロダンなどの「巨匠」がつくった作品でしょうか。

不思議なもので、彫刻とは「彫り刻む」と書くのですが、彫り刻まれていないものが多くあります。例えば、粘土を用いてつくられた彫刻は彫り刻まれていません。素材も様々で、石も木も金属もプラスチックもあります。技法も多種多様です。自立する大きなもの、かたまり感があるものが彫刻であると言う方がいるかもしれません。では、浮き彫りはどうでしょうか。日本の伝統的な彫刻に欄間彫刻がありますが、これは自立しません。

わたしは高校生から彫刻をつくることを始めましたが、彫刻を定義することはとても難しいと考えてきました。それゆえか、彫刻は隣接するものと自身を区別する傾向があることを、彫刻家の大先輩の言動や著作から感じ取ることがしばしばありました。工芸、人形、置物、マネキン。それらを周縁に置くことで、自分は純粋な存在だと主張する性質が、彫刻という領域にはあるのです。

加えて、彫刻を学ぶ際にはほとんど避けがたく、女性の裸体をつくることを経験しなければなりません。高校時代、わたしの彫刻の先生は男性でした。「自分の裸を見ればいいのだから女は楽だ」と言われたことが、いまも印象に残っています。つくる人・描く人は男性で、つくられる人・描かれる人は女性であるというジェンダーロールを、美術史という制度は長く温存し続けてきました。彫刻家にとくに顕著なジェンダー不均衡は美術界の構造的な問題であると同時に、彫刻という領域の特質が影響していると考えることが重要です。

彫刻の定義の難しさは、「戦争画」に対して「戦争彫刻」が俎上に載せられていないことにもあらわれています。戦争作戦画の制作に従事した画家たちは、戦後糾弾されることになりました。他方で、彫刻家はそのような省察の機会に恵まれることがほとんどありませんでした。

戦争彫刻とされるものは、戦争末期の金属回収で失われ、戦後にはGHQの示唆を受けた日本人によって撤去されます。そうして検討の対象となるべきものが失われ、またそれらが「銅像」という名前で芸術性の低いものとみなされてきたことから、彫刻家は省察の機会を逸してしまったのです。

その最たるものが長崎の《平和祈念像》です。北村西望が一九五五年に制作し、長崎市が設置したこの巨大な男性の彫刻は、日本の平和のシンボルとされます。毎年八月には、原爆ドームと平和祈念像が多く報道されますが、果たして、この彫刻は本当に平和のシンボルなのでしょうか。北村西望は戦時にはたくさんの戦意高揚彫刻を手掛けた彫刻家です。作風をほとんど変えずにつくられた《平和祈念像》が体現する平和とはどのようなものでしょうか。戦時の振る舞いを点検・吟味することをせずして、どうして平和を具現化できるのでしょうか。

広島と長崎の爆心地は異なる様相を呈しています。長崎の爆心地は、彫刻置き場のようにわたしには見えます。世界各国から贈られた平和の彫刻が、平和祈念像を取り囲んでいます。平和の彫刻を贈った国々の中には核保有国も含まれます。一九九七年の原爆ドームの世界遺産登録に際して「広島よ、おごるなかれ」と主張した本島等が長崎市長を務めた時代に、このような平和公園のありようは整備されました。ここで彫刻を通じて主張される平和とはどのようなものかと、長崎の平和公園では考え込まざるをえません。

さらに言えば、平和祈念像は「祈りのナガサキ」という固定化された語りを強めてしまいもします。まったく個別の被ばく証言者の方々のそれぞれの「戦後」に「平和祈念」という題目でふたをしてしまう。そして、平和祈念像の前で頭を下げることのできない人を排除してしまいます。二度のローマ教皇の来日では、いずれも平和祈念像の前にローマ教皇は立ちませんでした。かの彫刻が、そのような排除と選別を強化しうる存在でもあることに、改めて注意を向けることが必要です。

二〇一四年に初めて長崎を訪れたとき、平和彫刻公園と言っても過言ではない爆心地の様相にわたしは愕然としました。そして平和公園の一角にある長崎市が設置した二体目の巨大彫刻、富永直樹作《母子像》を前に、大きな恥の感情を覚えました。

この母子像については、撤去を求める市民を原告とした裁判が最高裁まで続きました。結果的には敗訴となり、像はいまだに平和公園に立っています。一九九七年にこの母子像の設置が決まったとき、たくさんの反対の声が上がりました。「偽物のマリアはいらない」と主張したのは長崎のキリスト教関係団体でした。

誰のために彫刻は立つのか。なぜ拒絶されるのか。彫刻が引き起こす様々な問題について、長崎を訪れるまでわたしは一度も考えたことがありませんでした。彫刻をつくることは肯定されるべきこと、善きことだという彫刻教育を、わたしは十代から受け続けてきました。しかし、そうではなかったのです。

わたしが感じた恥ずかしさとは、戦時に植民地主義を推し進めた人物たちの彫像をつくった者たちが、戦後、何らの恥ずかしさもなく手のひらを返して平和の彫刻をつくり続けることができてしまったこと、なによりもそれが批判されていないことにあります。つまりは、彫刻という領域に自らを批評・点検・吟味する視点がまったくないことを、わたしはとても恥ずかしいと思っているのです。

戦後、金属回収や撤去によって生じた空白に裸体の彫刻が置かれ、一九五〇年代前半から加速度的に裸体像設置は進んでいきます。その契機のひとつに、東京は三宅坂の《平和の群像》という三人の女性裸体像があります。作者の菊池一雄は《原爆の子の像》の作者です。《平和の群像》は北村西望作の軍人の騎馬像から同じ台座を利用し、転換したものであることを、わたしは論考と作品のかたちで明らかにし、ここにある連続性について問題提起を続けています［小田原のどか『近代を彫刻／超克する』講談社、二〇二一年］。

語り続けること

わたしが二〇一一年から制作している《↓》という作品は、かつて長崎の爆心地に一九四六年から四八年のあいだに設置されていた矢形の標柱を原寸で模したもので、ネオン管でつくられています。彫っても刻んでもいませんし、自立もしませんが、わたしはこれを彫刻だと言っています。そのようにして、彫刻の既成概念を内側から問い直し、前進させたいと考えています。

《↓》がかたどっている矢形の標柱は、長崎に原爆が投下されてからちょうど一年後の八月九日に設置されました。同日、慰霊祭が執り行われます。それと同時に、爆心地点に矢が突き刺さったのです。作者は明らかになっていません。敗戦直後から『長崎新聞』には、長崎を観光都市にしたいという意見が表明され、爆心地には慰霊塔を建てるというプランも公表されますが、実際に出現したのは、慰霊や追悼の機能を排した標柱でした。この背景にGHQによる慰霊を禁じる旨のサジェスチョンの影響があるというのが、わたしの仮説です（「長崎・爆心地の矢印——矢形標柱は何を示したか」『セミオトポス12』日本記号学会、二〇一七年）。

一九四六年八月九日に設置された矢形の標柱は、日本における「戦後」の起点となるのではないかと、わたしは捉えています。矢形標柱は、おびただしい数の人が殺され、生き残った人にも筆舌に尽くしがたい苦しみを与えた、米軍の長崎への原爆投下という出来事を、「尊い犠牲」のロジックに閉じ込める手前の「いま・ここ」を指し示す存在です。そしてまた、女性の裸体や、尊大な男神像に平和を冠することを自明とする彫刻の制度に、リプレゼンテーショ

長崎市松山町の矢形標柱前で記念撮影をする米兵たち
画像提供：Mike Lancial

「毎日新聞」長崎版
1947年８月10日付

小田原のどか《↓》（2015）の旧日本銀行広島支店での展示風景
画像提供：広島市現代美術館

ンの不可能性を突きつける存在でもあります。

矢形標柱はすでに失われており、これまでその存在に着目する人はほとんどいませんでした。誰かがすくい上げなければ、語らなければ、存在しないも同然だったのです。現存する彫刻も同じで、その問題点が語られることで活用されなければ、あってもないことになってしまう。これは旧被服支廠も同様ではないでしょうか。

活用するとは、批評の目をたやさないことです。どのように活用されるのか、時としてその用いられ方に異議申し立てが起こることもあるでしょう。その批判が妥当であるのかを吟味することも、批評の力が問われます。そしてこれは、一人ではできないことです。

「被害と加害の二項対立を超えて」という表現があります。美術業界でも近年散見されます。果たしてそのような二項対立を立てられるような状況にこの国はあるのか、というのがわたしの実感です。加害者としての自らの振る舞いを「間違っていた」ということをせず、「戦争はよくない」

ということから始められてしまった日本の「戦後」は大きくねじれています。

そのねじれのひとつ、長崎の爆心地に、核保有国からプレゼントされた平和の彫刻や、内実の伴わない《平和祈念像》が永久設置されていることの誤謬を直視することが必要ではないでしょうか。もちろん長崎にも様々な彫刻があり、加害の立場に立脚したものもあります。金城実が制作した《平和の母子像》がその一例です。しかし、母子像という図像が安易に用いられることの危険にも目を配るべきです。構造としての加害と個別の被害、これにふたをする彫刻の問題を考えるうえでの大きな手掛かりが長崎にはあるのです。

おわりに：まだ見ぬ誰かへ

この度の連続講座では、二〇一五年の旧日本銀行広島支店での展示以来、関わりが続いている『中国新聞』の森田裕美記者と、ずっとお話ししたいと思っていた切明千枝子さんとともに登壇できて、本当にうれしく思いました。森田さんもまた、極度に男性中心の世界で闘っている方です。そして切明さんは、広島の軍都としての横顔やそこに生きていた人々のこと、かつてのご自身の軍国少女としての「誇らしさ」とその反省を、臆せず語り続けてこられた方です。お二人の姿勢には、本当に大きな勇気をもらいました。

ある芸術大学の図書館に収蔵されているわたしの書籍が、破られたり汚されたりしていると知ったのは昨年のことでした。そのような敵意が自分に向けられていることに驚き、それがわたし自身に向けられたらどうすればいいだろうかと怯み、悪意に負けてはだめだと思いながらも、単著刊行の作業に身が入らない日々が続きました。

しかし結局のところ、負けるとか勝つとかではないのだと思い至りました。それは自分の先を歩いてきた人たちのことを考えたことがきっかけでした。一度も対面したことがなくとも、直接声を掛け合わずとも、その必要があるからと行動し、発言してきた方がいたからこそ、わたしの足元に道は続いているのだと気がついたのです。森田さん、切明さんの存在も背中を押してくれました。わたしも、会うことのない誰かのため、次の誰かのための行動をしたいと考えるに至りました。

書籍の毀損については、むろん、違法行為は取り締まられるべきですが、このような出来事を構造の問題としても捉える必要があるのです。美術制度の内部から現状に対して声を挙げる者が多くはないこと、なかでも女性の発言者が少ないことが問題であって、これを変えるには、けっして黙らないこと、やるべきことを続けていくことが肝要です。少し先の未来で、こんなおかしなことがあったのだと、いまはもうそんな時代じゃないと、自分にふりかかった理不尽を「過去」に変えていきたいと思います。

旧被服支廠については、その用いられ方を通じて、何度も何度も議論を重ねていければいいと思います。「過ちを繰り返さない」というときの、「過ち」を個別の被害とともに構造的な加害の側面から捉え、ヒロシマから加害の歴史を発信し、その周囲に言説の厚みをつくることに、わたしも参加し続けたいです。ここで得られた視点を、「忘れられた原爆」と言われてきた長崎原爆における加害をどのように語り続けるかという問いに、敷衍させたいと思います。そのためにも、被服支廠が保存されることは前提であると考えます。そうして批評の目をたやさず、次の誰かの検討材料をつくること。そのような営みをこそ、旧被服支廠の活用と呼びたいです。◇

旧陸軍被服支廠と広島の記憶

森田裕美

はじめに

長引くコロナ禍で、目に見えないものがとても気になるようになりました。その代表格は未知のウイルスですが、それだけではありません。

感染拡大の初期には、「自粛警察」や感染者バッシングが牙をむきました。そうした「世間」や「同調圧力」といった目に見えない存在が、私たちを息苦しくし、一人一人の心や行動まで左右してしまうことにあらためて気付かされています。

コロナ禍ではほかにも、これまで見えていなかった（意識の外にあった）社会の問題が顕在化してきたと言えるでしょう。

例えば、私たちの日々の生活は、リモートでは不可能なエッセンシャルワークに支えられていること。「ステイホーム」の掛け声で家族が家にいる時間が長くなったことによって、家庭内で女性の負担が増大したこと。そもそも男女の役割が非対称だったこと。閉ざされた空間で暴力にさらされる人がいること、逆に孤立する人がいること……。そんな現実をあらためて突き付けられました。

社会に存在するこのような歪みやひずみ、つまり構造的な暴力は、日を追うごとにさまざまな統計データとしても明らかになってきました。あらわになった現実を前に、見えないものや見えていないもの、或いは、私たちが見ようとしてこなかったものに目を向ける必要性をいま、痛感しています。

そうした流れの中できょうは、広島市に残る巨大な建造物「旧広島陸軍被服支廠」を見つめます。一九一三年に完成した旧被服支廠は、かつて軍服や軍靴を製造した「軍都」を象徴する建造物であると同時に、原爆による被害の痕跡をとどめる「被爆建物」でもあります。

圧倒的なスケールで存在感を示す建造物ですが、少し前までは一部の人を除き、今ほど広く関心を集めてはいませんでした。現存する四棟のうち三棟を管理する広島県が二〇一九年十二月、倒壊の恐れや巨額の耐震化費用を理由に「一棟の外観を保存、二棟を解体」という方針を発表したことで、存廃の議論が盛り上がり、保存を求める声も高まりました。

つまりそれまでは、見えているのに「見えてなかった」「(ちゃんと) 見ていなかった」とも言えるのではないでしょうか。ただ、存廃を巡る当初の議論は、保存か解体か、財源をどうするか、といった話が中心になり、何のために残すのかという大事な点が抜け落ちているように感じてきました。

残すか壊すかと問われれば、もちろん保存してほしいと思う人が少なくないでしょう。では私たちは、何のためにこの建物を残すのでしょうか。残して何をどうしたいと考えているのでしょうか。

それを議論する前提として、これから旧陸軍被服支廠の歩みを概説します。これらは公的な歴史やマスメディアなどに記録されている内容、つまり見ようとすれば見える部分です。それを踏まえ、公には記述の乏しい実情について、この建物とともに歩んできたとも言える被爆者の切明千枝子さんの証言につなぎ、本日のテーマ「何のために残すのか」を考える糸口にしたいと思います。

軍都廣島を伝える「無言の証人」

旧広島陸軍被服支廠の歴史は、日露戦争のさなかの一九〇五年一月にさかのぼります。戦地から戻ってきた被服品の洗濯修理工場建設が決定し、工場が被服支廠の派出所になることが決まりました。それに先立つ一八八六年三月、東京に陸軍被服廠が設置され、一九〇三年九月には大阪に支廠が設置されていました。派出所だった広島の工場は一九〇七年、「広島陸軍被服支廠」に昇格。現存する赤レンガの建物は、構内の工場で生産された軍服・軍靴などを管理・貯蔵するために建てられた倉庫で、一九一三年に完成しました。

支廠内ではどんな業務が行われていたのでしょうか。事務的なことを担う庶務部のほか、労働力や材料などを調達する購買部、民間に依頼できない被服を製造・補修する製造部、各部隊や製造部に製品や材料を送る補給部がありました。

一九一八年の「軍需品輸送計画表」によれば、軍衣袴（軍服の上下）や軍靴、防寒外套（コート）などが宇品の港で輸送船に載せられ、ウラジオストクで陸揚げされ、兵站監部に交付という内容になっています。そのほかにも防蚊覆面や防蚊手套、背嚢、肩掛けかばん、襦袢などを戦地に届けていました。

裁断・縫製、製靴の工場のほか、石けん製造所や洗濯場なども設置されていましたが、どの時期にどのくらいの期間稼働していたかなど詳しいことは分かっていません。ただ官営の施設であり、最新式の機械が導入されていたとみられています。またここで働く人たちは、ほかの職場よりも給与や福利厚生の面でも恵まれていたようです。日本が軍国主義に突き進む中、業務は膨らみ続けたのでしょう。一九三四年時点で、広島の支廠は、宇品（広島）や朝鮮半島、奉天（現在の中国・瀋陽）や台北に出張所が設置され、一九四〇年には倉敷や今治、九州にも出張所が設置されています。軍都の支廠がどんどん規模を拡大し、重要視されていくさまが見て取れます。

縫製工場・製靴工場には、男女職工が雇われていました。大正期の記録では平時には男性二五〇人、女性三〇〇人がいましたが、シベリア出兵中の一九二二年には、男四三〇人、女八五〇人の計一二八〇人と平時の倍の職工が雇用されていたという記録も残っています。

一九三七年に日中戦争が始まると、国内の労働力不足は深刻となります。翌一九三八年には国家総動員法が制定され、多くの市民が動員されました。太平洋戦争が始まると、労働力不足がさらに深刻化します。一九四三年には改正国民徴用令が、四五年には国民勤労動員令が公布され、動員が強化されます。被服支廠にも市民・学徒が動員されることになりました。

戦時下の全体像をつかみたいのですが、重要書類などは敗戦時にほかの陸軍部隊と同じように焼却したものと推測されます。公の記録に残らない実情については、後ほど切明さんにじっくりお聞きしたいと思います。

詩画人・四國五郎と被服支廠

実は、後に詩人・画家として活躍した四國五郎さん（二〇一四年八九歳で死去）は、十四歳だった一九三九年から戦地に赴くまでの五年間、ここで働いていました。

軍靴の製造ラインに配置されたものの労働は過酷を極め、上官に絵の才能をアピールして、廠内のポスターや廠内誌「まこと」の作成に加わるようになったといいます。先頃、アトリエで見つかった現物は一九四一～四二年のもので、四國さんは表紙に加え、「被服廠趣味の展覧会」や「工場部板テニス大会優勝戦記」の絵なども描いています。

四國さんが残した回想録『わが青春の記録』には、製靴部や裁縫所で毛布を運んだこと、筆生として事務班へいたことなどがつづられ、計画書を注意深く読めば、どんな被服をつくり、どんな作戦が行われるかと言うことが、すっかり分かった——といった内容もつづられています。

被爆

そして、一九四五年八月六日を迎えます。爆心地の南東二・七キロにある被服支廠も閃光や爆風を浴びました。崩壊を免れた建物は、臨時救護所となり、次々と傷ついた人たちが運び込まれました。

〈いちめん蓮の葉が馬蹄型に焼けた蓮畑の中の、そこは陸軍被服廠倉庫の二階。高い格子窓だけのうす暗いコンクリートの床。そのうえに軍用毛布を一枚敷いて、逃げて来た者たちが向きむきに横（よこた）わっている〉。

その様子は、峠三吉の詩「倉庫の記録」（『原爆詩集』）に、「その日」から「八日め」まで、描かれています。

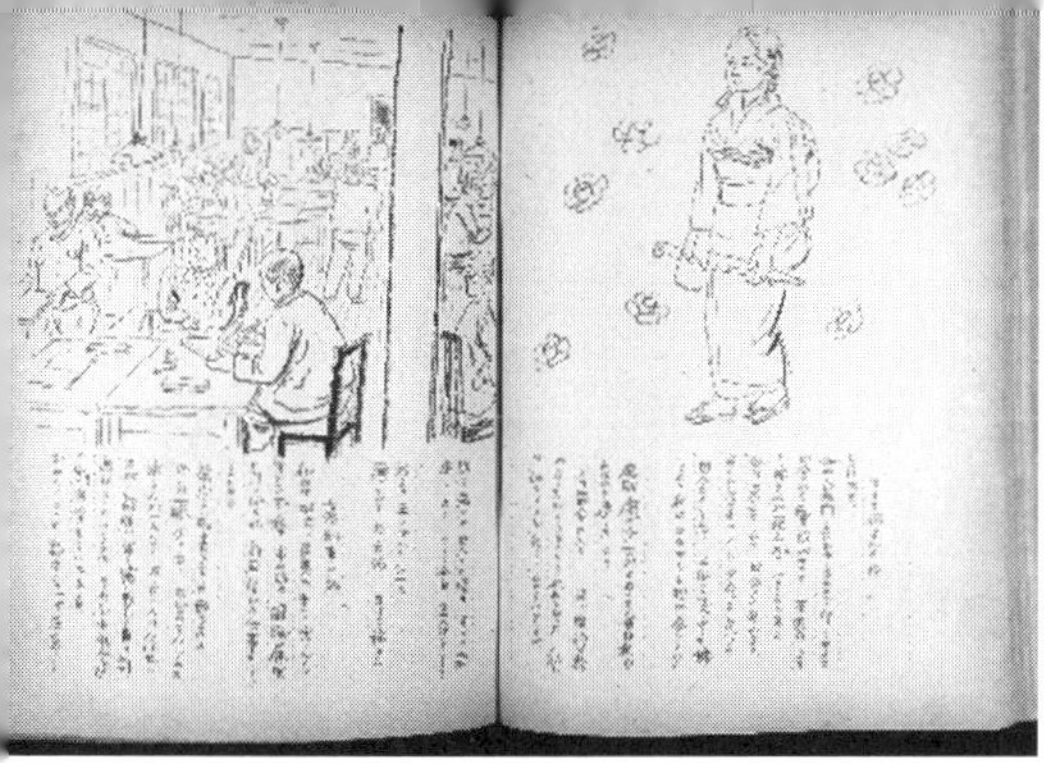

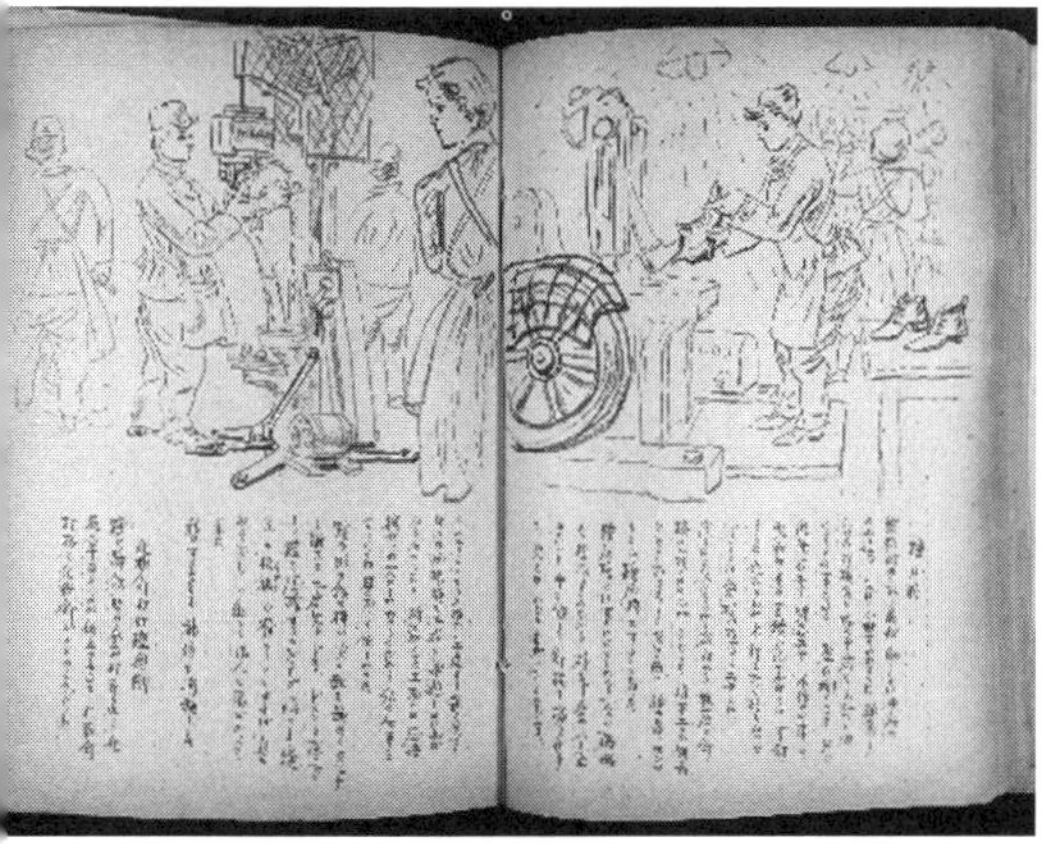

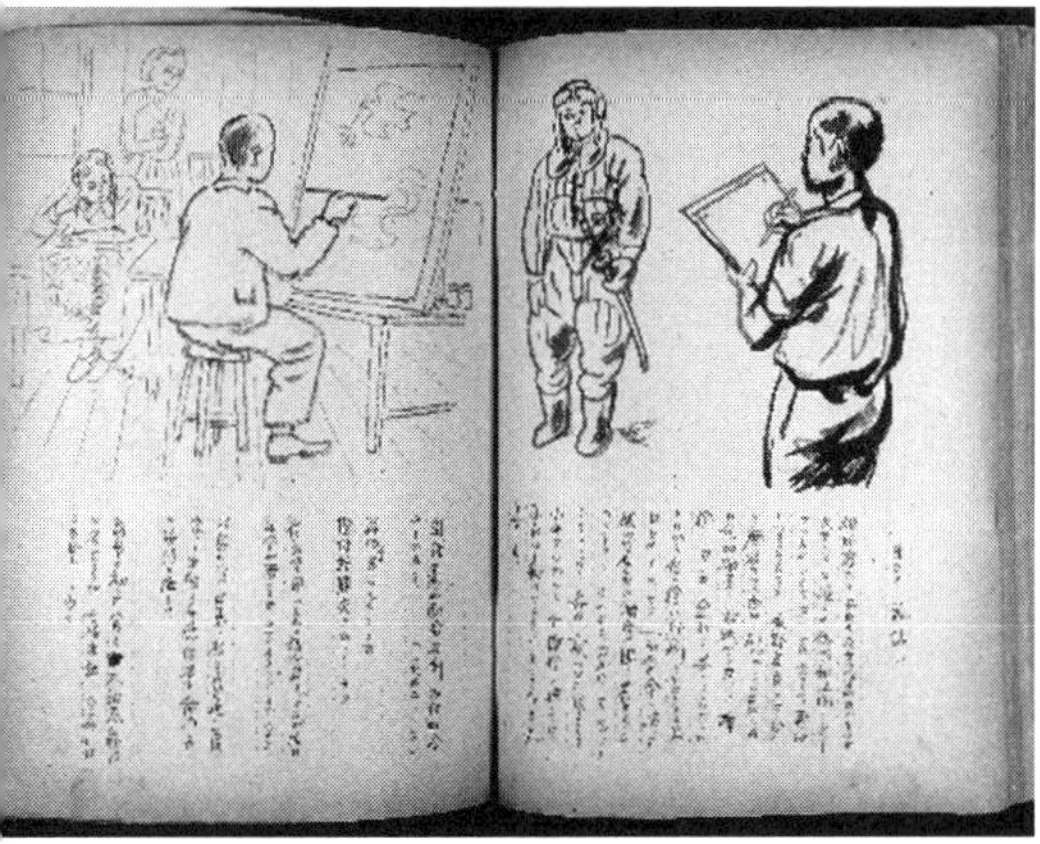

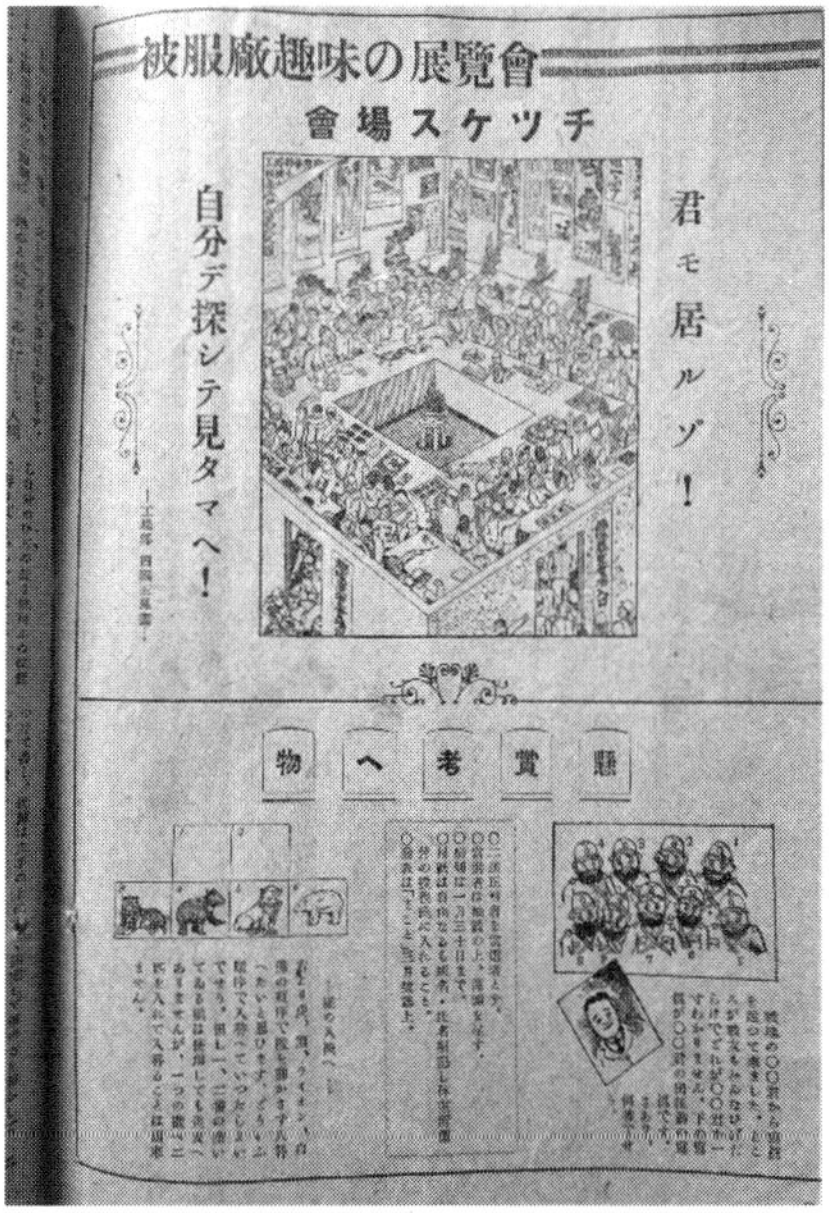

㊨上段…旧広島陸軍被服支廠で戦中に発行されていた「まこと」の表紙、中段・下段…趣味の展覧会、テニス大会の様子を紹介したイラスト。「まこと」の表紙からカット、挿絵まですべて四國五郎が担当していたという。
㊧手書きの回想録『わが青春の記録』で、四國五郎が被服支廠で働いていた当時を振り返っている内容の一部。　※画像はいずれも四國光氏提供

現場に赴き、建物の前に立つと、峠の詩句が頭に浮かぶのは、私だけではないでしょう。様変わりした広島の街で、当時の被爆の惨状に思いが至るのは、記憶を宿す「物言わぬ証人」がここに存在しているから――。そう考える人が少なくないからこそ、いま保存を求める声が高まっているのだと思います。

敗戦後の活用

戦後間もなくから被服支廠は、広島高等師範学校（広島大）や、県立第一高等女学校、県立皆実高校、県立工業高校などが使用し、その後は一九九五年まで日本通運の倉庫や広島大の学生寮として活用されていました。日本通運の所有だった三棟は県に譲渡され、南側の一棟は国の所有となり、その後しばらくは、平和学習のための見学、イベントなどに活用されてきました。

そのイベントの一つに、広島を拠点に活躍するフリーキュレーター伊藤由紀子さんが中心となって一九九四年から毎年開いている国際的な現代美術展「ヒロシマ・アート・ドキュメント」があります。旧被服支廠では一九九六年から二〇〇〇年まで開いていました。国内外からアーティストを招いて、広島で滞在制作してもらい、立体作品やインスタレーション（空間構成）にして発表してもらう取り組みです。

軍都を象徴する建造物であると同時に、原爆の爆風を受けた痕跡をとどめる被爆建物でもあるこの場所で「戦前から刻まれた歴史を意識しながら企画を発展させた」と伊藤さんは話しています。旧被服支廠での開催には、「この建物を取り壊したかもしれない戦後日本社会へ提言したい思い」もあったと語り、「被爆建物が観光用に消費されたり単なる古い建物として壊されたりすることに恐れを感じていました」とも述べています。

詳細は中国新聞に掲載されたインタビューを参照いただければと思いますが、美術展の際、ある参加アーティストは、そこに生息する雑草に語りかけるストーリーをインスタレーションで表現しました。専門家の協力で調べたところ、被服支廠の敷地内の雑草には外来種が多いのだそうです。日清、日露戦争で軍の輸送拠点となった宇品港に海を渡って運ばれ、物資と一緒にここまで届いたのでしょう。

伊藤さんは作品を通して、脈々と続く人の営みに気づかされ、はっとしたと語っていました。それは伊藤さんやアーティストだけではなく、美術展を鑑賞した人たちも同じではないでしょうか。「被服支廠はヒロシマを考える重要な磁場になり得ます」（伊藤さん）。


（中国新聞記事　https://www.hiroshimapeacemedia.jp/?p=97038）

存廃を巡る動き

前述したように、現在これらの所有者は国と県、そして被爆建物としての登録は、広島市が担当というように縦割りになっています。それが建物としての財産（財政面の話）と歴史の証人（存在意義）の問題をトータルに議論することを難しくさせてきたのかもしれません。では九〇年代以降、この建物を巡って、どんな議論がなされてきたのでしょうか。行政の動きを中心に、新聞報道を拾いながら簡単に説明します。

学校や業者の利用が終わる前の一九九二年、県議会で当時の知事が「国内有数の近代建築初期の貴重な建築物」として、保存に前向きの発言をしました。すぐに県が識者らによる「旧陸軍被服支廠保存・活用方策懇話会」を設け、「旧陸軍被服支廠の保存と有効活用に向けた今後のスケジュール」について議論を始めました。

その後、県は「瀬戸内海文化博物館」開設構想（～一九九八年に挫折）や、「国際的芸術文化拠点整備構想」（ロシア・エルミタージュ美術館分館誘致構想、～二〇〇六年見送り）などを打ち上げるも、財政難もあっていずれも実現をみませんでした。

そこから表だった議論は減っていきます。再び新聞紙面などをにぎわすようになったのは二〇一八年末、県が爆心地に最も近い一号棟の改修案を公表したころからです。しかし県が所有する三棟全体で方向性を検討すべきだという県議会からの注文もあり、改修案は見送りとなりました。

そして二〇一九年十二月に県が「二棟解体、一棟保存」の方針原案を発表すると、複数の市民団体が全棟保存を求める署名や要望書を提出するなど、世代を超えて関心が高まりました。戦争や被爆の記憶の風化が叫ばれる中、多くの人が「無言の証人」としての価値に、あらためて気付かされたと言えるでしょう。

政治の舞台でも動きがありました。自民党の衆参議員でつくる議連「被爆者救済並びに核兵器の廃絶と世界恒久平和の実現を推進する議員連盟」が、「一〇〇年先を見据え、全棟を残すべきだ」「原爆ドームに匹敵する訴求力がある。今まで取り壊さなかったことには感謝しかない」などと中国新聞の取材に答え、耐震化費用を国・県・市が出しあうことを提案しました。野党の「核兵器のない世界を目指す議員連盟」も同様に、「被爆の実相を伝える被爆建物は残さなければならない」と主張しました。その後三月に、自民党の議連が「相当数残すべき」と決議し、保存に要する費用を国が「相応の負担をすべき」と記載しました。

こうした動きを受けてのことでしょう。二〇二〇年二月、広島県知事は原案の着手先送りを表明。二〇二一年五月には県は所有する全三棟の耐震化をすると表明しました。従来案からの転換で、三棟保存へと事実上踏み出したと言えます。今年五月には残り一棟についても国が耐震化する方針を示しました。

そして私たちは

現在、四棟はひとまず保存される見通しとなり、今後は利活用策が焦点となります。ただ「何のために残すのか」といった議論は深まっているでしょうか。前述の伊藤由紀子さんがインタビューでも指摘しているように「被爆建物だから平和だ、折り鶴展示だといった単純な発想」に陥って、単なる「観光資源」にしてしまっては、あまりにもったいない。これからの国や県市の議論の中で誰が何を語り、どんな力が働くのか。私たちは注視し、思考し、声を上げていく必要があります。

以上、大まかな流れをお話ししました。

ここで忘れてはならないのは、建物という「もの」の歴史には、多くの「人」が関わっていた（いる）ということです。「無言の証人」が見ているのは、戦争や原爆といった歴史的な事象だけでなく、軍都から被爆地へ連綿と続く広島の、市民の営み、記憶との向き合い方でもあります。それを肝に銘じ、次の切明さんの語りに耳を傾けたいと思います。

主な参考文献

「陸軍の三廠〜宇品線沿線の軍需施設」広島市郷土資料館

「ヒロシマの被爆建造物は語る」被爆建造物調査研究会

「わが青春の記録」四國五郎

「切明千枝子　ヒロシマを生き抜いて」ノーモア・ヒバクシャ継承センター広島

「切明千枝子　ヒロシマを生き抜いて　Ｐａｒｔ２」ノーモア・ヒバクシャ継承センター広島

「旧広島陸軍被服支廠倉庫　見、知り、訪れ、想う。」アーキウォーク広島

加害と被害が刻印された全四棟が保存されることを強く望みます

切明千枝子

切明さんのお母さんは旧陸軍被服支廠で事務の仕事をされていました。そのお母さんが大切に保存されていたという貴重な写真を見せていただきながら、切明さんに記憶をたどっていただきます。よろしくお願いいたします。

①　被服支廠の正門です。門を入ってすぐの右手に今も残っています赤レンガの倉庫があります。そして左手にあるのが守衛所です。守衛さんたちは二四時間勤務で、門ばかりではなく支廠内を夜間見回ったりしておられました。これは四五周年記念の時のものですが、私は覚えておりません。私が知るもっと前のことかと思います。正面に屋根が見えますが、これは本部で、支廠長さんとか幹部の人など偉い人がおられたところです。当時御幸橋から宇品に向かって市内電車が通っていたんですが、その御幸橋を渡って、当時は「専売局前」と言っていたんですが、御幸橋の東詰めにたばこの専売局があって、そこでたくさんの人が降りて、そこからまっすぐ東へ行くと被服支廠の正門がありました。

写真①

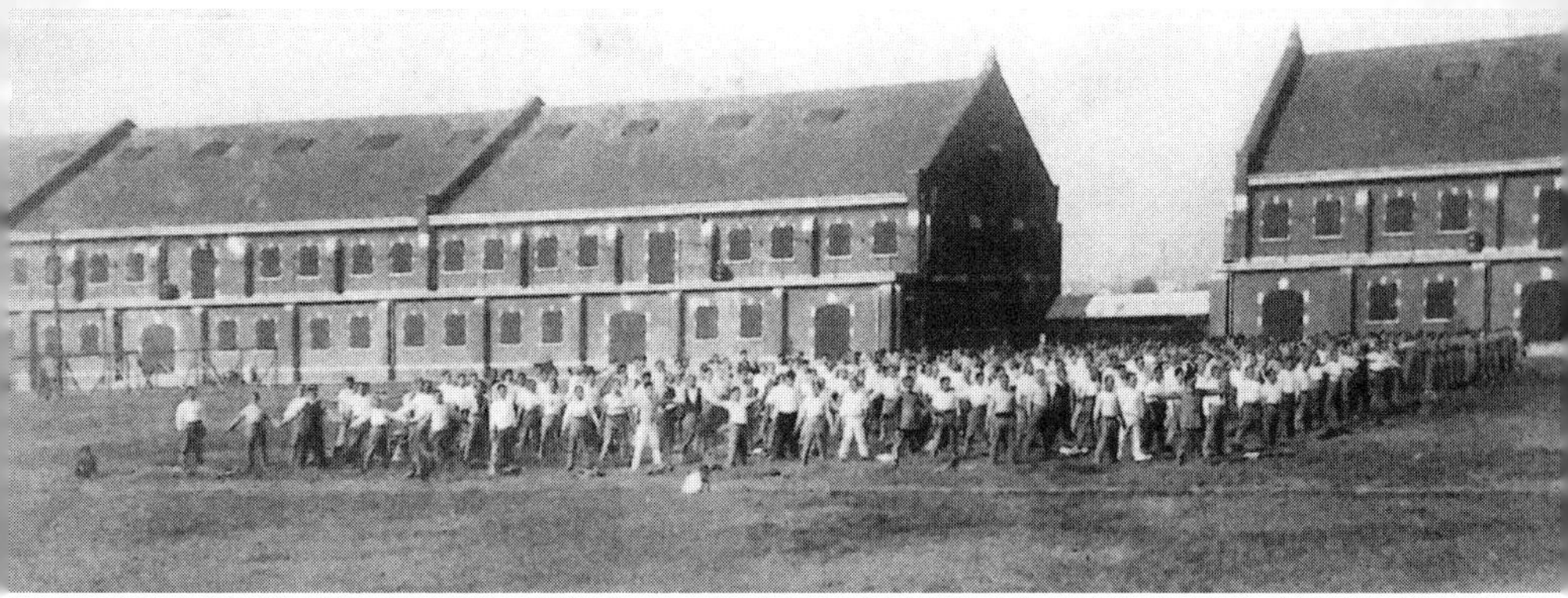

写真②

②　今残っている赤レンガの倉庫ですが、倉庫のまえはご覧のように広い広い原っぱがありまして、その原っぱの上で体操をしています。この原っぱの上に縦横にトロッコの線路が引かれていました。手前の奥の方に製造工場があって、朝から晩までバリバリミシンが音を立てていましたし、靴をつくる工場もあったと思います。軍靴はいわゆる編み上げ靴で、兵隊が履く靴ですが、そういう靴と長靴（ちょうか）といって将校さんが履く靴も作っていて、ぴかぴかに磨かれていたのを記憶しています。

③　被服廠には製造部と補給部という大きな組織があって、そこの主だった人たちの写真だと思います。前に座っている方はほとんど軍人さんで、主計関係の軍人さんです。その人たちが管理していました。他の方も工員さんではなくて管理者、主計将校さん、部課長さんです。女の人は一人ですね。この方はわたしも通園していました支廠内の幼稚園の園長さんでした。

④　働いている女子工員さんたちです。あの当時制服がスカートだったんです。裾の長いスカートで色はカーキ色でした。

⑤　正門を入って左側に小さな祠がありました。伊勢の皇大神宮からたまわったものが祀ってあったお宮さんで、門を入ると必ず前を通らなければいけないので、お宮さんにお辞儀をして通り抜けるというのが恒例になっていました。どんなに

慌てていても必ず立ち止まってお辞儀していました。そうしないと叱られました。

⑥　これは私の母（前列真ん中）が働いていた時の写真で、母以外の人は若い職員さんです。まだ二〇歳にならない人もいました。被服支廠の近くに長屋のような工員の寮があり、田舎の方から出てきた人はそこで生活していました。

写真③

写真④

写真⑤

⑦　文廠内にあった託児所と幼稚園の記念写真です。私が小学校に入学する直前です。

⑧　慰安会というのが時々あって、仮装や芝居などを工員さん職員さんが一緒になって催していました。家族にも公開して見せてくれました。まだ戦争が激しくないときのことです。

写真⑥

写真⑦

写真⑧

写真⑨

⑨　これも慰安会です。工員さんたちが仮装してパレードをしていました。「肉弾三勇士」という出し物もありました。この三人の中に母がおります。「うまく化けたわね、どれが私かわからない」と言っていました。

⑩　赤レンガ棟の内部での記念写真です。

※写真解説後の森田さんによる切明さんへのインタビュー

森田：とても貴重な写真でした。これらはお母さまが保管しておられたんですか。

切明：実家は焼けなかったので、古い写真帳が納戸から出てきました。母が残していたんですね。大正時代に祖父が建てた家ですが、父がよく手入れしていましたので今でも残っています。

森田：おうちが被服支廠の近くで、戦中お母様は被服支敞で働いていらっしゃったんですね。切明さんの

写真⑩

子ども時代のことを少しお聞かせください。

切明：私の家は被服支廠の正門から歩いて一〇分もかからないところにあり、被服支廠通りと呼ばれていました。御幸橋の東詰めから一本細い商店街があって、それが被服支廠の正門まで続いています。今でも皆実町商店街として残っていますね。その通りの三分の二が商店で、被服支廠の正門に近い三分の一が住宅でした。その住宅街に私の実家があって、ほんとに狭い通りでしたが、朝夕被服支廠に通勤する工員たちでいっぱいで、私はその工員さんたちの足音で目が覚めるという感じでした。

森田：当時、工員さんというのはどんな方々だったんでしょうか。

切明：いろいろでしたが、やはりミシン工、女工さんが多かったと思います。ミシンは当時すでに足踏みではなく電動で、陸軍は力を持っていたんだなあと思います。製靴は男性が多かったですね。分業でした。被服支廠内では兎が飼われていました。たくさんの種類の兎が飼われていて、私は兎に餌をやったり草をやったりするのが好きで、すぐに兎のところに行っていました。その当時は、寒いところ、満州とか北支とか、中国の北の方で戦う兵隊さんの外套の裏に着ける毛皮にするんだと聞いていたんですが、最近「そうばかりじゃなかったよ、飛行機に乗る飛行士の帽子になっていたよ」と聞いてびっくりしました。ちょうど兎一匹分が帽子になっていたそうです。

森田：託児所があったというお話は以前にもお聞きしたことがあります。つまり小さい子どもを抱えて働く女性が多かったということですね。

切明：そうですね。子連れで出勤する人が多かったですね。乳母車で出勤するとか。お昼の時間、一〇時、三時の休憩時間には保育園の方にお母さんたちが来て、子どもたちにおっぱい飲ませたりしていたし、布おむつの洗濯場もありましたね。

森田：当時はやはりお国のため、兵隊さんのためという気持ちで皆さん働いておられたのでしょうか。被服支廠は、宇品から戦場に行く兵隊を支える重要な機関ですよね。

切明：そうですよ。当時陸軍三廠があって、被服支廠、兵器支廠、糧秣支廠とあり、たくさんの女性が働いていましたね。兵器廠は男性が多かったかな。被服支廠はミシンでの製造部があったから女性が多かったと思います。

森田：被服支廠から来る臭いがひどかったという内容の証言を見聞きしたことがあるのですが、どうでしたか。

切明：被服支廠の外のどぶ川に廃液を流すための排水口があってそこから流れるんです。その皮鞣しの廃液が臭くてドロドロで、子どもたちがフナやメダカを採りにそのどぶ川に行くんですが、排水口の近くにはフナもメダカもいなかったです。子どもたちはそれをよく知っていて、離れたところで採っていました。最近行ってみたら全部蓋がされていて、覗くこともできませんでした。

森田：切明さんはその後女学校に進まれ、今度は学徒動員され、専売公社や被服支廠で働いたんですね。

切明：それこそ派遣社員みたいに、人手の足りないところに派遣されていました。最初のころ被服支廠では学生たちは縫いあがった服の糸くずをとったり、ボタンは機械でつけることができなくて手で付けたり、アイロンかけをしていました。私の学校の生徒はミシンを使ったりしたことはありません。戦争が激しくなってミシンも疎開させたりして、そこでミシンを使ったよという他の学校の生徒はいました。日中戦争が始まったころのあの被服支廠の活気は、太平洋戦争が始まってからはなかったように思います。

森田：切明さんが学徒動員で被服支廠に行かれたころは、最初に見せていただいた写真のような雰囲気ではなかったということですね。実際、切明さんが動員されていた時には、周りではどんな人が働いておられましたか。

切明：若い男の人はほとんどいなかったですね。男の人は年を取った人が多く、山の奥の田舎から出てきた若い女性が寄宿舎に入ってたくさん働いていました。工員さんが足りなかったようで、募集をかけていたと思いますよ。寮もあって制服も支給されて給料もほどほどに出るというので、働きに来たという女子工員の話を聞いたことがあります。私の家は被服支廠に近かったし、母は事務系の仕事をしていたんだけど、女子工員さんを見るに見かねてうちに呼んできては、おしるこ会やすき焼き会をやったりして交流していました。

森田：見るに見かねて、というのはやはり労働状況が過酷だったということでしょうか。

切明：そうだったと思います。残業は多くなるし、重労働になる。男の人がいないですから梱包とか配送とかを女性がやらなくてはならなくなるわけですね。あの頃、蓄音機がうちにありまして、流行歌をかけたりしていました。すき焼きの肉ですが、被服支廠で飼っていたウサギの毛皮をとった後の肉が払い下げられるんですよ。母は黙っていましたが、美味しい美味しいと言って食べていました。後で、母があれは兎だったと言ったもんだから、私は泣いた覚えがありますよ。餌をやって可愛がっていましたからね。

森田：動員された人たちは、言ってみれば「働かされた」わけで、被害者と言えますが、半面、戦争に協力した立場でもありますよね。そういう意味でこの建物には被害も加害も入り交じった戦争の記憶が刻まれていると思います。いまこの被服支廠四棟の存廃が議論されていますが、この問題を切明さんはどう考えておられますか。

切明：四棟全部残してもらいたいです。壊したらもう復元はできません。あの八月六日にもたくさんの被爆者が収容されていました。正門に一番近い棟は一三番庫と言われていて、実はそこにわたしの母が祖母を背負って避難していたんです。一三番庫に一番先に収容されたのが私の祖母だった。それから次々と来られるわけですが、あまりに臭いがきつくなり、祖母が「死んでもいいから外に出してくれ、外に出してくれ」ときかないので、母は仕方なく毛布一枚持って前の原っぱに連れ出して寝かしとったんよと言っておりました。あそこは中二階、いや三階もあったのかな、上から下までびっちりケガ人がいました。亡くなる人が出てきますね。原っぱに山のように積み上げて焼くんです。そして穴を掘って埋めるんです。だから今、学校の自転車置き場とかできているんですが、あの下にたくさんの人のご遺骨が埋まっていると思いますね。ほんとに加害と被害の両方の歴史をあの被服支廠は記憶している建物です。是非四棟全部残してもらいたいです。

森田：旧陸軍被服支廠は、負の歴史も刻む「無言の証人」などと言われますが、その実際については想像しきれない部分がありました。今日、お母様の写真を見せていただいたり体験をお聞きしたりして、被爆前のイメージがリアルになりました。ありがとうございました。

最後に、切明さんのお話を自伝的にまとめた本『切明千枝子　ヒロシマを生き抜いて』（ノーモア・ヒバクシャ継承センター広島発行、二〇一九年。二〇二一年一二月にＰａｒｔ２も発行された）を紹介して終わります。是非ご一読ください。◇

第2章

在日朝鮮人女性史・生活史から学ぶ

宋《ソン》恵媛《ヘウォン》

在日朝鮮人一世女性を読む

文学とエゴドキュメントと、そのあいだ

はじめに——一世女性はどこにいるのか

生まれ故郷の朝鮮から日本へと移動し定着した第一世代の在日朝鮮人女性たち。植民地期とそれ以後を生きた彼女たちの日本での生活が、苦労の連続だったということを疑う人はいないでしょう。しかし、それ以外に私たちは戦後の彼女たちの生について一体何を知っているのでしょうか。

一世女性が書いた、あるいは一世女性について書かれた文字資料はほとんどないと長らく考えられてきました。果たして本当にそうなのでしょうか。この報告では、厳然として存在する資料の制約を乗り越え、少しでもこれらの女性たちに迫るための方法を探っていきたいと思います。結論からいうと、彼女たちは同胞たちによってさまざまに表現されてきました。「日本文学史」に刻まれるような偉大な作家が生まれたわけではありませんが、文字を習い、習った文字をノートに書きつけた一世女性たちもかなりの数にのぼります。彼女たちはどのように文字を獲得し、どのように自己表現したのか。そしてそもそも、なぜ彼女たちは読み書き能力を身に付け、文字で自己表現

をしようとしたのか。こういった問いも一緒に考えていきたいと思います。扱う時期は戦後から一九七〇、八〇年代頃までの、二世たちが社会の中心となる以前の時期です。

ここでまず、一世女性がどのような人々かについてごく簡単に説明をします。朝鮮人の日本への定住の経緯には階層、ジェンダー、年齢によるばらつきがありますが、女性たちの場合は紡績や製糸工場の「女工」や海女として、あるいは先に日本に働きに来ていた夫と一緒に生活するために日本に渡ったケースがほとんどだったといわれます。女性の留学生もいましたがそれはごく一握りで、しかも日本に定着することは稀でした。日本生まれの二世が生まれて在日朝鮮人社会が形成されていくのは一九二〇年代後半と言われていますが、一世女性は一九〇〇年代から一九二〇年代までに生まれた人が多いです。この報告では詳しく触れられませんが、一九四五年八月以後に新たに日本へ渡ってくるケースも少なくありませんでした。

一世女性たちの戦後日本での生活は、朝鮮人集住地で主に朝鮮語を使いながら営まれていました。多くの女性が朝鮮でも日本でも教育を受ける機会を得られませんでした。彼女たちの狭い生活世界では、「日本社会から受ける差別から生活防衛するために親族の結束を必要とした」（宋連玉）ために、在日男性たちが持ち込んだ旧態依然とした封建的ジェンダー規範が長らく温存されてもいました。

韓国の女性詩人で後に国会議員も務めた毛允淑《モユンスク》は、一九六〇年代後半に日本を訪問した際、四〇歳以上の在日女性たちの多くが読み書きができず、子どもの教育を行うこともできないという話を聞いて驚いています（＊1）。彼女自身、在日女性たちについて「彼女達はみな働いています。これは助けてくれる親戚もなく、保護してくれる政府もないところでは当然のことです」と述べています。この当時は韓国と日本の間には圧倒的な経済力の差がありました。毛允淑が平均的な韓国女性だったとはとても言えませんが、それでも当時貧しかった韓国の女性たちよ

＊1　座談会「これからの韓国女性はどうあるべきか」『韓国女性』一号、一九六七年五月、四八頁

りも劣悪な生活状況だという感想を持ったことからは、在日女性たちの境遇がいかに厳しいものだったかを推し測ることができるでしょう。

在日女性研究には学問的価値がない？

東京の日本人女性たちのグループ「むくげの会」（メンバーは久保文、菅間きみ子、平林久枝、中島昌子、内海愛子、関口明子）は、一九六五年に在日朝鮮人女性たちの聞き取り調査を始めました。毎月、「むくげ通信」というハガキも発行していました。そんな彼女たちが突き当たったのが、「資料がない」、「学問的価値を危ぶむ声」、そして「在日女性との信頼関係を築くのが困難」という三つの難題でした。これらは現在にも通じる問題で、残念ながら六〇年近く経ったいま読んでもあまり違和感はありません。ここでは最初の「資料がない」という問題について少し詳しく見ていきたいと思います。

一般的にいって学術研究において信頼性がある資料とされるのは、国または地方公共団体の機関などが作成した公文書です。日本の新聞、雑誌などの出版物がそれに続きます。ところが、在日朝鮮人女性はこれらの資料にはほとんど記録されていません（本書に寄稿している李杏理さんの濁酒闘争研究は、これまでないものと見做されてきた公的資料、すなわち検察や警察の取り調べ供述書、証拠物件目録、裁判記録や税務関係資料から在日女性たちの痕跡を探し出したという点でも画期的といえます）。日本のメディアが在日朝鮮人女性たちに着目することもごく稀でした。もちろんその背景には、在日朝鮮女性たちが日本社会と隔絶した世界に生きていたことがあるでしょう。女性たちの多くが日本語に習熟しておらず、かつ非識字者（日本語はむろん朝鮮語であっても）の割合もひじょうに高いものでした。じっさい、むくげの会での聞き取り調査の困難の一つは言語の壁だったといいます。

では、日本語で出版された一世女性関連の刊行物にどのようなものがあるのでしょうか。

当時は聞き書きは学術資料として正統なものとみなされなかったと思いますが、「むくげの会」による在日一世女性への聞き取り調査はごく先駆的なものでした。七年間の聞き取りの成果は『身世打鈴　在日朝鮮女性の半生』という本にまとめられ一九七二年に刊行されますが、現在ではこの本自体が貴重な資料となっています。

一九七〇、八〇年代になると、日本の夜間中学校の日本人教師が、生徒である一世女性たちについて書いたり、彼女たちの作文を紹介したりするようになります。日本の公教育機関としての夜間中学ばかりでなく、朝鮮人集住地域である大阪や川崎では独自に在日一世女性を主な対象にした日本語識字学校も作られました。そういった場で読み書きを習得した一世女性〔近年では二世女性や、韓国で生まれ育ったいわゆるニューカマーの方が多いです〕の書く、けっして流暢とはいえない日本語作文には、読者の心を打つ独特の魅力があります。二〇一九年にも、川崎市ふれあい館が主催する識字学級で書かれた作文集『わたしもじだいのいちぶです』〔日本評論社〕が刊行され話題になりました。生徒である在日一世や二世の女性たちの文章の味わい深さはもちろん、それを引き出した「共同学習者」とよばれる識字学習支援者たちの熱意が伝わる素晴らしい本です。

二〇〇〇年代に入る頃にはオーラルヒストリーの手法が注目されるようになり、老齢期を迎えた一世女性たちの聞き取り調査が一気に進みました。それをまとめた聞き書き集もいくつか刊行されました〔参考文献参照〕。在日一世女性を主人公としたドキュメンタリー映画である「ＨＡＲＵＫＯ」、「海女のリャンさん」、「花はんめ」等が制作されたのもこの頃です。これらの書籍や映画はどれもすばらしいものですので、ぜひ読んだり、観たりしていただければと思います。一方、二〇〇〇年代以降には宋連玉、徐阿貴、李杏理などの各氏によって在日朝鮮人女性に関する優れた学術研究の成果も出ています。昨今では＃ＭｅＴｏｏ運動から始まったフェミニズム・ブームの影響を受け、在日朝鮮人女性たちに対する学問的関心も日本の内外で高まっています。現時点では、在日女性の研究に「学問的価値」があるか疑わしいと大っぴらにいうことは憚られる状況になっているといえそうです。

文字資料の中で女性たちと出会う

聞き取り調査は、証言者の現在の姿や世界を理解するのにひじょうに効果的なものです。オーラルヒストリー研究の進展によって私たちがより豊かな情報を得ることができるようになったことは疑いの余地がありません。しかしながら、聞き取り調査も万能ではありません。たしかに調査した時点での状況を知るにはいいのですが、逆にいえば現在時からしか手がかりが得られないという問題もあります。

一世女性たちの多くは苦難の人生を歩んでいます。そしてその長く豊かな経験にもとづいた語りを聞いた人々は、必然的に似通った印象を受け取ることになります。それは「強くてたくましいハルモニ〔おばあさん〕」というものです。そこに「優しい」という形容が加わることもしばしばです。実際に一世女性たちに共通するそのような面があることを否定するわけではありません。しかしながら、一方でこのようにも考えるのです。強くなかった女性たち、生き延びられなかった女性たちの場所はどこにあるのだろうと。家を出て行方不明になった女性たち、生活苦のあまり娘たちを道連れに服毒自殺をした女性、妾を囲いながら自分に暴力を振るう夫の目の前で死んでみせた女性、警察に泥棒の濡れ衣を着せられ抗議の自殺をした女性、韓国に一人強制送還され家族と生き別れになった女性。このように、不幸なまま消えていった女性たちも多くいたのです。

今ここで列挙したような女性たちは実在した人々で、新聞に取り上げられています。ただし日本の新聞ではありません。在日朝鮮人たちが日本で発行した新聞です。その多くは日本語ではなく朝鮮語で書かれています。このように朝鮮語資料や在日朝鮮人コミュニティ内の刊行物に目を向けると、在日朝鮮人女性に関して得られる情報は一気に増えます。しかし、日本語で書かれていないことや資料へのアクセスが容易でないこともあり、これまでこれらの媒体が着目されることは多くはありませんでした。しかしこれら在日コミュニティ内での刊行物は、女性たちのライティングを後に掲載したという点でもひじょうに重要なものです。一世女性たちが書いた日記、手紙、メモ、エッセイ、手記、文学作品などのライティングについては後で触れることにしましょう。

この報告は三つのパートからなっています。まず、一九七〇年代以前の在日朝鮮人たちが一世女性たちをどう表象してきたかについて見ていきます。日本のメディアで取り上げられることはほとんどありませんでしたが、在日同胞たちは一世女性たちの姿をさまざまな形で写し取っていました。次に、どのような文字資料から女性たちの痕跡をさがすことができるのかを探ります。そして最後に、一世女性たちが実際に書いた朝鮮語あるいは日本語の作品を読んでいきたいと思います。

一世女性たちはどのように描かれてきたか

一九七〇年代の日本では在日朝鮮人作家ブームが起きました。その背景には、日韓基本条約締結後の日本人たちの韓国への関心の高まり、日本の知識人たちの韓国民主化運動へのコミットメント、日本の文壇における「内向の世代」の活躍、そして在日朝鮮人組織である在日本朝鮮人総連盟（総連）からの作家の流出など、さまざまな要素が絡み合っています。

李恢成「砧をうつ女」が外国人作家として初めて芥川賞を受賞したのは一九七二年のことでした。李恢成や金鶴泳ら二世の男性作家たちには、暴力を振るう恐ろしい父の対極にある犠牲者としての母の姿を描く傾向がありました。一九九八年に山本周五郎賞を受賞し、二〇〇四年には映画化もされた梁石日の長編『血と骨』も、基本的にはこの構図を踏襲したものです。

父親と息子の和解のストーリーの端に描かれる虐げられた弱々しい在日朝鮮人女性、というすっかり日本人にもおなじみのイメージは、実際に近い場合も多かったことでしょう。しかしながらこのようなイメージは、以下の三つの条件が組み合わさった結果、初めて形成されたものだと私は考えています。それは、①一九六〇年代後半以後に②在日第二世代の男性作家が③日本語で書いた、というものです。つまり、日本の商業文学界で通用する日本人読者を想定して書かれた作品によって、このような一世女性像が定着していったということです。

ではそれ以前はどうだったのでしょうか。一九二四年生まれの男性作家の金民《キムミン》は、同胞女性を主人公とした作品を多く残しました。短編「西粉《ソブニ》の抗議」（一九五三年日本語版、一九五四年朝鮮語版）では、西粉という四〇歳すぎの女性が民族教育を守るために日本の教育庁役人に立ち向かう様が描かれています。その他にも「試写会」、「抱擁」、「オモニの歴史」などの小説で、日本社会で真摯に生きる一世や二世の在日女性たちに寄り添うような作品を書いています。そこには虐げられるだけの受動的な女性は全く登場しません。

また二世女性とみられる李斗理《ドゥリ》は、短編「断層」で「敬淑《キョンスク》アジュムニ（おばさん）」という女性を描き出しています。敬淑アジュムニはある日、密造酒の取り締まりと称してトラック二台で朝鮮人集住地域にやってきた警察官に家の中を荒らされます。彼女は濁酒作りをしていませんでした。怒りを募らせた敬淑アジュモニは、同胞男性たちの税務署への集団抗議についていきます。面会の約束をしていた税務署課長が逃げ、抗議にきた朝鮮人たちを別の役人が適当にあしらうのを見たアジュムニは、思わず次のように声を上げます。

> 戸をチャンガノンうち、かっていにトルワス、マック、ター、テビシボゴ、あんた達、キョンガンノムン、みんな、トドッノムだ、あんた達、キョンガンノムン、みんなトドッノムだ。（錠前のかかっている家に入り込んで、全部ひっくり返してみたりして、あんた達警官はみんな泥棒だ。あんた達警官は皆泥棒だ）
>
> （李斗理「断層」『青丘』三号、一九五五年十二月）〔会話文の日本語訳は李斗理〕

日本語と朝鮮語が入り混じったアジュムニの言葉は、その宛先である日本の役人たちには届きません。しかしな

写真1　全哲画「私たちの暮らし（二）広島大竹」（『解放新聞』1954年9月23日）

がら、必死に自らの思いを表現した女性のことばを、その娘の世代である李斗理が二言語混在のまま写し取ったという事実にはひじょうに大きな意味があると思います。

庾妙達《ユミョダル》は小説「ウムニ（母）」（『白葉』二五号、一九六三年六月）で、愛する夫を亡くして絶望の底にあった泉順《チョンスン》という女性が七人の娘たちの助けを借りながら立ち直っていくさまを描きました。泉順もかわいそうな母としては描かれていません。それどころか、娘たちに薦められて朝鮮語の識字学習を始める際には「私が文字を習えばすごいさ。自分の生い立ちの小説でも書くね」と豪語してみせる自信家の女性です。なお「ウムニ」の作者は、幼い頃に家族と日本へ渡った女性で、京都女子大学文学部を卒業し、同胞の経営する『国際タイムス』の記者として働くという、当時の在日女性としてはごく珍しい経歴を持っています。

子どもたちが書いた作文、とくに朝鮮学校で朝鮮語で書かれた母親像も興味深いものです。まず、母をテーマにした作文は父をテーマにしたものよりも圧倒的に多い印象を受けます。それらの作文の多くでは、日々苦労して一家を支える母親の姿が同情と尊敬をもって書かれています。

広島県の安佐朝鮮人自主小学校六年生の男児が一九五五年に書いた朝鮮語作文を見てみましょう。なお、文中の「オモニ」とはお母さんという意味です。

　ぼくの友だちの家はどこも貧しいですが、ぼくの家は友だちのところよりももっと貧しいです。ぼくたちが社会の誰に比べても恥ずかしくない立派な人になるようにと、オモニが苦労という苦労を全てしながら今まで生きてきたということを、ぼくが一番よく知っています。／また、オモニの苦労をよく知っているのはぼくだけではなく、姉も知っており、妹もよく知っており、一一歳の弟ですらよく知っています。ぼくたちの家族は、鼻を垂らしている弟たちすらも全員それをよく知っており、また近所に住む人々もみなよく知っています。〔中略〕少しでも幸せな暮らしをしようと、オモニは服に汗がしみるほど働きますが、生活は少しもよくなりません。お店には、醤油、みそ代だけでも背負いきれないほどの借金があります。お金がなくて借金をまだ返せず、何もできないでいます。

（キョン・キハク「弾圧を跳ね除けて貧困と闘うぼくの家」一九五五年、朝鮮語〔拙訳、以下同〕）

「ぼく」ばかりでなく周囲のだれもが、どれだけ母が苦労をしているか、子どもたちのために頑張っているかを知っている。子どもたちが母の一番の理解者であり、その母を代弁したいという気持ちを強く持っていたことがよく表れている作文です。この作文は広島の朝鮮人自主学校で書かれました。一九四八年からの日本政府による民族教育弾圧によって数校を除く全国すべての朝鮮学校が閉鎖されたのち、人々の工夫と努力で存続させた学校の一つです。朝鮮人の子どもたちが集まる空間で書かれたこと、つまり朝鮮人であることや貧乏を恥と思い隠さずに済むような、安心できる環境で書かれているということが、この作文でありのままの母の姿を写し出すことができた大きな要因となっていると私は考えます。

「エゴドキュメント」と「文学」とその「あいだ」

ここからは、一世女性たち自身が書いたものを見てみましょう。

まずはエゴドキュメントです。エゴドキュメントとは日記、手紙、自伝、回顧録などの一人称叙述のことです。日本では二〇二〇年に長谷川貴彦編『エゴ・ドキュメントの歴史学』(岩波書店)というひじょうに刺激的な理論と実践の書が刊行されています。ここでは、女性、子ども、外国人など、公的記録から取りこぼされ歴史の中で容易く忘れ去られていくような人々の自己表現の痕跡を辿ることで、それらの人々の主体を立ち上げる試みがなされています。在日朝鮮人女性たちによって書かれた手紙や日記なども全くないわけではないはずです。しかし残念ながら、それらがまとめて見られるような場所や資料集などは現在のところありません。

一方、活字化されて不特定多数の読者の目に晒される文学作品は、一般的にいえば公的領域に属すると言えます。では、①在日二世男性の日本語作品②金民の朝鮮語作品③二世女性の日本語作品④一世女性の朝鮮語作品についてはどうでしょうか。これらのうち現在の日本で「文学作品」として認識されているのは①のみでしょう。朝鮮語で書かれた②や無名の朝鮮人女性が書いた③、そして④があたかも存在しないことになっていることには、日本において「文学」と呼ぶにふさわしいかそうでないかを判定するのは誰かという問題が関わっています。そこには戦後日本を取り巻く国際情勢、米国の強大な影響下にある日本社会、朝鮮半島の南北対立の根源である冷戦など、さまざまな要素が絡んでいます。現在の日本における文学作品の生産、受容、流通システム、批評や研究といったジャーナリズムやアカデミズムにおいては、日本の文学賞を受賞したり、日本人読者の注目をあつめたりした①に属する作品しか可視化されにくいのが現実です。作品内容も、日本の読者の好みに合うものが残る傾向があります。戦後間もない時期には、金達寿や許南麒が作り出した抵抗者としての朝鮮民衆像、一九七〇年前後からは、家父長制の支配する壊れゆく家族、作家のアイデンティティ・クライシス、韓国軍事政権批判、といった具合です。

一九八九年には李良枝が「由熙」で芥川賞を受賞し、初の朝鮮人女性作家として大きな話題を集めました(そしてこの作品も、それ以降の女性作家たちの私小説的作品も、覗き見趣味的な性的な視線にさらされ続けることになります)。先にもみたように、李良枝の芥川賞受賞までの戦後四四年もの間に、在日朝鮮人女性が何も書かなかったわけではありません。一世女性たちの一部は、一九六〇年代に朝鮮語で詩やエッセイなども書いています。しかし、日本の文学史には、日本語で作品を書き、日本の文学賞を受賞したような在日女性作家の名しか残りません（二〇一六年に刊行された二世女性詩人の宗秋月の作品を集めた『宗秋月全集』は画期的なものでした）。日本の文学界とは全く縁遠かった一世女性たちなどは、文学作品をうみださなかった人々になってしまうのです。

そんな女性たちをどのように書く主体として可視化することができるのか。私が着目したのは在日朝鮮人組織や団体が発行した刊行物です。新聞、雑誌、文芸誌、同人誌、パンフレット、作文集、手記集などです。これらの媒体で使用されている言葉は、朝鮮語、日本語、その両方などさまざまです。それらの多くは、在日朝鮮人研究の先駆者である歴史家の朴慶植氏が収集した資料群、あるいは日本占領期にGHQが検閲を行うために収集し、その後米国のメリーランド大学に移され「プランゲ文庫」として保存、公開された資料群などの中にあります。もちろん、書き手やその遺族たちが自宅で保管しているものも少なくないでしょう。

在日朝鮮人発行の新聞には、とくに女性たちについての記事が多数あります。女性たちが朝鮮語で書いた手記、新聞投稿、日記、ハガキなども数多く掲載されています。これらを私は作品あるいはライティングと呼んでいます。ただし、なんらかの媒体に掲載されている以上、これらは第三者である編集者の価値観が多かれ少なかれ反映されていると見るべきでしょう。繰り返すように、在日朝鮮人たちは朝鮮半島の南北対立を受けて分裂し、激しいイデオロギー対立を繰り広げていました。そうしてできたいずれの団体でも儒教的ジェンダー規範が強く支配していました。こういった在日民族団体の影響も、女性たちのライティングには色濃くみられます。

一九七〇年代以降に夜間中学などで書かれた一世女性たちの日本語によるライティングも、一世女性たち自身が書き残した重要な文字資料です。初期のものをみると、その多くは日本的な形式と内容を持つ学校作文です。そこには先生と生徒、旧支配者と旧被支配者という非対称的な関係も必然的に内包されています。

一世女性たちの朝鮮語や日本語の作品は、当然ながら権威づけられた「文学作品」ではなく、新聞や雑誌に掲載されているという点で厳密にはエゴドキュメントとも言い難いものです。そのあいだに存在するものといえるでしょう。現時点でアクセスできるほぼ唯一の、一世女性たちによって書かれた資料はこのようなものです。従来の「文学」の定義なり、日本の単一言語主義なりを一度疑わなければ見えてこないこの中間的な作品群もまた、在日朝鮮人女性に接近するためのごく重要な手がかりであると考えます。

女性たちの作品を読む

ここからは、一世女性たちが実際に書いた作品をともに読んでいきたいと思います。ここで紹介する六つの文章は一九四七年から一九八二年までの三五年間に書かれたものなので、書き手の当時の年齢は二、三〇代から六〇代までと幅広いものとなっています。朝鮮語で書かれたものと日本語で書かれたものの間には、二〇年以上もの時差があります。それぞれの言語での識字教育がはじまった時期に二〇年以上ものひらきがあるためです。

まず朝鮮語作品を紹介していきますが、戦後日本における一世女性たちの朝鮮語の識字学習についてはあまり知られていませんので、最初にその概要を簡単に見てみましょう。

一世女性たちと識字教育

民族語の復活は「解放」後の在日朝鮮人たちが取り組んだ重要課題の一つでした。当初は故郷朝鮮への帰還を見据えた国語講習会が日本各地で開かれました。しかし、南朝鮮でのコレラの流行、インフレ、政治的混乱などにより帰郷が難しいことがその後明らかになると、次第に日本への滞留を意識した子どもの教育に力が入れられることになります。日本全国に学校が「雨後の筍のように」（朴慶植）建設されていったことは、一九四八年頃から日本政府とGHQによる弾圧が始まり、翌年一〇月にGHQによって学校閉鎖令が出されてほぼ壊滅状態に陥ったことと合わせてよく知られている通りです。

実は成人女性たち、すなわち既婚女性たちの朝鮮語教育も「解放」直後から実践されていました。当初は「夜学」や「国語講習会」と呼ばれていました。ハングルが表音文字だったことも幸いして、一世女性たちは比較的文字習得が早かったとも言われています。夜学に関する新聞記事や、そこに通う朝鮮女性を描いた小説や詩の数はかなりの数にのぼります。そこからは、労働、家事、育児で疲れ果ててすぐに辞めてしまう、夫に反対される、先生への謝礼が払えないといった種々の困難を抱えながらも、学習が地道に続けられていたことがわかります。

この女性たちの朝鮮語識字教育には、明白な特徴があります。在日朝鮮人の民族団体には在日大韓民国民団（民団）と朝鮮総連という、南北それぞれを支持する二大団体がありますが、そのうち女性たちに教育を提供できたのは総連およびその前身団体（在日本朝鮮人連盟（朝連）、在日朝鮮統一民主戦線（民戦））にほぼ限られていたということです。実際に運営を担ったのは、一九四七年に結成され現在は総連傘下で活動をつづける在日本民主女性同盟（女盟）です。

広島に住む女性たちも、早い時期から女盟が主導した識字学習に取り組んでいたようです。一九四九年には、前年四月に起きた大規模な教育闘争事件一周年を機に女性たちが朝鮮語学習に奮起したという報道がなされています（「文盲退治で復讐　広島女盟」『解放新聞』一九四九年一〇月三日）。この際に女性たちの間で掲げられたスローガンは「文盲退治で恨みを晴らそう」というものでした。自ら勉強して文字を獲得することで一方的な犠牲者の立場から脱しようという取り組みです。日本政府とGHQによる子どもたちの学校への弾圧を、植民地期に教育を受け損なった自らの経験と重ね合わせ、自らの力で過去を変えようと奮闘していた様子がうかがえます。

一九五〇年代になると今度は「生活学校」と名前を変えて既婚女性たちの朝鮮語識字学習は続けられます。一九五五年の総連結成はその動きを加速させました。一九五六年八月には大阪市内の一〇の女盟支部に二一か所の生活学校が開校し、四二〇人の女性が学んでいたといいます（「広がる母国語学習熱：在阪朝鮮婦人」『国際新聞』一九五六年八月五日）。ちなみに『国際新聞』は、中国人と朝鮮人が編集に関わって大阪で発行されたユニークな新聞です。記事によると、これらの学校では「これまで教育を受けられなかった三〇歳から六〇歳までのお母さんたち」が夜八時から一〇時までの二時間学びました。また朝鮮語ばかりでなく、市電の停留所の名前など実用的な日本語や算数も学んだそうです。名前が書けるようになりたいという動機から学習を始め、祖国（ここでは朝鮮民主主義人民共和国を指します）の新聞や雑誌を読み、祖国の人々と文通をするようになり、在日女性運動にも参加するようになる、というコースを辿る女性が多かったと記されています。学ぶ母の姿をみた子どもの成績が向上するという効果まで生まれたそうです。

そんな女性たちの間で朝鮮語学習熱が爆発的に高まる契機となったのが、一九五九年末の朝鮮民主主義人民共和国への帰国船就航でした。貧しく先の見えない不安定な暮らしの中で、多くの人々がこの社会主義「祖国」（皮肉なことに、在日朝鮮人の約九八パーセントが後に大韓民国の領土となる南朝鮮に故郷がありました）に希望を見出したのです。こうして一九六〇年代の初めには朝鮮語学習ブームが一世女性たちの間で巻き起こり、「成人学校」と名前を変えた朝鮮語識字学校で多くの人々が学ぶようになります。作品の懸賞募集、読書運動、日記をつけるキャンペーンなども行われました。

文字世界の中の一世女性たち

朝鮮語の場合

朝鮮語で書かれた作品はほぼ女盟の幹部や一般会員の人々によるものです。二年たらずと短命に終わった女盟機関紙『女盟時報』のほか、この当時の在日朝鮮人たちの主要メディアだった『解放新聞』とその後継紙である『朝鮮民報』や『朝鮮新報』に女性たちのライティングが掲載されました。最初期である一九四七年から一九四九年にかけては、ごく少数のエリート女性である女盟幹部たちのエッセイが『女盟時報』に見られます。その内容は、子どもの教育における母親の重要性、朝鮮女性と教養、嫁姑の理想的な関係などです。

しかし朝鮮戦争勃発直前には、在日朝鮮人発行の出版物は軒並み停刊や廃刊に追い込まれます。『女盟時報』も同様です。一九五〇年八月に停刊となった『解放新聞』は、約二年を経て一九五二年五月に復刊します。その後、同紙の投書欄には女性の書き手がちらほらと見られるようになります。その内容の大部分は同胞男性への不満でした。同紙に設けられた「男性に対する女性たちの要望」というコーナーに投稿された文章をみてみましょう。

> 家庭にいる婦人たちが、貧しい暮らしを引き受け、児童教育その他あらゆる生活をかよわい両肩に背負って一日中苦労しているのに対して、感謝の気持ちを持ったことがあるのですか?男性活動家のみなさん!婦人たちに感謝するカンパニアでも一度展開する勇気はないのですか?
>
> (李スンジャ「男性たちに対する女性たちのお願い」『解放新聞』一九五三年四月一六日、朝鮮語)

外では雄弁で勇敢だと称賛される同胞団体の活動家の夫たちが、家事や育児を一切しないばかりか家族に暴力までふるうことを痛烈に批判した文章です。書き手の李スンジャという人物の詳細はわかりませんが、かなりの教養の持ち主だったことがうかがえます。そのほかにも、男性たちに家庭生活に対する理解不足を反省せよ、もっと家事と育児に参加せよ、妻たちの負担や家計を考えずに客に食事をふるまう習慣を改めよ、女性の解放なくしては男性たちの真の解放もないということを自覚せよ、同胞企業は日本人女性の代わりに二世女性たちを積極的に雇用せよ、といった要望も寄せられました。

残念なことにこのコーナーはすぐになくなってしまいます。その後、一九五五年に総連が結成されたことと関係があるのかもしれません。朝鮮民主主義人民共和国の公民としての立場を前面に打ち出した総連は、同国の社会主義的男女平等思想を理想として掲げました。しかし実際には、民族的課題を何よりも優先させたために、ジェンダーの視点からの内部批判が封じられる現象が起きたのです。とはいえ、総連の組織力増大が女性たちの学習のモチベーションを上げる役割を果たしたことは紛れもない事実です。

ここで、当時五七才だった女性が生まれて初めて書いた年賀状を紹介しましょう〔**写真2**〕。

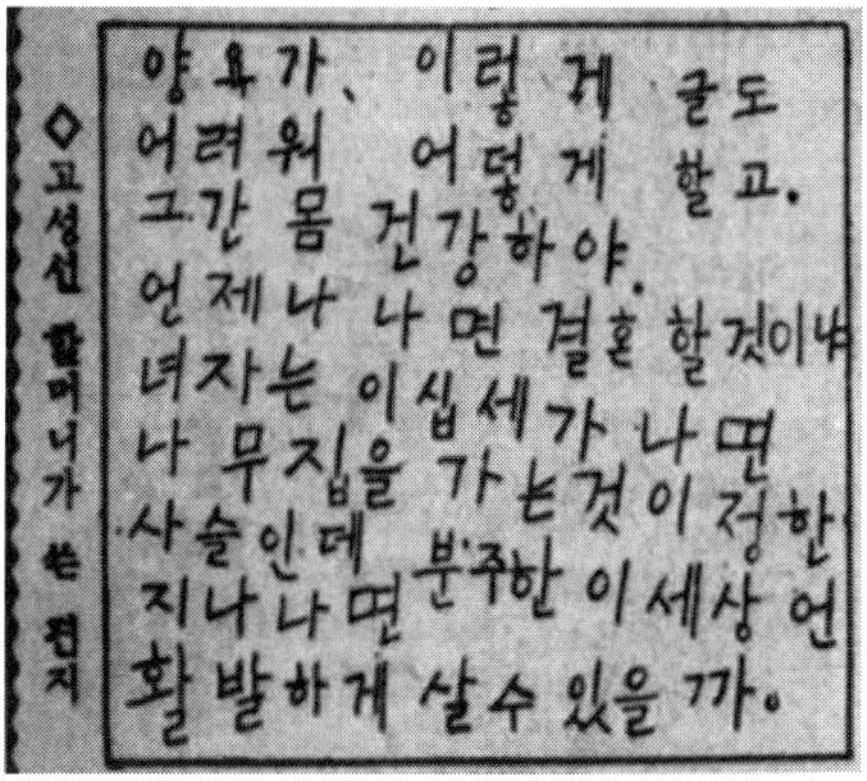
◇고성선 할머니가 쓴 편지
양옥가、이렇게 글도
어려워 어떻게 할고.
그간 몸 건강하야.
언제나 나면 결혼 할것이냐
녀자는 이십세가 나면
나 무집을 가는것이 정한
사술인데 분주한
지나나면 이세상언
활발하게 살수 있을까.

写真２　高ソンソン（57歳）が生まれて初めて書いた手紙（『朝鮮民報』1957年７月20日）

ヒャンオクや、字を書くのもこんなに難しくて困ったね。元気だったのか？ いつになったら結婚するの？ 女は二十歳になったら嫁に行く定めなのに、いつになったら幸せに暮らせるだろうね。

（「高ソンソン氏（五七）が午前学校の講師宛に生まれて初めて書いた手紙」『朝鮮民報』一九五七年七月二〇日、朝鮮語）

「午前学校」と呼ばれた既婚女性たちの識字学習の場で朝鮮語の読み書きを学んだ女性が、娘か孫のような年齢の在日二世の女性講師に宛てたハガキです。この若い講師は、おそらく「解放」後に民族意識に目覚めて朝鮮語を学びはじめ、それを同胞たちに教えることに強い使命感を持っていたことでしょう。早く嫁に行けという内容の年賀状を受け取って思わず苦笑いしているさまが目に浮かびます。植民地期には想像すらできなかった、文字を介した朝鮮人女性同士の世代を超えた交流の瞬間を目撃しているようです。

その後も総連系列の媒体は女性たちのライティングを日常的に紹介していきます。新潟―清津間をつなぐ帰国船が就航し、朝鮮民主主義人民共和国の刊行物が続々と入ってくるようになる一九六一年には、『朝鮮新報』が総連機関紙として新たに創刊、すぐに日刊化されました。その最終面は、家庭生活、女盟の活動、総連周辺の女性たちに関する記事を扱った、女性読者を意識した作りになっていました。抗日パルチザン闘士や金日成の母を朝鮮女性のロールモデルとする女性観を核にしながらも、在日女性たちは故郷の思い出、母のこと、政治情勢、共和国公民となった幸せなど、様々なテーマについて書くようになっていきます。

それらのライティングのうち、文字を獲得した喜びを綴った朝鮮語作品を三つ紹介したいと思います。これは後に紹介する、一世女性たちの日本語ライティングの主要なテーマでもあります。

最初に引用する随筆は一九五五年に書かれたものです。

> 学校にオモニ会があって行きました。そのときに私はこのように感じました。壁に色々とたくさん文字が書かれていますが、私は一つも読むこともできずに帰ってきました。文字を学ばないと、という気持ちがそのとき私の胸の中で燃えあがりました。
>
> 帰って一緒に住んでいる高キョンジャさんにその気持ちを話しました。キョンジャさんは、「勉強する気持ちが私たちにあるのなら、先生をお招きして勉強しましょう」と言いました。そのとき私は決心しました。その後、始めたのは去年の八月一三日でした。
>
> その間にいろいろとたくさん勉強をしました。ある日、先生の宿題をしようとしましたが、勉強中に知らない言葉があったので、私の子どものソンジャに「ねえ、これはなんていうの?」と聞いたら、そのとき

ちょうどその子が怒っていて私の質問に答えませんでした。それでも私は勉強しようという気持ちで手持ちの「コヅカイ」をあげたら、怒るのをやめて教えてくれました。

このようなことをみても、私たちが決心さえすればできないことはないのだと考えました。ここまで学んだのも、先生のおかげだと思います。

（金ボンヒ「私の決心」『解放新聞』一九五五年一〇月一八日、朝鮮語）

機嫌の悪い娘と取り引きする場面がほほえましい作品です。このように、朝鮮学校に通う自分の子どもに刺激を受けて朝鮮語識字学習を始めるケースが一九五〇年代には多かったようです。

次に紹介するのはその約十年後に別の女性によって書かれた手記です。

〔前略〕この成人学校を通じて、これまでの四十年間の人生では経験できなかった様々なことを経験し、言葉や文字では表現しつくせないほどの生きがいを感じました。〔中略〕私は組織の活動家たちをよりいっそう尊敬するようになりました。私たちが学ぶということは、自分自身だけのためではなく、わが国と組織のためのものでなければならないと思います。本当に総連はありがたいです。私のような無知な者をこのように目覚めさせてくれるからです。

昔の言葉に、女性は父母と夫によく仕え、子どもをたくさん産みさえすればいいというものがあります。しかし、世の中のことを自分の目で見て、自分の教養をさらに高めることによってこそ、本当に賢い主婦に、妻に、母になることができるのだと私は考えます。

家庭の事情のせいで成人学校に出かける時間がないという女性たちがいますが、私の経験では結局それは言い訳です。学ぼうという自分の覚悟を固めれば必ず学べると思います。

（李ジョンエ「成人学校卒業を前にして――上級班を卒業する喜び」『朝鮮新報』一九六四年四月二〇日、朝鮮語）

書き手の李ジョンエは、自分を文字の世界に導いてくれた同胞組織と活動家たちへの感謝の意や、「世の中のことを自分の目で見る」ということの重要性を知ったと書き記しています。日本の中に閉じ込められたような日々の暮らしにおいても自らの覚悟次第で新たな道を切り開き、世界を広げることができるのだという自負もこの文章から感じ取れます。「言葉や文字では表現しつくせないほどの生きがい」が存在することを知ったのも、文字を学んだからこそではないでしょうか。

三番目に引用する手記も一九六〇年代半ばに書かれたものです。

明るく澄んだ世の中は夢のような世界です。私は成人学校で文字を習ったおかげで、明るく澄んだ世界を自分の目で見ることができるようになりました。教室に座って勉強をするたびに私は過ぎ去った昔を思い出しました。否応なく日本へと渡ってきた私たち家族がぼろを着て、ひもじい生活を…。そしてまだ鼻を垂らしているような年ごろの九歳の時に日本人の工場で仕事をし、一八銭の日給を貰った日々を…。寒い冬に雪の上に座って氷のような冷たい水で洗濯をしたら手が切れて血が流れました。〔中略〕何銭にもならない日給を日本の奴らに騙されても、文字を知らないために一言も言えずに過ごしました。しかし、今は違います。文字を習うなんて夢でしか考えられなかった私たちが、このように自由に文字を習うようになったなんて、なんて良い世の中なのでしょうか。私が住んでいる地は昔と変わらない日本ですが、私たち朝鮮人たちの境遇は変わりました。私たちは敬愛する首領を戴く、美しい自分の国の江山に、自分の手でさらに美しい花を咲かせる共和国の堂々たる公民です。元帥ニム〔ニムは敬称〕、ありがとうございます〔後略〕

（文オクチェ「明るく澄んだ世の中は夢のような世界」『朝鮮新報』一九六四年一二月五日、朝鮮語）

文字を学んで読み書きできるようになった後の日常が、「明るく澄んだ世の中」「夢のような世界」と言い表されています。文字を学ぶことによって、現在ばかりでなく自らの過去を見つめるようになったという点が注目されます。自らの存在を相対化し社会の一員としての自分を見出すといった世界観の変化がよく表わされています。この手記はまた、一世女性たちの朝鮮語識字学習が「共和国公民」であるというナショナルアイデンティティの獲得と分かち難く結びついていたことも、はっきりと示しています。

この頃までには作文や手記の他に、詩や歌詞〔カサ、朝鮮の詩歌形式の文学の一つ〕といった文芸作品も書かれるようになりました。一九六〇年代後半以降になると、女性たちのライティングの内容や形式は総連および朝鮮民主主義人民共和国の教育、文化政策を反映したものになる傾向がしだいに強くなっていきます。

日本語の場合

一世女性たちが日本の夜間学校で学び始めるのは一九七〇年代後半以降です。一九六〇年代後半の東京や大阪での夜間中学増設運動の恩恵を得る形で、一世女性たちが教育の機会を得ました。夜間中学校は都市部を中心として増設されたので、生徒となったのも必然的に東京や大阪などに居住した人々に限られます。大阪で最初に増設された天王寺夜間中学校（一九六九年開校）の生徒の過半数は在日一世女性でした。夜間中学の他、先に触れたように神奈川県川崎市や大阪府大阪市生野といった朝鮮人集住地域での独自の取り組みも行われました。当初は、総連周辺の人々は朝鮮語を学びそうでない人々が日本語を学んだという傾向もみられました。一九八〇年代に書かれた日本語作文に、「朝鮮」の代わりに「韓国」という語が頻出するのもその表れといえるでしょう。

日本人教師の指導のもとで書かれた日本語作文を見てみましょう。日本語作文の引用は、すべて東大阪市に設置された長栄中学校夜間学級（一九七二年開校）の創立一〇周年記念文集からのものです。

私はちいさいとき、勉強しなかったので　いまから、自分の名前でも　かくように　したいと思います。

これから　がんばって勉強しようと思います。一人でいるから、かいらんばんを見ることもできない。そして、字を書くこともできません。困ったし、苦しかった。悲しかった。市役所と銀行でも、字を書くことができなくて、こまったことがありました。

字を　すこしでも　かくように　勉強したいと思いますが、なかなか　むずかしいです。

（白金玉《ペククモク》「苦しかった悲しかった」（創立一〇周年記念文集『おとなの中学生』東大阪市立長栄中学校夜間学級、一九八二年）

この白金玉という女性は、日本語の読み書きができないことでどれだけ辛い思いをしてきたかを書き連ねます。「困ったし、苦しかった。悲しかった」という短い言葉に胸を突かれます。自分の名前を書けるようになりたいということが真っ先に挙げられていますが、ここからは彼女がおそらく夜間学校に通うようになって初めて、「だれそれの母」ではなく自分の名前を呼ばれたのだろうことも想像させられます。

次に紹介するのは、男でも女でも勉強しなければならないと父親に言われて育った女性です。小学校や高等小学校に途中まで通ったり、解放後の朝鮮学校に少し通ったりしましたがやる気が出ずに続かなかったそうです。当時の女性としては珍しく理解ある父親に恵まれたようですが、通った学校でのいじめや卒業後に明るい展望がみえなかったことから、学習意欲が削がれてしまったのでしょう。

〔前略〕最初入学した当時は、勉強の仕方もわからずに手間どった時、何度も学校をやめようかと思いましたが、そのつど、嫁に恥ずかしいと思いながら、ここまで頑張り通してきました。

人間というものは、やると決めたらどこまでもやり抜くことが必要だと思います。私も今では、漢字の一字一字には意味があり、漢字二字合わせると熟語という言葉も分るようになりました。今では新聞の見出しもなんとか読めるようになり、通学定期を買う時にも人前でも威張って書くこともできます。前は外人登録の切り替えの時は、誰かに連れてもらいましたが、今では自分のことは自分でできるようになりました。

今は通学する事は私の生きがいに思えます。こんな私にも、後何年かすると卒業する日が来るでしょう。でも私は、自分自身なっとくするまでは通学したいと思っていますが、それでもいつかは先生から、貴方はもう卒業しなさいと言われる時が来るでしょうが、でも、この学校は夜間中学校ですので、私は高校へは行けなくても、中学の教育は受けたいと思います。

この学校を卒業したら、私は朝鮮人ですから、今度は朝鮮語を習おうと思っています。

今の私は、字を習うことに生きがいを感じ、胸をわくわくさせ希望を抱き、私の人生はこれからだと思い、夢を追い続けている今日この頃です。

（張葵貞「夜間中学に学んで」同右）


筆者の張葵貞は、息子の妻に夜間学校入学の手続きをしてもらったのでしょう。途中でやめたら「嫁」に恥ずかしいという思いで夜間中学に通学していたようです。「胸をわくわくさせ希望を抱き」「夢を追い続けている」といった、字を習うことによって明るい未来を思い描けるようになったというくだりは、この約二〇年前に書かれた文オクチェの文章と共鳴しています。今度は朝鮮語を学ぶのだという目標を持つようになった点も注目されます。文字の世界に一歩を踏み入れることで、いかにこの女性の世界の見え方が変容したかがうかがえます。

三番目の作文でも字が書けるようになった喜びが表現されています。

私は昔のことは　なぜか、思い出したくありません。だから、今現在の事しか考えません。皆さんが戦争で苦労もしましたね、私も、もちろん苦労しました。食べる事で、せいいっぱいでした。だから、考えたくありません。
生活がしにくい世の中になりましたね。上を見ればきりがありませんが　もう少し安定した生活がほしいと思います。だれでも、のぞんでいることでしょう。
私は本当にうれしいです。夜間中学へ来て、少しでも、作文を書けて、本当にうれしいです。私は上手には言えませんが、本当に　うれしいです。

（朴性珍「本当にうれしい」同）

作文を書けるようになって「本当にうれしい」。書けるようになって何ができるようになったかはここでは何も触れられていません。それでも、というよりそれだからこそというべきでしょうか、この朴性珍という女性が歩んできただろう険しい道のりをかえって読み手に想像させるようです。おそらく文集を編むにあたって、教師は昔のことを振り返って書くようにと指導したのでしょう。しかしこの筆者は昔のことは思い出したくない、考えたくないといいます。実はこのように言う一世女性は珍しくありません。過去を振り返ることを拒否したいという自らの気持ちに気づきそれを自らの言葉で表現しえたということ。たとえそれが教師側の意図からはみ出てしまうものだったとしても、それはこの女性にとって大きな意味を持つものだと考えます。

むすびにかえて

ここで最初の問いに戻りたいと思います。なぜ在日朝鮮女性たちは読み書きを習い、文字で自己表現をしようとしたのでしょうか。

一世女性たちの多くが文字を習った動機として挙げるのは、朝鮮語の場合は朝鮮学校に通う子どもに刺激されて、あるいは近所の女盟の活動家に何度も勧誘されてというものです。手紙を書きたい、というのも少なくありません。在日朝鮮人の多くは家族や友人との海を隔てての離散状態にありました。朝鮮の南や北に住む家族や友人たちとのコミュニケーションが、朝鮮語を学ぶことによって実現した場合も多かったことでしょう。

朝鮮語識字能力を身に付けることは多くの場合、朝鮮民主主義人民共和国公民としてのナショナルアイデンティティを内面化する過程と重なっていました。前述したように、一九七〇年代に入る頃には彼女たちの書く文章は定型化されていき、書き手それぞれの個性が見えにくくなっていきます。個人的にはこのことを残念に思う気持ちもあります。しかし同時に、書いていた当人たちは決まった型にあてはめながらどんどん書き進められることに幸せを見出していたのではないかと想像もします。

一方、日本語を学ぶ場合には、日常生活でのさまざまな不便が解消されるという実用的な効用がありました。名前や住所を書いたり看板や駅の案内が読めるようになったりする、というものです。外国人登録の切り替えを一人でできるようになってうれしい、といった記述もしばしばみられます。日本政府による朝鮮人管理のための手続きを自ら行う能力を得ることに喜びを感じる、というのには何ともいえない皮肉を感じざるをえません。とはいえ、自分たちの境遇を理解し励ましてくれる良心的な日本人との出会い直しの経験自体は、一世女性たちにとって得難い貴重なものだったことでしょう。

最後に、一九一〇年の韓国併合前後に生まれた朴ヨンスンという女性が朝鮮語で書いた文章を紹介して、この報告を締めくくりたいと思います。筆者は結婚前も日記をつけたことがあると書いているので、一世女性としては数少ない教育を受けた人物だったとみられます。これが書かれた一九六〇年代初めには日記をつけるキャンペーンが行われており、『朝鮮新報』でも日記の紹介が連日行われていました。この文章は、毎日日記をつけるコツについて述べたものです。

〔日記を毎日つけるのは〕私の今日までの生活があまりにも曲折の多い道だったからだ。私は私が経験したこの様々なことの中でも一生忘れられないことを一度考え、それらをひとつひとつ書いて、後代に「母は日本でこのように生きたんだよ」と堂々と話ができるようにするため〔に書くのだ。〕

（朴ヨンスン「私の日記帳より」『朝鮮新報』一九六三年一一月二日、朝鮮語）

文字を学び、何かを書くようになった女性たちは、自分たちをこれまで文字の世界から遠ざけてきたものが何だったのかと自問したことでしょう。自分の思いを自らの手で書きつけること、それは日本社会で取るに足りない存在とみなされ、記録すらされない存在である自らを肯定するための究極の行為だったといえると思います。「文学」も「エゴドキュメント」も「そのあいだ」も使うようなこのようなアプローチは、学術的には正統なものとはいえないのかもしれません。しかし、情報の断片をかきあつめてつなぎ合わせることでやっと何かが少し理解できるかもしれない人々、それが在日朝鮮女性たちなのです。

私は現在、在日朝鮮女性たちのエゴドキュメントの蒐集に取り組んでいます。ソ連では、一九八九年に「市民アーカイブ文書センター」が設立され、ソ連市民の日記、手紙、回想録などの大規模な収集、保管、公開作業が行われています。日本では、近代以降の一般人の日記の蒐集とアーカイブ化の作業が着実に進められています。それに比して、在日朝鮮人のエゴドキュメントの場合は、蒐集の試みすらまだなされていません。女性たちが書いた日記や作文、文芸作品、南北に散った家族や友人と交わした私信などが、その子や孫たちの家に眠っている可能性は充分にあると思われます。このような在日朝鮮人女性たちのエゴドキュメントを集めることができたら、彼女たちの世界により近づけるのではないかと期待しています。◇

参考文献

【新聞】
『女盟時報』『解放新聞』『朝鮮民報』『朝鮮新報』『国際新聞』『朝鮮女性』

【一世女性たちの作品】
香山末子『草津アリラン』梨花書房、一九八三年〔詩集〕
香山末子『エプロンのうた―香山末子詩集（ハンセン病叢書）』皓星社、二〇〇二年〔詩集〕
曺圭佑「約束」（在日文芸『季刊民濤』一九八八年二月春）、「丘に集う人びと」（一九八八年九月秋号）、「海峡を渡る人びと」（同一九八九年六月夏号）〔小説〕
梁川福心（姜福心）『くず鉄一代記』（大村印刷、一九八九年）、『続・くず鉄一代記』（同、二〇〇〇年）、朝鮮語版『古鐵一代記』（出版年不明）、続編（同、二〇〇三年）〔自伝〕
おもてよしこ『蟹座は何処に』美研インターナショナル、二〇〇八年〔短歌集〕
朴玉姫（寄与者 山本則子）『生死海を尽くさん―朴玉姫ハルモニの在日七四年』日本評論社、二〇一〇年〔自伝〕
東條美栄子こと申福心『在日九十年　ある在日女のつぶやき』自費出版、二〇一四年〔自伝〕

【在日一、二世女性の聞き書き集】
むくげの会編『身世打鈴　在日朝鮮女性の半生』東都書房、一九七二年
朴日粉・金潤順『生涯現役―在日朝鮮人 愛と闘いの物語』同時代社、二〇〇四年
Jackie J. Kim. Hidden Treasures: Lives of First-Generation Korean Women in Japan. Rowman & Littlefield Publishers. 二〇〇四.
小熊英二／姜尚中編『在日一世の記憶』集英社、二〇〇八年
かわさきのハルモニ・ハラボジと結ぶ二〇〇〇人ネットワーク生活史聞き書き・編集委員会『在日コリアン女性二〇人の軌跡―国境を越え、私はこうして生きてきた』明石書店、二〇〇九年
朴日粉『いつもお天道さまが守ってくれた―在日ハルモニ・ハラボジの物語』梨の木社、二〇一一年

【夜間中学や識字学級】
創立一〇周年記念文集『おとなの中学生』東大阪市立長栄中学校夜間学級、一九八二年
岩井好子『オモニの歌―四八歳の夜間中学生』筑摩書房、一九八四年
同『オモニのひとりごと―五六歳の夜間中学生』カラ文化情報センター、一九八八年
稲富進『ムグンファの香り―全国在日朝鮮人教育研究協議会の軌跡と展望』耀辞舎、一九八八年
同『文字は空気だ―夜間中学とオモニたち』耀辞舎、一九九〇年
徐阿貴『在日朝鮮人女性による「下位の対抗的な公共圏」の形成――大阪の夜間中学を核とした運動』御茶の水書房、二〇一二年
山根実紀『オモニがうたう竹田の子守唄：在日朝鮮人女性の学びとポスト植民地問題』（山根実紀論文集編集委員会編）インパクト出版会、二〇一七年
大多和雅絵『戦後夜間中学校の歴史』六花出版、二〇一七年
康潤伊、鈴木宏子、丹野清人編『わたしもじだいのいちぶです 川崎桜本・ハルモニたちがつづった生活史』二〇一九年
『生きる 闘う 学ぶ』編集委員会編『生きる 闘う 学ぶ―関西夜間中学運動50年』解放出版社、二〇一九年

【その他の関連書籍、論文】
金栄・梁澄子著『海を渡った朝鮮人海女―房総のチャムスを訪ねて』新宿書房、一九八八年
ソニア・リャン（中西恭子訳）『コリアン・ディアスポラ』明石書店、二〇〇五年
宋連玉「在日朝鮮人女性とは誰か」『継続する植民地主義』青弓社、二〇〇五年
宋恵媛編『在日朝鮮女性作品集』緑蔭書房、二〇一四年
宋恵媛『「在日朝鮮人文学史」のために：声なき声のポリフォニー』岩波書店、二〇一四年
伊地知紀子『消されたマッコリ。：朝鮮・家醸酒文化を今に受け継ぐ』社会評論社、二〇一五年
呉文子、趙栄順『女たちの在日―「鳳仙花」二二年間の珠玉文集』新幹社、二〇一五年
宗秋月『宗秋月全集：在日女性詩人のさきがけ』土曜美術社出版、二〇一六年
李杏理「脱植民地と在日朝鮮人女性による攪乱：「解放」後の濁酒闘争からみるジェンダー」『ジェンダー史学』一三号、二〇一七年
長谷川貴彦編『エゴ・ドキュメントの歴史学』岩波書店、二〇二〇年

第3章

加納実紀代が語る、
加納実紀代を語る

『平和』表象としての鳩と折鶴

二〇一八年一一月一七日・『〈銃後史〉を歩く』出版記念会講演

皆様、今日はこんなにたくさんお集まりいただきありがとうございました。さきほど上野千鶴子さんから私への「感謝」という言葉がありましたが、私はこんなに長生きするつもりがなかったので、一〇年ぐらい前から「死ぬ前にお詫びをしなければいけない人のリスト」というのを作っていました。ところがどんどん増えていきまして、今日こちらにいらっしゃる方の中にも…。私としましてはこれまでの人生で怖がらせたり傲慢だったりとかいろいろありますので、お詫びができる機会という気持ちでここにおります。

一応こういうタイトルにしました。ただ自分自身が、何が気になっているのかということが今一つよくわかっていないところがありますので、あとで上野さんがコメントをくださるし、時間があればみなさんからもいただければと思っています。

表象研究の意義

「表象研究の意義」なんてえらそうなタイトルで…。私が「表象」という言葉を知ったのは、それほど古いことではありません。定義としてはいろいろ難しいことがありますが、私が一番わかりやすかったのが、亡くなられた若桑みどりさんの、確か『象徴としての女性像』（筑摩書房、二〇〇〇年）という厚い本の中にあった「不可視の可視化」ということです。不可視、つまり「見えない」ものを見えるようにするという、単純なことです。

今日の私の話でいえば、「平和」というのは、何が平和なのかどこにあるのか見えないわけですが、それを見えるようにするために、鳩だの折鶴だのを表象として使ってきているわけです。そういうことを考えてみたいと思います。

「平和」表象としての
鳩と折鶴
2018/11/17
加納実紀代
オバマ元米大統領が折ったという折鶴
1

私は「銃後史」をやってきました。「銃後史とは何か」ということですが、仲間もたくさん来てくださっていますが、初めて聞くという方もいらっしゃるかもしれません。『〈銃後史〉を歩く』の「あとがき」にあれこれ書いておりますので、後でお読みください。

「銃後史」は歴史学の一環です。私が学生時代は、歴史学は実証史学ということで、事実を資料に基づいて証明していくというものでした。それが科学的歴史学だと教わってきていたわけです。「銃後史」というのは、一応文献資料を材料にして戦前・戦中の状況を明らかにするということですが、当時の私たちはまったくの在野で、なんのポストもなく、資料へのアクセスもできない状況の中で、とっつきやすいものと言えば新聞雑誌でした。そこで私は国会図書館に通ってカードに書き抜くことをやりました。

ただ、新聞雑誌は一次資料という見方もありますが、今の歴史学の本流から言うと二次資料です。すでに加工されていますよね。戦中時代、すでに国家による報道統制がかかっていますし、それに雑誌自体も「戦争反対」とはとても書けないわけですから、それ自体すでに作られたものとしてあります。「作られたものとしてある」ということは、いわば「表象」と言いますか、当時は「表象」なんて言葉は知らなかったわけですが、「表象」とつながるものであると考えました。私が見ていたというのは、つまり「表象」として見ていたということですが、それをやる意義はある、と当時も思っていました。

今、私たちは、戦争が敗戦に終わったとか、当時の報道が大本営発表で嘘っぱちだったことを、後から来た者の特権としてわかっておりますが、当時を現在として生きていた女性たちは、メディアから戦争というものを認識するより他なかっただろうと思います。だから新聞雑誌を見ていくということは、当時の女たちが持っていた認識状況と同じ目線で戦争を見ていくことになると思うのです。

現在、メディアからいろんな情報が山ほど流れるわけですが、SNSも登場して、必ずしも真実というものが流されているわけではありません。そういう中で、何が真実なのかということを見抜く視点を作るためには、当時の女性たちが騙されたということであれば騙されたというそのことを知っておく必要があるのではないかと思い、二次資料をやる意義もあると考えておりました。

そこで、改めて表象研究の意義というものを認識したのは『写真週報』（内閣情報部発行の国策グラフ雑誌、一九三八年二月〜一九四五年七月）の表象分析です。これも若桑みどりさんの『戦争がつくる女性像』を読ませていただいた結果が大きいと思いますが、本書『〈銃後史〉を歩く』の一三五ページに載せています。当時の日本国家が言った「大東亜共栄圏」、つまり東アジアの国々がともに栄える、言葉は「ともに栄える」ですが、結局は日本の占領支配であったわけで、その実態というものが『写真週報』からジェンダーと民族のクロスしたものとして見事に見えてきました。

私は以後、そういう目で見直してみる意義があると思い、「表象」というものにこだわってきています。

平和とは何か

まず「平和」とは何か、ということです。改めて言うことでもありませんが、peace の元はラテン語の Pax から来ていて、パックスアメリカーナ、パックスロマーナという言葉もありますが、これを動詞化すると「平定する」になります。「力による抑止」という意味合いの言葉です。そういうものとしての「平和」というものが、世界、とりわけ西洋の歴史というものの中には続いていたと思います。

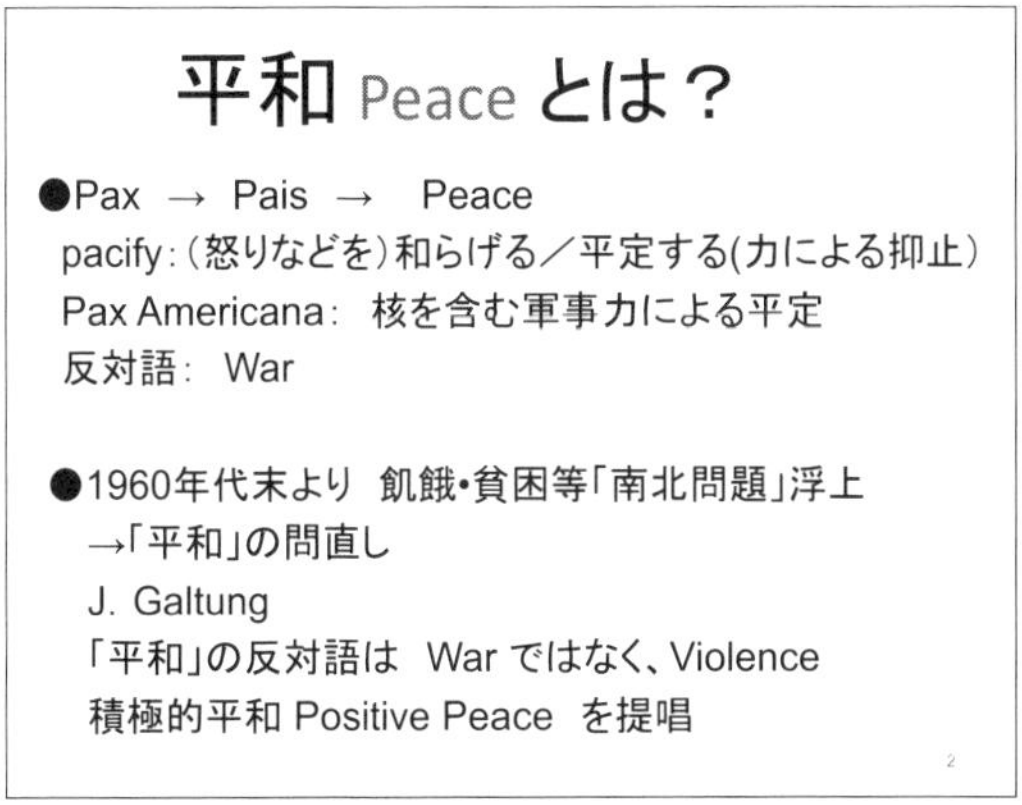
平和 Peace とは？
●Pax → Pais → Peace
pacify：（怒りなどを）和らげる／平定する(力による抑止)
Pax Americana： 核を含む軍事力による平定
反対語： War
●1960年代末より 飢餓・貧困等「南北問題」浮上
→「平和」の問直し
J. Galtung
「平和」の反対語は War ではなく、Violence
積極的平和 Positive Peace を提唱
2

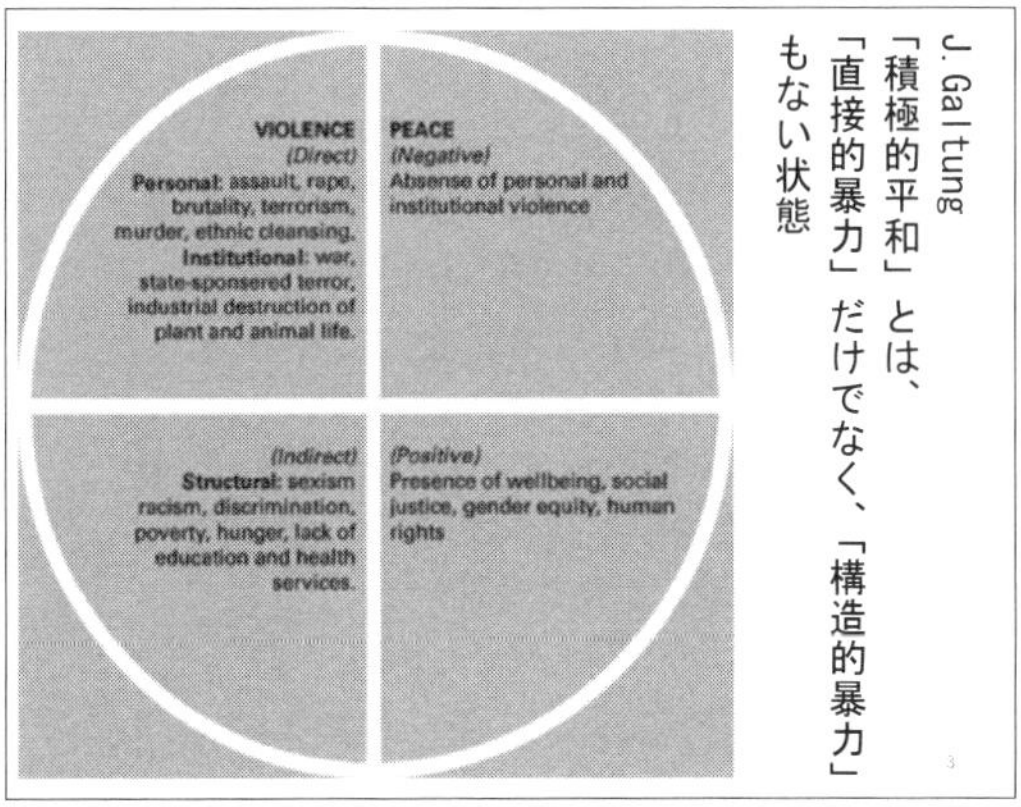
J. Galtung
「積極的平和」とは、
「直接的暴力」だけでなく、「構造的暴力」
もない状態
VIOLENCE (Direct)
Personal: assault, rape, brutality, terrorism, murder, ethnic cleansing.
Institutional: war, state-sponsered terror, industrial destruction of plant and animal life.
PEACE (Negative)
Absense of personal and institutional violence
(Indirect)
Structural: sexism racism, discrimination, poverty, hunger, lack of education and health services.
(Positive)
Presence of wellbeing, social justice, gender equity, human rights
3

日本には、「平和」というそもそも概念も言葉もなかったわけですが、ちょっと調べてみました。違うかもしれませんが、一八九二年に雑誌『平和』が創刊されて、北村透谷が「発行之辞」を書いています。その二年後、日清戦争がはじまる段階では、当時の総理・伊藤博文が「東洋平和のための戦争」なんだと言っています。つまり、戦

前の日本においては「平和のための戦争」「平和のための戦争」とずっと言われているわけです。ということは、結局、「力による抑止」であることを認めた「平和」ですね。それに対して、戦後の日本国憲法九条に、今や風前の灯、もう灯もなくなりそうという感じですが、書いてある言葉、まさに非戦であり武装放棄ということで、力による抑止というものを否定しています。

最近、アメリカの高校で銃撃事件が起こって、それに対して高校生たちが銃規制を求めてデモをするということがありましたが、トランプ大統領が「先生に銃を持たせればいいんだ」と言っています。まさにトランプは「力による抑止」の発想であり、高校生は武装放棄の日本国憲法九条の姿勢と言えます。「力による平和」とそうではない「武装放棄による平和」という二つがあった上に、六〇年代より新しい平和の考え方が出てきています。ヨハン・ガルトゥングの「飢餓や貧困もない状況が積極的平和」という考え方です。彼は日本に何度も来て、いろんなところで話をしています。

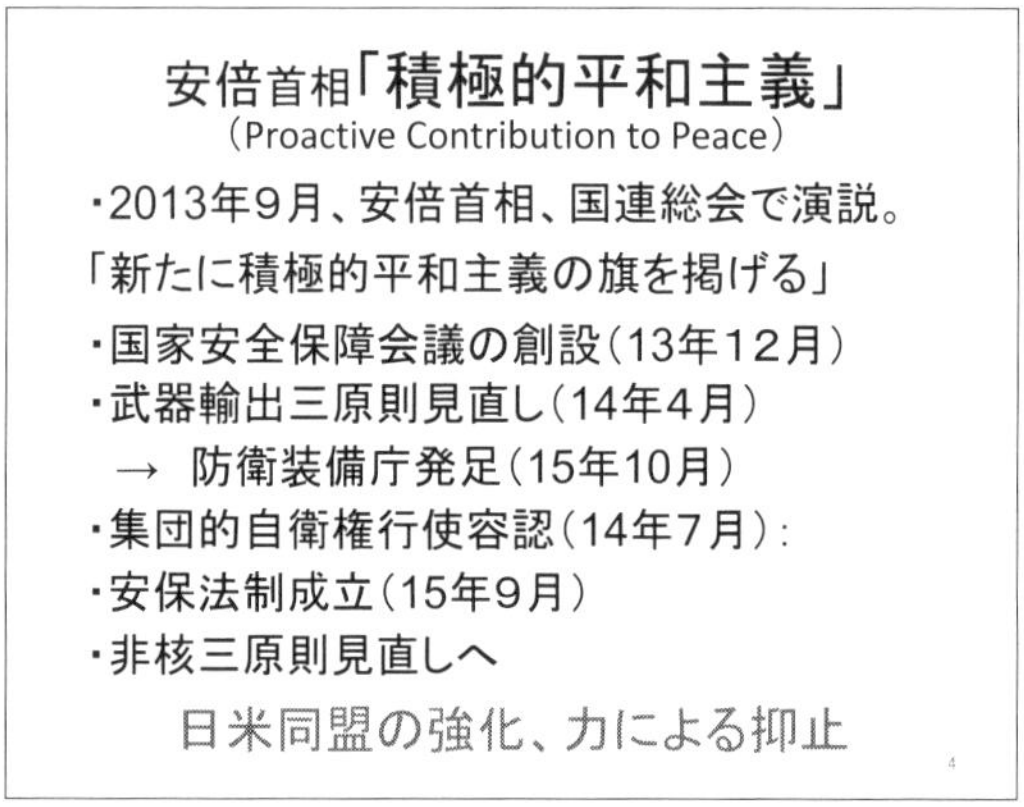
安倍首相「積極的平和主義」
（Proactive Contribution to Peace）
・2013年９月、安倍首相、国連総会で演説。
「新たに積極的平和主義の旗を掲げる」
・国家安全保障会議の創設（13年12月）
・武器輸出三原則見直し（14年４月）
→　防衛装備庁発足（15年10月）
・集団的自衛権行使容認（14年７月）：
・安保法制成立（15年９月）
・非核三原則見直しへ
日米同盟の強化、力による抑止
4

「積極的平和主義」
日本の安全保障の基本理念です。

「平和」表象としての鳩

「鳩」ですが、どうやらキリスト教文化がもとになっています。旧約聖書の「創世記」に登場するノアの方舟の物語の中で、四〇日間続いた洪水が降りやんでようやく地上が乾いたかどうかの偵察に鳩を飛ばしたら、オリーブをくわえて戻ってきたというのです。そこで鳩というのはいい奴だと。マタイ伝三章には「みたまは鳩に降りてき」ということで、「神の御霊」というようなことを象徴しているようです。

ただ、日本では逆に「鳩」は「軍神」です。神八幡のお使いということです。ただ、オリンピックでは「平和の祭典」と言われているように、第一回の時から鳩が飛ばされていますし、オリンピック憲章にも「聖火への点火に続いて、平和を象徴する鳩が解き放たれる」と書かれています。しかしそれは二〇〇三年までです。現在のオ

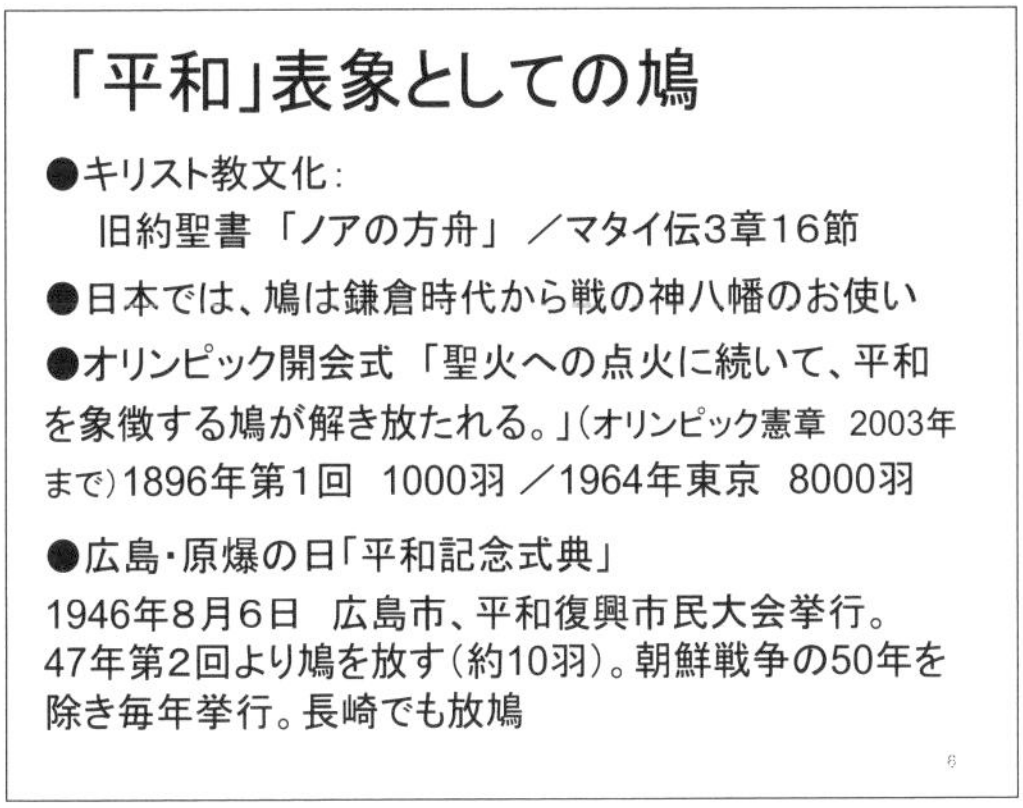
「平和」表象としての鳩
●キリスト教文化：
旧約聖書「ノアの方舟」／マタイ伝3章16節
●日本では、鳩は鎌倉時代から戦の神八幡のお使い
●オリンピック開会式「聖火への点火に続いて、平和を象徴する鳩が解き放たれる。」（オリンピック憲章 2003年まで）1896年第1回 1000羽／1964年東京 8000羽
●広島・原爆の日「平和記念式典」
1946年8月6日 広島市、平和復興市民大会挙行。47年第2回より鳩を放す（約10羽）。朝鮮戦争の50年を除き毎年挙行。長崎でも放鳩

1949年、パリ国際平和擁護会議でピカソの絵をポスターに。以後鳩は世界的な「平和」表象に
Peace
1946年1月発売（鳩のデザインは52年4月、レイモンド・ローウィ）

リンピック憲章からもこの項目は削られたということです。その理由として、ソウルオリンピックで鳩が焼け死んでまる焼け、焼き鳥になったという話があり、ネトウヨが韓国をけなす時にその話が出てきたりします。また今では動物愛護の観点から、必ずしも鳩は飛ばさなくていいということで、この項目は削られたのだろうと思います。再来年の東京オリンピックではどうするのでしょうか。

平和の観点から考えてみます。広島では原爆投下翌年の四六年、つまり一周年目から「平和復興市民大会」が開催されました。翌四七年、お祭り騒ぎだと批判されたその平和大会で「鳩を飛ばす」ということが始まり、今も鳩は長崎も含めて飛ばされています。

戦後において鳩がこういうふうにもてはやされて「平和」と結びつけられるのは、一つは、やはり第二次世界大戦という戦争による被害が非常に深く人々の心に沁み込んでいたことがあると思います。もう一つは、戦後になって米ソ冷戦構造が強まってきて、ソ連も原発を開発するという状況の中で、一九四九年、パリ国際平和擁護会議が開かれ、ストックホルムアピールが採択されるわけですが、その時に、ピカソのこのオリーブをくわえた鳩の絵が使われたことによって、鳩は「平和」の象徴として世界的に広まったと言われています。日本のたばこでピースというのがありますが、一九五二年から発売されたそのパッケージには「オリーブを加えた鳩」が使われていますね。

「平和」表象としての折鶴

〈無辜なる被害者〉の構築

それでは「折鶴」はどうなのでしょうか。折鶴は日本の伝統文化だ、江戸時代初期から、いやもっと前からあったんだとかいろいろ言われていますが、折紙文化が庶民の文化として、とりわけ千羽鶴は「鶴は千年亀は万年」で長寿でもあるし、一羽一羽折ることによって「病気が治りますように」という願いを込めて、千羽折ったらお寺に捧げるみたいなこともなされていたりします。

ここまでの段階では「平和」への結合はないわけですが、どこで結合したかと言いますと「原爆」です。私より三つ年下の女の子、二歳で被爆した佐々木禎子さんの物語です。禎子さんは一九五五年二月、白血病を発病して、鶴を千羽折ったら治ると聞いて必死になって病床で、薬の包み紙をこんなに小さく切ってせっせと折って、千羽以上、千三百何羽折ったというのですが、願いはかなわず亡くなりました。

「平和」表象としての折鶴

●折鶴:　日本の伝統文化（江戸時代初期より？）
●千羽鶴:　病気平癒祈願

●折鶴と「平和」の結合
1955年2月、広島で2歳で被爆した佐々木禎子、白血病発病. 回復を願って病床で千羽鶴を折ったが、10月死亡（12歳）。級友ら、その死を悼み、「原爆の子」像建設のため募金活動
●1958年5月5日、平和公園内に「原爆の子」像建設
「これはぼくらの叫びです　これは私たちの祈りです
世界に平和をきずくための」（碑文）

折鶴（千羽鶴）:　「平和」表象に　8

そこで、クラスメートが禎子の死を悼んで「原爆の子の像」を建てることを決め、「この悲しみを二度と繰り返さないように」と募金活動を行い、その結果、一九五八年五月五日、平和公園内に「原爆の子の像」が建設されました。その碑文として「これはぼくらの叫びです　これはわたしたちの祈りです　世界に平和をきずくために」と刻

まれたことによって、ここで「折鶴」と「平和」というものがつながるということになりました。しかし、碑文の「ぼくらは叫び、わたしたちは祈る」自体いかにもジェンダー的なものだと思うんですけど。「原爆の子の像」は、禎子が折鶴を捧げ持っています。これに対して全国から「平和」「平和」と書いてある折鶴が一年間に一〇トン送られてくるそうで、広島市も困っているんじゃないかと思います。

はしょってしまいますが、私は、禎子の「折鶴」が「平和」と結びつくことによって、「唯一の被爆国」という言い方が日本のナショナル・アイデンティティになっていったのではなかろうかと考えています。原爆被害というのは、それ以前、禎子以前から女性化されていまして、ケロイド、顔にケロイドを受けたのは男性も同じですが、男性の被害は言わず女は顔が大事だからと「原爆乙女」が被害としてクローズアップされ、女性化されています。それに加えて、まさに禎子、一二歳の少女の白血病死です。しかも戦後一〇年たって、ようやく復興に向かって日本は活気づいている時です。ものすごく痛ましいという想いで受け止められ、〈無垢なる被害者〉というものが禎子を契機に構築されることになります。それが結果的にみると侵略戦争の加害性というものを隠蔽することにつながったのではないか、私はそう思います。

それから折鶴は、日本の伝統文化であり、それを自ら折るということで参加意識につながり、その千羽鶴をみなで集めるということで共同性も形成される。そこでナショナル・アイデンティティが生まれる、ということになるわけです。「被爆＋憲法九条」が日本の戦後軸だということで平和国家というイメージが作られていくわけですが、

〈無垢なる被害者〉の構築

- ●原爆被害の女性化（原爆乙女）
- ●佐々木禎子：12歳の少女の白血病死
  無垢なるもの・罪なきもの
- ●折鶴（千羽鶴）：伝統文化／共同性
- ●「唯一の被爆国」侵略戦争の加害性隠蔽
  → ナショナル・アイデンティティ
- ●被爆＋憲法9条：平和国家・日本！

アメリカの核の傘の下の平和
沖縄に基地負担をおしつけての平和

10

アメリカの核の傘の下の平和であり、沖縄に基地負担をおしつけての平和であったことが、今はもう明らかになっております。そのへんのことを直視しないできたことを改めて思うしだいです。

世界に広がる禎子と折鶴

しかしながら、禎子の話は世界に拡がっています。オーストリアのブルックナー作『サダコ』。真ん中はドイツ語の絵本で、英語版もあります。シアトルの平和公園にはサダコ像があります。こうしていろんなところにサダコ像は建ち、本も何冊も出版されています。

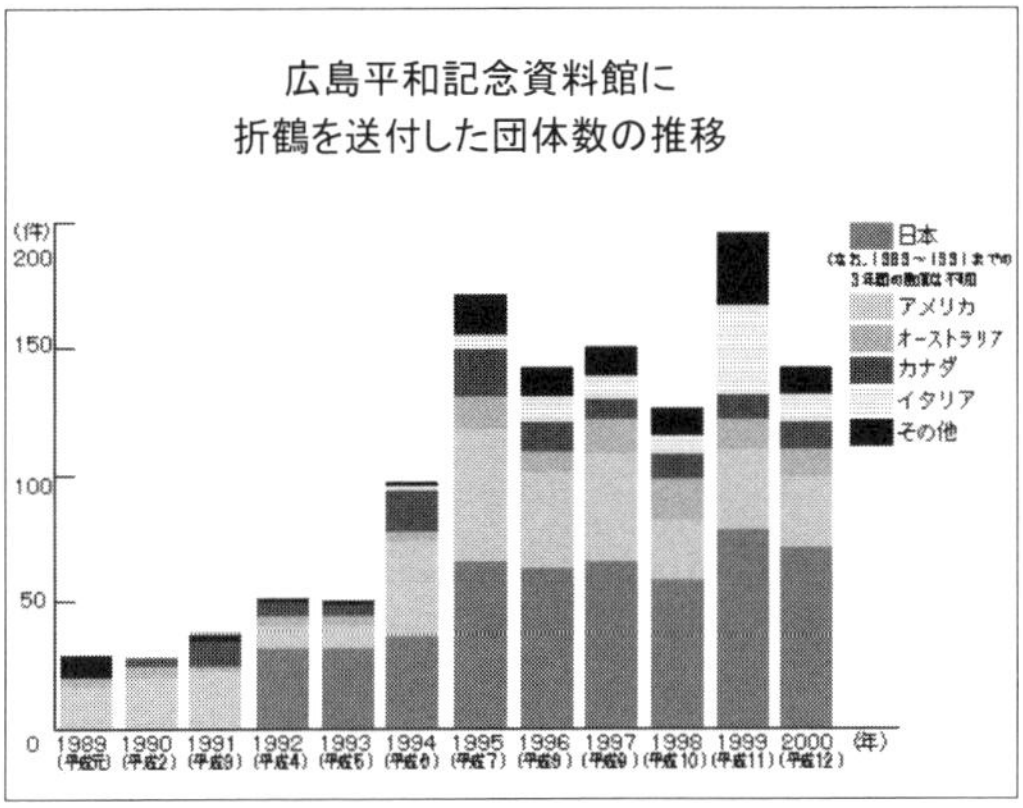

私がいま気になっているのは「サダコレガシー」というものです。サダコのお兄さんである佐々木雅弘さんが、私より一つ年下の男性なんですが、二〇〇九年に「特定非営利活動法人サダコレガシー」を設立しました。ミュージシャンの息子の祐滋が作詞作曲した『INORI〜祈り〜』（二〇一〇年）を歌手のクミコが紅白歌合戦で歌って評判にもなりました。

サダコレガシーの活動
禎子の千羽鶴
2009年、 佐々木雅弘（サダコの兄）、特定非営利活動法人サダコレガシー設立。ミュージシャンの息子祐滋とともに、サダコの折鶴を世界に送る運動展開。トルーマン大統領の孫を日本に招き、活動をアピール。オバマ元米大統領の折鶴もその流れ？
INORI～祈り～
折鶴は「平和」ではなく、
「思いやり」／社会貢献活動
13

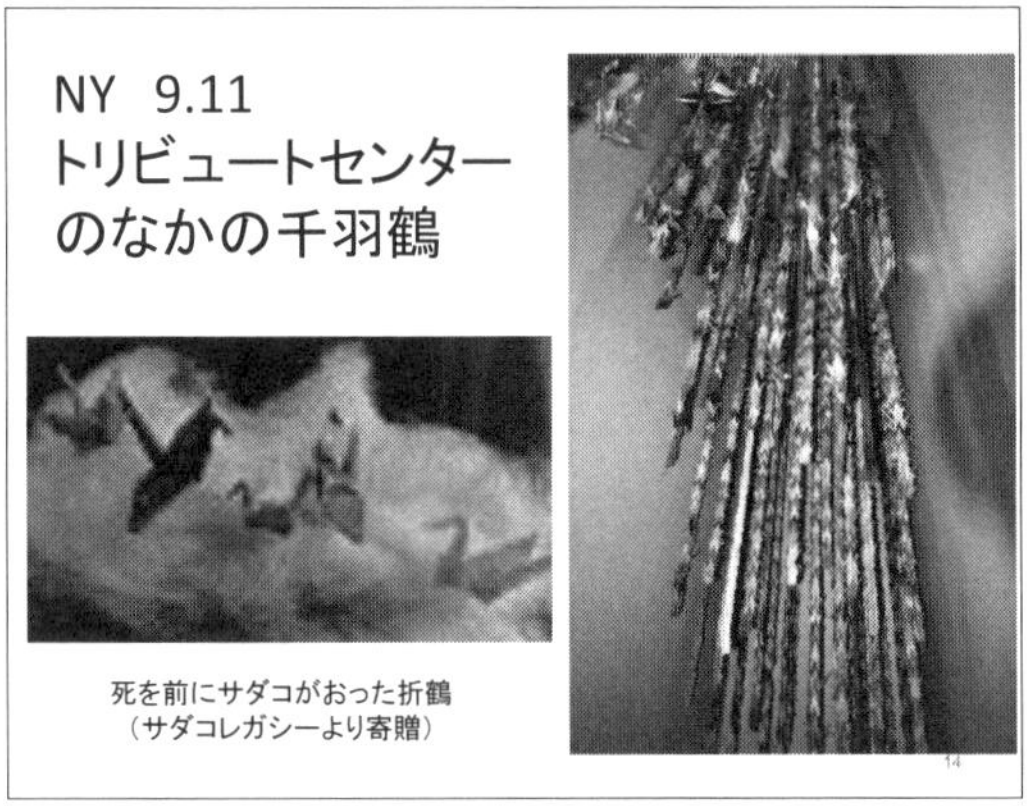
NY 9.11
トリビュートセンター
のなかの千羽鶴
死を前にサダコがおった折鶴
（サダコレガシーより寄贈）
14

Hiroshima
広島平和記念資料館で、
オバマ大統領の折鶴に群がる参観者たち
15

レガシーとしてなにをやるのかというと、サダコの折った千三百羽の、その小さな小さな折鶴、それを世界中に配るという活動です。世界中といっても誰彼なく、ではなくてやっぱり配るポイントがあります。二〇〇一年に九・一一事件がありました。私が行ったのは二〇一三年です。まだ仮設段階だったんですが、その奥に千羽鶴があってびっくり仰天しました。よく見ると、禎子が折ったこんな小さな小さな折鶴が、真綿にくるまれるようにして飾られていたのです。九・一一のあの事件の性格と原爆被害の性格というのをどう考えたらいいのかと戸惑いました。彼らは禎子の兄弟ですし、それに禎子のブツを持っていますから非常に力があります。

また、トルーマン大統領が原爆の投下指令を出したわけですが、「じいちゃんが悪いことをして申し訳ありません」という気持ちを持っているその孫のところに彼らは折鶴をもって行くわけです。実はトルーマンの孫は「祖父がやったことはその時の歴史としては仕方なかったけど、申し訳なかった」みたいな気持ちです。たぶん、オバマが折鶴を知ったのはこの流れじゃないかと、私は推測しています。

ここで重要なのは、「折鶴」はここで「平和」とは切れるということです。彼らはサダコ物語を差し出しながら、「平和」ということ、「戦争」ということを一言も言わないのです。何を言うかというと、お兄さんが書いた絵本『禎子の千羽鶴』（学研プラス、二〇一三年）の中にありますが「禎子というのは非常に思いやりがありました。うちは貧乏だったので」と。お父さんは床屋さんです。「貧乏だったので、最後に何を食べたいかと聞いたら『お茶漬けが食べたい』と。そのごはんも『外で買うと高いから病院のまずいごはんでいいよ』と言った」と言うのです。本当に思いやりがあって、自分たちの苦境を思いやったというそこのところをアピールして、折鶴を手渡しながら「思いやりの心を持ちましょう」とメッセージしているようです。

「右」に回収される「平和」表象

今日、聞いていただきたいのは特にここからなんですが、「『右』に回収される『平和』表象」というタイトルをつけてみました。

「右」に回収される折鶴

先ほど、「鳩」は「平和」の表象として世界的シンボルになったと言いましたが、靖国神社では一九七三年以来、白鳩を飼って毎年八月一五日に飛ばしているらしいというのです。私は知らなかったのですが、池川玲子さんに教えてもらいました。七三年からというのは何だろうということです。ネットで調べて知ったことですが、ちょうどこの頃、靖国神社を戦前と同じように国家管理すべきだという論調が非常に高まっていて、自民党が議員法案として何回も国会に「靖国神社国家護持法案」を提出しています。七三年が五度目の提出で、いよいよ最後だと向こうとしては非常に気合が入っていたようで、その頃白鳩を飼い始めたということですから、これも推測でわからないのですが、「平和」を演出してアピールしたのかなあと思ったりしています。

千羽鶴は靖国神社にも捧げられています（千羽鶴の会奉納）。西暦ではなくてなんと「皇紀二六七三年一〇月二〇日（例大祭最終日）」と書いてあります。私が生まれたのが皇紀二六〇〇年です。私はいま七八歳なので五年前ですが、ネットに「紀元は二六〇〇年♪」「一〇月二〇日の九時何分に千羽鶴をもって集合〜」というのを流しています。その時にわっと持ってきたもののようです。その後続けているのかどうかというのは調べが追いつきませんでしたが、まさに日本会議系の人が中心になっています。

これこそびっくり仰天したんですが、熱海にある「興亜観音」ご存じでしょうか。A級戦犯東条英機をはじめ七人が今の天皇の誕生日一九四八年一二月二三日に処刑されるわけですが、その遺骨を右の人が奪いに来るといけな

「右」に回収される
「平和」表象

靖国神社の白鳩
1973年以来、靖国神社内で白鳩を飼育。毎年8月15日に放鳩。73年は靖国神社国家護持法案5度目の提出で正念場。
白鳩で「平和」を演出か？

いというので考えられて、結局、熱海の「興亜観音」に欠片が埋められたというのです。「興亜」というのはつまり「大東亜戦争はアジアを興すための戦争であって何ら侵略ではない」という姿勢のことですね。

松井石根という人はもちろんA級戦犯で処刑されましたが、南京事件の責任者です。彼が熱海にもっていた別荘を利用して「興亜観音」を設置しました。そこで私がびっくりしたのは、松井石根さんが着ていた外套がビニールにくるまれていて、その横の左の方に「鎮魂」と書かれている。A級戦犯にも千羽鶴が捧げられているのです。ものすごく急な山を上がったところにあります。ちょっと面白いので、みなさんついでがあれば行ってみてください。

「右」に回収される折鶴

靖国神社の千羽鶴
（千羽鶴の会奉納）

熱海・興亜観音のA級戦犯松井石根の外套に
「鎮魂」の千羽鶴

またさらにびっくりしたのが、特攻隊賛歌の絵本『お父さんへの千羽鶴』（ときたひろし著、展転社、二〇〇七年）です。お父さんが固い決意を胸に秘めて最後に家族の元に帰った時、妻や子どもたちが折鶴を、それも白い折鶴を折っていて、それを持って特攻機に乗り航空母艦に激突するわけです。途中で何度も撃たれるので、そこまで辿り着いて玉砕なんかできないのです。そのうんと手前で水没してしまうというのが普通の特攻機のあ

りようなんですが、この白い折鶴のおかげで、彼の飛行機はなんとか敵というかアメリカの航空母艦に激突して死ぬことができました、めでたしという絵本です。

「大東亜戦争」肯定と千羽鶴

このように右に回収された「折鶴」というのは、結局「大東亜戦争」肯定になります。そもそも〈無辜の被害者サダコ〉が「平和」を願っていたということから始まりますが、A級戦犯、まさに戦争の計画・指導をした人に奉られて行くことになります。松井石根だけではなく、七八年からA級戦犯が靖国神社に合祀されているからこそ、中国や韓国が総理大臣の公式参拝を批判する時の一番の理由に掲げられるわけです。このままいけばA級戦犯も特攻兵もすべて同格の被害者として哀悼し顕彰するということにつながっていくのではなかろうかと、私は思います。つまり、戦争責任は雲散霧消ということになり、二〇一六年に広島に来たオバマ大統領が「空から死が降って来た」と演説しましたが、戦争は空から降ってくる天災と同じことになってしまうわけです。

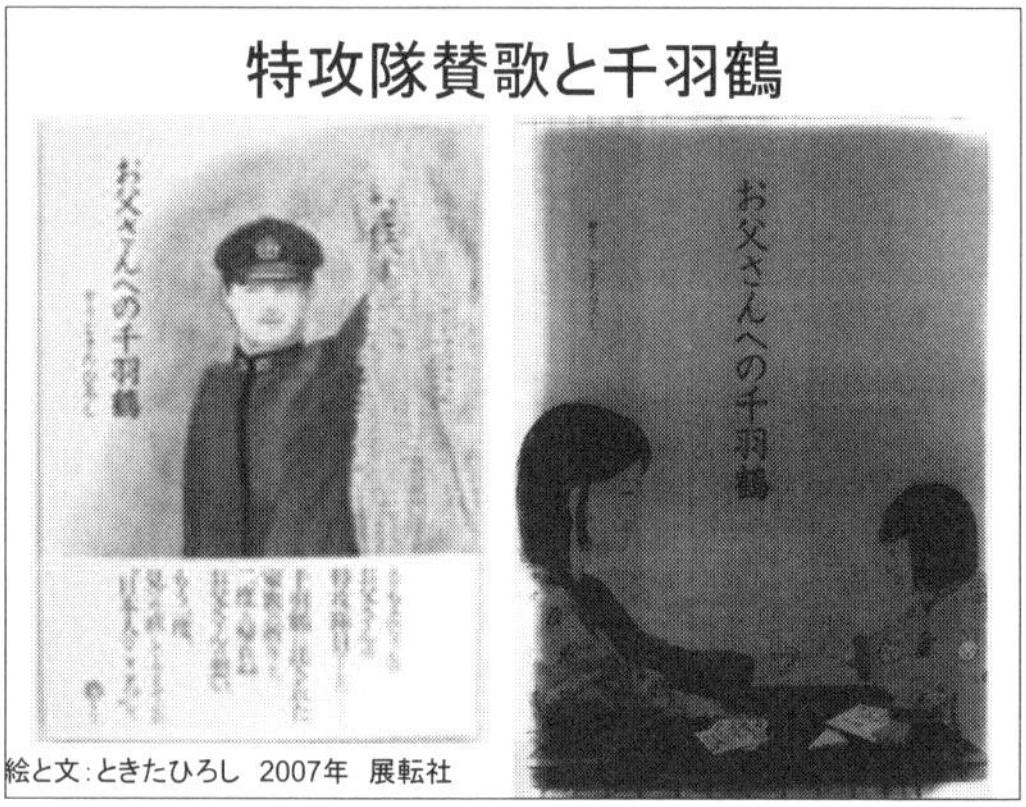

「大東亜戦争」肯定と千羽鶴

- ●禎子の千羽鶴：「平和」表象として誕生
  - ・サダコ：　無辜なる民の象徴
- ●A級戦犯・靖国神社・特攻兵への哀悼
  - ・A級戦犯：　戦争の企画・指導者
  - ・靖国神社：　軍人・軍属を「英霊」として讃える
  - ・特攻兵：自殺的死を強要された兵士
- ●すべて同格の戦争犠牲者として哀悼・鎮魂？

戦争の天災化／戦争責任の無化

20

これまで「千羽鶴」について話し、見ていただきましたが、私は非常に危惧を持っています。今までお話ししたのはこれまでの戦争についてなんですが、さらにこれからの問題としてもです。

二〇〇三年九月に安倍首相が国連総会で「新たに積極的平和主義の旗を掲げる」と演説をしています。これは、最初にご紹介したガルトゥングの「積極的平和」と実に紛らわしい言葉で、ガルトゥングの場合は、positive peace とシンプルなんですが、安部首相のいう「積極的平和主義」というのは、Proactive Contribution to Peace ということで「平和貢献」の意です。彼の言う「平和貢献」は結局、みなさんご存じのように、国家安全保障会議を設立し（二〇一三年一二月）、集団的自衛権を閣議で容認し（二〇一四年七月）、安保法制を多くの反対を押し切って成立させてしまう（二〇一五年九月）というものです。つまり日米軍事同盟の強化であり、まさに「力による抑止」を強めるということです。日本国憲法の姿勢とはまるっきり反対ですね。

しかもこの「積極的平和主義」のポスターは、なんと、折鶴を折る女性自衛官が、たぶんイラクかシリアかそのあたりの少女ではなかろうかと思いますが、にこやかに折鶴の折り方を教えているというもので、これを積極的平和主義の象徴として出しています。

「表象」の持つ多面性

もう一つ、私が怒っているのは、戦時中の一九四二年の『写真週報』の表紙の構図と類似しているということです。同じように政府広報でして、一九四二年七月二二日号というのは、日本がその前年一二月にアジア太平洋戦争を始めて、その翌年の二月にシンガポールを陥落させたその直後ということです。「日本の看護婦さんに日本のお話をせがむマレイ人の少女」というタイトルがついています。

この『写真週報』には、にこやかにいかにも平和な地元の女の子との交流がイメージされていますが、これは何を隠蔽しているのでしょうか。シンガポールでは五〇〇〇人に及ぶ中国系の人びとの虐殺がありましたし、アジア太平洋戦争はハワイの真珠湾攻撃から始まったと思われていますが、その一時間一五分前にタイとマレー国境のコタバルに日本軍は上陸しダーっとシンガポールまで南下していく中で、ものすごい虐殺を行っているのです。つまり、この看護師さんとのにこやかな交流というのは、まさに、そういう日本の虐殺を隠蔽するものであったというふうに思っていて、それが今、同じような構図で出されていることをどう考えるかという問題に行き着いたわけです。

もう少し言うと、メディアでもけっこう「折鶴」は使われています。私がたまたま観たものでいえば、映画『シン・ゴジラ』(二〇一六年)。冒頭が無人船というか人がいない船がたゆたっていて、なんだなんだって行って見たらそこに折鶴が一羽ちょんと置かれていた。「この折鶴はいったい何の意味があるのか」というのがネットで議論になっていて、何とか博士という人の船で、何とか博士の妻が白血病かなんかで死んだというのです。『シン・ゴジラ』でゴジラが出てきたのはやはり放射能の影響ということになっておりますから、それに対する批判が込められているのでないか、いやそれはないのではないかなどあって、私もよくわかりません。

さらに何年前でしょうか、たまたまNHK朝ドラ『あさが来た』を観ました。広岡浅子という明治の女性実業家を主人公にしたドラマでしたが、姑さんが亡くなって仏壇に折鶴を捧げていて、えっ、これはいったい何なんだって。最初の「鶴は千年」「千羽鶴の長寿の願い」など「生」に向かって願いを掛けるのとはまったく違う「死」に対する哀悼に変わったものを、NHKドラマが流布させていることに、いったい何なんだと思いながらまだ調べがついていません。

「平和」表象としての折鶴ですが、鳩であれば空を飛んでいるわけで、一人一人がそれに手を加えるということはできないわけですが、折鶴は紙さえあれば誰でも折れるわけですし、自ら折ることで「平和」に何か「いいことした！」みたいな気持ちにもなれる。一種の、あまりいい言葉ではありませんが、アリバイになってしまうのではないかと思っています。

ガルトゥングの言葉で「日本人は憲法九条を安眠枕にしている」という批判があります。私たちは、アメリカの核の傘の下、沖縄の基地負担が減らないという状況のなかで、憲法九条の上で安眠をむさぼり、折鶴を折って平和のために何かをしたような気になっているわけです。それが憲法の空洞化をもたらしたのではなかろうかと思います。つまり、「表象」というのは、何かをわかりやすく共有する上ではいいんですが、その分、何かを隠したり疎外したりする、そういうものなのではないでしょうか。

さいごに

「平和」表象っていうのはそもそも何なのか、ここまでお話ししたことをどう考えればいいのかということ自体、私自身まだ明瞭ではありません。そこでみなさんに是非ご意見をいただきたいと思ったわけですが、整理してみます。

「平和」表象には政治が働いているということを改めて思いました。そして「平和」は非常に多義性があるものだということです。さっき話したように、まさにいま「力による抑止」というものがのさばってきていますが、「非武装の平和」という日本国憲法を持っています。それからガルトゥングのような、飢餓や差別や原発もない世の中を「平和」と言うという考え方もあるわけですから。

また、折鶴（千羽鶴）も非常に多義的なものだと改めて思いました。最初の段階では病気平癒とか長寿とか、その「生」「命」にかかわる前向きな願いだったわけですが、サダコに結びついた段階では「死」とつながり、「死」とつながるからこそ、それが二度とないようにという形で「平和」ということのシンボルになります。ところがそれが靖国神社だとか松井石根なんかのところに行くと、「哀悼」「脱平和」ということになりますし、「サダコレガシー」になると、もう戦争とも切れて、なんでもいいから思いやり思いやりとなり、互いに折鶴を折って交換しましょうみたいな活動になります。

こうした折鶴自体の内容の変化が戦後の中でもあったということ、これはいったい何なのか、というのが私の結論であり、新たな問いになりました。

未完の集大成「『平和』表象としての鳩と折鶴」考

池川玲子

第三回講座では、冒頭で、二〇一八年一一月の「『「銃後史」を歩く』出版記念会」における加納実紀代さんのプレゼンテーション「『平和』表象としての鳩と折鶴」を当日の音声とともに流しました（＊1）。そして、それを受けた形で報告を行いました。本稿は、その報告を大幅に改定したものです。

報告には二つの目的がありました。第一に、私と加納さんの交流の具体を紹介しつつ加納史学のアウトラインをスケッチすること。第二に、結果的に最後のものとなった、「『平和』表象としての鳩と折鶴」について考察することです。ゆえに、個人的な思い出話に偏りがちなことを予めご承知ください。なお、敬語表現は一部を残して略しました。敬称も初出以外は概ね省略しました。

極私的交差路で辿る加納史学

加納実紀代さんと若桑みどりさん

私は一九九〇年代のはじめに、在野で日本近現代女性史を学び始めました。この時すでに「加納実紀代」の名前

230号　日本人看護婦とマレイ少女　268号　マレイとインド娘　350号　ボルネオ原住民

図版1　シンポジウム報告は論文化されて『イメージ&ジェンダー研究』5号に収録された（2005年3月、41ページ）（＊2）。

は、在野女性史の星としてきらめいていました。一九七〇年代の、『思想の科学』や『朝日ジャーナル』といったいわゆるインテリ雑誌誌上の鋭利な書き手として、二〇年間にわたって共同研究の成果を発信し続ける『銃後史ノート』（「女たちの現在を問う会」、一九七七－九六年）の支柱として。

実際に面識を得たのは、若桑みどり氏が企画した、イメージ&ジェンダー研究会主催シンポジウム「『戦争・ジェンダー・表象』の研究史と今後の展望」（二〇〇四年七月）のスピーカーとして同席した時です。

加納報告のタイトルは「『写真週報』にみるジェンダーとエスニシティ」。戦時下の政府御用メディアであった『写真週報』は、加納が七〇年代から関心を持ち続けてきた研究対象でした。論考として形になったものとしては、『文学史をよみかえる4 戦時下の文学空間』に収録された「『大東亜共栄圏』の女たち―『写真週報』に見るジェンダー」が最初だと思います。当日の報告はさらにその発展形とも呼ぶべきもので、「エスニシティ」視点が強烈に意識されていました（**図版1**）。

このシンポ以降、若桑&加納はしばしばタッグを組むことになります。二〇〇五年の、加納の勤務先敬和学園大学での若桑講演会、二〇〇六年の、上野千鶴子氏に対する自治体の講演取り消しをきっかけにもたれた「『ジェンダー』概念を話し合うシンポジウム」での討論など。若桑は、45歳で大学院に進んだ私の指導教員でもありましたから、後者のシンポジウムでは裏方を務めながら討議を聞くことになりました。右傾化とジェンダー・バックラッシュ現象を一体のものと捉え、抵抗拠点としての学知を深めようとする意欲的な集まり。その現場に居合わせたことの幸せを思います。これらの成果はそれぞれ書籍となっているので、是非ご覧いただければと思います（＊3）。

戦争とジェンダー表象研究会

二〇〇七年に若桑が急逝しました。私が、加納から敬和学園大学「戦争とジェンダー表象研究会」への誘いを受けたのは、その翌年の二〇〇八年のことでした。研究会は、『軍事主義とジェンダー』（インパクト出版会、二〇〇八年）という大きな成果を出したばかりでした。各メンバーが用いる素材は、日本、アメリカ、中国、ドイツ、イギリスのそれぞれのグラフ雑誌。すなわち、加納の『写真週報』研究を、国際比較研究に発展させるという意図をもった共同研究の場でした。また、加納の強い意向で、アカデミックの垣根を越えていこうという構えを持つ研究会でもありました（＊4）。

その研究会メンバーによる加納追悼文を紹介しておきます。

「加納先生は、むしろ一般の市民に対するシンポジウムを重視した。アカデミックな領域にとどまらず、多くの人々に成果を知らせ、意見交換することが大切と考えられておられた。それが、学生たちと語り合い、求められれば、どこへでも講演に出かける姿勢につながっていた。」

（桑原ヒサ子「加納実紀代先生を悼む」敬和学園大学ウェブサイト、２０１９．３．６）

https://www.keiwa-c.ac.jp/campus_blog/2019/03/06/51306.html

二〇一一年、私は博論をもとにした本を出版しました。日本で最初の女性映画監督をテーマにした『「帝国」の映画監督 坂根田鶴子──『開拓の花嫁』・一九四三年・満映』（吉川弘文館）です。戦時下、満洲映画協会で大陸移民政策のためのプロパガンダ映画を作った彼女について、私は、「帝国と植民地、芸術と戦争プロパガンダ、女性規範とそこからの逸脱──そのすべての間で宙づりになった帝国のフェミニスト」と結論づけました。

「帝国のフェミニズム」とは、「主観的に誠実に生きようとしたことが、結果的に加害責任に加担してしまう立場にはめ込まれていくフェミニズムの有り様を解明する理論装置」（大越愛子）です。近代国民国家は、植民地主義と帝国主義をその国家政策の主柱としていたため、フェミニズムが国家内での女性の権利獲得、性の平等を求める運動である限り、その国策を内面化し、「帝国のフェミニズム」とならざるをえません。ゆえに、「帝国のフェミニズム」という理論装置を用いた歴史分析は、各フェミニストの個別的責任を問うよりも、彼女たちを「帝国のフェミニスト」へと構築していった社会的・文化的・歴史的な構造要因を明らかにすることを、主要な目的としてきました（＊5）。

加納は、長い書評を寄せてくれました。

「（「帝国のフェミニズム」）問題自体は七〇年代から指摘されていた。銃後史研究自体が、その問題意識によるものであった～略～自らの〈解放〉への願いを満たすことが、他国の人々の抑圧につながらないためには、女たちはどうあるべきだったのだろうか～略～答えはない。そこを突破して、一歩先に進むにはどうすればいいのだろうか～略～問いを持ち続けること、「宙づり」状態に耐え続けることのなかにしか答えはないような気もしている。」

（加納実紀代「書評」『総合女性史研究』第二九号、二〇一二年三月）

植民地支配と戦争が重なったところに必然的に立ち現れてくる宗主国側の女性の、被害／加害の二重性。植民地朝鮮に生まれ、広島で被爆した彼女は、そこにこだわり抜いた人でした。「帝国のフェミニズム」の、その先への思考を、私に、いやそれよりも、ご自分に促していたのだと、今にして思います。

図版２　加納報告「原爆表象とジェンダー」スライド

立つ瀬がない

3・11

二〇一一年三月一一日——東日本大震災の後、加納は、「核」を巡る思考を深めていきます。

「被爆国がなぜ原発大国になったのか？　海外からのこの疑問は身にこたえた。被爆者の無為を責められているような気がした。ヒロシマはなぜフクシマを止められなかったのか？　なぜむざむざと五四基もの原発建設を許してしまったのか？　慚愧の念にせかれつつ、無我夢中、という感じで〈核〉を軸に戦後史の再検証をはじめた。」（『ヒロシマとフクシマのあいだ　ジェンダーの視点から』インパクト出版会、二〇一三年）

二〇一五年は、加納が、さらなる思考のまとまりを世に問い始めた年でした。「立つ瀬がない」という文言の初出も、このあたりからではなかったかと思います。すでに酸素ボンベが手放せない体調の中、広島に二回、足を運びました。最初は三月の「シンポジウムヒロシマを〈再〉リマッピングする　核時代の到来・起点としての広島」（京都大学地域研究統合情報センター&敬和学園大学戦争とジェンダー表象研究会、協力：ひろしま女性学研究所）です。報告タイトルは「原爆表象とジェンダー」（**図版2**）。彼女が収集した膨大なイメージ群の中に、「サダコの折鶴」も含まれていました（**図版3**）。

そして一二月の「被爆70年ジェンダー・フォーラム in 広島」（被爆70年ジェンダー・フォーラム in 広島実行委員会）。この時の講演記録「立つ瀬がない：被害／加害の二重性を超える」から、加納のいう「『立つ瀬』を切り崩したもの」を、私なりにまとめると以下のようになります。

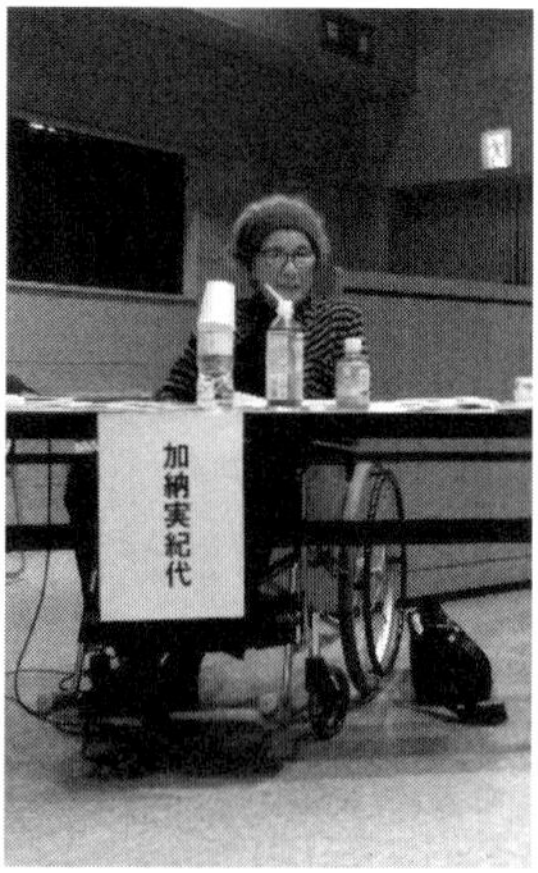

図版3　報告中の加納

- 軍事体制への傾斜と、それとセットになった女性活用政策
- 構造的な暴力が埋め込まれた「平和」（ガルトゥングの平和概念による。沖縄、福島、慰安婦…）
- 被爆者ナショナリズムを喚起してきた、ジェンダー化された無垢な被害者像

これ以降、加納は、三番目の「無垢な被害者像」を掘り下げることによって、被害／加害の二重性を超え、そのことによって「立つ瀬」を築き直す試みを続けていくことになります。

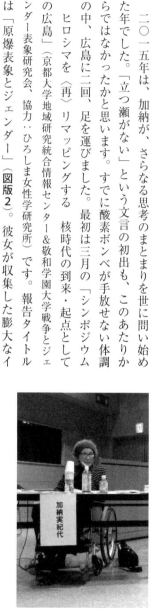

「立つ瀬」を築くために——折鶴と鳩

「無垢な被害者像」の焦点となったものが、「折鶴」です。「広島の折鶴」に対する疑義は、二〇〇〇年の中村隆子氏（家族社主宰）との対談にすでに出てきますから、かなり早い段階から、加納の中にあったものと思われます。

中　村　……広島で母親運動が起きるというのには何か無理がありますね。広島は折り鶴主義。広島は実験材料にされて、ただワッと瞬間的に来たという感じだから。

編集部　瞬間的な出来事、瞬間的な死だから、祈りによってしか超えられないと。

加　納　原爆は本当に一瞬で、私なんかお日様がピカッと光ったと思った。戦争という認識もできなくて、まさに天災という感じ。一般の空襲では隣に焼夷弾が落ちて必死で消したとか、艦載機に追っかけられて、アメリカ兵のピンク色の顔も見えたという人がいる。人間の一人ひとりの営為の余地がまだしもある。だけど原爆はあまりにも一瞬の絶滅で人為を超えるから、折り鶴になってしまうのもわからなくもない。

（初出『月刊家族』一六七号、二〇〇〇年一月、再録
加納実紀代『ひろしま女性平和学試論——核とフェミニズム』ひろしま女性学研究所、二〇〇二年）

折鶴への関心に「平和の鳩」が加わったのは二〇一六年でした。同年の「戦争とジェンダー表象研究会」での発表タイトルは、「『平和』の表象—ハトからツルへ」というもので、「臆病者の白い羽」（大英帝国時代、従軍を志願しない男性に対して、侮蔑的な意味で「白い羽」が贈られた）や、煙草のピースのパッケージといったイメージについて、調査を始めたことが報告されました。

体調は一層思わしくなく、しかし、気力は衰えることもなく、二〇一七年一一月には、『銃後史ノート』に関す

図版４　加納プレゼン資料

るブックトークイベント『こうして戦争は始まる―孫世代が出会う「銃後の女たち」』（ウイメンズアクションネットワークWANミニコミ図書館＋上野ゼミ）に登壇しました（＊6）。当日の様子は、以下で観ることができます。

https://www.youtube.com/watch?v=wNpeGVsS5xc&t=260s

二〇一八年『「銃後史」をあるく』

二〇一八年の春先、加納は、膵がんの治療中であることを周囲に打ち明けました。長年の盟友たちが急ぎました。インパクト出版会の深田卓氏が、『越えられなかった海峡』（一九九四年）の改訂版と『「銃後史」をあるく』の出版企画を進め、これを受けて、上野千鶴子氏が「ミニコミ図書館」主催の出版記念会企画を発案しました。会場は、井上輝子氏のお勧めのフレンチレストランに決まりました。私も実行委員会に加わり、会場の下見に行って天井の高さを確認し、すぐに「スクリーンあり。プロジェクター持ち込めます」とメールしたところ、響くように加納から返信が来ました。「プレゼンをやりたい」と。それが、「『平和』表象としての鳩と折鶴」となりました（図版４、５）。

当日配布資料―刊行物のすべては入りきらず、取捨選択に苦労されていました。

図版５　当日配布資料―刊行物のすべては入りきらず、取捨選択に苦労されていました。

未完の集大成

「『平和』表象としての鳩と折鶴」の挑戦

「『平和』表象としての鳩と折鶴」の構成は以下のとおり。詳細は、本書に収録のプレゼン記録をご覧ください。

はじめに　表象研究の意義
1 平和 Peace とは?
2 「平和」表象としての鳩
3 「平和」表象としての折鶴
4 「唯一の被爆国」ナショナル・アイデンティティへ
5 サダコレガシーの活動
6 「右」に回収される「平和」表象
7 安倍首相「積極的平和主義」
8 「平和」表象の政治学

以上の検討を通じて、加納は、戦後から現代にかけての日本の「平和」の内実を問い、返す刀で「戦争責任」の

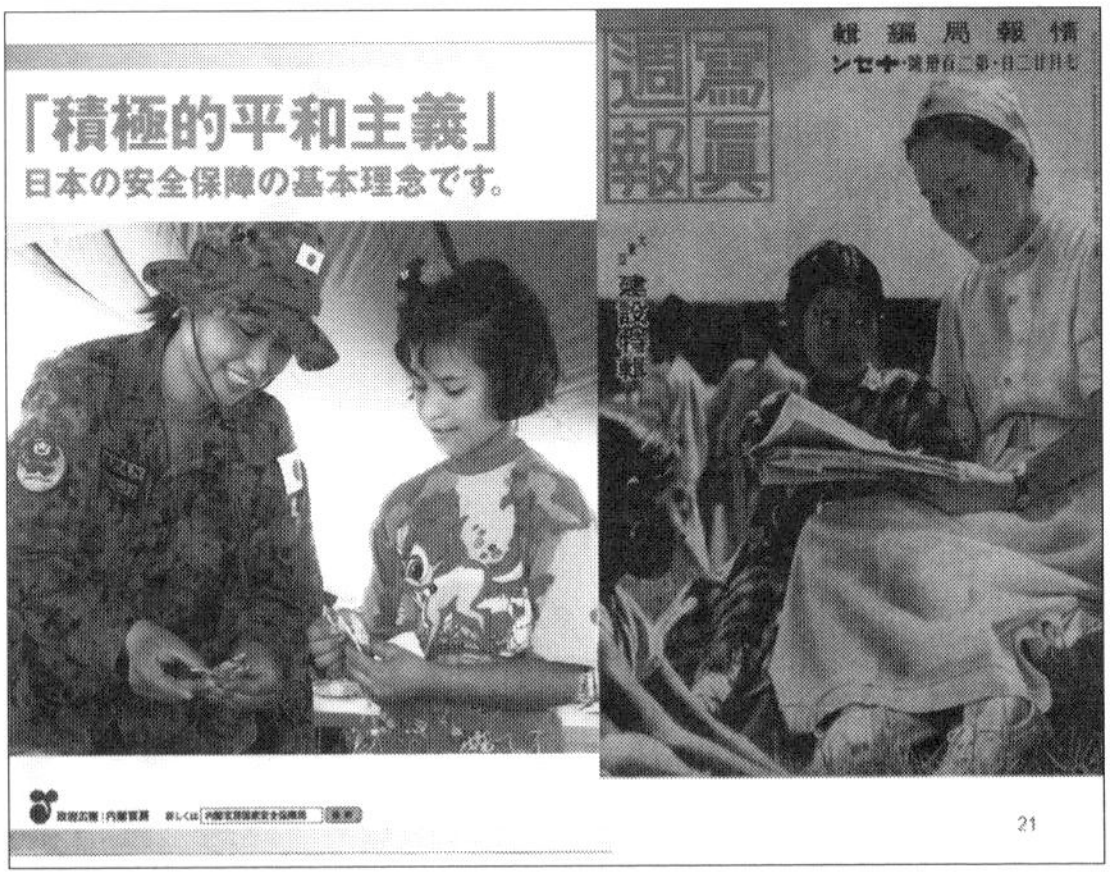

図版6　「『平和』表象としての鳩と折鶴」スライドより

鳩	西洋由来 (?)	右への回収 ➡戦争責任の 無化・天災化	意味内容 ↓ 「平和」
折鶴	日本の伝統 (?)	右への回収 ➡戦争責任の 無化・天災化	英語圏で大展開 意味内容 ↓ 増殖中

図版7　池川スライド報告より。加納報告のポイントを整理したもの

立て直しを図るという、巨大な試みに挑みました。最後のスライドでは、冒頭のイメージ&ジェンダー研究会で登場した『写真週報』の「日本人看護婦とマレイ少女」と（図版6）、政府広報のWEBサイトに掲示されたPKO任務中と思しき女性自衛官を並べています。自衛官の手には折鶴。過去と未来の軍事化状況の類似性を、イメージとジェンダーとエスニシティの三方向から剔き出しにしてみせた、強烈なレイアウトとなっています。

このプレゼンの大きな成果は二点あります。まず、日本における「平和」シンボル資源たる、鳩イメージと折鶴イメージの現状を、数々の事例を挙げて確認したこと。そしてその現状を通じて、「平和」の衣をまといながら進行していく日本の軍事化状況を指摘したこと（図版6）。

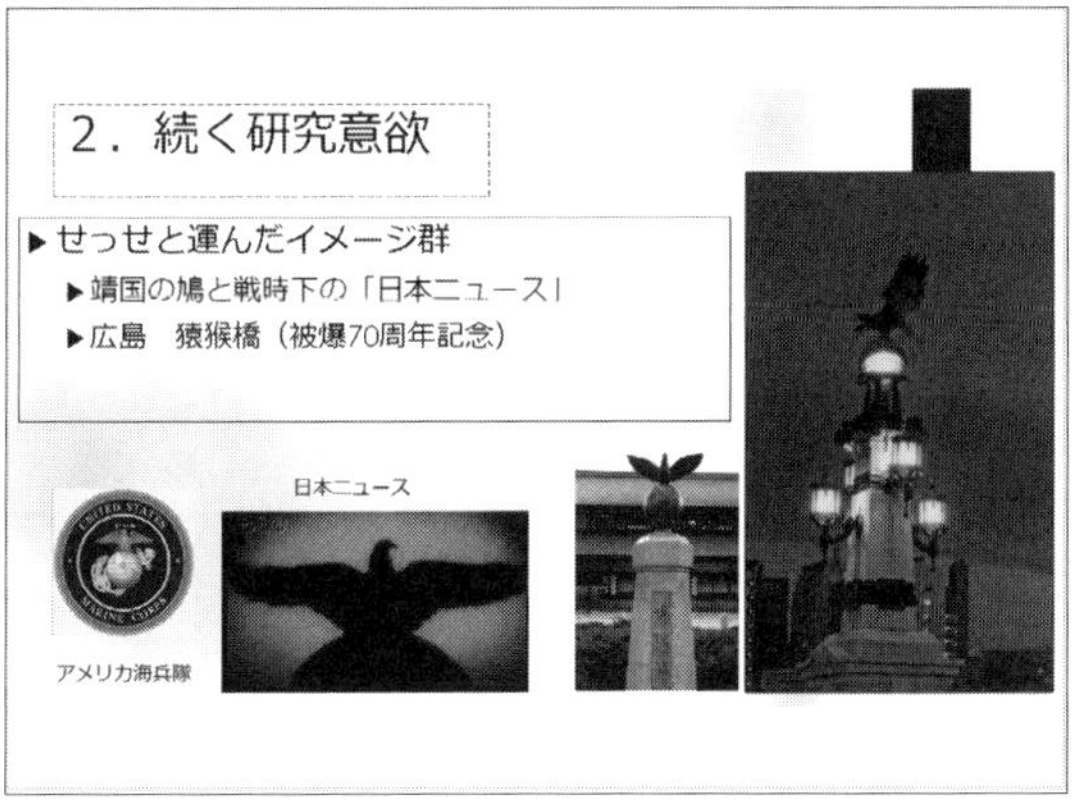

図版8　池川報告スライドより（＊7）

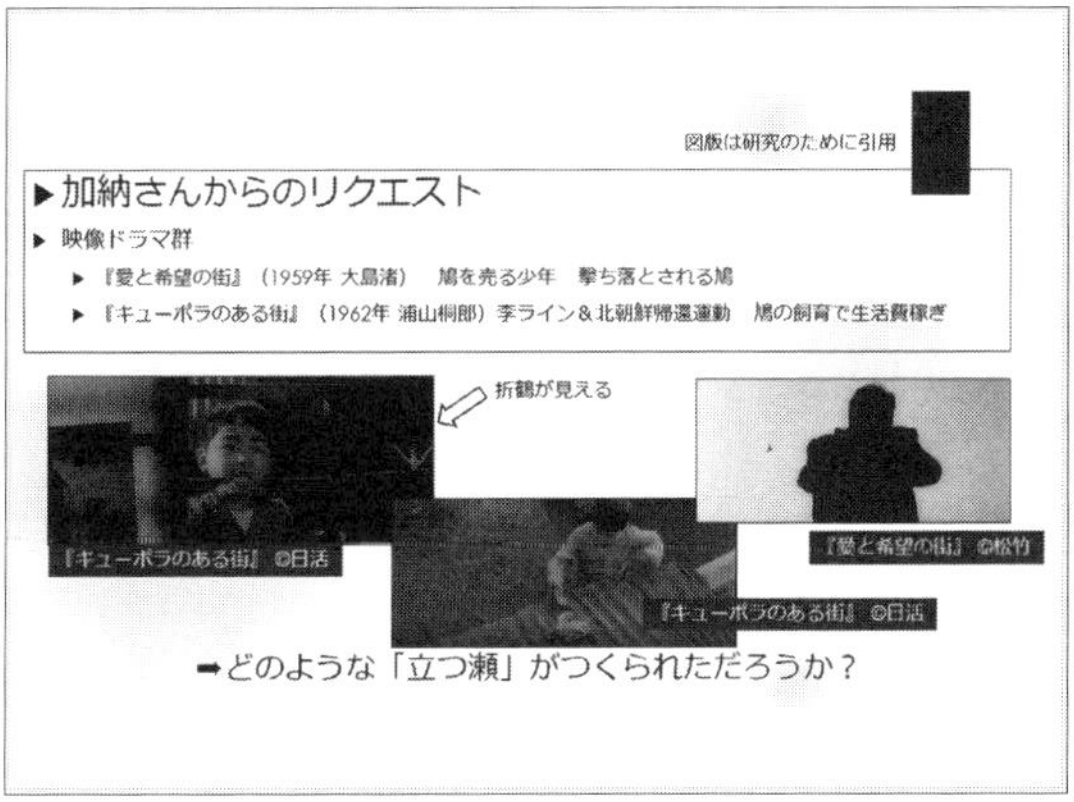

図版9　池川報告スライドより

ドラマへの意欲

この後も、加納の意欲は衰えませんでした。深田によれば一冊に膨らませたいという希望があったといいます。WANのウエブサイトに「『平和』表象としての鳩と折鶴」を連載してはどうかというオファーも、井上から寄せられていました。その準備のために、私は、あれこれのイメージを、自宅で療養する彼女にせっせと届けていました。陸上自衛隊の女子隊員教育部隊の記章（インシグニア）が、鳩から鷹に変わったというニュースや、鳥と地球を組み合わせた事例など…（図版8）。

加納から、NHK朝ドラの『鳩子の海』に関する興奮気味のメールをもらったのはいつだったか。主人公は広島の被爆孤児の少女。「核の平和利用」を学ぶ恋人も登場してくるというこのドラマに、彼女は自分を重ねていたように思います。このあたりで方向性が定まったらしく、鳩が登場してくる映画についてのリクエストが来るようになりました（図版9）。

これらの作品を、加納はどう分析し、どのような「立つ瀬」を築こうとしたのか。残念ながらそれを聞くことはもう叶いません。

未完の集大成「『平和』表象としての鳩と折鶴」を考える

宿題

先述のように、出版記念会プレゼンにおいて加納は、「平和」イメージをまとった「鳩」と「折鶴」のいずれもが「右に回収」されかかっている現状を指し示した上で、以下のような問いを会場に投げかけました。

- 無辜の被害者（サダコなど）の含意を持つ折鶴。これによって、少女のイメージを通じた戦争責任の無化／戦争の天災化がなされている。そのことをどう考えるのか？

・千羽鶴は参加型の祈りである。自分の手で折ることによってささやかな平和への貢献をした気持ちにさせてしまう。それは結局アリバイ作りにすぎないのではないか？

今の私には、これらの問いに答える力はありませんが、この講座準備を通じて考えてきた二つのことがらを、逆に加納に問いかけてみたいと思います。

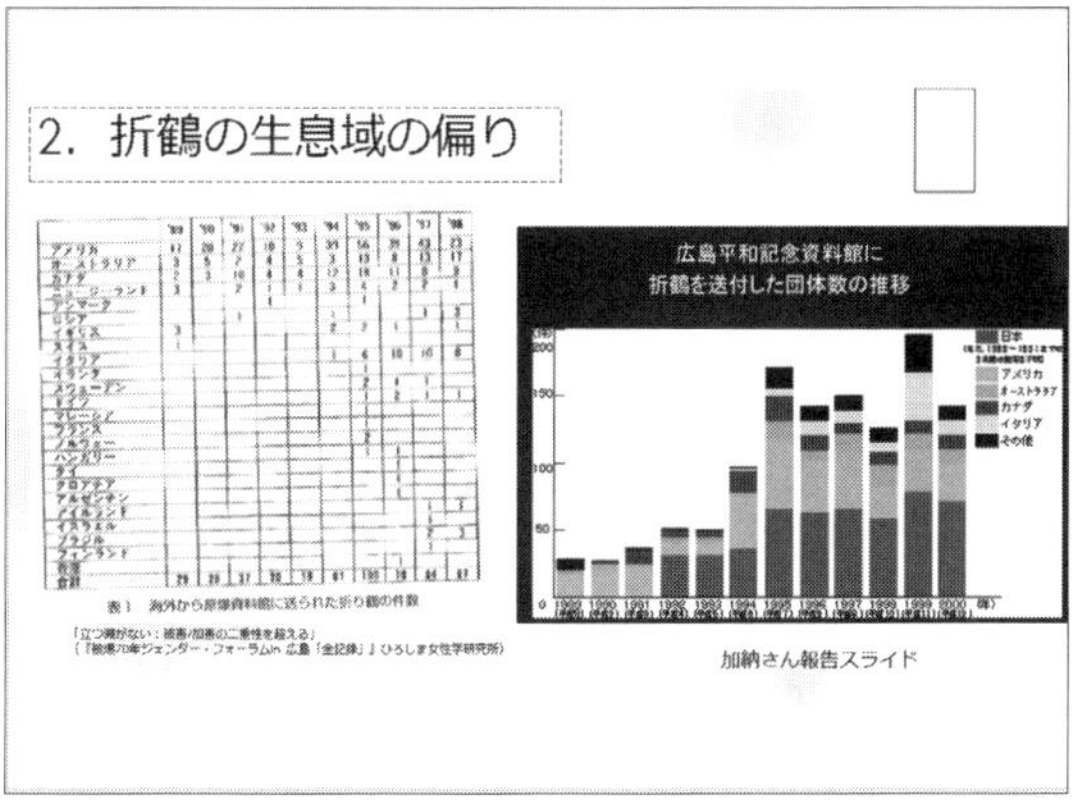

図版10　池川報告スライドより

鳥たちの「前科」

一点目は、鳥たちの前科です。「鳩＝キリスト教由来の平和シンボル」であると理解されがちですが、日本では、古来、戦神たる八幡のお使いとされてきました。着物柄を通じて鳩イメージの変遷を論じた乾淑子氏によれば、昭和時期の「鳩」には「軍国的平和主義」というダブルイメージが被さっていたそうです（＊8）。折鶴はどうでしょうか。吉良智子氏によると、もともとは神仏への願掛けとして作られていた細工物が、戦時中に傷痍軍人への慰問品として用いられはじめたのだといいます（＊9）。千という数、多くの人間が集まって作り上げる合力祈願というスタイルが、千人針を強く連想させることはいうまでもありません。

つまりこの二種類の鳥は、もともと曖昧な軍事シンボルであったわけです。とすれば、今現在生じている「右への回収」という現象を、彼らの「前科」の発露と考えることも可能ではないでしょうか。

二点目は、加納自身が指摘してきた折鶴の生息域の偏りです。ジェンダー・フォーラムでは、海外から原爆資料館に送られた折鶴の件数を概観し、アジアからの贈呈がほとんどないということに着目し、さらに出版記念会報告では、アメリカやオーストラリアといった、同盟国&準同盟国が目立って多いことを重視しました（図版10）。「オバマの折鶴」にこだわった加納は、ここに一つの問いを立てていました。「唯一の原爆投下国アメリカにとっての「ＯＲＩＺＵＲＵ」とは、どういう意味をもってきたのか？」。日米安保体制に拠って来た「平和」が構造的暴力に支えられていたことは論を待ちません。アメリカは日本から渡ってきた折鶴を受け取り、さらにそれを日本に送り返します。そして、折鶴の往還によって、いつのまにか、お互いの「戦争犯罪」／「戦争責任」が相殺され、結果として安保体制が強化されてきたのだとすれば…。

加納は、この先に、さらなる問いを立てるつもりだったのではないでしょうか。「日本が戦争責任を果たし得ていないアジア諸国にとって、「サダコの折鶴」とはいったいどんな意味を持つのか？」という重い問いを。

「かっちゃんとミチコちゃん」

最後に、加納が繰り返し、繰り返し、繰り返し語った「かっちゃんとミチコちゃん」について。加納の読者なら、この二人の名前には何度も接したことがあるはずです。広島時代、幼い加納の遊び相手であった、わんぱくな男の子と優しかった隣家のお姉さん。お姉さんといってもまだ十代初めの少女でした。

「それからミチコちゃん。彼女は勤労動員先で被爆し、すれ合って皮のむけたジャガイモのような顔をして帰ってきた。そのとき私たちは、さきの神社の境内に集まっていたが、その皮のむけたジャガイモが、『お母ちゃん』と木原さんのおばちゃんにすがりついてきても、ミチコちゃんだとはどうしても信じられなかった。二日目の朝ミチコちゃんは、眼も鼻もない茶褐色のドッジボールのようになって、死んでいった。カッチャンも死んだ。私が木原さんチに行ったあとも太鼓橋の上にいたカッチャンは、右半身に大火傷をした。二、三日してカッチャンの家をのぞいてみたら、傾いたたたみの上に寝かされて「イタイョー、イタイョー」と泣いていた。その真っ赤に焼けただれた横顔を見たとき、私は一目散に逃げだした。」

（「〈序章〉私の原爆の図」『女たちの〈銃後〉増補新版』インパクト出版会、二〇一九年。初版は一九九五年）

「ほんとに身の上話みたいになってしまうんですが、私にとって唯一なまなましい死というのはかっちゃんという子の死だけです。実際、おびただしい死を見ましたが、私にとってかっちゃんの死以外は、抽象的な、無機質なものでしかないんです。かっちゃんの死だけは、私にとってなまなましいものとして残っている。ということは、かっちゃんの死と私自身の関係を、生まなましく受けとめざるを得ない状況があったからだろうと思います。」

（「女がヒロシマを語るということ」『女がヒロシマを語る』インパクト出版会、一九九六年）

「私の場合、遊んでいたカッチャンと喧嘩して家に入って助かったという偶然はあるわけですが、消しとめるなんてことはありえない。なんだかわからない、太陽のような、人工のものとも思えない圧倒的な力でピカッときたらドンと、なぎ倒され、焼き殺されるものとして原爆はありました。それ自体無差別テロです。」

（「第五回ひろしま女性学講座」での講演、二〇〇一年九月一六日。『ひろしま女性平和学試論―核とフェミニズム』所収）

「ヒロシマの写真集の中に焼けただれた子どもの写真を見つけたとき、「あっ、カッチャン」と思ってしまいました。被爆数日後にカッチヤンの家に行ったら、顔も手足も焼けただれた姿で寝ていました。その姿を見て、わたしはもう怖くて、すっ飛んで逃げたんです。その後しばらくして死んだという話を聞きました。あのときカッチャンとケンカせずにそのまま遊んでいたら、わたしも同じような姿になって、生きてはいなかったんだなあと時々思います」（「原爆・原発・天皇制」『運動〈経験〉』34号収録講演記録の加筆訂正版。『ヒロシマとフクシマのあいだ　ジェンダーの視点から』所収）

遊び友達を失った「五歳と二〇日目の女の子」。加納は、自分が目の当たりにした「かっちゃんとミチコちゃん」の死を通じて、ヒロシマを語り続けました。そして、彼らの無残な最期を捨象した原爆の表象を、根本のところで、認めませんでした。丸木美術館で『原爆の図』を一緒に眺めていたとき、「美しすぎる」とぽつりとつぶやかれたこと、いきなり「石内都さんの『ひろしま』ってどう？　きれいすぎない？」と、問いつめられたことを思い出します。

実のところ、わたしは今まで、原爆関連作品に対する彼女のこの忌避感がよく理解できていませんでした。「かっちゃんとミチコちゃんの死」が、加納の口と指先から紡がれ続けることの意味も理解できていませんでした。加納が、最後の日々、ヒロシマの平和シンボル、特に「サダコの折鶴」にこだわり抜いた理由と、この頑なな姿勢は、おそらくコインの裏表の関係にあります。

「かっちゃんとミチコちゃん」の死は、極限的な視覚記憶として「五歳と二〇日目の女の子」に刻まれることになりました。自分が見たものを隠蔽したところで成立する、「少女の折鶴」のような、ジェンダー化された原爆のイメージ。それは、口当たりの良さゆえに、「無辜なる被害者」を含意した「平和」表象を大量に生み出していきます。

加納の頑なほどの忌避感。それは、少女のイメージを用いて柔らかく加工された「平和」表象群が、「継承可能」であるがゆえに、やすやすと被爆者（被害者）ナショナリズムを喚起し、さらには、日米の軍事共犯関係による構造的暴力を継続強化させてしまうという、長い見通しに基づくものではなかったか。

繰り返し、繰り返し、繰り返し、語られた「かっちゃんとミチコちゃん」。加納史学の核心には、ふたりの子どもがいます。

まとめにかえて

加納が体験してしまった悲惨。それはおそらく「表象不可能」なことがらであり、また誰かが継承することも不可能なものです。女性史・ジェンダー史はそのような継承不可能な記憶をどう受け継いでいけばいいのか。加納は多くの宿題を私たちに残してくれました。彼女が繋いでくれた仲間たちと、一つ一つ解いていきたいと願いつつ、論を閉じます（＊10）。

注

1　本講座第三回、並びに本稿での使用を許可してくれた出版記念会実行委員会と、当日の記録担当の加納士さんに感謝します。

2　シンポ記録が収録された五号を含め、『イメージ&ジェンダー研究』全一〇冊は、現在、ウィメンズ アクション ネットワーク（WAN）のミニコミ図書館（デジタル）に収蔵されています。

3　若桑みどり著・敬和学園大学人文社会科学研究所編『あなたは戦争を知っているか　イメージが語る忘却された過去　戦争の真実を知るために　敬和学園大学創立一五周年記念講演会』敬和学園大学、二〇〇六年。若桑みどり・皆川満寿美他著『「ジェンダー」の危機を超える！　徹底討論！バックラッシュ』青弓社、二〇〇六年。

4　主なメンバーは以下の通り。（日本）神田より子、（アメリカ）松崎洋子、平塚博子、（中国）松本ますみ、（ドイツ）桑原ヒサ子、（イギリス）杉村使乃。この研究会からは、着々と、成果が発信され続けています

5　大越愛子「天皇制イデオロギーと大東亜共栄圏」『女たちの戦争責任』東京堂出版、二〇〇四年。
6　この機会を受けて、ミニコミ図書館に『銃後史ノート』全冊の「表紙・目次・はしがき・著者別記事リスト」が収蔵されることになりました（本文は一部のみ）。
7　猿猴橋には、もともと鷲が翼を拡げた飾りがありましたが、一九四三年に供出されたそうです。
8　乾淑子「鳩イメージの変遷　平和と戦の着物文様」『民族と風俗』二〇〇六年三月。
9　吉良智子「ハワイ・アリゾナ記念碑における日本の表象とジェンダー」、『ジェンダー史学』第一三号、二〇一七年。
10　広島における「表象不可能」なものの継承については、鍋島唯衣「原爆資料館の人形展示を考える」（『忘却の記憶広島』月曜社、二〇一八年）などが参考になります。

高雄きくえ

広島で「加納実紀代」を継承するということ

はじめに

わたしは一九八六年から一九年間ミニコミ紙「月刊家族」を発行してきました。発刊主旨は「家族を問う」そのものです。わたしの自身のテーマでもありました。大げさに言えば、世界に投げ出された迷い子のような気分というのが当たっているくらい、行き暮れていたわけです。ウーマンリブの時代を生きたものとして、行き着く〈場所〉だったとも言えます。

加納さんとの出会いは、その月刊家族の巻頭エッセーの執筆を依頼するということから始まりましたが、以後、「家族」を主要テーマにしてきたわたしの問題意識を「ヒロシマとフェミニズムと女性史」へと拓いていただきました。

私は一九七〇年代が二〇代とぴったり重なるわけですが、ウーマンリブ、女性学、フェミニズムにリアルに出会いながら、関係性を模索し、関連本を杖にしながら生きていく過程で『銃後史ノート』『女たちの〈銃後〉』『女がヒロシマを語る』などに出会っていきます。読んではいましたが、わたし自身は先に言いましたように「月刊家族」というように「家族と女」に焦点を当てて発信しておりましたので、なかなか私自身の視点にならなかったというのが正直なところです。そんなわたしが「加納実紀代」を継承することが果たしてできるのか——そもそも疑わしいのですが、「そうしたい」という意思を支えに考えていきたいと思います。

『女たちの〈銃後〉』序章のインパクト

今回、加納さんの渾身の著作「女たちの〈銃後〉」（筑摩書房、一九八七年）を読み直してみました。加納さんが「被害と加害の二重性の痛苦」を語り始められたのはいつごろからだろうかと思ったからです。その手がかりがこの本の「序章」にありました。これまでわたしは見逃していたのです。加納さんの原点であり、大事なところですので、池川さんも触れておられますが、詳細にみていきます。

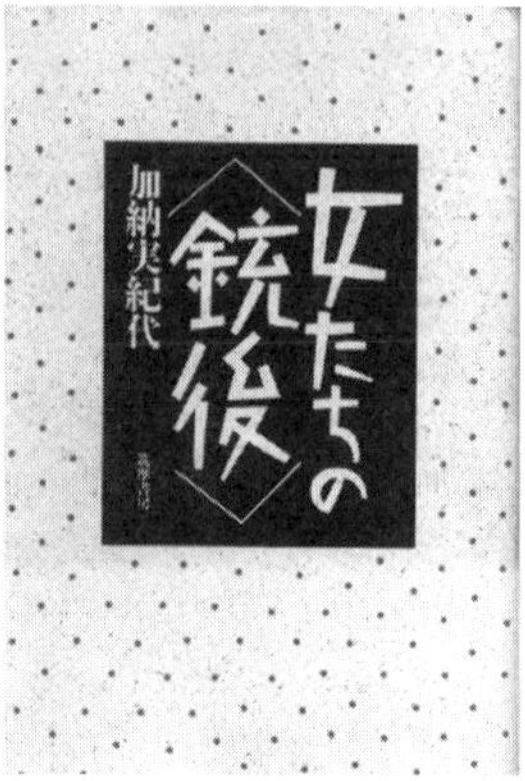

加納実紀代『女たちの〈銃後〉』（1987年刊行の旧版、筑摩書房）

出勤する父を見送ったあと、五つになったばかりの女の子は、いつものように外にとびだした。彼女の遊び場は、すぐ近くの神社の境内だ。そこに行けば、誰か遊び相手がいるだろう。まだ八時前だというのに、境内の石だたみには松の木がくっきりと影を落とし、蝉の声が喧しい。しかし子どもの姿はなかった。いや、いた。お濠にかかった太鼓橋の上で、向かいのカッチャンが手すりから身を乗り出している。女の子は黙ってそばに行き、並んでお濠をのぞき込む。

女の子はカエルに夢中のカッチャンを置いて、トンボを追って太鼓橋を駆けおります。トンボにも興味を失っ

現在の鶴羽根神社正面入り口。「女の子」の家は近くにあり遊び場だった。

入り口すぐのところにある太鼓橋。当時のお濠は埋め立てられ、庭風に作られている。

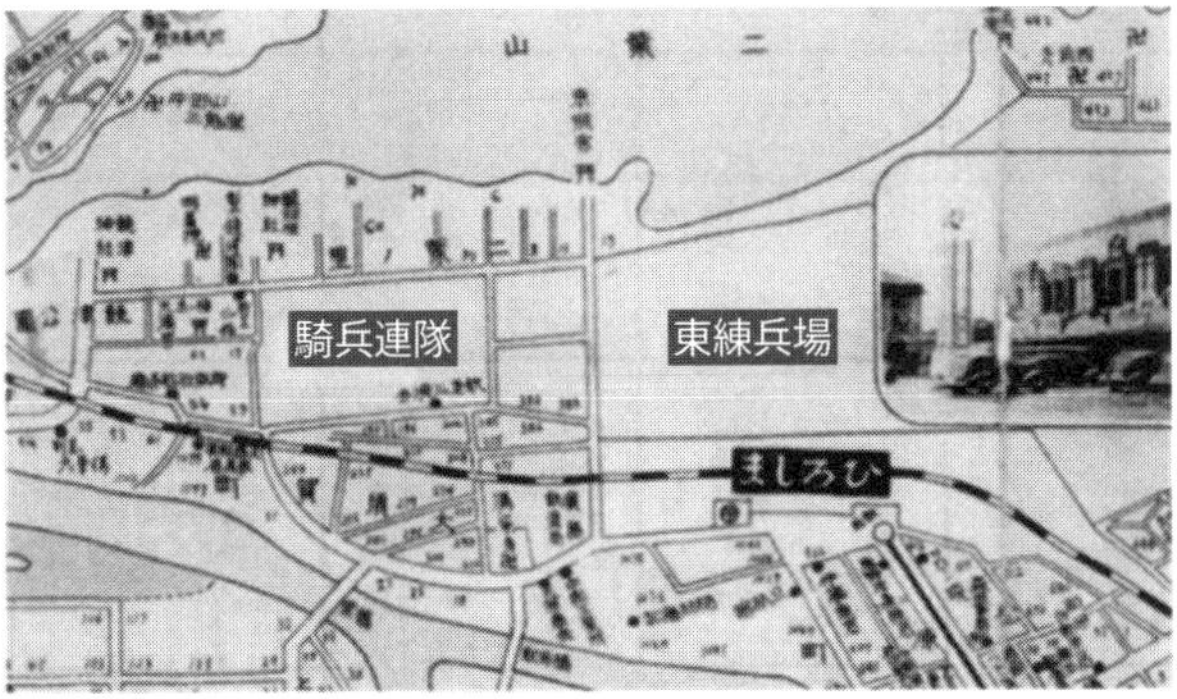

二葉の里の 1939 年頃の地図。広島駅前に東練兵場。騎兵第 5 連隊があった。加納宅は特定できない。
『大日本職業別明細図 大広島市 昭和14年』より

た女の子はふと家の裏の、いつも着せ替え人形で遊んでくれる女学生の木原ミチコちゃんチに行ってみようと思います。ミチコちゃんは勤労動員でいなかったが、おばちゃんが着せ替え人形の入った箱をタンスの上からおろしてくれます。

ぴかっときたのは、女の子が人形をとり出した直後だった。眼をあげると、あるはずのないところに一瞬太陽が輝き、縁側のむこう側の波板のトタンべいが女の子の方に倒れてくる。真っ暗になった。いや、真っ白になったのか——。

爆心から一・九キロメートル。木原さんのおばちゃんも女の子もお母さんも無事だったのです。しかし、ミチコちゃんは勤労動員先で被爆し、「すれ合って皮の向けたジャガイモのような顔」をして帰ってきて二日目に亡くなりました。

カッチャンも死んだ。わたしが木原さんチに行ったあとも太鼓橋の上にいたカッチャンは、右半身に大火傷をした。二、三日してカッチャンの家をのぞいてみたら、傾いたたたみの上に寝かされて「イタイヨー、イタイヨー」と泣いていた。その真っ赤に焼けただれた横顔をみたとき、わたしは一目散に逃げだした。あのときトンボが眼の前を横切らなかったら——、と思うようになったのは何年も後のことだ。

被爆後の何日か、被災者に対してオニギリが配られるようになり、女の子がそれをとりに行くことになりました。

……首のない死体はやっぱり怖かったが、こわいからおもしろいのだ。そのこわいものにいくつ出会うか、五個以上見てしまったらペケ、一個も見ないでオニギリをもらって帰ったら二重丸……。二重丸を求めて女の子は、黒焦げ死体のあいだを、ピョンピョン跳んで歩いた。

しかしいつのころからか、私はこのときの遊び心をもてあましはじめる。「ヒロシマ」が戦争によるシンボル被害の極としてシンボル化しはじめるにつれて、その「ヒロシマ」の死者たちを遊び心にした自分を、〈罪〉と感じはじめる。私の「原爆の図」が、荒涼たる死の風景の中に死屍をついばむ一羽のカラス――恐るべき被害の極限における小さな加害者の図として、定着してるのはそのためだろう。

そして最後、こう締めくくる。

……たしかに原爆は天から降ってきたものではない。同様に被害者であってかつ加害者であるような状況も、人間が作り出したものである。だれが、どのようにしてそういう状況を作り出したのか――。十五年戦争の〈銃後〉の軌跡をたどりなおすなかで、なんとかそれを明らかにしたい。いまとなってはもう遅いかもしれないと思いながら、私の「原爆の図」に、極限の被害における小さな加害者として自らを書き込まねばならなかった怒りが、私を駆りたてる。（傍線は筆者）

加納さんは「ミチコちゃんとカッチャンの生々しい死」を繰り返し繰り返し語ります。そして「怒りに駆り立てられ」ながら「被害と加害の二重の痛苦」を引き受けていく覚悟を女たちと共有しようとしました。

被爆体験を女の視点で考えるシンポジウム「女がヒロシマを語る」

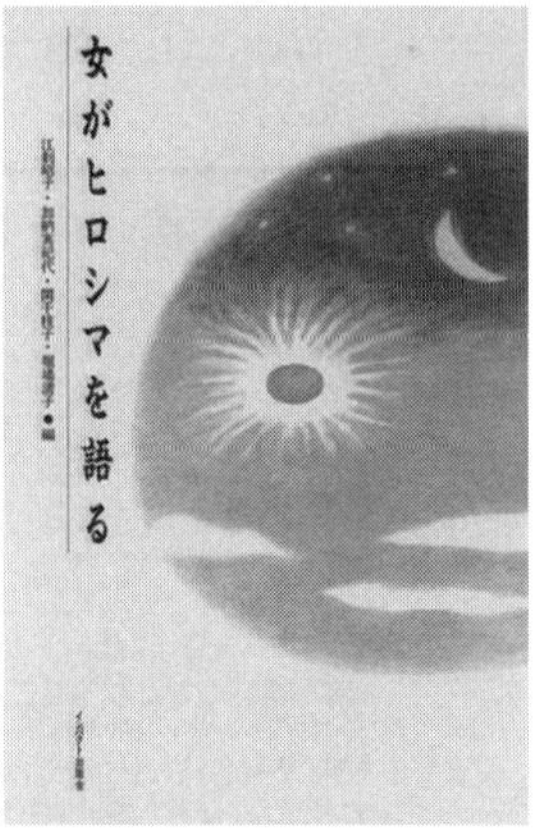

江刺昭子・加納実紀代・関千枝子・堀場清子『女がヒロシマを語る』（1996年、インパクト出版会）

一九九五年まで被爆体験を女の視点で語られることがなかったという事実に改めて驚きますが、同年に「女がヒロシマを語る」シンポジウムが開かれ、翌年『女がヒロシマを語る』（インパクト出版会、一九九六年）が出版されました。わたしは当時「女の本屋」も開店していて、その本を読むことで「ヒロシマ」に開眼しました。わたしは「わたしとは？」「女とは？」「家族とは？」という問いにこだわり、なんとか自分なりの回答を得ようとしていましたので、現在の広島・ヒロシマを「女」「わたし」という視点でみるという視野を広げることができていませんでした。明瞭な問題意識を持っていなかったわけです。

そのシンポジウムの発言者は江刺昭子さん、加納実紀代さん、関千枝子さん、堀場清子さん。四人ともが「被爆体験を女の視点で考える」ことはなかったと言われています。企画者の江刺さんは「原爆にせよ、原発にせよ、女が放射能に被爆するということは、男の場合と異なるのではないか。…被爆の原点に戻って、改めて点検してみるべきだ」と、その趣旨を述べています。わたしもこのシンポジウムと本の出版が、これまでの「女とヒロシマ」をいわばジェンダー視点、フェミニズム視点で語るという画期的な場になり、大きな転換点になったことは間違いないと思います。これまで、広島の被害は「女性の被害」として象徴化される傾向があり、さらに日本の戦争被害の象徴になっていくということがありましたから。

わたしは以降「家族」から「ヒロシマ」への視点に大きく舵を切ることになりました。その当時、加納さんと面識はありませんでしたが、すぐに月刊家族巻頭エッセー執筆を依頼し、一九九七年から一年間執筆していただいたり、ひろしま女性学講座開催などをとおして、加納さんと直接出会うことになりました。

原爆資料館で「銃後を支える力となって　女性と戦争」展

〈女性と戦争〉展をめぐって
ヒロシマを女性の視点でみるということ
〈銃後の母〉の顔が見えてきた
被害と加害の二重性とは
平成10年度第2回企画展
銃後を支える力となって
―女性と戦争―

原爆資料館『銃後を支える力となって』展示会パンフレットの表紙（『月刊家族』162、163 合併号）

加納さんのメッセージ「加害と被害の二重性」という視点が広島という現場、眼の前で問われたのは広島原爆資料館で開催された『銃後を支える力となって　女性と戦争』（一九九九年）という展示会でした。そこではっきりと「戦後広島では銃後の女たちはどのように語られてきたのか」あるいは「語られてこなかったのか」という問いを持つようになりました。この展示会は問題意識を持ち始めていたわたしには避けて通れないものとなりました。

このタイトル、タイトルは大変大

事なところですが、「銃後を支える力となって」という表現です。皆さんはどのように受けとめられるでしょうか。「銃後を支える力となって活躍した女たち」と読むでしょうか。あるいは「銃後を支える力となってしまって、戦争に加担してしまった女たち」と読むでしょうか。このような曖昧なものを残してこの展示会は三ヵ月開催されました。展示会では、国防婦人会、軍事訓練、倹約奨励、勤労報国隊、さらに赤ちゃんコンクール、大陸の花嫁、南京陥落祝賀提灯行列などの写真とともに解説がありました。そのパンフレットの表紙は、国防婦人会の女性が割ぽう着を着た記念写真です。思い出しますと、わたしの母がそこにいるようなリアリティがある写真です。

その企画の前書きにはこうありました。

満州事変をきっかけに一五年にわたる戦争が始まりました。戦争が長引くと政府は国民を動員して軍需生産を強化する総力戦体制をとりました。このとき、銃後を支える力として脚光を浴びたのが女性でした。家庭の中にいた女性たちは期待に応えようとし、時には男性以上に強力に戦争を遂行する力となったのです。はかりしれない犠牲を出して戦争が終わった時、真っ先にわれに返ったのは、家族のために毎日の食料を手に入れなければならない女性たちでした。銃後の戦力として働いた女性たちは、黙々と戦争協力に励んだだけではなく、働く者の権利を主張し、戦後への力を蓄えていました。そしてそれは戦後の復興を推進する大きな力となったのです。

ざっと読んだだけでも、この前書きがはらんだ問題性がお分かりいただけるのではないでしょうか。例えば、広島が軍都であったことの前提がまったく欠落していて、「始まりました」と戦争があたかも自然発生のような表現をしています。日本はなぜ戦争を起こしたのか、その戦争はわたしたちに何をもたらしたのかということが書かれていません。また、女たちが戦時中「働く者の権利を主張」とありますが、これが何を指しているのかわかりません。また銃後を支えた女たちがどのように反省して復興や平和の活動をしたのかも書かれていないまま、女性たちが「戦後の復興を推進する力となった」と大変重要な結論を出しています。だからこそ先に言いましたように、タイトルをどう読むかによって解釈が違ってくるということになります。

わたしはその会場に置かれていた感想ノートを読んでみました。予想以上にたくさんの書き込みがありました。例えば、「女性が自分のために生きてきたのではないことがよくわかりました」「アジアの人々を侵略した反省がないのはなぜでしょうか」、在日朝鮮人の方の感想として「これは女性がいかに戦争に加担したかを誇っているとしか思えません」とありました。それを受けたように「女性たちは犠牲者だと思っていたが、在日の人の感想を読んでびっくりした」と、気付きが率直に書かれていました。「日本人の感想は戦争に対する日本人の責任のなさを表している。何も知らず戦争協力者になっていたことが悔しい。近隣諸国に恥かしくない展示をしてほしい」「女性の社会進出を求める気持ちが結果的に戦争に協力してしまったことが印象的」「戦争をノスタルティックにとらえている印象を持つ。具体的に主語がなく、視点が曖昧。」これはオランダ人の感想です。ほかに「戦争に反対する主張も展示してほしい」「被爆後の惨禍のみ伝えられがちだが、戦争がいかに生活を壊すかがわかってよかった。今は平和でいい時代ですね。女性の偉大さがわかりました。」など、展示会によって呼び起こされたものが見えてきました。

この展示会が見る側に何をメッセージしているか、この感想文から考えてみますと、「銃後を支えてきた、それを「加害」というとしたら、展示そのものを否定するのではなく、その「加害」という視点がやはり抜けているではないか、それではだめでしょう」と受け取った人たちが多かったと言えます。

私もそういう感想をもちまして、あらためて私の問題意識としてはっきりと浮上してきたのを契機に月刊家族で特集を組むとともに、加納さんに広島に来ていただくようになりました。まず「ひろしま女性学講座」と題して、二年にわたって連続講座を開講しました。また二〇〇〇年には月刊家族特集として五歳で被爆した加納さん、一五歳で被爆した中村隆子さん（当時家族社主宰者）との大いなるミレニアム対談を掲載し、「被害と加害の二重性」について考える場を企画するようになりました。

ここで軍都廣島の〈女たちの銃後〉としてあまり知られていない二点を押さえておきます。これは今中保子という方の著書で、一九二〇―三〇年代の女性団体を研究した『日本近代女性運動史　広島県を中心として』（渓水社、二〇〇二年）から学んだことです。一つは、大日本国防婦人会より愛国婦人会が大きい組織であり力を持っていて、その愛国婦人会が日本のあるべき女学生像を各女学校に説いて回り「愛国子女団」を結成に導いたということです。この「愛国子女団」結成への動きや力の入れようが全国で突出していたとあります。

もう一つは在日朝鮮人を取りまとめる「協和会」がつくられるのですが、朝鮮人女性に愛国婦人会、国防婦人会が自分たちの会に入会するよう、きわめて強制的に勧誘していたという動きがあり、広島国婦は広島に住む朝鮮人女性がどの程度入会しているかを常に調査をしていたという記録が残っています。

つまり軍都廣島を支えていた〈銃後の女〉たちの姿ということになります。

被爆者は加害者なのか――「加害と被害の二重性」をめぐって

さて、加納さんのお仕事に戻ります。考えてみれば、この広島の片隅で発行する小さな小さなミニコミ紙月刊家族で、加納さんは大きな、大事な、重要なことをたくさん発言し残してくださいました。私が月刊家族の編集者として加納さんに原稿を依頼し実現したのは一九九七年四月からの一年間です。その中で例えば「なぜ原爆青年ではなく原爆乙女（一九五五年五月ケロイド治療のため二五人渡米）なのか。あるドキュメンタリーでアメリカを絶賛していた。それほど日本は、広島は抑圧が強かったという事だろうか」と問うています。つまり日本のジェンダー観が「女性被爆者」を抑圧し、原爆を落としたそのアメリカで「原爆乙女」が解放感を持つというアイロニー。それは「加害・被害」という二元化では測れない、第三の視点、ジェンダーが大きく作用し、複雑にしていることを教えています。

以降、わたしは月刊家族発行を通して、このテーマを繰り返し取り上げることになります。その一つが先にも言いましたが二〇〇〇年一月号特集の「加納実紀代×中村隆子　ミレニアム対談」です。平井さんのご報告に詳しいのでここでは省略いたしますが、「どうして被爆者が加害者なのか」と問う中村さんに対して、加納さんが明確にその理由を述べています。重複しますが押さえておきたいと思います。

加納さんと中村隆子（15歳で被爆）との対談記事（『月刊家族』167号）

加害者でもあるという事を言わなければならないと思うのは、あの戦争はやはり侵略戦争であったという事、その侵略戦争は女の銃後の勤めがなければ成り立たなかったという事、国内的には女性は国家や男性に服従するしかなかったと言っても、侵略された側からみれば日本人としてあの戦争を一緒に支えたと見えるし、事実そうだったのです。あるいは加害と被害の二重性というひどい状況に押し込められたというその怒りを平和へのエネルギーに転換すべきだという思いが一つあります。もう一つは、原爆や戦争で亡くなった人は自分の身をもってその加害の責任を取らされているわけだから生き残った者としてその加害性をどう引き受けていくのかという事です。つまり歴史の客体として動員されたという受け身だけで見るのか、それとも受け身でやったことではあっても結果的には侵略戦争を支えたという事実を引き受けるのか、結果責任、客観責任を引き受けるのが私は主体的であるかどうかの分かれ目であると思います。

広島で「加納実紀代」を継承するとは

わたしは二〇年間、加納さんの伝言を聞き続けるという幸運に恵まれました。わたしがどこまで受けとめて深化させることができるのか大変心もとない限りです。加納さんはわたしの緩い歴史観にあきれ、お叱りを受けたということも告白しておきます。

が、加納さんからのメッセージ「加害・被害の二重性の痛苦」を受け取ったものとして、広島で今一度その複層性を共有し深化させる場として二〇一五年「被爆70年ジェンダー・フォーラムin広島　ヒロシマという視座の可能性をひらく」という二日間にわたるイベントを有志とともに開催することに漕ぎつけました。もちろん加納さんにも登壇していただきましたが、その時のタイトルは「立つ瀬がない　被害・加害の二重性を超える」というものでした。最後にこう結ばれています。

しんどくても「平和国家日本」に埋め込まれた構造的暴力、沖縄の基地問題や「慰安婦」問題、女性問題や民族差別、格差社会等に向き合っていくことから、アメリカの核の傘の下の平和、沖縄に基地負担を押し付けての平和を問い直していくことが大切ではないでしょうか。

中でも原発は構造的暴力の最たるものだと思います。

わたしはこの時点で、「加納実紀代」の何を継承しようとしているのでしょうか。一つは、加納さんの「問い」はわたし（たち）にとっての希望であり、その希望の灯を消さないことが「継承」することだと思っています。もう一つは、広島ジェンダー史を編むこと。軍都廣島の銃後の女たちと戦後の平和運動を担った女たち、母親たち、そしてヒロシマ・広島の戦後史につながる現在地を確認し、未来につなげることだと思います。ジェンダー史を編むことが、加納さんが言う「被害と加害の二重性」を受けとめ継承していくことに大いに貢献するのではないかと思うからです。

しかし、実現するにはわたしも年を取りすぎてしまいましたが、せめて元気なうちにと加納さんが言う「立つ瀬」の一つとして、「〈広島・ジェンダー・在日〉資料室サゴリ」（通称サゴリ＝交差点）開設に向けて動きはじめました。きっかけは三年前に亡くなられた加納さんの蔵書を広島で引き受けることになったことです。この幸運を逃すわけにはいきません。加納さんの仕事への熱が染み入った本・資料そのものが加納さんの伝言であり、「加納実紀代」を継承することになることを確信しております。

サゴリに収まる加納蔵書

最後に、加納さんの「被害と加害の二重性の痛苦」について最近考えていることを記して終わりといたします。「被害と加害の二重性の痛苦」は女性がこれまで「被害者」としてのみ語られてきたことへの批判的視点として、被害者である被爆者の立場の加納さんの痛苦な「思想」として、多くの女性に共有されてきました。それでは男性たちはこの「被害と加害の二重性の痛苦」をどのように受けとめているのでしょうか。

日本軍「慰安婦」問題が家父長制と植民地主義の二重支配のもとで起こったことであることを否定する人はいないと思いますが、「家父長制と植民地主義」の核を担っていた「男性の加害性」を、男性たちはどのように考えているのでしょうか。このような疑問は以前から持っていましたが、明瞭になったのは先日の「慰安婦」関連の集会でのある男性の発言です。彼は「「慰安婦」問題は人権と尊厳の問題だ」と言った上で、「女性の国会議員がもっと多かったら、「慰安婦」問題は違った展開になったのではないでしょうか」と発言したのです。わたしは驚くとともに、「加害」の当事者意識は男性においてなお「薄い」、いや「ない」のではないか、それどころか女性国会議員が少ないことにその要因を求めようとしていることに気づきました。

加納さんは女性だけに「二重性の痛苦」を提起してきたのでしょうか。

> 昨年二月、日本では加納実紀代が逝った。やはり女性どうしの違いに向き合ってきた加納は、男性との優劣のみにおいて女性を考えることから距離を置き、女性がレイシストであり、帝国主義者であり、環境破壊者でもあったことを教えてくれた。（米山リサ「思想の言葉」『思想』二〇二〇年）

米山リサ（トロント大学教授、『広島　記憶のポリティクス』著者）さんは加納実紀代さんをこう追悼しています。加納さんの射程の広さと深さを学びたいと思います。◆

「被害」と「加害」の底深い悲惨さの自覚
「帝国の慰安婦」と「帝国の母」と

平井和子

はじめに――「被害」と「加害」の二重性を引き受けつづけて

原点にあるもの

今回の講座を引き受けるにあたって、改めて、加納実紀代さんが、なぜあんなにも一貫して「被害」と「加害」の二重性を根本に据えた研究、活動、生き方をされてきたのか、わたしなりに考えてみました。それを始めに、ごくかいつまんで紹介してから、本題に入りたいと思います。

大学卒業後、務めていた出版社の姿勢に疑問を持ち、社を辞めて、再び（大学の頃と同じく）アジアへ向き合うために入学したアジア・アフリカ語学院でも、学園闘争の末に試験をボイコットして追い出された加納さんは、たまたま「学院」で手にしたチラシに導かれ、一九七〇年八月二二日「侵略＝差別と闘うアジア婦人会議」（以下「アジア婦人会議」）に参加しました。そこでは台湾からの留学生や、モンペ姿の三里塚、忍草の「かあちゃん」たちに感動する一方、会場を埋めた白いヘルメット集団の、「意義なーし」、「ナンセンス」というセクト文化に辟易して、二人目、三人目の子どもを出産したこともあり二、三年はリブと無関係のままで過ごしました。（＝加納は、「アジア婦人会議」がリブの誕生であり、第二波フェミニズムを起動させたと考えている「侵略＝差別と闘うアジア婦人会議と第二波フェミニズム」『女性学研究』18、二〇一一年。一方、千田有紀は同会議を「リブの夜明け」と位置づけるが、その後のリブの展開は少し異なるとみる「帝国主義とジェンダー　『資料　日本ウーマン・リブ史』を読む」加納実紀代責任編集『文学史を読みかえる7　リブという〈革命〉』インパクト出版会、二〇〇三年）。

飯島さん亡き後、加納さんが遺作をまとめ、解説を付けて出版された。

一九七四年一〇月、加納さんは、突然「アジア婦人会議」の本部を訪れ、そのころ問題になっていたこと（おそらく靖国神社法案）について「過激な」発言をしたところ、中心人物であった飯島愛子さんに「一周遅れのトップランナーが来た！」と歓迎され、飯島さんとの付き合いが、飯島さんが七三歳で亡くなられる二〇〇五年まで続くことになります。

「婦人会議」は、一九五五年から始まった「母親大会」の歴史的役割は終わったとし（第一五回大会から欠席）、「社会変革の後につづく婦人解放」ではなく、「自己変革」として差別問題をとらえ直し、女性差別を沖縄県民、在日朝鮮人、被差別部落と関連づけて考えようとアピールしました。また、アジアへの視点をもち、日米帝国主義のアジア侵略を、日本「本土」の女性として、自らが受けている性差別とアジアへの「加害性」も併せて問題化しました。それをさらに明確化したのが、有名な田中美津さんの、女のダブルスタンダード（「便所」か「母」か／娼婦か、妻か）という構造のなかで、女が担わされる「被害」と「加害」の二重性です。加納さんは、飯島さんや田中さんたちが絞り出した声＝「近代」とは男仕立てのものに過ぎない＝に深く共振されたのです。リブには、同時代の男性たちをはじめ、同性であっても上の世代には非常にネガティブな反応をする人々があるなかで、加納さんやもろさわようこさん（一九二五年生まれ）は、共感を持って受け止めた稀有な存在でした。

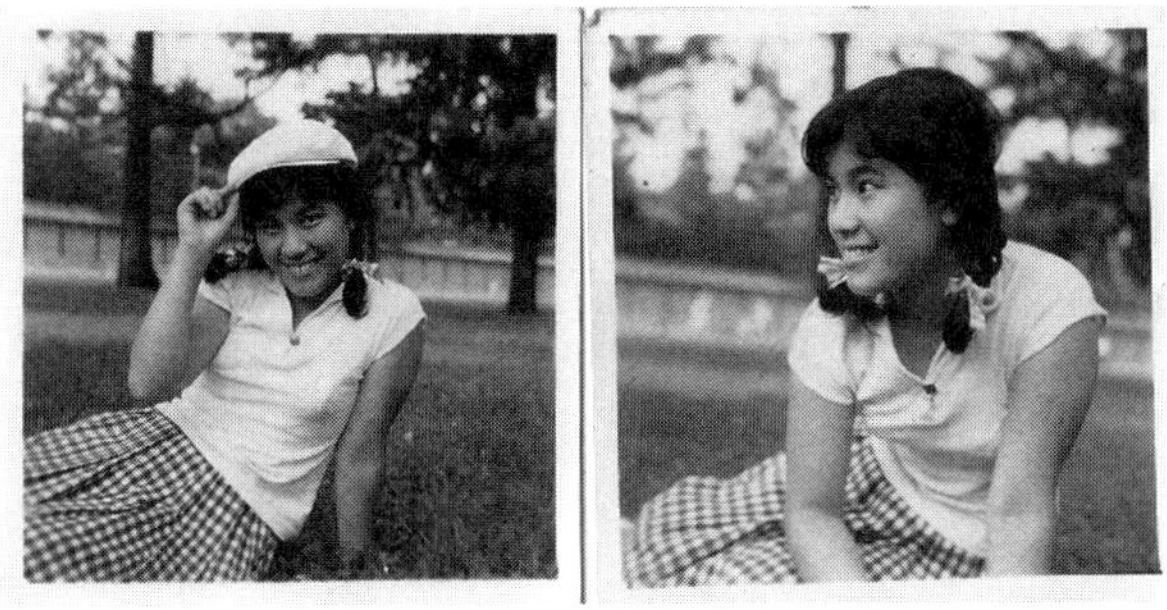

京都大学東洋史学科時代

わたしは、加納さんの「女性史」の根底にある、女の「加害性」、「共犯性」への指摘は、「女たちの現在を問う会」（一九七六年）での『銃後史ノート』の原点となった、戦争中の「母たち」の戦争協力を知ったからだと思ってきました。しかし、それ以前に加納さんは飯島さんたちや、リブを通して、「娼婦」と「母」に分断されつつ、「母」としての「加害性」とともに、「母」として被る抑圧をつくりだす性差別構造を見据えておられたのだと改めて得心しました。

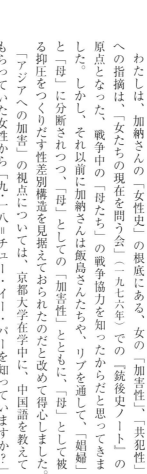

「アジアへの加害」の視点については、京都大学在学中に、中国語を教えてもらっていた女性から「九・一八＝チュー・イー・パーを知っていますか？」と問われ、一九三一年九月一八日の関東軍の軍事行為により傀儡国「満洲国」がつくられ、国を追われた人々の「松花江のほとり」という歌を知ったことがきっかけだったと、二〇一五年に一橋大学の「ジェンダー研究を継承する」というインタビュー企画で語ってくださいました（gender.soc.nit-u.ac.jp/sentanken14/index.html）。そこには、職業軍人の父のもと、植民地ソウルで生まれたという、ご自身の「特権的」地位に自覚的な姿勢もあったことでしょう。

わたしは、二〇〇五年五月、「ひろしま女性学研究所」の高雄きくえさんと車いすの中村隆子さんが、伊豆の「友だち村」に駒尺喜美さんを訪ねられたとき、そのお二人の対談を聴くために加納さんと参加をしました。その道すがら、加納さんが「今、古くからの友人が危篤状態なの……」と言われ、それが飯島愛子さんであることを知りました。女性の「加害性」に関しては、本稿の1で、中村隆子さんと加納さんの間でたたかわされた議論を紹介します。加納さんは、その後飯島さんの論文とライフヒストリーを一冊の本にまとめられました（飯島愛子『あるフェミニストの半生〈侵略＝差別〉の彼方へ』インパクト出版会、二〇〇六年）。加納さんの飯島さんへのオマージュだと思います。有名な『銃後史ノート』の創刊の言葉「母たちは確かに戦争の被害者であった。しかし同時に侵略戦争を支える〝銃後〟の女たちでもあった――何故にそうでしかあり得なかったのか――この機関誌を通じて、これを明らかにしたい、と思います」が生まれることとなります。

加納さんとのご縁のなかで

ここで少しだけ、わたし自身と加納さんとのお付き合いに触れておきたいと思います。「女性である」という理由だけで自身にふりかかる「問題」を解く糸口として、それを歴史に聞いてみようと、女性史を勉強し始めた八〇年代はじめ、最初に出会ったのがもろさわようこさんと加納さんの数々の著作でした。もろさわさんの「歴史をひらくはじめの家」を訪れたり、加納さんたちの『銃後史ノート』発刊報告会に、生まれて間もない娘を負ぶって出かけたのが、お二人との出会いです（もろさわさんとの出会いについては、河原千春編著『志縁のおんな―もろさわようことわたしたち』一葉社、二〇二一年）。以降、加納さんは本を出されるたびにわたしのような無名の者にも手紙を添えて送ってきてくださいました。加納さんの朝鮮人飛行家、朴敬元の生涯をまとめられた『越えられなかった海峡』（時事通信、一九九四年）に関しては、わたしが静岡県東部に住んでいることもあって知り得る情報――墜落現場となった網代の人々が毎年、記念碑までの道を整備し、墓参を欠かしていないこと、玄岳を「朴さんの山」と呼んでいること――を伝えると、喜んでくださいました。本格的に歴史学を学ぶために大学院修士課程へ入り、占領期に多くの「パンパン」と呼ばれた米兵相手の女性たちが集まった御殿場の戦後史をまとめた修士論文を、加納さんは大変興味深く受け止めてくださり、二〇〇四年ころから東京の仲間たちとやられていた「RAA研究会」に誘ってくださいました（その成果は『占領と性―政策・実態・表象』インパクト出版会、二〇〇七年）。今は亡き、奥田暁子さん（一九三八-二〇一二年）など八人のメンバーで、伊豆、熱海、房総で合宿したこと、熱い議論を交わしたことは宝物です（この本は、わたしが加納さんと一緒に書いた最初で最後の本です）。広島出身のわたしと高雄さんを引き合わせてくださったのも加納さんです。二〇〇五年の「第一〇回全国女性史研究交流のつどいin奈良」の会場で、高雄さんから「ヒロシマに関する本を出しませんか？」と誘われ、生まれたのが『「ヒロシマ以後」の広島に生まれて　女性史・ジェンダー・ときどき犬』（ひろしま女性学研究所、二〇〇七年）です。広島で被爆された加納さんと、広島に根を持つ高雄さんと、広島生まれのわたしと三人で密かに「ひろしま三人ムスメ（笑）」と称して、長崎や済州島を旅したことも懐かしい思い出です。

済州島・ベルリンの壁の一部の前で　2013年7月

『占領と性―政策・実態・表象』

わたしが書き上げた博士論文『日本占領とジェンダー――米軍・売買春と日本女性たち』（有志舎、二〇一四年）を第三四回山川菊栄賞に推薦してくださったのも加納さんです。

二〇一八年五月一八日の「ひろしま三人ムスメ」のメールで、加納さんは前々からみぞおちのあたりが痛むので精密検査をした結果、「やっぱりクロでした」と、すい臓がんを「淡々と」伝えてこられました。「余命宣告された日はさすがに眠れなかったけれど、じたばたしたってしょうがない、医者が言った一年より長く生きて、やりかけの仕事を終わらせねば」という意欲は最後の最後まで衰えませんでした。新潟の加納さんを慕う方々の強い勧めや、わたし自身も効果を感じているビワの葉の民間療法を始められて、「ビワの葉が足りなくなった！　送って～」と、言われるたびに、我が家に三本あるビワだけでは足りず、伊豆の土肥まで足を延ばして葉を収集し、せっせと箱根のセカンドハウスへ送ったものです。ビワの葉をお腹の上に乗せて温めると、痛みが和らぐような気がする、という言葉が嬉しくて。

二〇一八年一一月に、井上輝子さん（一九四二―二〇二一年）を実行委員長に、加納さんの最後の講演会（『銃後史をあるく』出版記念会）を開催したとき、池川玲子さんとわたしとで司会をつとめましたが、人数制限で会場に入れなかった方々も含めて、加納さんの幅広い人脈――第一線の研究者から、加納さんの最近の講演でその存在を知ったばかりという一市民の方、子どもの保育園時代からの「ママ・パパ友」、歴史学、社会学、文学と領域横断的な人々、北海道から、韓国まで――に、加納さんの人生が表れていると感じました。

〝銃後の女〟は加害者か？

前置きが長くなってしまいました。ここから本題に入ります。

加納さんが広島に軸足を置いて、核とフェミニズムを語られたものに『ひろしま女性平和学試論』（家族社、二〇〇二年）があります。加納さんは、このブックレットの中で被爆したとき五歳児の眼で見た風景や、ついさっきまで遊んでいたかっちゃんや隣のお姉さんの死を語ると同時に、被爆者は「無辜の民」か、という投げかけをされます。そして、明治以来の軍都・広島は、アジアへの侵略基地でもあり、市内にも多数の朝鮮人徴用工が連行されていたこと、宇品港から出兵する兵士を婦人会が見送り、江田島の女性たちは海軍兵学校生徒を自宅で接待することを名誉としていたことなどを挙げて、広島市民が「無辜とはとてもいえない」と言います。かつ広島がアメリカによって原爆実験のモルモットにされたこと、核という「人道に対する罪」を免罪せず、それでも「しかしあの戦略戦争を支えたことを忘れるべきではない。そして原爆投下の報に、アジアの人々がこれで解放されると快哉を叫んだことを直視しなければならない」（三六頁）と言います。この「加害」と「被害」の二重性を見つめることについて、加納さんは『おんなたちの〈銃後〉』（筑摩書房、一九八七年）のなかで次のように言われています。

「被害者であって加害者、これがあの侵略戦争における日本民衆の状況だ。これはたんに被害者であるよりも、もっと悲惨な状況ではないだろうか・〔略〕被害者であってかつ加害者であるという悲惨の極みに民衆を追いこんだものを明らかにし、落としまえをつけさせねばならない」（傍線平井）。

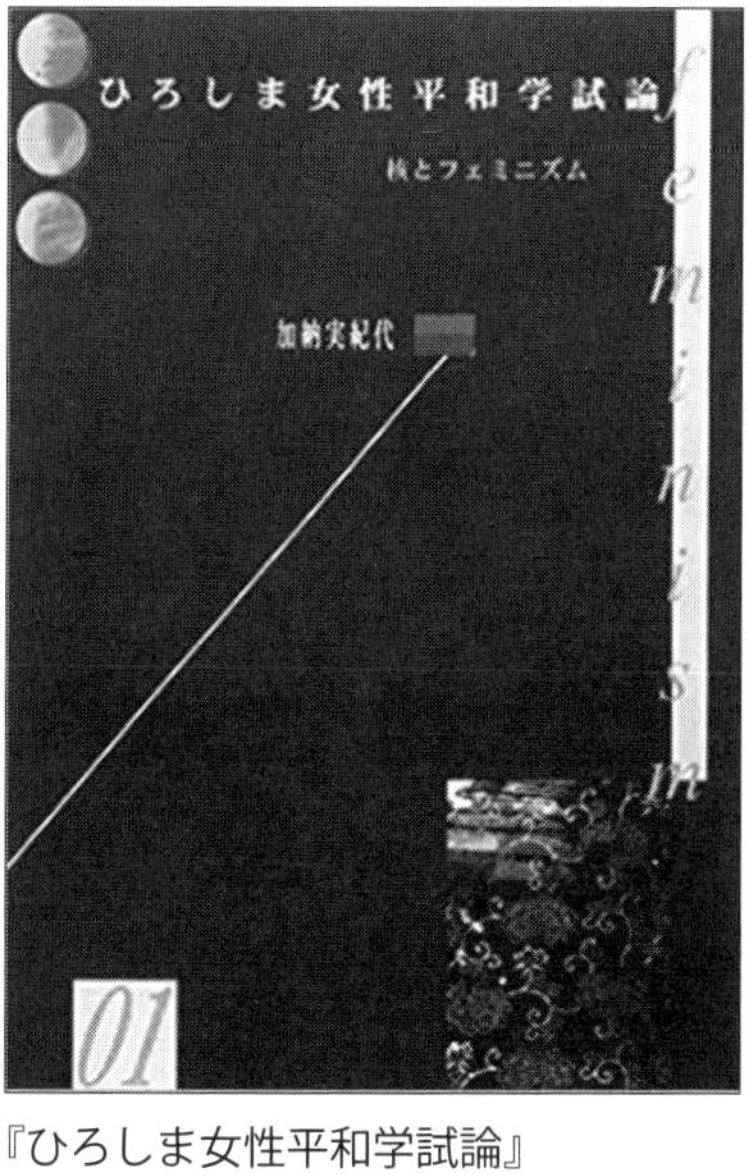

『ひろしま女性平和学試論』

「被害者」であって「加害者」であることを「悲惨さの極み」と言い、そこへ人々を追い込んだメカニズムと首謀者に「落としまえをつけさせ」るために、加納さんの女性史・ジェンダー史はあったのだと思います。
この加納さんの問いに真っ向から疑問をぶつけられたのが、同じく被爆体験を持つ中村隆子さん（一九三〇年生、家族社主宰者）です。『ひろしま女性平和学試論』に収められたお二人の真剣なやり取り（二〇〇〇年一月）のエッセンスを以下に紹介します。

中村　ただひとつ気になるのは『銃後の女たちも加害者である』ということです。家の中でお国の言うとおりにやってきた、それが加害になるんだろうか。

加納　あの戦争はやはり侵略戦争であったということ。その侵略戦争は女の銃後の務めがなければ成り立たなかったということ。国内的に見れば、女は男性や国家に服従するしかなかったといっても、『侵略された側』から見れば、日本人として一緒にあの戦争を支えたと見えますし、事実そうだった。だから『加害と被害の二重性』を引き受けざるを得ない。

中村　でもあの時、あの戦争が侵略戦争であったということを女は知らなかったんです。女にとっては国家の命令であるし、侵略は聖戦であると思いこまされているし、『侵略していらっしゃい』といって送り出したわけでもないと思います。その時にアジアの人びと、女性たちに悪いことをしたと思うのも、今になって戦争を分析した結果、自分たちは気がつかないうちにこんなことをやっていたのかということであって、〔略〕それは歴史的体験であって個人的体験ではないと思うんです。私は今でも実感として、戦争に協力したとは思えないです。

加納　一五年戦争は武力戦プラス経済戦、思想戦を総合したものだといわれましたが、その中で、女は補給のための経済戦と戦意高揚という思想戦を担ったということです。中村さんは『協力した』とは思わないと言われましたが、それはどういう意味ですか。

中村　女は当時参政権がないから政治を動かせるわけはなくて、まったく力のない者が力の強い者に従うというのは『協力関係』とは言えないと思います（四八－四九頁）。

加納　あえて女性の加害性を言うのは、二重性というひどい状況に押し込められたというその怒りを平和のエネルギーに転化すべきだと思うのが一つ。もう一つは戦争や原爆で亡くなった人は、自分の身をもってその加害の責任をとらされているわけだから、生き残った者としてその加害性をどう引き受けていくか。〔略〕つまり歴史の客体として動員されたという受け身だけで見るか、それとも〔略〕結果的には侵略戦争を支えたという事実を引き受けるか。結果責任を引き受けるのが、私は主体的であるかどうかの分かれ目であると思っています。

中村　そう言われるとよくわかります。〔略〕その怒りの理論づけが平和への理論づけになっていくと。男がつくる軍事国家、それに対抗する怒りの表現がフェミニズムだと思います。加害性を自覚するということは、加害者にさせられたその怒りを平和のエネルギーにすることです。（五八－五九頁）

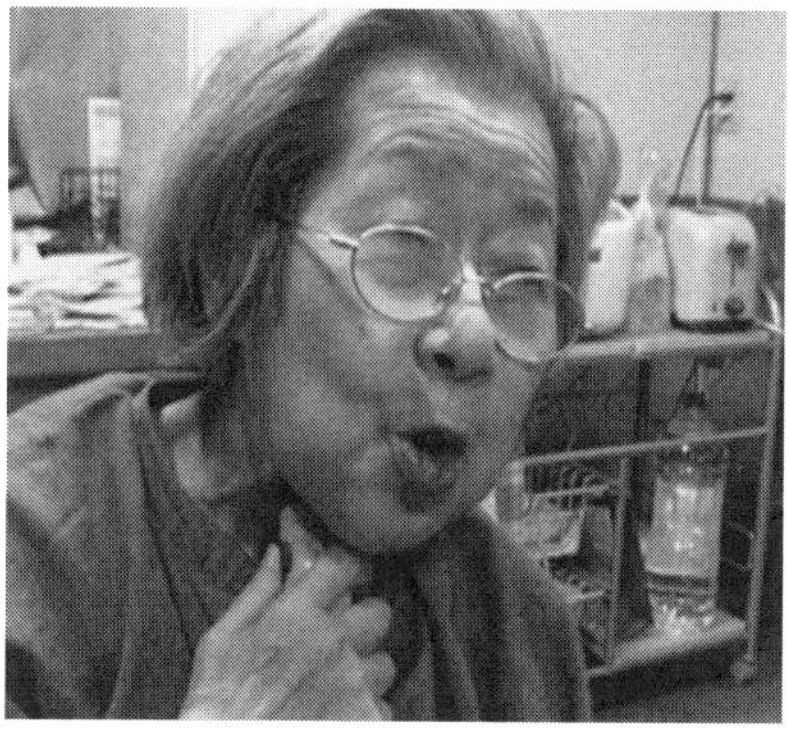

「お国の言うとおりにやってきた。それが加害になるのか」と食いさがる中村隆子

「侵略された女」と「銃後の女」をつなぐフェミニズム

さらに、対談は日本軍「慰安婦」問題をめぐる責任主体の在り方に進

みます。中村さんが侵略―被侵略という歴史的状況に違いはあるが、「女」としての個人的状況では、アジアの女性とつながることができる、と述べられていることに対し、応答する加納さんの言葉に、「慰安婦」問題における基本的スタンスが表れていると思いますのでもう少し対談を見てみましょう。

中村　「侵略された女」と「銃後の女」をつなぐフェミニズムで、その（核のボタンを押させない）思想をつくる。

加納　銃後の女と、侵略されレイプされた女はすぐには直結できない。女の利用のされ方は「母」と「娼婦」です。日本の女は「母」、アジアの女は「娼婦」と使い分けられましたからね。〔略〕日本の女は、母として利用されたという意味では被害者だけど、「母」というのは褒め称えられる。それに対してセックス処理の慰安婦として使われたら、これはもうその時の屈辱だけではなく、ずっと引きずりますよね。その差は大きい。なのに日本の女は、韓国の元『慰安婦』から突きつけられるまで放置してきたわけです。

中村　だけど、日本の女だから、侵略に加担したんだからと言われても、私はたまたま日本に生まれただけだし、なんてことになる。

加納　人間生きていくうえでは、しょうがないものを引き受けなければいけない。女であることも、その時代に生まれたことも、日本に生まれたことも、不条理ですが引き受けなければいけないと思うんです。戦後責任を放置してきた責任はあります。（七三－七四頁）

敗戦の時に一五歳であった中村さんより、年齢的に一〇歳年下の加納さんが自身に課せられた「加害性」を強く意識されているのは意外に思えますが、加納さんはこの時点では言語化されてはいませんが、テッサ・モーリス＝

スズキさんが指摘されているインプリケーション＝「連累」と同じ思考を持っておられたのだと思います。つまり、「事後の共犯性」──「直接関与していないにもかかわらず、自分には関係ない、とは言えない概念」のことで、その不正義を生み出す構造を自分達が是正しない限り、再生産されてしまうという指摘です（『過去は死なない』岩波文庫、二〇一四年）。

「帝国の慰安婦」と「帝国の母」と

朴裕河さんの本をめぐって

いよいよ、本題に入りましょう。加納さんの著書や論考は山のようにあります。そのなかで実質的に最後の論文となった「『帝国の慰安婦』と『帝国の母』と」（『対話のために──『帝国の慰安婦』という問いをひらく』クレイン、二〇一七年）を取り上げて論じたいと思います。みなさんもよくご存じのように、二〇一四年、朴裕河さんの『帝国の慰安婦──植民地支配と記憶の闘い』（朝日新聞社）が日本で出版されると、その評価をめぐって日本の研究者をはじめこの問題に関心を抱いてきた人びとの間に大きな波紋が広がりました。朴さんの本によって傷つけられたとするナヌムの家のハルモニたちによって訴訟が起こされ、二〇一五年、さらに朴さんが刑事起訴されたことに対し、日米の研究者を中心に「起訴に対する抗議声明」が出されました。「声明」に名を連ねた七〇人のなかに加納さんも加わられました。このような亀裂を放置してはいけないということで、朴さんの本に賛同する人びとと否定する人びとが一堂に会して、二〇一六年三月二八日に東京大学にて「研究集会『慰安婦』問題にどう向き合うか──朴裕河氏の論著とその評価を素材に──」が開催されました。当時肺気腫が悪化していたにもかかわらず加納さんは、会場へ足を運ばれました。当日の参加者の意見は、開催後参加者から寄せられた文章としてネット上で読むことができます（https://fightforjustice.info/wp-content/uploads/2016/07/4_0328shuukaikiroku163_246.pdf）。加納さんは、ここに「『帝国の慰安婦』がひらくもの」という、朴さんに共感的な文章を寄せられています。

　その後、改めて西成彦さんや外村大さんらの呼びかけで編まれた『対話のために』へ加納さんが書かれた論文――「『帝国の慰安婦』と『帝国の母』と」――には、加納さんの人生を貫いてきた姿勢が凝縮されているように思います。

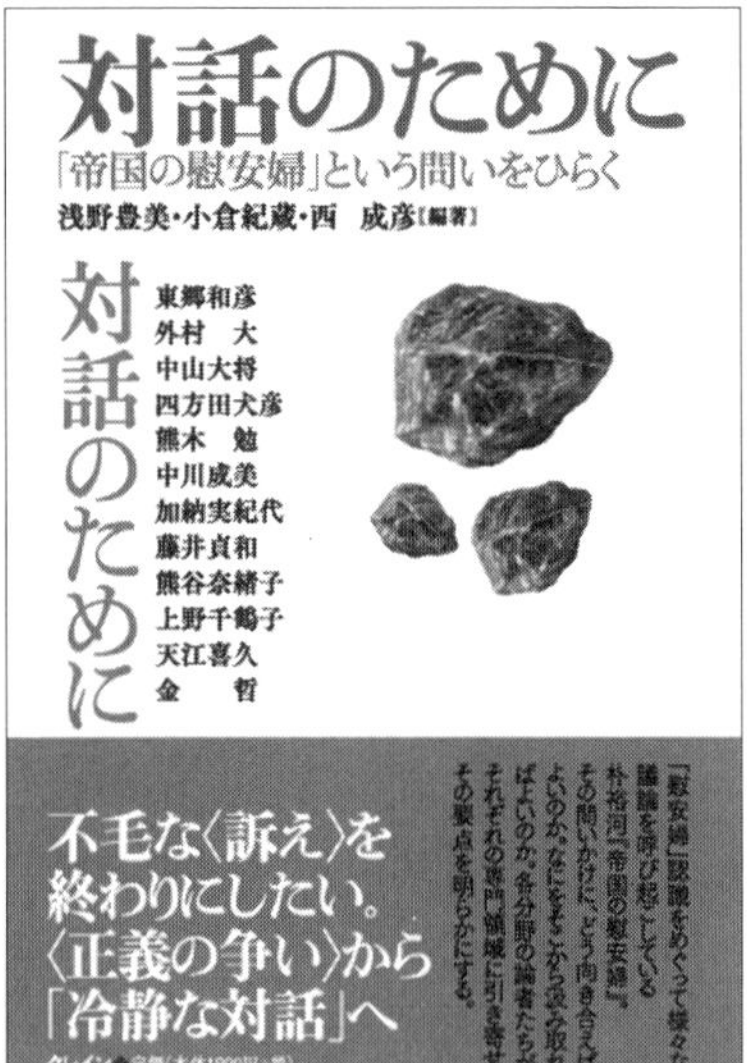

加納さんの最後の論文が所収された『対話のために』

　朴さんの本のなかで、最も問題化されたのは、以下の二点に関してだと思います。一点目は、韓国の「慰安婦」支援運動が、「初期の『強制連行』のイメージのままで、〈公的記憶〉をつくり続け、（ハルモニたちによって語られていた）ノイズを消去した」。その結果、「強制連行された二〇万人の少女」がつくられ、「平和の少女像」という、「慰安婦」をあるべき「民族の娘」として固定化した。二点目は、「日本兵と朝鮮人慰安婦は構造的には『同じ日本人』としての『同志的関係』にあった」、という点です。朴さんは「平和の少女像」は、「協力の記憶を消し、抵抗と闘争のイメージだけを表現する」もので、「日本に協力しなければならなかった朝鮮人慰安婦の本当の悲しみを表現できない」とされています（傍線平井）。

　加納さんは、朴さんの本が最も問題化されたこの二点に、次のような観点から共感を示しています。まず、朴さんの言う「ノイズ」に関してです。加納さんはかねてより、日本兵と「慰安婦」の関係を「支配／被支配」の枠組みだけで捉えることに違和感があったと、ビルマなどでの「慰安婦」体験を持つ文玉珠さんの例を挙げて説明されます。つまり、日本の歌を覚え、日本兵の人気者になり、ラングーンの市場でハイカラな服や宝石を買い、軍事郵便で大金を貯金し、ホンダミ子オとの恋愛を語ったことを引きながら、文さんのあり様は「性奴隷の語になじまない」と言います。加えて、悲惨な状況下でも生存戦略を行使して生き延び、日本兵と愛を育むことができたことに感動すら感じておられます。そしてこのような「ノイズ」を含む体験をそのまま書き留めた森川万智子さんのお陰で、「文玉珠という『慰安婦』は二度ころされる」ことなく、「帝国の犯罪性をより深く問う存在となって、わたしたちの前に立ちあらわれることになった」（一九八－一九九頁）と書いています（傍線平井）。

この「二度ころす」という言葉は、森崎和江さんの『からゆきさん』（朝日新聞社、一九七六年）から、加納さんが受け止めた印象深い言葉です。森崎さんは、「からゆきさん」に向ける自分のまなざしを見据え、「からゆきさんは二度ころされてしまう」と表現しています。「一度は管理売春のおやじや公娼制をしいた国によって、二度目は、村むすめのおおらかな人間愛を失ってしまったわたしによって」（二二九頁）、と。加納さんは、一九七〇年代から『銃後史ノート』の聞き取りで、大阪の元遊郭（飛田新地）を訪れて経営者の話を聞いた折に、戦争中、前借金が早く返せるからと「慰安婦」となって中国へ渡った女性たちがいたことを聞かされ、「なんなら紹介しまひょか?」と言われたのに、いざとなったら尻込みしてせっかくの機会を逃してしまったそうです。「恥ずかしいことをさせられてかわいそうに……彼女の体験を不道徳な、恥ずべき行為とみているからこそ、『傷つける』と思ってしまうのだ」、「ここには『良妻

『文玉珠　ビルマ戦線楯師団の「慰安婦」だった私』

賢母』の側に立つ女の〈上から目線〉がある」（一九七頁）と、自らの差別的なまなざしを痛覚をもって思い起こされています。リブから学んだはずの、日本の女とアジアの女を「母」と「娼婦」に分断する男主導のセクシュアリティ認識から当時の加納さんも自由ではなかったのです。

この「二度ころす」という行為は、韓国の「慰安婦」支援運動のなかにもあるのではないか、と加納さんは問います。「性暴力が女性の重大な人権侵害であるのはいうまでもないが、〔略〕韓国の運動は、『慰安婦』の被害をあくまで純潔無垢な少女像として表象する。〔略〕そこのことによって『慰安婦』としての日常や以後の人生の辛酸〔略〕、文玉珠にみられるように希望や誇りを見出して生きる（生存戦略＝平井）、そうした日々は捨象される」（二〇三頁）。

自らの“スーちゃん”体験を語った曽根一夫さん

日本兵と「慰安婦」の恋愛関係——消去されたノイズ

ここで「慰安婦と日本兵の恋愛関係」——〝スーちゃん関係〟と呼ばれた——について補足しておきたいと思います。わたしが直接インタビューをしたことがある曽根一夫さん（一九一五‐二〇〇〇年）は、朝鮮人「慰安婦」たちの多くは、〝スーちゃん〟と呼ぶ「特別な兵士」を持ち、「心の糧」としていたと言われます。曽根自身もある一人の朝鮮人「慰安婦」と〝スーちゃん関係〟になったこと、出撃のたびに城壁に登って見えなくなるまで見送ってくれたこと、無事帰るとまっさきに駆けつけてくれたこと、そして性交では料金は取らず、サックもつけさせなかった、ということです。その理由を曽根さんは、「〔慰安婦稼業〕の悲しみを訴えて慰めてもらい、怒りをブチまけて発散させる相手が必要であった」と言われます（『元下級兵士が体験見聞した従軍慰安婦』白石書店、一九九三年、一二四－一二五頁）。

加納さんが注目された文玉珠さんも、「ウリ（わたしの）、ホンダミ子オさん」と、優しく呼びかけられているように、絶望的状況のなかでも生きる糧を得ようとする、彼女たちの主体的行為を尊敬し、「ノイズ」として消去しない（「二度ころさない」）ことによって、彼女らは「『帝国』の犯罪性をより深いところから問う存在として、わたしたちの前に立ち現われる」のだと言われます（一九九頁）「より深い帝国の犯罪性」については、次の(3)で詳しく見ていきましょう。

ソウルにある日本大使館前の「平和の少女像」

「平和の少女像」をめぐって——「被害」と「加害」の二重構造を見据えよ

二〇一一年一二月一四日、「水曜デモ」が一〇〇〇回になったことを記念してソウルの日本大使館前に建てられた「平和の少女像」についても、加納さんは、「解決をめざす支援者たち」によって「慰安婦」たちが「二度ころされてしまう」ことに通じるものがある、と批判的に見ています（二〇〇頁）。「慰安婦」問題がこの二〇年間、「強制連行」の有無を焦点に展開されることに違和感を抱いてきた加納さんは、それによって被害者が「処女」と「非処女」に分断されてしまう、と警鐘をならします。一四、五歳の少女をイメージしたというキム・ソギョン、キム・ウンソンさん作製の「平和の少女像」は、「『慰安婦』の被害をあくまで純粋無垢な少女像として表象する、それは〈処女喪失〉を「慰安婦」被害の象徴として記憶しつづけることだ」と主張します（二〇三頁）。像には、朴さんのいう「日本の服を着せられて日本名を名乗らされて『日本人』を代替し、「日本軍兵士を愛し、……死に赴く日本軍を最後の民間人として見送った」慰安婦のリアリティーが現れていないといいます。また、被害者を「少女」に象徴させることは、成人女性や、公娼制度下にあって、短期に前借金返納が可能な戦場へ行くことを決めた性売買女性たちの存在を不可視化させる効果をもってしまわないでしょうか。そのことを、加納さんは「処女」と「非処女」の分断、と言われるのだと思います。

また、植民地朝鮮と台湾の「慰安婦」たちは、あくまで「準日本人」としての「大日本帝国」の一員であった、という朴さんの指摘を受けて、加納さんは、植民地出身の「慰安婦」は、日本の侵略戦争遂行を「白いかっぽう着を着せられた国防婦人会」のいでたちで兵士の送迎をし、性の相手をすることで「支える」存在でもあった、と位置付けます。そのような「被害者」でありながら「加害者」という二重構造を浮き彫りにした朴さんの『帝国の慰安婦』が「ひらいたものの奥深さと残酷さに言葉を失う思い」であると言います（二〇六頁）。朴さんは、「少女が聖少女として純潔と抵抗のイメージだけをもっている」のは、侵略戦争への「協力と汚辱の記憶を当事者も見る者もいっしょになって消去した」結果であると言います。加納さんは、『帝国の慰安婦』が容赦なくえぐり出した、被植民地の民衆の「戦争協力」という「恥ずかしい記憶」もふくめて再度、「慰安婦」問題を考えようとし、それを宗主国側の女性（『帝国の母』）として受け止めようとされた稀有なフェミニストだと思います。そのことを加納さんは、以下のようにまとめています。

「植民地支配のもとで『帝国の慰安婦』であるということは、たんに『性奴隷』として拘束的な日常の中で性行為を強要されるということだけではない。それによって侵略戦争を支えるという〈加害〉も背負わされるということなのだ。これ以上の悲惨があるだろうか」（二〇八頁）。

加納さんが職業軍人の父を持ち、植民地ソウルに生まれ、五歳の時に広島で被爆したという「加害」と「被害」の二重性のあいだで煩悶されてきたからこそ紡ぎ出された言葉ではないでしょうか。

『帝国の母』

返す刀で加納さんは、日本「本土」の女性たちのあり様を、再び、リブ（田中美津さん）の言葉で問いかけます。「朝鮮女性が前線で『便所』として協力させられていたとき、日本の女は『母』として銃後にいた」（二〇八頁）、「男性による女性の〈手段化〉〈モノ化〉〈道具化〉は、『帝国の母』についても言える」が、日本の女性たちは「『貞女』に安住し」、「貞女は貞女であることによって侵略を支え、貞女であることによって朝鮮の女に対する凌辱に荷担したのだ」と書き、「これもまた、悲惨の極みではないだろうか」（二一〇頁）と投げかけるのです。加納さんの最後の論文に対する批判のなかに、朝鮮人「慰安婦」と日本人女性をともに「被害と加害の二重性を帯びたものとして同列に扱っている」という人がありますが、わたしは加納さんの論をよく読むと、宗主国側の女性が男によって与えられた指定席――「母」（貞女）の持つ抑圧性と被抑圧性を見据えつつ、さらに植民地女性への抑圧性という「加害性」を容赦なく指摘していると思います。結論として、加納さんは「『帝国の慰安婦』と『帝国の母』に共通する『被害者で協力者という二重の構造』、

加納さんが愛した箱根のセカンドハウスにて（2017年夏）

その底深い悲惨から抜け出す道は、けっきょく女性を『母』と『便所』に分断利用する『帝国』の解体をめざすことからしか開けないだろう」と述べています（二一一頁）。

まとめにかえて

以上、はなはだ不十分ですが、加納さんの最後の論文となった「『帝国の慰安婦』と『帝国の母』と」をわたしなりに加納さんのライフヒストリーのなかで読み解き、この論文に対する批判・誤読にも応えるつもりでまとめさせていただきました。そして気づいたことは、加納さんのフェミニズムは一貫して「被害者であって加害者であるという二重性」を引き受ける〝主体〟としての女性を打ち立てるということだったということです。

と、同時に、加納さんが積み残された課題もあります。それは「母性」というフェミニズムが格闘してきた大きな問題です。加納さんはその名も『母性ファシズム』（ニュー・フェミニズム・レビューVol.6、学陽書房、一九九五年）という本の編者として「母なる自然の誘惑」とその危うさを問われています。また、「『母性』は敗戦による断罪を免れたまますると戦後の『平和』に衣替えした」とも言われています（『ヒロシマとフクシマの間――ジェンダーの視点で』インパクト出版会、二〇一三年）。母＝自然＝平和という幻想は健在で、一九五五年以降の「母親運動」、八六年のチェルノブイリ原発事故や、二〇一一年の福島第一原発事故後の母親たちの反原発運動、そして二〇一五年の安全保障関連法に反対する「ママの会」など、危機に際して立ち上がる女性たちが「母」を掲げることが繰り返されています。育児・家事・介護などを「ケア労働」として位置付ける「ケアのフェミニズム」の観点から「母親たちのなかで培われてきた思考や判断力を社会構造の基盤に置」き、「戦略的母性主義」を唱えて、反戦・反核・「子どもを守る運動」の再評価を試みるフェミニズムも誕生しています（たとえば、元橋利恵『母性の抑圧と抵抗―ケアの倫理を通して考える戦略的母性主義』晃洋書房、二〇二一年）。一九五〇年代の原水爆禁止運動が、原子力の「平和利用（原発）」には期待を寄せた例をあげ、「母性本能といっても、しょせんその程度のものだったことは、しっかり認識していた方がよい」（『ヒロシマとフクシマのあいだ』二〇一三年、インパクト出版会）という加納さんの言葉を肝に銘じておきたいと思います。加納さんが積み残された課題は、二一世紀を生きるわたしたち自身で切り開かなければなりません。◇

第4章

『パーク・シティ』公園都市広島を語る

笹岡啓子

「なにかが起こったあとの場所」への眼《カメラ》

〈暗さ〉は抵抗

私はおもに二つのシリーズを並行して発表してきました。一つは広島、もう一つは日本各地の海岸線を撮影したものです。いずれも活動の最初期、二〇〇一年頃から並行して続けています。そこには「なにかが起こったあとの場所」という関心が共通してあったと思います。

一〇年ほど並行して活動していたなかで、二〇一一年に東日本大震災が起こりました。私にとっては広島と海岸線という両者が図らずもクロスしてしまうようなことでもあって、それ以降、東日本大震災の被災地域の撮影も続けています。今日は広島と東北を絡めた話になろうかと思います。

慣れ親しんだ街への違和感

私は広島市の郊外で生まれ育って、爆心地にある中学高校に通っていたこともあり、比較的熱心な平和教育を受けていたように思います。高校を卒業し、東京の大学に進学してはじめて、全国の人が同じように平和教育を受けているわけではなく、私が受けた教育は当たり前ではなかったということを知りました。同時に、広島という街自体を外側から客観的に眺めたときに、はじめて慣れ親しんだ街に違和感を感じました。平和公園が中心地にあり、そのぽっかりがらんと空いた公園を中心に街づくりがなされている。例えば東京といった大きな空襲があった地域が復旧する場合はそういった成り立ちではないわけです。これは少し特殊なのかもしれない。被爆後の都市の、その現在の在り方にどこか違和感があって、あらためてこの街の写真を撮ることで知ってみたいと思うようになりました。

Fig.01《PARK CITY》2001-2009年

Fig.02《PARK CITY》2001-2009年

Fig.02《PARK CITY》2001-2009年

広島の写真を見ていただこうと思います［Fig.01-03］。非常に黒くて暗いがらんとした写真が多いのですが、基本的にこの建物（折り鶴タワー）の隣にある平和記念公園とその周辺を中心に撮影したものです。二〇〇一年には、一九四五年の痕跡はほとんどありません。ただし私が関心を持っていたのはその痕跡を探すということではなく、その後、つまり一九四五年八月六日以降、より正確に言えば私が生まれた一九七八年以降ということも含めてこの街がどのようにして現在あるのかに関心があったわけです。しかし、痕跡だけでなく、街づくりの経過は現在の景色からはなかなか見えてこない。だから一九四五年から決定的に遅れて生まれた自分が知るためには残された資料や写真を見るとか、書かれたものを読むことでしか知ることはできないのだけど、そうして少しずつ知っていくと、より一層、街の歪さやぎくしゃくしたものが感じられてきました。

広島に暮らしていて平和公園によく来られるという方というのは、通勤通学の近道として公園を突っ切って通るという方が多いと思いますし、また旅行者はしかるべき順路を辿って原爆ドームから資料館へ向かって公園を通過していく。つまり人びとが留まらない場所としてあって常にがらんとしている。

一方で、よく地元の方などからは、平和公園に行っても何もないよと言われる。実際、何もないんですね。むしろ、ないことだけがあるとも言える。もちろんたくさんのモニュメントや慰霊碑、資料館のアーカイブがあるんだけれど、住んでいた頃には気づかなかった公園それ自体の空っぽ感が私には強く感じられました。写真を撮っても写らない、とりつく島のなさがまずあってそのことで途方に暮れました。

現在の街を撮ったところでこの街の歪さや過去の出来事が簡単に見えてくるわけではない。初期はそのこと自体を自分の身体に覚えさせるような撮影でした。ただひたすら朝から晩まで公園を含めて市内中心を歩く。ご存じの通り広島は、夏は暑いし、冬は寒い。当時二〇代だったからできたことだといまからは思います。繰り返し歩き、繰り返し「ない」ということを確認し、繰り返し「わからない」ということを確認する。なぜそんな修行のようなことをやっているんだろうかと心折れそうなときもあったのですが、そのこと自体が私にとっては唯一と言っていいくらい広島と出会い直す手立てでした。

非常に黒くて暗いというのは私なりのわかりやすさ、見えやすさ、わかったつもり、見たつもりになることに対する抵抗でもあって、復興した明るい広島ではなく見えにくいことを見えにくいままに、わかりにくいことをわかりにくいままに提示することで、撮る私も見る人もこの写真から、広島から突き放され、拒絶されるような感覚を受けとるということが大事でした。この暗さはノーマルで撮ったものを焼き込んでいるのではなく、最初から露光不足で撮っています。初めから足りない、写りにくい状態で撮ることで、かろうじてわずかに見えてくるもの、それでも微かに写ってくるものを見逃さないということを大切にしていました。

そしてこれを「PARK CITY（公園都市）」と名付けました。いまご覧いただいたスライドの順番は写真集（『PARK CITY』、二〇〇九年、インスクリプト）の構成順でもあって、昼間の街、夜の街、昼の公園、夜の公園、資料館の中に入っていくという構成になっています。私にとって広島は生まれ育った街ではあるけれど、街の在りようへの違和感を契機に出会い直した広島は「公園都市」であると、一〇年かけて見えてきたことでした。

ここは「広島に落ちた（その）原爆が落ちたみたいだ」

　こうして一度、写真集としてまとめたあと、次にどのように展開していくべきか、しばらく考えあぐねていた頃、二〇一一年の東日本大震災が起こりました。福島第一原発が爆発する映像を見たときにはっとしました。あらたな被ばくの発端に広島があった。核の平和利用という動きの果てに原発大国になったことももちろんですが、個人的には被爆当時を生きのびながら生前ほとんど当時の話をしなかった祖母が「二度とあってはいけない」と幼い私にまっすぐに言ったこと。そうしたこの国の歴史や個人的な記憶が次々と思い起こされて、自分がまったく受け止めきれてはいなかったということにショックを受けました。

　また私が撮ってきた日本の海岸線は津波の来る場所だったということをこのときようやく認識しました。三陸のリアス式海岸のように非常に入り組んでいる日本の海岸線というのはかつても大津波が何度も来た場所であり、その後である海岸線を撮ってきていたわけです。同時に広島を撮るなかで出来事から自分が決定的に遅れて生まれ、どうやってもそこには立ち会えないという焦燥感が常にあったので、同時代に立ち会った撮影者として自分の目で見なくてはという思いがあり東北へ行きました。

　実際に行ってみると映画の中の世界のような現実味のなさや、逆に臭いや砂塵といった身体的に突き刺さるものもあって、報道で見ていた印象とも違っていました。岩手県釜石市の高台でカメラを取り出すことすらできず呆然と街を眺めていたときに、地元の方から「大変なことだね、どこから来たの？」と話しかけられました。東京から来たと応えると「ここもひどいけど隣の大槌町はもっとひどい。広島に落ちた原爆が落ちたみたいだよ」と言われました。その方も少し混乱して興奮気味でしたが、普通だったら「原爆が落ちたみたいよ」と言いますよね。でも「広島に落ちた（その）原爆が落ちたみたいだ」と。エノラゲイから広島に落ちた原爆がバウンドして大槌に落ちたといったイメージですよね。それですぐに大槌町へ向かいました。

行ってみると確かに被爆直後の広島の写真によく似ている。被災地の景色はどこも似ているとよく言われますが、小高い山々に囲まれ、二本の川が海に注いでいる地形も広島に似ていて、ようやく少し客観的に見ることができて、そこではじめてシャッターを切りました［**Fig.04-05**］。

Fig.04《Remembrance》2011年　岩手県大槌町

Fig.05《Remembrance》2011年　岩手県大槌町

当初は発表できるものになるかどうかもわからず撮っていたのですが、思いがけず震災から一年というタイミングで発表する機会がありました。当時、震災に対する考え方もいろいろあったなかで見た人の反応も様々で、「なんで被災状況がわかるようにもっとはっきり撮ってこなかったんだ」と会場で怒り出す方もいました。みなさん不安ゆえに感情を吐き出す場所になってしまった面もあったのかもしれません。一方で、「メディアの写真とは違って冷静に見られた」、「自分が福島に帰れないから撮ってきてくれてありがとう」と言われたりもしました。

〈広島―東京―東北〉の往還から

そうやって東北に通いながら広島のことを考えたり、広島や東京にいながら東北のことを考えているなかで、広島の原爆写真をきちんと見直したいと思うようになりました。当時、とくに原発事故に関連させるかたちで、広島・長崎・関東大震災などの過去の写真が撮影者名もなく撮影地もごちゃまぜに掲載され、さらにその複製の複製が続くという乱暴な情報がネット上に溢れていました。

東日本大震災のメディア報道ではご遺体は写さない、写っていたら編集するといったメディア側の配慮がありました。関東大震災といった時代には死傷者を写したものも含め、写真カードがひとつのニュースメディアとして、絵ハガキ代わりとなりお土産となり大量に内外で流通しました。ではまだ戦時下であった被爆直後はどうだったんだろうか、といったことが知りたいと思うようになって、批評家や学芸員の方など写真史に詳しい身近な方に聞いてみましたが、そうしたことはあまり知られていないということがわかってきました。つまり、それまで写真はあくまで原爆資料の一環として扱われ、写真それ自体を写真として見るということがなされておらず、日本写真史のなかでも比較的ざっくりとしか扱われていなかったんですね。そこで自分たちの雑誌の特集（『photographers' gallery press no.12』、二〇一四年）として、周りの写真関係者や広島の友人・知人たちを巻き込んで、原爆資料館、文書館、県立図書館、中国新聞社などで原爆写真をとにかく見直すということをしました。

被爆当日八月六日の市中、キノコ雲の下で撮られた写真は五枚しかありません。この五枚はつい先日七〇年以上経ってようやく広島市の文化財に指定されました。今までは中国新聞社で保管されていたのですが、文化財指定によってネガの保存向上があればと願っています。刊行した特集号では、かろうじて撮られたこの五枚に何が写っているのか、どういう状況で撮られているのか、ほかの多くの原爆写真と何が違うのかということを写真をよく見ることで考察しています。

撮影者である松重美人さん自身も皆実町の自宅で被爆されましたが、幸い無事でした。中国新聞のカメラマンだったので御幸橋までカメラを持って様子を見に行く。何が起こったのか、空爆なのか、直撃なのか、ましてや新型爆弾だとはわかっていない状態で、しかしカメラを持っているものとして、かろうじて撮ったということがほかの写真と決定的に違うことです。

そして松重さんは戦後、証言者になっていきます。国連でスピーチされたこともあり、この五枚を背負った人生になってしまったんですが、彼が一九八一年の講演で述べたのは、「わたしが映した五枚の写真や現在も残っている数千枚の原爆写真でもほんとうの原爆の怖ろしさを語ることはできない」と。かろうじて撮られた五枚から何がわかるかというと、撮られなかったもののほうが圧倒的に多く、写されなかった存在、写せなかった状況があったということです。これは「市民の描いた原爆の絵」にも言えますが、不鮮明なたった五枚の写真は写されなかった多くの存在を想起させるものであり、これらの写真を受け取った自分はそれをきちんと受け止めなければならないという思いがあります。

こうした調査と誌面の編集という経験は、わたしのその後の制作にも影響を与えました。たくさんの古い写真を見直す経験によって、自分の中で現在の光景よりも被爆当時の写真の方が圧倒的にリアルに感じられるようになりました。コロナ以前から、インバウンドによって観光客が増加し、平和公園一帯はより一層明るくなった印象があります。原爆ドームから資料館を見学したら、世界遺産航路のリバークルーズで宮島へというパッケージ化がされていて、たくさんの人が日々それに沿って通過していく。被爆当時のイメージが堆積してしまっている自分には、そうした現在の光景にはどうしてもリアリティを感じられませんでした。

　そこでもし自分が抱くリアリティが現在の公園にあるとするならば、それを召喚するために、逆にフィクションが必要なのではないかと考えました。フィクションといっても虚構や演出ではなくて幻視や幻影みたいなことなのですが、長時間露光によって写真は時間の幅を写すことができます。その特性を使って自分の中に響くリアリティ

Fig.06《PARK CITY》2017 年

Fig.07《PARK CITY》2018 年

を探していくというようなことを始めました。あるいはネガポジを反転させ、正像ではない方に逆にリアリティを見出すといった制作をするようになりました［Fig.06-09］。

広島の出来事を体験することは不可能だということを初期の一〇年やっていたけど、その前にただたじろいでいるよりは体験しようとしていかなければならないというふうに思い始めました。もちろん全く同じ体験は不可能なんだけれど、過去を現在に呼び込む、せめて自分の身体に落とし込むためのイメージの冒険のようなものです。「遭うた者にしかわからん」と言われたからといってその場に立ち竦んでいないで、追体験の冒険をしてみたいと。二〇代の自分にはそういう勇気はなかったけれども、少なから

Fig.08《PARK CITY》2017 年

Fig.09《PARK CITY》2019 年

ず経験していくなかでそういう思いになりました。

実際に公園にいる観光客、通りかかった人たちをこうした手法によって、時に亡霊的なイメージとして、あるいは「明るい広島」への抵抗として撮影するのは、非常に暴力的なことではあるけれども、それはどんな写真を撮るときにでも必ず起こり、慎重に引き受けなければならないことです。出来事の継承といったことではなく、追体験の験しを受けているような思いです。

Fig.10 《Shoreline》2020 年　岩手県大槌町

Fig.11 《Shoreline》2020 年　岩手県大槌町

最近の話題でいうと、平和推進条例ですね。さらに広島を平和化していくと。平和を強要し、過剰に復興と平和の象徴を謳う。ある種の歪なまぶしさ、ねじれた明るさを見ずに、きれいなものとしてだけで見ていくということは、臭いものに蓋をして現在の街への過程をなかったことにすることであり、それはこの街のみならず、来たるべき被災地、未来の別の場所を失うことに加担することなのではと思っていたのですが、東北の震災後の経過を見ているとすでに手遅れというべきか、同じようなことが起こっているようです。

Fig.12 《Park》2020 年　福島県新地町

Fig.13 《Park》2021 年　宮城県気仙沼市

公園化されていく三陸地域

防潮堤がない海岸を探す方が難しいほど、現在の三陸沿岸はコンクリートで囲まれています [Fig.10-11]。あるいは除染土を積んだ仮置き場、田畑に戻せない場所はソーラーパネルが埋めていく。平野部に点在する津波から逃れるための避難の丘が造られ、日常的には遊具やゲートボール場などと併設してすっかり公園化され、公園内にはモニュメントや慰霊碑も置かれています［Fig.12-13］。

また国立の追悼施設が岩手・宮城・福島各県に一つずつできています。福島では第一原発にほど近い双葉町に「東日本大震災・原子力災害伝承館」が開館し、周辺一帯は復興祈念公園として整備が進んでいます［Fig.14］。宮城では石巻市の南浜地区一帯が街に戻すのではなく「石巻南浜津波復興祈念公園」として緑地化されました［Fig.15］。そのなかに「みやぎ東日本大震災津波伝承館」という施設ができ、一角には被災した門脇小学校が震災遺構として残されることになりまし

Fig.14　《Park》2021 年　福島県双葉町

Fig.15　《Park》2021 年　宮城県石巻市

た。岩手では陸前高田市に「高田松原津波復興祈念公園」ができました。元々道の駅があったところに、「いわてtsunamiメモリアル」という伝承館と新しい道の駅が併設されています。この公園のアプローチは広島の方には既視感があるかもしれません［Fig.16］。施設をくぐって白い軸線に沿っていくと海に面した献花台があり、そこから海岸線に沿って行くと、奇跡の一本松とユースホステルだった震災遺構に続くという順路です。

Fig.16 《Park》2021 年　岩手県陸前高田市

Fig.17 《Park》2021 年　宮城県南三陸町

国立ではありませんが宮城県の南三陸町も公園化しています。津波によって骨組みだけになった防災対策庁舎の遺構を中心に、伝承施設や道の駅が併設された「南三陸町震災復興祈念公園」です［Fig.17］。この防災対策庁舎の恒久保存はまだ決まっておらず議論が続けられるようですが、原爆ドームがそうであったように、設計の段階で基軸にされていながら、あとで取り壊すというのは難しくなるかもしれません。ほかにも各地に大小のメモリアルパークや震災遺構、モニュメントが続々と整備されてきています。

こうして施設名だけ見ても「復興祈念」が並んでいるんですね。阪神淡路大震災以降「復興災害」という言葉も言われますが、復興の象徴だった広島は引き揚げや流入で人口が増加したのに対して、三陸地域は震災以前からの過疎化に加えて避難による人口流出が止まらない。津波で浸水したことで災害危険区域となり居住地に戻せないといった制限もあると思いますが、暮らす人がいなくなってしまったところが一斉に公園化されています。

そうした場所で、地域に根ざさない専門家や担当替わりしていく行政を相手に、簡単には手放せない土地で格闘する人たちがいます。「絆」というのは決して聞こえのいいつながりではなくて、元来断ち切れない結びつきあるいは自由を妨げるような枷という意味があります。

耳障りのいいこと、わかりやすいこと、わかったつもりになれること、共感しやすいこと、寄り添ったつもりになれること、そういう透明化が一層求められる傾向が顕著になっているように感じます。しかし、共感、寄り添いといった言葉を出していくことは、実はわかりにくいことや複雑なこと、見えにくいことを排除することに加担しているのではないかと思えてなりません。「がんばろう東北」と呼ぶことで安心し、「フクシマ」とカタカナで呼ぶことで福島の人たちを当事者に囲い込み、自分たちは無傷の観客席にいる。それはまさに広島が被爆者あるいは死者に対してずっと無邪気にやってきたことではなかったでしょうか。◇

柿木伸之

〈公園都市〉を視る写真の批評性

笹岡啓子『PARK CITY』への応答として

暴力が交差する場としての広島に向き合う

この度は連続講座「ジェンダー×植民地主義——交差点としての『ヒロシマ』」の第四回でお話しする機会をいただき、大変光栄に感じております。実は前回まで、そして次回からも、この連続講座には受講者の一人として参加しております。テーマに示されている講座の基本的な視点が、広島という都市を、そしてそこに生きることを今あらためて振り返るうえで重要だと考えたことと、各回で取り上げられるトピックに以前から興味があったということがその理由です。とくに第一回で取り上げられた旧陸軍被服支廠の倉庫をめぐる問題には、一昨年（二〇一九年）の末から関心を向けてきました。

この問題についての立場は、すでに複数の媒体（『週刊金曜日』一二六八号所載「戦争と被爆の記憶が刻まれた建築をアジア各地域が連帯する芸術拠点に」、Hihukusho LAB. ウェブサイト所載「生存の文化の拠点としての『倉庫』の再生のために」）で示しましたので、興味のある方はそちらをご覧いただくとして、今は初回の講座を聴いて思ったことのみ、ひと言述べておきます。その際に被服支廠で長い時を過ごされた切明千枝子さんのお話を聴けたことは、とりわけ貴重でした。旧陸軍の兵站にとって重要な役割を担っていたこの軍事施設に、総力戦を遂行する仕組みの縮図があったことをあらためて考えました。

この点は詩画人四國五郎の『わが青春の記録』にも綴られていますが、切明さんのお話からはさらに、数多くの女性をはじめ、どのような人々が、あるいはウサギのような生き物が被服支廠でどのように働いていたかも伝わってきました。この施設には性差別を含んだ役割の性別による分担があったことだけでなく、軍都としての広島に組み込まれた植民地主義も現われていることも考えさせられたところです。朝鮮人が工場労働に動員されていたというお話がありましたが、その後のディスカッションでは、被服支廠などで製造され、軍用鉄道の宇品線で港へ運ばれてきた物資を、宇品港に停泊している軍船に積み込む沖仲仕の危険な仕事を、朝鮮人が担っていたことも知ることができました。

こうして被服支廠を焦点に軍都の歴史を振り返るだけでも、そこが性差別、植民地主義、総力戦としての戦争といったいくつもの暴力が交差する場所だったことが浮かび上がってきます。そこに生きるとは、これらの暴力に晒されることだったと考えられます。そして、このことが敗戦後も充分に検証されないままだったために、後の講座で取り上げられるように、性差別を含んだ社会制度は温存されたままですし、植民地主義的な支配構造は、戦後の広島の社会に内攻し、深く組み込まれてしまっています。この連続講座は、それらの忘却が含む問題をも議論の俎上に載せる貴重な場と言えるでしょう。

その契機を与えてくれるのが、今回の講座でご自身の写真芸術を紹介してくださる笹岡啓子さんの〈PARK CITY〉シリーズの写真です。とくに写真集『PARK CITY』に収録された一連の写真を貫く芸術は、被爆後の復興過程によって形成された「PARK CITY」、すなわち「公園都市」のなかにぽっかりと開いた空洞を、独特の鋭利さを示す眼差しで凝視するものと言えます。それによって笹岡さんの写真は、「被爆地」の名とともに人が街に投影するイメージが剝ぎ取られた広島の姿を出現させています。そして、そこに何かが息を潜めている気配も感じられます。

笹岡さんが、写真集を刊行されてからも撮り続けている〈PARK CITY〉シリーズの写真を、昨夏に広島県立美術館で開催されていた、広島出身の六名の写真家の作品による展覧会「日常の光――写し出された広島」(二〇二〇年七月二三日~八月二三日)でいくつか見ることができました。その際に印象に残ったのは、どこか空虚さを感じさせる街を通り過ぎていく人々の身ぶりです。その身ぶりを貫く時間は、広島の街並みを急速にマンションの針山へ変えている動きの時間でもあることでしょう。そのような時間が進んでいくなかで、取り残されるものがあることも、写真からは強く感じられます。このことが笹岡さんの作品に独特の緊張感をもたらしていると考えられます。

ここからは、そのように笹岡さんの写真を折々に見てきた経験を背景に、とくに〈PARK CITY〉シリーズの写真を今どのように見直すことができるか、またその前提としてどのようなことを考えるべきかという問いをめぐる視角の一つを提示してみたいと思います。その背景として、私がヴァルター・ベンヤミン(Walter Benjamin, 1892-1940)というユダヤ人思想家の哲学と美学を中心に、二十世紀のドイツ語圏の思想を研究していることがあります。今日は、ベンヤミンの写真論の一端にも触れながら、これからの笹岡さんとの対話の糸口を探ってみたいと考えています。

ヒロシマのアウラを剝ぎ取る写真

さて、笹岡さんの〈PARK CITY〉シリーズの写真の特徴を描き出すために、まずヒロシマの写真の系譜におけるその独特の位置を確かめておきたいと思います。広島を「ヒロシマ」と片仮名で表記する場合には、そこが人類最初の被爆地であることが含意されているわけですが、そこへ向かった写真には、ヒューマニズムの系譜とでも呼ぶべき一つの流れがあるように見えます。その始まりに位置する一つが、土門拳の一連の写真と考えられます。一九五八年に刊行されたその写真集『ヒロシマ』に収められている、原子爆弾の犠牲者の傷ついた身体を接写した写真に衝撃を受けた人もおられるでしょう。土門の徹底したリアリズムは、被爆の苦悩を背負う人間の生きざまへ見る者を力強く引き込みます。

他方で、例えば二〇〇八年に刊行された石内都の写真集『ひろしま』に収められた写真は、原爆資料館に収蔵されている犠牲者の衣服を純白の背景の上に浮き立たせ、あたかも人が今もその衣服を身に着けているかのように映し出しています。石内が写真に収めたワンピースなど、現在でもお洒落な印象を与えますが、それらが引き裂かれたり、血痕が染みついていたりしているさまを目の当たりにすると、これらで着飾って街を歩いていた人々がいたことと同時に、その生があの瞬間に急転し、人によっては断ち切られてしまったことにも思いを馳せないではいられません。

土門拳の写真と石内都の写真は一見対照的ですが、いずれも「人間」への共感の契機を含んでいます。その意味で、両者の写真は、写真集の刊行時期には半世紀の隔たりがあるものの、ヒロシマの写真のヒューマニズムの系譜を形づくっていると考えられます。原爆によって心身に深い傷を負った人間の息遣いをも感じさせる土門の写真は、見る者の心を揺さぶらずにはおかないでしょう。他方で石内の写真は、若い人々にも、自分たちと同じようにモードを追ったり、街を楽しんだりした人々の存在を感じさせるとともに、その生を奪った原爆の酷さを突きつけるにちがいありません。

とはいえ、こうして「人間」に直接に共感するかたちで写真を見ることには、原爆とは何かという問いを見失ってしまいかねない危うさがあることも否めないと思われます。共感は、きっかけとしては不可欠と言えるのですが、そこから原爆に遭うことを、その歴史的な文脈から考えることへ一歩を踏み出すことがないとすれば、原爆はますます過去へ追いやられてしまうのではないでしょうか。地球を文字通り破滅させうる核兵器の問題も、原子力発電所から出る放射性物質による人体の破壊を含めた自然破壊の問題も、現在の問題であり続けているにもかかわらず。

とりわけ、戦争が続くなかで原爆が人の住む街に投下されたことは、けっして忘れられてはならないはずです。言うまでもなく、原爆投下の非人道性と、そこに至るまで戦争を継続した者の責任は、いくら追及しても足りませんが、その一方で、広島の軍都としての一定の繁栄が、アジアを、後には太平洋地域を巻き込んでいく戦争とその準備の継続によって支えられていたことも顧みられるべきでしょう。宇品の港から送り出された将兵が進めた侵略によって植民地支配が拡大していくなかで、お洒落も楽しめるような「豊かさ」がもたらされるとともに、先ほど被服支廠との関連で指摘したような暴力の交差が、いっそう深く都市のなかに組み込まれていったのです。そして、その歴史は今も続いています。

ところで、今挙げたような一種のヒューマニズムを示す写真と対照的なのが、笹岡さんの〈PARK CITY〉シリーズの写真です。そこに、土門や石内の写真が見せるような共感を掻き立てる要素は見当たりません。たしかに街を行き交う人も映ってはいますが、修学旅行で平和記念公園を訪れた学校の生徒の一群を含め、どこか定型化された身ぶりを虚ろになぞっているように見えます。薄暗い路地も、ただぽっかりと道が続いている感じです。そのような行き着く先を持たない広島の写真を見て、虚を突かれたような感触を持つのは私だけでしょうか。笹岡さんの写真は、「人間的」な共感を撥ねつけるかたちで見る者を立ち止まらせ、凝視と思考へ誘うような批評性を示すものと言えるでしょう。

こうした笹岡さんの写真の特徴は、私にとっては、人気のないパリの街を撮り続けたウジェーヌ・アジェ（Eugène Atget, 1857–1927）の写真を思わせるところがあります。ベンヤミンはアジェの写真を評して、「対象をアウラから解放した」と述べていますが、その顰みに倣うならば、笹岡さんの写真は、ヒロシマの「アウラ」を剝ぎ取るものと言えるかもしれません。話が少し先走りしすぎました。ここからベンヤミンの写真論を、笹岡さんの写真を見ることと関連する範囲でご紹介したいと思います。ちなみにベンヤミンは、十九世紀末のベルリンに生まれ、二十世紀前半に活動したユダヤ人の思想家です。実質的にはフリーの文筆家として活動していますが、そのなかで残した著述のなかで、言語、芸術、歴史といったテーマについて独自の思考を示しています。それが同時代の危機的な状況と向き合いながら繰り広げられている点は、彼の哲学と美学の特徴としてとくに重要と思われます。

想起の媒体としての写真

ベンヤミンは、一九二〇年代の半ばからマルクス主義に接近していますが、その頃から技術の問題へも関心を向けています。この頃に書かれたアフォリズムの一つ「プラネタリウムはこちら」――これはアフォリズム集『この道、一方通行』の掉尾に収められています――のなかで彼は、機関銃、戦車、化学兵器など、当時の技術の粋を集めた最新の兵器が戦場に投入された第一次世界大戦のなかで、技術文明の発展が人類を自滅に追い込む危険が露呈したと述べています。さらに、その要因として、技術が「帝国主義者」によって「自然支配」の道具として動員されたことがあることを指摘したうえで、技術は「自然支配」のためではなく、むしろ「自然と人間の関係の支配」のためにあると論じています。

自然と人間の関係を築くものとして技術が捉え直されなければ、ないしは両者の関係が開ける媒質に技術が変容し、「帝国主義者」から大衆の手に渡るのでなければ、次の戦争によって人類の自滅は現実になるだろうとベンヤミンは考えていました。そして彼は、自然と人間が協働する媒質として技術が機能する可能性を、すでに大衆のあいだに浸透していた映像のうちに探ったのです。写真や映画の映像は、言うまでもなく、機械的な技術によって作られます。その芸術の姿は、十九世紀までの芸術とは異なった、新たな芸術の姿を示すものです。なかでも映画は、一人の芸術家ではなく制作集団によって、いくつもの視角からの批評をつうじて制作され、技術的に複製されたうえで大衆によって受容されます。

そのような映像芸術の可能性を探究する思考の早い時期の姿を示すのが、「写真小史」です。これは、一九三一年の秋に『文学世界』というドイツの週刊新聞に三回に分けて掲載されたエッセイですが、そのなかでベンヤミンは、時期ごとの写真の批評を交えつつ、写真の歴史を、写真芸術の可能性へ向けて綴っています。その議論のなかにすでに、彼の芸術論の視点を示すものとしてよく知られる「アウラの崩壊」が語られているのです。「アウラ」は英語で言えば「オーラ」ですが、この語でまず想定されるのは、手を触れがたい神々しさでしょう。それは例えば、寺院で古い仏像を前にしたときに感じられるかもしれません。ベンヤミンは「アウラ」を、「ある遠さが一回的に現われているもの」と定義しています。彼によると、たしかに写真の草創期のダゲレオタイプの肖像写真は、人物の「アウラ」を追究していたところがあります。

しかし、写真機の技術革新を含めた撮影技術の進歩は、写真から「アウラ」を一掃するに至ったとベンヤミンは論じています。その過程で、例えば先のアジェの写真は、いち早く「対象をアウラから解放した」わけです。このことは写真術が、対物レンズという器械装置の眼に映った対象を、仮借なく画像に定着させることに起因しています。それによって浮かび上がるのは、「無意識が織り込んだ空間」であるとベンヤミンは述べます。つまり、いわゆる写り込みも含め、撮影時に意識されなかった現象が、現像された写真のうちに、しかも剝き出しの姿で出現するのです。このことの衝撃は、「アウラ」を崩壊させます。「アウラ」を感じることは、一定の距離を保ったところで対象をじっくり眺めることにもとづいていますが、写真の映像は、その余裕を与えることなく、見る者の眼を射るのです。

しかも、眼を射貫くような衝撃を与えるのは、後にロラン・バルト（Roland Barthes, 1915-80）がその写真論で論じるように、写真の全体ではなく、その細部です。ベンヤミンは、その衝撃を受け止めながら、さらには写真にキャプションを付けるという展示に欠かせない営みも生かしながら、写真を大衆のあいだで批評的に見ることを重視していました。彼は、写真が技術的に複製され、写真雑誌などをつうじて大衆によって受容されることも視野に入れていました。原爆の被害を含め、重大な出来事が写真雑誌によって世に知られるようになることを、彼は見通していたのかもしれません。とはいえ、そこにある映像と言葉の結びつきがセンセーショナルではなく、あくまで批評的であることを彼は求めていました。

ところで、「無意識が織り込んだ空間」を出現させる写真の映像に関して、ベンヤミンがとくに重視していたのは、そこに未知の過去が到来することでした。彼は「写真小史」のなかで次のように述べています。

この写真家の腕は確かであり、モデルの姿勢はすみずみまで彼の意図にそったものである。にもかかわらずこの写真を眺める者はそこに、現実がこの写真の映像としての性格にいわば焦げ穴をあけるのに利用したほんのひとかけらの偶然を、〈いま－ここ〉的なものを、どうしても探さずにはいられない。この写真の目立たない箇所には、やがて来ることになるものが、とうに過ぎ去ってしまった撮影のときの一分間のありようとして、今日でもなお、まことに雄弁に物語っている。だから私たちは、その来ることになるものを、回顧を通じて発見できるのである。（久保哲司訳）

器械装置がもたらした偶然が作る映像の「焦げ穴」。それは、過去を未来として伝えています。その「焦げ穴」は、見る者の眼をも焦がすものでしょうが、それをバルトは「プンクトゥム」と呼んでいます。「プンクトゥム」は、ラテン語で「点」を意味する語ですが、この点のような写真の細部は、見る者の眼を突き刺すもので、映像の裂け目でもあると彼は述べています。それは死を突きつけながら、過ぎ去ったもの――写真の対象は絶対的な過去に属します――を到来させるのです。

こうして、バルトの写真論も視野に入れつつベンヤミンの「写真小史」の議論を辿るならば、写真を想起の媒体と見ることができるでしょう。機械的な技術によって生まれた一枚の写真において、人は未知の過去に遭遇し、意図せずして過ぎ去った出来事に向き合わされるのです。後にベンヤミンは、ふと始まる想起の働き――例えば、ある味覚が幼年期を思い出させるように、身体的な記憶の働きはつねに意図を越えています――を、「像」としての言葉で捉えるところに、歴史認識の可能性を見ようとしています。彼は、そのような歴史認識をつうじて、歴史そのものを捉え直そうとしていました。彼が考えていたのは、過去の痕跡と遭遇する瞬間から、そこに沈澱した記憶を一つひとつ浮かび上がらせていく歴史と言えるでしょう。このような歴史の構想に、彼の写真論が影を落としていることは間違いないことと思われます。

このように歴史哲学とも結びつくことになるベンヤミンの写真論は、写真を想起の媒体として捉えるだけにとどまらず、写真の画像を絶えず批評的に読み解くことも語りかけるものでした。そうすると彼の議論は、例えば美術史家のジョルジュ・ディディ゠ユベルマン（Georges Didi-Huberman. 1953-）が、アウシュヴィッツ収容所のユダヤ人特務要員――ドイツ語で「ゾンダーコマンド」と呼ばれた彼らは、ガス室で殺された死体の処理などを一定期間委された後、殺される運命にありました――がショアー／ホロコーストのさなかに隠し撮りした写真について論じていることにも接続されうるでしょう。

ディディ゠ユベルマンは、ガス室へ追い込まれていく女性たちの姿や死体処理の様子を命がけで撮影し、「死の工場」の外へ伝えようとした写真を神話化するのではなく、その撮影状況のドキュメンテーションを含め、批評的に読み解くことによって、「表象不可能」と言われるホロコーストを想像し続けることを説いています。このような方向性は、原爆資料館に掲げられている被爆の現場の「想像を絶する」とされる状況の写真についても考えられるべきではないでしょうか。そして、笹岡さんの写真作品は、先に触れたように、批評的なアプローチをそれ自体として要求するところがあります。

公園化とそれを突き抜けるもの

笹岡さんが〈PARK CITY〉シリーズで見つめているのは、表題が示すとおり公園化された都市としての広島です。旧日本陸軍の拠点だったこの都市は、被爆による壊滅の後、平和記念公園とその周辺に見られるように、被爆とその犠牲が慰霊碑などによって「記念」される一方で、「復興」の過程でその地面は平らに均されていきました。そして街は、観光客を含めた人々が通過する場所と化しています。笹岡さんの写真において印象的な要素の一つが、すでに述べたように、そこを通り過ぎていく人々です。その特徴のない後ろ姿は、この街で進む過去の忘却を象徴しているようでもあります。

「PARK CITY」を「公園都市」と訳すならば、それを特徴づけるのは、平和記念公園を覆い尽くす白いコンクリートが象徴するような表面の平滑化です。それと並行して、原爆の記憶も飼い馴らされているように思われます。つまり、広島で言われる「記念」とは、帝国の軍都として侵略の尖端を担った都市の痕跡を消し去りながら、被爆の記憶を「唯一の戦争被爆国」の物語にみずから重ねていくことのように見えるのです。実際、広島の街では、原爆の犠牲者を追悼する慰霊碑を目にすることはしばしばありますが、そこが軍都だったことを問うものに行き当たることはほとんどありません。

被爆のモニュメントによる——さらに言えば、モニュメンタルな——「記念」と、広島の戦争の記憶を抑圧して

「唯一の戦争被爆国」の物語に同一化する記憶の馴化は、表裏一体のかたちで「被爆地」としての広島のイメージを規定してきました。広島の公園化はこのことを含めて考えるべきでしょうが、それは戦争の歴史から被爆を考え、日本の戦争を貫く植民地主義を問う回路を塞ぎながら広島を公園化し、修学旅行客を含む観光客を惹きつけてきました。しかし、このような公園化が軍都の歴史の延長線上にあることも、『PARK CITY』に収められた写真は暗示しているように見えます。

その一枚を見ると、まず原爆資料館の日陰で涼む人の姿が目に入りますが、そこから徐々に視線を上げていくと、丹下健三が設計した資料館の柱廊の中央から、同じく丹下の設計による慰霊碑、そして原爆ドームが一直線上に並んでいるのが見えます。この軸線はすでに井上章一らが指摘しているとおり、丹下が戦争中の一九四二年に構想した「大東亜建設記念営造計画」の礼拝の軸線と合致するものです。皮肉なことに、「大東亜建設」の「記念」と、「平和」の「記念」とが、建築のうえでは重なっているのです。そのようなことを知る由もなく、笹岡さんの写真では、「記念」の軸線の上を数多くの観光客が行き交い、盛んに写真を撮っています。その様子を見ると、ツーリズムの問題を考えないわけにはいきません。

最近、ドイツのベルリンの郊外にあるザクセンハウゼン収容所跡を撮ったセルゲイ・ロズニツァ監督の映画『アウステルリッツ』(二〇一六年)を見る機会がありました。ナチスが政権を掌握して間もない頃からユダヤ人をはじめ迫害の対象になった人々が囚人として閉じこめられていて、虐殺も頻繁に行なわれていた収容所の跡で、笑いながら記念写真を撮っては通り過ぎていく観光客の姿を淡々と映し続けるロズニツァの映画は、現在の人々とこの場所で起きた出来事との断絶を執拗に問いかけるものといえるでしょう。その際に映像は、ツーリストの行動と、その場で起きたことを問う思考との断絶も容赦なく突きつけます。これら二重の断絶を直視することなく、例えば「ダーク・ツーリズム」が称揚されるなら、それは結局、軍都に浸透してきた資本の論理で、人間をツーリストとして飼い馴らすものと言わざるをえません。

「ダーク・ツーリズム」は一般に、災害、戦争などの「悲しみの記憶」の場所を訪れることで、その記憶の継承を目指す「ツーリズム」とされています。ただしそれは、「ダーク」という語が示すように、記憶の場所を上から暗く色づけることで、広島にもある加害と被害の折り重なりといった過去の複雑さをつぶさに見る回路を塞ぎかねない危うさを当初から含んでいるうえ、基本的に資本主義的な産業としての「ツーリズム」を推進するものです。それによって「悲しみの記憶」の場所の公園化を押し進めることの帰結を、ロズニツァの映画は描き出していたのではないでしょうか。それゆえ、「ダーク・ツーリズム」なる語がわざわざ取り上げられることには、警戒感を抱かざるをえないところです。

ロズニツァの映画も、笹岡さんの写真も、差別や迫害の記憶、あるいは戦争の記憶が現在置かれている状況に鋭い批評性で迫りながら、その現場の風景を映し出しています。とくにロズニツァの映像は、絶望的にさせるところもあります。しかしながら、両者の作品に、公園化された場所——収容所跡と原爆資料館ということになりますが——の一角に、魅入られたように佇む人の背中が現われるのは非常に興味深く思われます。その映像は、取り憑かれたように静止した姿が示す、公園化を突き破るような過去の到来を、想起と思考の契機にすることを語りかけているように見えます。

笹岡さんの〈PARK CITY〉シリーズの写真は、広島で進行する忘却を批評的に可視化しながら、それによって取り残されていくものがあることを暗示しています。とくに雨の夜の街を撮った写真は、「公園都市」の空間の内部に息を潜めている記憶の痕跡の気配を感じさせるものです。さらに、先ほど触れたとおり、原爆資料館の内部で撮られた写真のなかには、飼い馴らされえない過去と現在の接触を暗示するものもあります。このような笹岡さんの写真は、広島の現在に顔をのぞかせる出来事の傷痕の前に立ち止まり、それを細やかに辿る可能性を告げているのではないでしょうか。このことを貫くのは、過去との断絶があるからこそ、それを新たに想起し、過ぎ去った出来事の記憶を更新する思考です。それをつうじて、過去の問題が積み重なるなか、複数の暴力が交差し続ける歴史的な現在を照らし出すことが、今も内的には軍都であり続ける広島に生きる者の課題であることをお伝えして、私の話をひとまず締めくくりたいと思います。ご静聴ありがとうございます。

参考文献

笹岡啓子『PARK CITY』インスクリプト、二〇〇九年。

四國五郎『わが青春の記録』三人社、二〇一七年。

土門拳『ヒロシマ』研光社、一九五八年。

石内都『ひろしま』集英社、二〇〇八年。

ヴァルター・ベンヤミン『写真小史』久保哲司訳、ちくま学芸文庫、一九九八年。

同『この道、一方通行』細見和之訳、みすず書房、二〇一四年。

柿木伸之『ヴァルター・ベンヤミン――闇を歩く批評』岩波新書、二〇一九年。

同『パット剝ギトッテシマッタ後の世界へ――ヒロシマを想起する思考』インパクト出版会、二〇一五年。

ロラン・バルト『明るい部屋』花輪光訳、みすず書房、一九八五年。

ジョルジュ・ディディ゠ユベルマン『イメージ、それでもなお――アウシュヴィッツからもぎ取られた四枚の写真』橋本一径訳、平凡社、二〇〇六年。

井上章一『戦時下日本の建築家――アート・キッチュ・ジャパネスク』朝日新聞社、一九九五年。

米山リサ『広島 記憶のポリティクス』小沢弘明他訳、岩波書店、二〇〇五年。

井出明『ダークツーリズム――悲しみの記憶を巡る旅』幻冬舎新書、二〇一八年。

付記

本稿は、二〇二一年四月二五日に開催された連続講座「ジェンダー×植民地主義――交差点としての『ヒロシマ』」の第四回「撮り続ける笹岡啓子――写真集「パーク・シティ」公園都市広島」において、写真家の笹岡啓子さんが〈PARK CITY〉シリーズの写真芸術を、東日本大震災の被災地を撮り続ける活動、そして広島の爆心地の写真を見直す活動と交差させるかたちで語るのに先立って行なったレクチャーを、当日配布した資料を基に再構成し、いくつか話し足りなかった論点を付け加えたものです。作品の貴重な映像を交えて示唆に富んだお話を聞かせてくださった笹岡さん、笹岡さんと対談する機会を設けてくださった高雄きくえさん、配信の準備を含め、講座の場を調えてくださった鍋島唯衣さん、権鉉基さんはじめスタッフのみなさまに心より感謝申し上げます。

第5章

広島の在日朝鮮人史を掘り起こすために

消える朝鮮人史への危機感から資料室づくりへ

権鉉基《クォンヒョンギ》

私は「広島・ジェンダー・在日資料室」を設立するための有志として活動している権鉉基です。一九八二年に広島市内で生まれた在日朝鮮人三世です。今日は私がなぜこの活動に興味を持ち始めたのかというところから、現在の広島の在日朝鮮人に関する資料の状況、そして資料室の今後の展開についてお話ししたいと思います。

「君はだれか?」という問いに

日本で生まれ育ち、朝鮮学校に通い、朝鮮総連の職員を経て、今は資料室づくりの一員として活動しているのですが、朝鮮学校に通っている時は今ほど在日朝鮮人としてのアイデンティティが強固ではありませんでした。朝鮮学校に通っておきながら何を言うのか、と感じる方もいらっしゃると思いますが、多くの親戚、きょうだいも朝鮮学校に通い、自身も幼稚園から高校まで朝鮮学校に通っていると、自然と周りは朝鮮人が多いという状況であり、意識しなくてもなんとなく自分は朝鮮人だという曖昧なアイデンティティで生活できていたということなのかもしれません。

しかし、朝鮮学校を卒業して大阪の専門学校に通うようになると、周りは急に日本人に囲まれる状況になり、そこで初めて他者から「君は誰か？」という問いを投げかけられるわけです。改めて「なぜ日本にいるの？」という問いかけをされたとき、朝鮮学校で学んだことを話そうとしてもなかなか上手く説明ができない自分がいました。これはマズいということで、改めて朝鮮史について学ぼうと決意した記憶があります。

また、その当時所属していた在日本朝鮮留学生同盟（以下留学同）という総連系の学生団体での活動も、歴史について学ぼうという自身の考えに影響を与えたと思います。特に、留学同の仲間たちと共に朝鮮民主主義人民共和国を訪れた経験は、自身と朝鮮史を結びつけてくれる重要な機会でした。

朝鮮半島に住んでいない自分が朝鮮学校に通い、朝鮮語を学び話すような状況にいたるまでにどのようなことがあったのか。そして、朝鮮半島に住む人々はどのような時間を過ごしたのか。近現代朝鮮史においては、日本の植民地支配と朝鮮半島の分断の影響が強く残っており、この痛みを私たちは共有しているという点において同じ朝鮮民族であると強く意識したことを覚えています。

その後、総連の職員として広島に戻ってくるのですが、自身の興味は朝鮮史から広島の在日朝鮮人史（≒自分史）へと変化していきます。そのきっかけとなったのは、大阪市立大学で朝鮮人集住地域の立ち退きに関する研究をされていた本岡拓哉さんや〈広島の強制連行を調査する会〉などで活動された内海隆男さん、そして本日登壇された安錦珠さんたちと「戦後広島のマイノリティの立ち退き関係新聞記事資料集」（広島韓国・朝鮮社会研究会編、二〇一〇年）の作成に携わったことでした。戦後、広島では住宅難の状況が長く続き、公的に住宅を得ることが出来なかった人々が広島市内のあらゆる河岸に家を建て住まざるを得ない状況でした。しかし、広島が「復興」する上において、河岸を緑地化し「平和記念都市」に相応しい街並みを作るため、行政は河岸に住んでいる人々を相応の（時には不相応の）補償のもと、大規模な立ち退きを行いましたが、その多くの立ち退き地域には住居を得られなかった在日朝鮮人が住んでいました。

私の両親を含む多くの在日朝鮮人が、広島で立ち退きを経験していることはなんとなく知ってはいたものの、その理由までは深く知らないというのが正直なところだったので、この資料集を作る過程は、自身にとっても広島の在日朝鮮人史を知るきっかけにもなりましたし、また在日朝鮮人史を意識的に残さなければ誰の目にも触れることなく消え去ってしまうのではないかという危機感を覚えました。だからこそ、自身がこの問題に取り組まねばならないと考えるようになりました。

もう一つのきっかけは、母校である広島朝鮮初中高級学校創立六〇周年記念事業で朝鮮学校の歴史についてまとめたビデオ作成のチームに加わったことでした。数多くの写真や資料、当時を知る方々へのインタビューを行いましたが、特に高齢の在日一世のハラボジ、ハルモニたちの話を早く聞いておかねばという焦燥感にも駆られたのです。

このように、広島の在日朝鮮人史への探究を進めていくと、ある危機的な状況にも気づきます。これまで広島において「在日朝鮮人」に関する研究や調査がなされてきた形跡がないのです。そのためか「在日朝鮮人」に関する資料を探してもなかなか見当たりません。このような状況を少しでも改善するための拠点として資料室を作りたい──これがわたしが資料室づくりに携わろうとしたきっかけでした。

広島在日朝鮮人史の現在

広島の在日朝鮮人史が現在どのような状況にあるのか、特にこれまで刊行された書籍などを紹介します。

まずは広島の民族団体が刊行した記念誌です。在日本大韓民国居留民団広島県地方本部が発行した『広島民団三五年史』(一九八四年、非売品、**書影①**)。調べると三〇年史も発行されているようですが、手元にはこの三五年史

書影①

書影②

しかありません。続いて、在日本朝鮮人総連合会広島県本部の記念誌『広島同胞愛国運動의 발자취〈広島同胞愛国運動の足跡〉』（二〇〇〇年、非売品、**書影②**）です。朝鮮総連はこの一冊のみ発行しています。

続いて強制連行関係です。広島では一九九〇年に〈広島の強制連行を調査する会〉が発足し調査活動の中心的な役割を果たします。現在刊行されている『朝鮮人強制連行調査の記録・中国編』（朝鮮人強制連行真相調査団編著、柏書房、二〇〇一年、**書影③**）では日本人側の中心メンバーとして内海隆男さん、正木峯男さんらが執筆し、『地下壕に埋もれた朝鮮人強制労働』（広島の強制連行を調査する会編、明石書店、一九九二年、**書影④**）は調査活動の結果がまとめられています。その他にも広島の県北地域にある高暮ダムでの強制労働に関する調査をまとめた『戦時下広島県高暮ダムにおける朝鮮人強制労働の記録』（県北の現代史を調べる会編、三次地方史研究会刊、一九八九年、**書影⑤**）があります。

次に朝鮮人被爆者に関する資料をご紹介します。朝鮮人被爆者に関する資料は証言集も含むと数多くありますが、ここではその一端でもご紹介できればと思います。

まずは一九七五年に結成された広島県朝鮮人被爆者協議

書影③

書影④

会がまとめた『白いチョゴリの被爆者』（広島県朝鮮人被爆者協議会編、労働旬報社、一九七九年）、『朝鮮人被爆者の実態報告書』（広島長崎朝鮮人被爆者実態調査団編、一九七九年、書影⑥）は、初期の調査報告や証言など貴重な記録となっています。

他にもいち早く朝鮮人被爆者の存在を世に知らしめた『偏見と差別―ヒロシマそして被爆朝鮮人』（平岡敬著、未来社、一九七二年）や『鎮魂の海峡』（深川宗俊著、現代史出版会、一九七四年）、『もうひとつのヒロシマ』（朴壽南著、舎廊房出版部、一九八二年）」などもあります。近年になって在韓被爆者に関する調査を行った『ヒロシマを持ち帰った人々：「韓国の広島」はなぜ生まれたのか』（市場淳子著、凱風社、二〇〇〇年）があります。

資料室が新しい動きにつながるように

最後に、今後〈広島・ジェンダー・在日資料室〉に収蔵される予定の資料についてご紹介いたします。

書影⑤

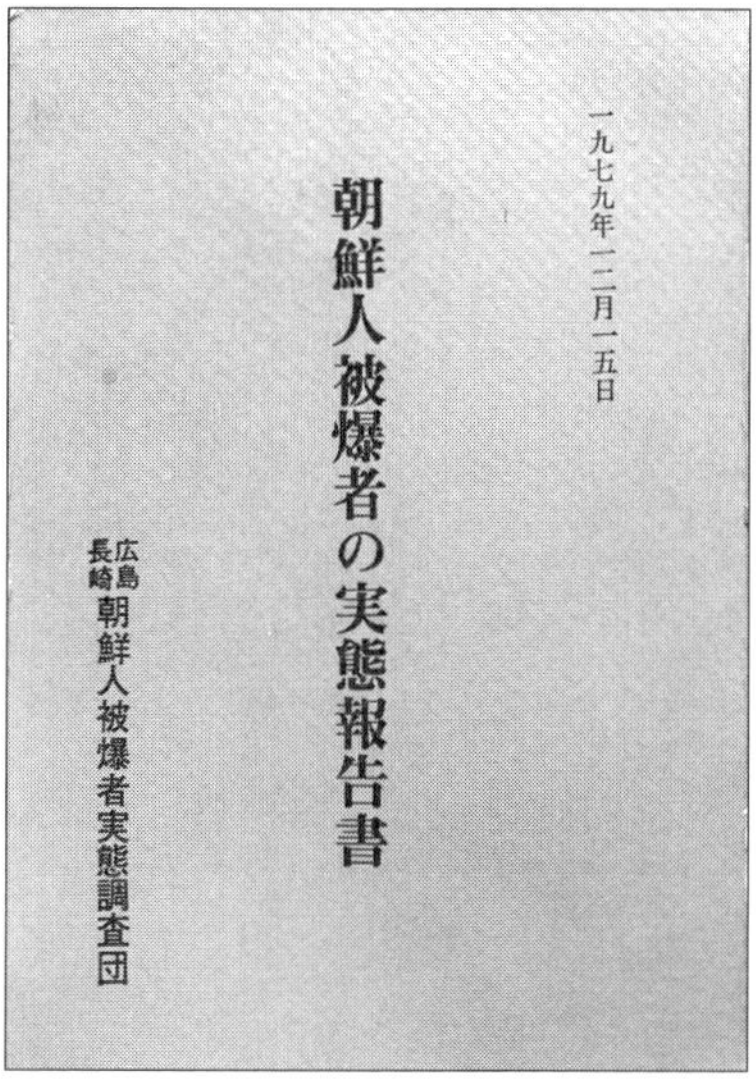

書影⑥

今回の資料室を立ち上げるにあたって大きなきっかけとなった「場所」があります。倉橋島にある「長門解放塾」です。「長門解放塾」は、長年広島で強制連行に関する調査や遺骨返還運動、同和教育に携わってこられた正木峯男さんが仲間たちと運営してきた合宿所ですが、近年はコロナの影響で合宿所としての機能というより、関わってこられた方々の資料が集積する場として機能してきたようです。この「長門解放塾」の存在を知って、実際に訪ねてみると本当に多くの資料が残されていました。

まずは一九九〇年に発足した先の「広島の強制連行を調査する会」が収集した資料です。主に新聞記事や調査の段階で収集した文書などの貴重な一次資料が現存していました。「広島の強制連行を調査する会」で活動された内海隆男さん、正木峯男さんは高校教員として在日朝鮮人生徒との関わりを持つ一方で、資料収集や現地調査を精力的に行ってこられました。広島において唯一無二の活動を行ってこられたと言っても過言ではないと思います。お二人が残された資料を収蔵できることをとても嬉しく思っています。

また、これまで広島で日の目を見なかった資料として関心を持ったのは、広島で民団青年会や「民族差別と闘う広島連絡協議会」（広島民闘連）代表で指紋押捺拒否運動を先導していた故・呉成徳さん（二〇一一年逝去）が残された資料です。当時の会報誌や指紋押捺拒否運動に関する多くの資料が当資料室に収蔵される予定です。

「長門解放塾」から多くの在日朝鮮人に関する書籍も預かることになりました。朝鮮人被爆者に関する更なる資料や朝鮮学校に関する資料も同時に収集し、在日朝鮮人の広島における多様な姿を浮かび上がらせることができればと思います。

今回取り組んでいる〈広島・ジェンダー・在日資料室〉は、名称からもわかるように、これまで広島になかった形の資料室になるでしょう。広島の在日朝鮮人について知りたい方がいれば、この資料室を訪ねれば一定程度のことが把握できる、そして自分のことを知りたい若い在日朝鮮人たちが学び考え、新たな、更なる広島の在日朝鮮人史を掘り起こす様々な動きが出てきてくれることを期待しています。

ともに取り組んでくれる仲間も常時募集しています。ぜひ一緒に取り組みましょう。◇

安錦珠《アンクンジュ》

船越町に生きる在日韓国・朝鮮人

いつ・なぜ朝鮮人集落が形成され、どのように生きてきたか

はじめに

広島駅から山陽本線で東へ三つ目の駅である海田市駅で降りた。五分ほど歩いたところにある海田川橋の信号を渡って南方の路地に入ると、「花都」という部落がある。一見、一般的な住宅街のように見えるが、同じ号数の家が並び、名前を頼りにしないと郵便物は届けられないだろう。市道ではなさそうだが、車も通ることが出来る。しかし、反対側は細長い長屋のような建物が両方にあり、その間の路地に車が入ることは出来ない。ここは、日本が植民地支配していた朝鮮半島からの流入者らが何らかの事情で住み着いたことで「朝鮮人集落」を形成していて、現在もその面影を残している。

「花都部落」は広島市安芸区船越南の一角で、この船越には朝鮮人集住地域がほかにも二か所あった。今は公園となっている「西古谷部落」と安芸区役所の裏の方に小さな集住地域があったが、「花都部落」の朝鮮人集落が一番大きかったようである。

船越町の隣の海田町には、朝鮮学校と電機高校とがあり、一九六八〜一九六九年の京都を舞台にした日本人と在日朝鮮人（＊1）の高校生らの恋と友情を描いた青春群像劇映画『パッチギ！』（二〇〇四年）と時代背景を同じくする世界が広がっていた。

本稿は、その船越町花都部落の「朝鮮人集落」についての記録として叙述する。広島の「朝鮮人集落」に関して語られる際、『広島新史・都市文化編』（一九八三年）に紹介されているように、基町と南観音四丁目が代表として語られることが多いが、筆者は在日韓国・朝鮮人の高齢化問題を指摘しながら西区福島町付近の在日韓国・朝鮮人について紹介している（＊2）。しかし、広島のいろんな地域に韓国・朝鮮人が集住していたにも関わらず、ほとんど語られていないのが現実だ。

在日韓国・朝鮮人が「いつ・なぜここに住み着いてどのように生活してきたのか?」「その後はどのような変貌をしてきたのか」ということを語るには、行政サポートがあったうえでしっかりした調査を行う必要があるのだが、本稿のように持ち合わせの資料も少ないうえ、不明瞭のままで書いて大丈夫だろうかという不安におそわれる。しかし、それでも数名の方が快く聞き取りに応じて下さったことを思い、この時点で語れることを記し、次に繋げたいと念願する。

本稿では、まず、広島における在日韓国・朝鮮人の存在について把握し、次いで本稿で紹介する「船越」というところがどういう所なのかを押さえ、船越に生きる韓国・朝鮮人の存在について綴った。くり返すが、今回は単に「朝鮮人集落」の紹介に過ぎないことを断っておく。

1　在日韓国・朝鮮人に対する表記には、「朝鮮人」「在日朝鮮人」「在日韓国・朝鮮人」と混記するが、文脈に応じての表記であり、あまり意味を有しない。

2　『部落解放研究』第16号に「在日一世女性の高齢者福祉問題 − 広島市西区福島地区の通所介護施設の事例より」（二〇一〇年）に投稿している。

表1　戦前広島県の朝鮮人人口の推移

（人）

年	合計（人）	男性／女性	年	合計（人）	男性／女性
1911	75	8.4	1926	3,450	3.6
1912	57	8.5	1927	5,827	3.5
1913	44	7.8	1928	5,821	3.5
1914	39	8.8	1929	6,638	3.5
1915	49	48.0	1930	7,738	2.4
1916	68	—	1931	8,156	2.4
1917	986	4.4	1932	10,674	2.6
1918	1,022	8.4	1933	14,856	2.6
1919	802	4.4	1934	17,903	2.2
1920	959	3.9	1935	17,385	1.6
1921	1,404	4.5	1936	19,491	1.6
1922	1,681	5.0	1937	19,525	1.5
1923	3,086	5.3	1938	24,878	1.7
1924	3,398	8.2	1939	30,864	1.6
1925	4,025	4.9	1940	38,221	1.7
			1941	48,746	1.8
			1942	53,951	1.5

以下の資料より伊藤泰郎が作成したものから引用（伊藤、2008：48）
*1911～36年：『広島県統計書』、1937～42年：「社会運動の状況」より
*1928年の『広島県統計書』では、女性人口の合計以外は1927年と同一のデータが記載されており、留意が必要である。「男性／女性」は女性1人あたりの男性数。
*1916年は全員が男性であった。

広島の韓国・朝鮮人

日本全国の韓国・朝鮮人人口は、〈表1〉で見るように日本が朝鮮半島を植民地支配し始める一九一〇年代より徐々に増え、一九三〇年代になると急速に膨れ上がり、一〇〇万人を超えた。一九四〇年代になると、強制徴用・徴兵なども含め一気に二三六万人になった。韓国・朝鮮人の多くが日本の敗戦と同時に祖国に帰ったり、日本で死亡したり祖国に帰る途中で死亡したりと、敗戦直後の韓国・朝鮮人人口は六〇万人に急減した。その後、二〇〇〇年代まで在日韓国・朝鮮人人口の大きな変動は見られない（＊3）。

3　一九六五年の日韓国交正常化後、留学やビジネス等で韓国からの来日者が急増しているが、総人数の変動は多くない。つまり、戦前の来日者が高齢化し自然減少したり、日本に帰化したり、その人数は減少している。

表2　戦後広島県・市の韓国朝鮮人人口の推移

（人）

年度（年）	総外国人		韓国朝鮮人		備考
	広島県	広島市	広島県	広島市	
1950	18,521	5,521	14,738	4,729	外国人総数は朝鮮在籍者、中国及び台湾在籍者、その他の外国人の統計
1955	16,667	5,874	15,975	5,537	
1960※	14,418	9,053	13,666	8,539	「外国人の国籍、及び男女別人口」とし、市部、郡部に分けており、広島市内の人口は明記されていない（男 4521）
1965	13,702	6,538	12,783	6,070	
1970	14,066	6,669	13,005	6,155	
1975	14,962	9,229	13,959	8,612	船越は1975年に広島市に合併。
1980	15,630	9,432	13,729	8,397	区別統計始まる。
1985	15,602	9,857	13,686	8,712	広島市への合併後の新／合併前の旧統計始まる　旧8,637人。
1990	17,046	10,458	13,008	8,190	旧8,160人
1995	20,856	11,330	11,984	7,553	旧7,517人
2000	23,113	11,259	10,815	6,897	新／旧統計終わり　旧6,861
2005	27,178	11,797	9,040	5,703	新／旧別なし

広島市の統計「市区町村、国籍、男女別外国人数」の各年度から、安編集

広島における韓国・朝鮮人の動向も〈表1〉のように、日本全国の韓国・朝鮮人の動向と同じく、一九一〇年から徐々に増え、一九三〇年代になると急増し、一九四〇年代になると、江波の三菱造船所や観音の三菱機械製作所に朝鮮半島から約三万人が強制徴用で連れて来られたため大幅に増えている。戦後は〈表2〉で見るように激減し、以後徐々に減少している。

広島市において、朝鮮人がある程度の規模で集住していた地域は、中区の基町、江波、西区の福島町、南観音である。広島市内より北方面では、祇園、古市、可部。西方面では廿日市、大竹があり、東方面では府中町や船越町にも朝鮮人が集住して住み着いていた。祇園と古市（＊4）は一九七三年に広島市に合併され、船越町は一九七五年に合併されている。基町と南観音については『広島新史』に紹介されている。

その他の地域に朝鮮人がどのように住み始め、どのように生きたか言及されたことはほとんどない。移住当事者である一世のほとんどの方が亡くなり、高齢化していく二世・三世らが「アボジ」や「オモ

ニ」から聞いた話をその子らに語る程度であり、その語りも親から聞いた記憶の欠片に過ぎなく、それさえも充分に記録されてはいない。こうして時代とともにその全貌は薄れていくのである。広島市内に居住していた在日韓国・朝鮮人の特徴としては、比較的に市中心部の近くに住むことが多かったため、原爆投下の直接的な被害に遭って死亡したり、事後処理に関わっていた原爆被害者が多かったことが挙げられる（＊5）。

筆者はいわゆる「ニューカマー」であり、在日韓国・朝鮮人の奥深い歴史に刻まれた生き様を身内の経験として語ることは出来ないが、薄れていく在日韓国・朝鮮人の生きざまの一部を書き残すだけでも意味あると考え、ここに綴っていくのである。

船越町の朝鮮人集落

船越町はどんな所？

一、府中町と海田町に挟まれた所

広島駅で山陽本線に乗って天神川駅、向洋駅を過ぎると、呉線との分岐点である海田市駅がある（＊6）。人々

4　広島市に合併される一九七三年以前の行政名は安佐郡安古市町である。

5　韓国・朝鮮人原爆被害者の被害状況については、しっかり調査されたことがなく、発表機関によってその人数は異なる。そして、アメリカの前大統領のオバマが来広した際に韓国・朝鮮人の原爆被害者について「thousands of Korean」と言及したことで〝韓国の原爆被害者を救援する市民の会〟がその究明を求めているが、公的資料がないということで、そのままになっている。今後、韓国・朝鮮人の原爆被害者の究明は課題であろう。

図１　船越・船越南・船越町の現在の地図

広島県安芸郡船越村（34B0040019）歴史的行政区域データセットβ版（2022年５月20日閲覧）https://geoshape.ex.nii.ac.jp/city/resource/34B0040019.html

はこの駅を通称「海田駅」とも言っている。海田市駅からやや戻り、小川ほどの花都川（＊7）を渡ったところが船越町である。海田市駅から徒歩五分足らずのところである。船越の真ん中をＪＲ山陽線が横切り、そのすぐ南にＪＲ山陽線にほぼ平行しながら県道一六四号線が走り、さらに南の方を国道二号線の〈新広島バイパス〉が横切っている。

「船越町」に関する記録『船越町史』（一九八一年）によると、その周辺は海田村、奥海田村、船越村の三村に分かれていて（＊8）、「船越村」が一九二八年に安芸郡船越町となり、一九七五年に矢野と一緒に広島市に合併された。広島市は周辺の地域を順次に合併した後の一九八〇年に政令指定都市となった（＊9）。

現在の行政名は、ＪＲ線路北の昔からの住宅街が〈船越〉で六丁目まであり、さらに北の「岩滝山」や「船越水分神社」を含む森林は〈船越町〉で、住宅はほとんどない。ＪＲ線路の南側が〈船越南〉で五丁目まである。本稿では、〈船越〉〈船越町〉〈船越南〉のそれら全体を便宜上「船越」（以下カギ括弧を外す）と称する。〈図１〉を参照されたい。

在日韓国・朝鮮人が集住していた三か所のうち〈船越南〉に二か所あり、そのひとつが船越で一番大きい朝鮮人集落だったので、〈船越南〉についてもう少し詳しく紹介する。

〈船越南〉の西側の一丁目には広い敷地の日本製鋼所広島製作所と日鋼テクノ株式会社がある。その右隣北の方の二丁目には国土交通省中国地方整備局と日本製鋼所関係の社宅が並び、一丁目の右隣南から東側の三丁目には安芸区役所と小さな工場がいくつかあり、他は住宅地となっている。国道二号線南の四丁目には金属やプラスティック関係の工場が並び、五丁目には後述のように一八七〇年代に鴻治組により埋め立てが行われたところで、中央卸売市場東部市場が立地している。

ちなみに船越両側の府中町と海田町も広島市への合併話が数回検討されたようだが、現在に至っても単独町政を維持している。府中町にはマツダ本社が立地し、海田には中国地方を管轄する陸上自衛隊第一三旅団司令部と多くのマツダ関連の企業の工場が立地していて、財政的に安定していることと住民の反対があったようである。船越はその間に挟まれていて、マツダ関連の企業の工場もある。

6　二〇〇四年に府中町のキリンビール広島工場の跡地にダイアモンドシティ・ソレイユというモールの開業と同時に天神川駅が新設されるまでは広島駅から二つ目の駅であった。
7　人によっては「海田川」とも言っているが、正式には「花都川」で、下流に行くと「瀬野川」と合流し海に繋がる。
8　船越村が独立したのは、一五九四年のことである。（『船越町史』一頁）。
9　広島市は、戦後、近隣町村を合併した。一九五六年に安芸郡中山村と佐伯郡井口村を編入し、一九七一年には安佐郡沼田町と安佐郡安佐町を、一九七二年に安佐郡可部町、安佐郡祇園町を、一九七三年に安佐郡高陽町・佐東町・安古市町、安芸郡瀬野川町、高田郡白木町を編入し、一九七四年に安芸郡安芸町・熊野跡村を編入した。そして一九七五年に安芸郡船越町と矢野町を編入し、一九八〇年に政令指定都市となった。その後も五日市（一九八五年）と湯来町（二〇〇五年）を編入するが、広島市が政令指定都市になった後である。（広島公式ＨＰより）

二、出溝川

船越には町内に源を発している川が五つある。そのうち、一番左側の「的場川」が三〇〇〇メートルと一番長く、蛇幕山から流れている。次いで右側の「花都川」（古くは「竹浦川」と言われていた）が二〇〇〇メートルで、源流は日浦山であり、瀬野川に合流して海に繋がる。そして、岩滝山を源流とする「出水川」、「畦地川」、「鳥居川」がある。現在は整備されているが、川が多いため、洪水の度にダメージを受けていた。「傾斜のかなり急な花崗岩山地の水を集めて流れ、古くは相当な荒れ川で、洪水の時は多くの土砂が流出し扇状地（＊10）、干潟（＊11）をつくった出溝川であった」ようである（＊12）。『船越町史』には次のように書いてある。

地域の人が本川と呼ぶ瀬野川は、花崗石地域を北東より南西にながれているが、水源より土砂の搬出が多く、そのため年々川低が埋まり、ことに大雨の時には人家・田畑などに悪水が溢れて非常な被害を受けるありさまで、県当局も明治五年にたびたびその実状・水埋を視察測量をした。　（『船越町史』二七五頁）

図２　船越町の川（1805年）

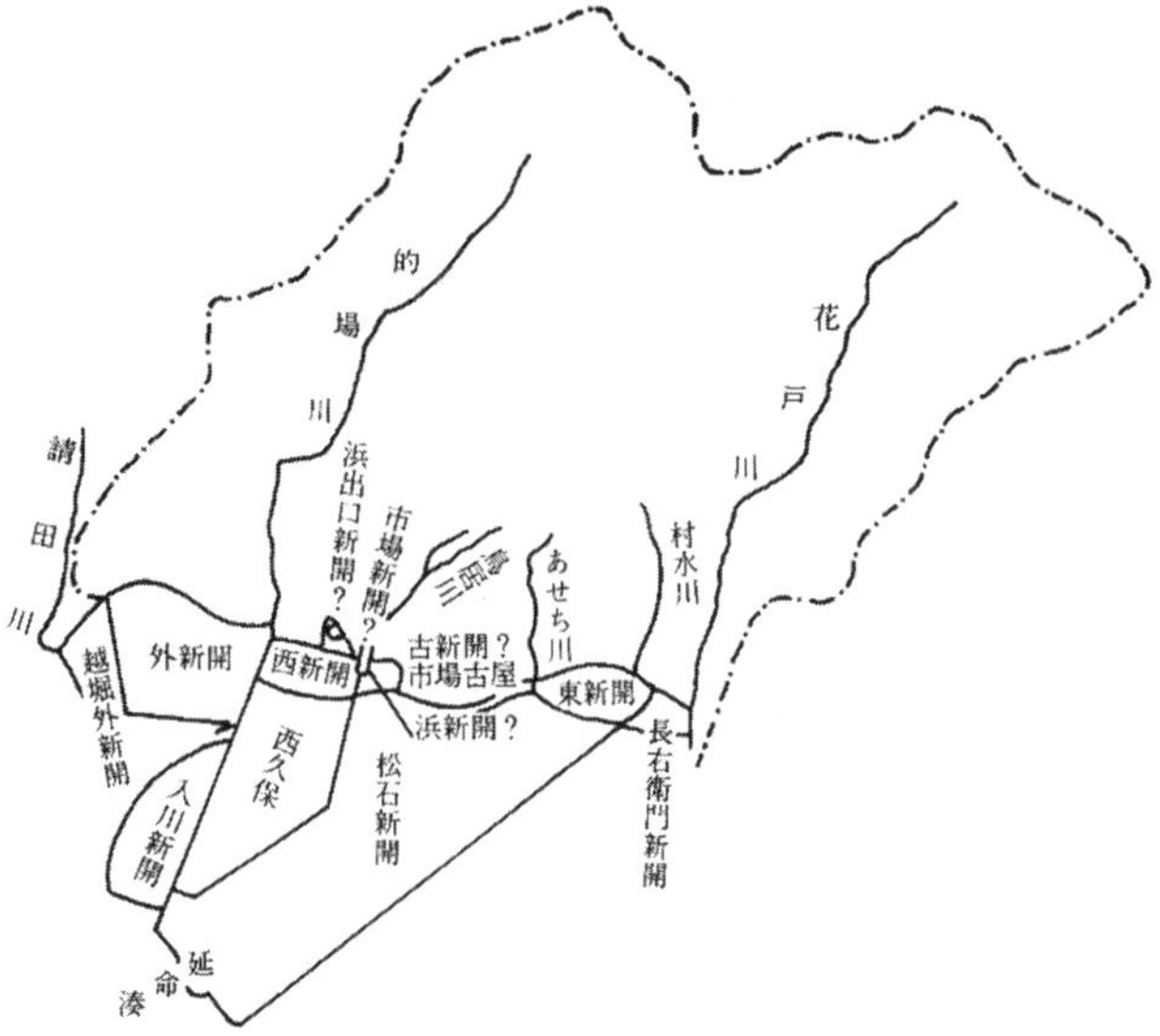

『船越町史』196頁より（「船越村新開略図（文化２年ごろ）」となっている。）

表３　連担部落別職業戸数（1928年８月末）

部落名	公務自由業		農業		工業		商業		其他		合計	
花都	9	5.1%	14	7.9%	87	48.9%	55	30.9%	13	7.3%	178	26.6%
竹浦	7	7.9%	23	25.8%	40	44.9%	12	13.5%	7	7.9%	89	13.3%
引地	7	6.3%	25	22.3%	47	42.0%	24	21.4%	9	8.0%	112	16.7%
荷場	1	2.1%	4	8.5%	18	38.3%	23	48.9%	1	2.1%	47	7.0%
片山	5	16.7%	8	26.7%	12	40.0%	2	6.7%	2	6.7%	30	4.5%
西	7	4.1%	82	48.0%	55	32.2%	18	10.5%	9	5.3%	171	25.5%
古谷	—		22	51.2%	16	37.2%	3	7.0%	2	4.7%	43	6.4%
計	36	(5.4%)	178	(26.6%)	275	(41.0%)	137	(20.4%)	44	(6.6%)	670	(100.0%)

「船越村状況調」（昭和３年10月５日）による。
『船越町史』（1983年）319頁、パーセンテージは安挿入

瀬野川の土砂の搬出が多いことで町民の多くが対策を熱望したところ、一八七二年に測量が行われ、「海田・船越両村で協議の末、瀬野川を南へ移して土砂の搬出をよくするとともに、松石新開の南に新田を築成する案」を出し、瀬野川の河口を南に移した。この事業は一八七三年に実施された（＊13）。

船越町民の生活

一、人口推移と産業

戦前の船越町に住む住民はどのような仕事をしていたのか。そして、在日

10　扇状地—河成堆積低地の小地形の一種であり、山地を流れる河川が運搬した砂礫が、谷口を頂点として扇状に堆積した地形である。河川が山地から平野や盆地に移る所などにみられる。（Wikipedia より）

11　干潟—海岸部に発達する砂や泥により形成された低湿地が、ある程度以上の面積で維持されている、朔望平均満潮面と朔望平均干潮面との潮間帯。潮汐による海水面の上下変動があるので、時間によって陸地と海面下になることを繰り返す地形である。（Wikipedia より）

12　『船越町史』（一九八一年）では、「文化度国郡誌」を引用していた。

13　日本の近代化とともに広島における宇品築港の計画の中で宇品港の建設だけでなく湾岸の整備も行われた（ウィキペディア〈宇品港〉、検索日二〇二一年五月二〇日）。その受け会社の中に鴻治組があり、宇品築港の時期に合わせて船越の新田を築成していたのかも知れない。

図3　船越町の山名・字名

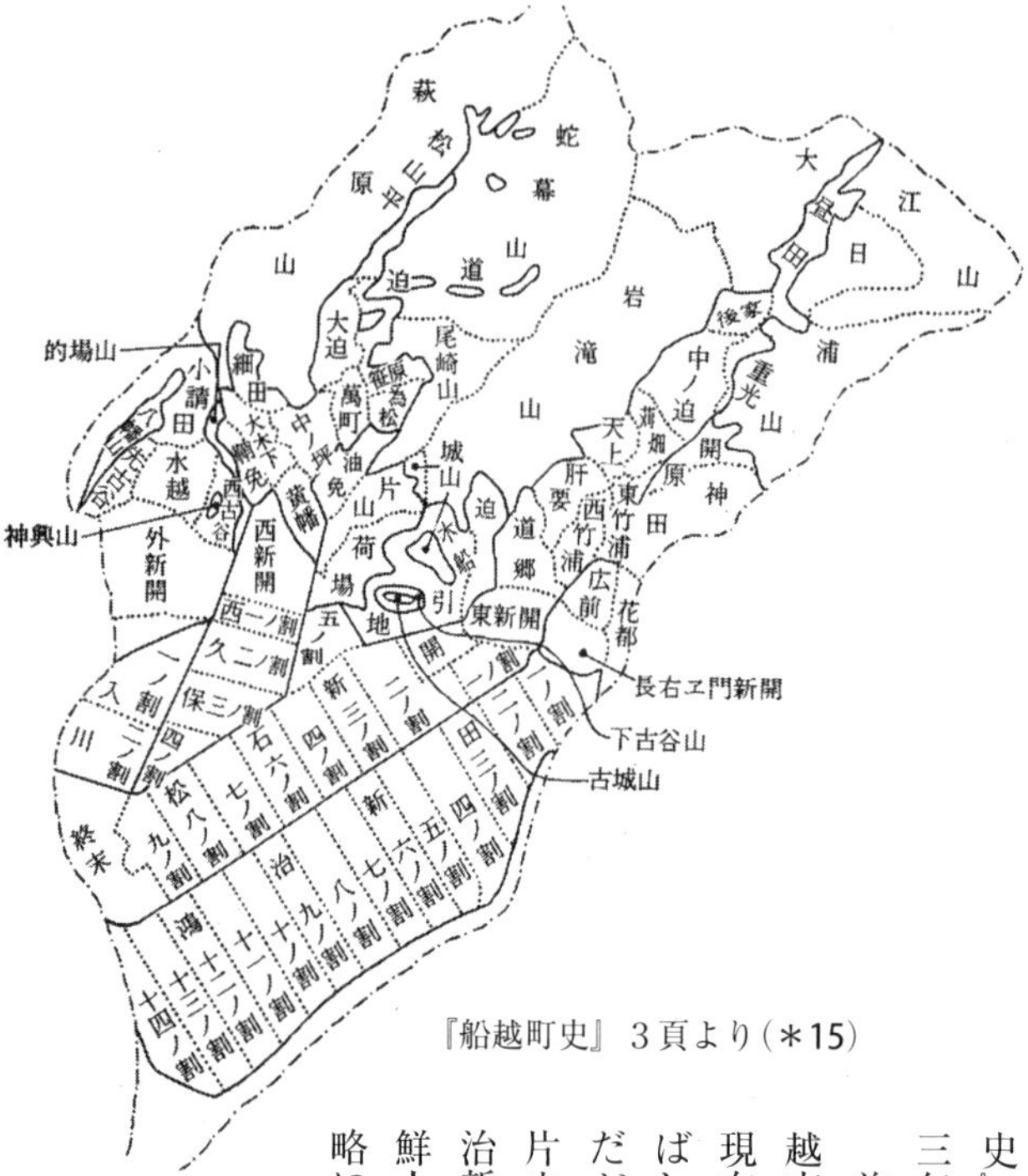

『船越町史』3頁より（*15）

韓国・朝鮮人はなぜそこに集住するようになったのだろうか。戦前の船越の住民の生活を『船越町史』から垣間見ることができる。〈表3〉は昭和三年の「連担部落別の職業戸数」である。

前述のように、船越には〈船越〉〈船越町〉〈船越南〉という行政名があるが、地の人々の間では、現在の行政名より、昔の字名で言われることがしばしばである。昔はもっと枝分かれしていたようだが、概ね〈表3〉の花都、竹浦、引地、荷場・片山、西、東古谷、西古谷、入川、松石新開、鴻治新田の呼び方になっている（*14）。本稿での朝鮮人集落とも大いに関係あるため、それぞれを簡略に紹介する。〈図3〉は部落の図である。

①花都－船越町の東側に位置し、江戸時代は一番華やかな土地であった。

②竹浦－岩滝山の東の裾野に位置する。

③引地－岩滝山の南側に位置し、江戸時代は旧街道まで海であったが、現山陽本線までを干拓したところである。

④荷場・片山－現船越郵便局を中心として位置している。荷場の名は、江戸時代には船着場があったことで付けられたという。
⑤西－岩滝山の西側の裾野に位置している。
⑥東古谷－岩滝山の南西に延びる峰（古谷と言い、的場川が流れている）の東側、荷場の西側に位置する。
⑦西古谷－古谷の西に位置し、戦前までは水はけの悪い土地であった。
⑧入川－松石新開が出来る前の的場川の河口。現在は日本製鋼所が立地している。
⑨松石新開－現山陽本線の南側に位置し、戦前に干拓された新しい地名である。戦後まもなくまではぶどう畑であり、日本製鋼所の社宅や中国からの引き上げ寮があった。
⑩鴻治新田－松石新開に沿って右南に瀬野川の河口を南に伸ばして埋めた。一ノ割～十四ノ割。

船越のちょうど真ん中に「荷場」という字名がついているように、以前は、JR線北の現在の船越郵便局の辺りまで海であったようで、JR山陽本線北の現在の県道二七四号線である「安芸山陽道」を中心に部落があり、「古谷」部落は的場川（＊16）の左を「西古谷」、その右を「東古谷」と分けていた。

そして、瀬野川に合流する上流の方を「花都川」（＊17）と言い、昔は安芸山陽道の辺りの「花都川」の左を「花都部落」と言っていたようだが、近代以降、旧国道二号線南の朝鮮人集落があるところまで「花都部落」ということになった（＊18）。ちなみに「花都」という地名は、『船越町郷土誌』（一九六〇年）によると、日浦山南端か海に

14 ウィキペディア〈船越町〉（二〇二二年五月二四日閲覧）と『船越町史』（三～四頁）を参照し、筆者が説明を書き加えた。
15 出典といつ頃の地図なのかをはっきり記されていない。
16 現在の交番があるところの小川。
17 海田町側では、「海田川」とも呼んでいて、一般的にもそのように呼ばれていることが多い。

突き出ていた所という意から生まれた地名で、古くは「鼻戸川」、「花戸川」と言われていたようである。『船越町郷土誌』には次のように書いてある。

なお、ここで前記山地・丘陵の麓近くなどについてふれておく。まず東部の「花都川」は古くは「鼻戸川」・「花戸川」などと記されているが、「ハナ」は「端」・「岬」の意であり、「ト」は「場所」・「狭い所」の意である。「花都」は日浦山南端が海に突き出ていた所の意から生まれた地名であろうか。「木船」は古く「着船」とも書かれ、菅原道真西遷の際船を着けられたという。「引地」は「潮が引く地」であるとも、付近一帯は漁師の網引き場であったともいう。「荷場」は荷揚場（魚の置場）ができた所。「東古谷」・「西古谷」の「古谷」は「小谷」ともかかれたが「小屋」とも記されており、この地区一帯に魚商人の泊り小屋があったという。これらの地名の語源については、なお検討を要するとしても、これらの地が海岸に在ったことがあると考えて良いであろう。

（『船越町史』六－七頁）（＊19）

広島市西区に「都町」という地名があるが、広島県被差別部落の隣を流れる川の氾濫を防ぐために「太田川整備」をする中で、福島川を埋め立てて新たにできた陸地の行政名である。その周辺への差別のまなざしを隠すかのように如何にも華やかな地名を付けているが、船越町の「花都部落」の「花都」という地名も「花」と「都」という華やかな名前を付けているように感じてしまうのは筆者の憶測だろうか。

海田湾沿いの新開地を中心に海田の新開や船越の新開地には、戦後間もない頃までぶどう畑が広がっていた。『船越町史』によると、「明治末ごろから昭和十年代ごろまでが全盛であった」と記されている。そして、「一時は『海田ぶどう』として遠く北海道や北九州一帯にまでも、その販路を拡大していた時期もあった」という（『船越町

表4　船越町人口推移

	西暦	世帯数	人口	男	女	備考
大9	1920年	659	2,883	14	14	第1回国税調査
14	1925	679	3,019	15	15	
昭5	1930	771	3,515	17	17	
10	1935	1,071	4,692	23	22	
15	1940	1,598	7,153	38	32	
20	1945		9,208	49	42	
21	1946	2,028	9,091	48	42	

第1回国税調査「広島市統計書」昭和54年版による。西暦は比較のため安挿入。

史』三〇一頁）。戦後は、日本製鋼所の社宅や中国からの引き上げ寮があり、現在は、中小企業の工場が立ち並んでいる。

船越ではもともと住民の多くが農業を主産業にしていて、工業や商業はあまり発達していなかった（同書三三八頁）が、松田製作所と日本製鋼所が立地するようになった一九二〇年代後半からは工業に従事する人が多くなった（同書三四二頁）。一方、花都部落では人口密度が高く、工業だけでなく商業に従事する人が多かった。おそらく海田駅に近いということもあるだろう。一九二八年の調査なので、朝鮮人集落がすでに出来上がっていたかどうか、朝鮮人が統計に含まれていたかどうかは分からない。

〈表3〉と〈表4〉を並べて見ると興味深いことがある。〈表3〉は一九二八年の世帯数の統計で、〈表4〉は、一九二〇年から一九四六年までの船越町の世帯数と人口推移である。〈表4〉では一九二五年の世帯数が六七九世帯、〈表3〉では一九二八年の世帯数は六七〇世帯である。三年間の間に九世帯が減少しているが、概ねの差はない。一方、一九三〇年の世帯数は七七一世帯で、二年間で

18　現在の図と〈図2〉〈図3〉を比べ合わせ、聞き取り中の話も総合的に考慮したうえでの筆者の推測である。

19　引用部分であるようだが、どこからの引用だったのかの記載はなかった。

一〇〇世帯も増えたことに注目すべきであろう。

その後も増え続け、一九四〇年には一、五九八世帯に及ぶ。一九四五年の統計数値がないので、終戦直前の様子をうかがい知ることはできないが、人口数から見て、一九三〇年より三倍近く増加している。『船越町史』には、この人口推移は「広島県内でも近代においてもっとも著しい地域」（同書三三六頁）であり、「旧山陽道に沿う花都、引地、西地区に家屋が密集」していたようである（同書三四三頁）。

この記述は朝鮮人が船越に住み着いたこととも大いに関連があるのではないかと筆者は推測している。

［2］　日本製鋼所廣島工場

船越にある一番大きな工場としては日本製鋼所があげられる。日本製鋼所は三井財閥系の巨大資本を背景とした東洋一の兵器工場である。日本製鋼所のＨＰには一九二〇年設立とされるが、その以前にも日本製鋼所の前身があった。奈倉文二によると、「日露戦争を契機として、海軍は主力艦の国産化（「内地建艦方針」）を推進し」たとした」（奈倉一九九八年：二二頁）、「横須賀及び呉の海軍工廠で戦艦『薩摩』（一九〇五年）と『安芸』（一九〇六年）を起工した」。日露戦争（一九〇四～一九〇五年）を通してその武器のほとんどを英国に依存せねばならず（＊20）、第一次世界大戦（一九一四～一九一八年）中に武器製造の必要性を感じ、日英同盟下で英国の技術提供で両国折半の資本金での設立であった。いわゆる一大国家的事業として政府・海軍の支援のもとに日英の民間会社の出資による一民間会社の設立であった。一九一三年から三井財閥が本格的に関わり（＊21）、松田製作所だった土地を買収し、一九二〇年に現在の船越に移した（＊22）。いずれにせよ、戦前から日本製鋼所があり、その周辺には関連工場が並び、労働力の需要があった。

朝鮮人の「船越」への流入

朝鮮人がいつ頃からなぜ船越に集住するようになったのだろうか？

一世の方がほとんど亡くなった現在、二世の方は子どもの時期に親に連れられて来ていて、親がなぜそこに住み着くようになったのかということを覚えておられる方が少ないようである。後述する聞き取りの中で船越に居住し、〈韓国の原爆被害者を救援する市民の会〉の前支部長である豊永恵三郎さんは、在日朝鮮人と船越町の関連について次のように語った。

私が聞いとるのはね、まずは、東洋工業。あれが山の中に穴を掘ってね、防空壕じゃないんじゃけど。会社のもの入れたりするんかな。そのトンネルを掘るのを朝鮮人にやらした。それが（今でも）残ってますよ。朝鮮学校のこちらの山の下にね。今自衛隊が駐屯している、昔軍隊がおった。陸軍が。（中略）中にね。朝鮮人部隊がいた。（中略）大邱から来てた。

〔二〇二〇年八月聞き取り、総聯安芸支部で〕

豊永さんは、朝鮮人が戦前に東洋工業や日本製鋼所に徴用で来ていて、その後、旧国道二号線の敷設や労働力の需要があり、そのまま住み着くようになったのではないかとも言った。また、韓国の原爆被害者の支援をするなか

20　奈倉は、「日露戦争を契機として、海軍は主力艦の国産化（「内地建艦方針」）を推進した。すなわち、横須賀及び呉の海軍工廠で戦艦『薩摩』（一九〇五年）と『安芸』（一九〇六年）を起工した」とする（奈倉、二一頁）。船越町は安芸郡であった。その「安芸」をとったのではないだろうか。

21　三井は、初めは積極的ではなかった。日本製鋼所設立当時の三井による北炭の株式所有比率は一八・五％で、北炭が完全に三井傘下に入るのは一九一三年一月のこと。（奈倉、二七頁）

22　ウィキペディア〈日本製鋼所〉（二〇二一年六月二三日閲覧）

で、韓国の原爆被害者の一人が原爆手帳取得のために広島に来た際に、海田の大邱出身の朝鮮人部隊に所属していたと証言したことで、海田に朝鮮人部隊があったということを知るようになったという。

大邱出身の朝鮮人部隊は、「トロッコが走れるレールひき、広島市内の原爆投下後は遺体処理の救援に行かされて被爆し、ほとんどの人が亡くなった」と証言していたことを覚えていた。大邱出身の朝鮮人部隊があったということは、朝鮮学校中級学校が海田に設置されたときに教員として赴任し、一九五三年から花都部落に居住するようになった朴錫夏（＊23）さんも、朝鮮人集落の人から「終戦当時、酒を売りに行った」ということを聞いたことがあると話した。

そして、二〇歳まで船越の西古谷で住んでいた高雄さんがご近所におられた九〇代の男性の方から聞いた話によると、次のようである。

当時、日本製鋼などの会社が朝鮮半島から徴用工を連れて来て、西古谷に住まわせた。当時の西古谷は湿地で、現在の公園の一本北の道のあたりから線路までの一帯が田んぼだったが、そこに徴用工らを住まわすために田んぼを埋め立てて、徴用工の長屋宿舎が建てられた。日本の敗戦後に朝鮮人徴用工らの多くは帰国したが、帰国しなかった人がそのまま点在して住んでいたところ、行政側がその朝鮮人らを集めて線路そばの敷地に移転させた。

（二〇二二年八月、高雄きくえさんがYさんより聞き取ったものを提供してもらった。）

戦後間もない頃は、故郷に帰りたい朝鮮人が多かった。故郷に帰りたいが、朝鮮半島が政治的・社会的に不安定で、朝鮮人集落に留まりながら朝鮮半島の情勢を伺っていた。しかし、朝鮮半島の情勢がなかなか収まらず、そのままそこに住み着いた人も多いようである。Tさんもその一人であった。以下はTさんの語りである。

父から「今から韓国へ帰る」と言われて、下関に行くんかどうか知らんが、親について歩くだけで。ほで、西高屋から広島へ来る途中で、どうしたか知らんがね、父親が「海田駅で降りよ！」と言うわけよ。何で降りたか私は分からんのよ。それで、降りたら、朝鮮人部落があるから、ここで様子を見て、韓国へ帰るのを遅らせようや」と。それがここに住み着いたわけよ。何で来たんか、何で韓国に帰る途中ここで降りたのかも私は全然分からん。（当時、朝鮮人部落には）七〜八〇軒、朝鮮人ばかしおった。

〔二〇二一年四月聞き取り、Tさん宅で〕

当時、広島から朝鮮半島に帰ろうとした人々は、まず下関や福岡に行き、乗船を待って朝鮮半島に帰った人が多い。一方、広島の宇品港から帰ろうと試みた人もいた。乗船人数が制限され、何ヶ月待っていても船に乗れないので、山口県北部の仙崎港から闇の船に乗って帰った人も多い（＊24）。

Tさんの父は朝鮮半島へ帰るつもりで下関か福岡、もしくは宇品港に向かっていたのであろう。だが、広島駅二つ前の海田駅で降りたと言っている。海田駅で徒歩五分程度の「花都部落」には既に朝鮮人集落が形成されていた

23　二〇二〇年八月二日に聞き取りを行ったインフォーマントの一人。実名を名乗ることを承諾して下さった方については実名で、了解を得られなかった場合はイニシャルで記している。

24　筆者は、以前、広島での在日一世高齢者の研究をする中で20人ほどの在日一世の聞き取りを行ったことがある。また「韓国の原爆被害者を救援する市民の会」の世話人となり、両国の言語が出来るものとして広島から韓国に帰った韓国の原爆被害者の生き様を多く聞かされた。そして、原爆手帳をまだ取得していない2人の手帳申請する申請書を書いた。初めは通訳・翻訳の手伝いをするつもりだったが、日本で要求される申請書の韓国語の文書も書けない方が多いことを知り、彼らの申請書の代筆をした。彼らが原爆被害を受けることになったことや故郷に帰って、なぜそれまで原爆手帳を申請できなかったのかを聞くために、韓国に帰るまでの経緯や韓国に帰ってからの生活の厳しさについて多くのインタビューを行った。その際は、電話でお話を聞くこともあったが、電話ではお互いが落ち着いてお話が出来ず、数回訪韓してお話を聞き、電話やファックスで確認作業を行った。その中で聞いた話である。

ので、何か情報でも入手できないかという期待があったのだろう。私が以前聞いたことのあるBさん家族も広島県安芸津から出て来て花都部落に住み着いたと言っていた。

Tさんや Bさん家族のように、戦後になって朝鮮半島の様子を探りながら帰る時期の目処を企てようと朝鮮人集落に住み着いた人も少なからずあったのだろう。朴さんは戦後、船越に住み着いた人々について次のように語った。

（戦後になってきた人は）若干。例えば、田舎に住んでいてね、西条とか豊平とか住んでいて、ま、こっちへ来たという、若干名はおるですよね。話を聞くと。西条、本郷。西の方は私あんまりわからないんですが、東の方はそんなの。〔二〇二〇年八月聞き取り、総聯安芸支部で〕

そこには戦前から朝鮮人のコミュニティがあることを知っていたからであろう。これまで船越に住んでいたという人の中で数人の二世の方の話を伺ったが、船越に来られてからのことは記憶していても、なぜそこに来ることになったのかを詳しく聞くことは出来なかった。幼い時期に親に連れられて来たので覚えていないのである。また親も生きることが精一杯で子どもに語らなかったし、二世も聞くチャンスを逃してしまったのかも知れない。それでも丹念に聞き取りを行ない、資料を探ればもう少し見えてくるだろうが、筆者の力不足を自責しながら綴っていくことにする。

また、船越には多くの労働力の需要があり、仕事を求めて朝鮮人が住み着くようになった可能性もある。

前述のように、鴻治組は一八七〇年代には瀬野川を南へ移しながら松石新開の南に「鴻治新田」の築成事業に関わり、一八八〇年代には「専ら軍需品の郵送を爲す」目的で（『日本の港湾』第二巻、一九二四年、三四三頁）宇品築港に関わっていた（＊25）。ここで「国道の敷設」というのは、現在の国道二号線である「新広島バイパス」（＊26）

ではなく、船越の真ん中を横切る旧国道二号線（＊27）で、現在の県道一六四号線のことである。一九二〇年に国道一号線と二号線の「国道路線認定」が行われ（＊28）、一九二〇年代から工事が行われた。「鴻治新田」築成事業や宇品築港に関わっていた船越に拠点を持つ「鴻治組」が関わっていたとしたら、船越に多くの労働力の需要があったのだろう。

船越の西側の県道一六四号線の南には国道二号線までの広い敷地に日本製鋼所広島製作所とその関連会社が位置している。前述のように日本製鋼所は三井財閥系の巨大資本を背景とした東洋一の兵器工場で、「日本の軍事的拡大とともに大きくなり、船越はその日本製鋼所と深く結びつきながら急速に発展した（高雄、一一七頁）。

高雄が在日二世の聞き取りで、なぜ船越に朝鮮人集落が出来たのかを聞き取って記述していたのでここに紹介する。

25　内務省土木局『日本の港湾』第二巻（原著一九二四年）、三三七〜三四八頁。「明治の港湾建設－宇品港」土木学会（二〇二二年六月24日閲覧）

26　現在の国道2号線は、安芸郡海田町から広島市西区観音本町に至る「新広島バイパス」で、一九六二年に工事着手し、一九六八年に全線開通した。

27　国道2号線とJR山陽本線の南に船越を横切る「新広島バイパス」は、安芸郡海田町を起点として広島市西区観音本町までのバイパスのことをいう。この工事は一九五九年に用地着手を始め、一九六二年から工事に着手した。そして、一九六八年に全線開通している（ウィキペディア二〇二二年五月一八日検索）。この時期は、広島市内においてもあっちこっちで都市復興工事が行われ、概ねこの時期に整備されていた。海田町から観音本町までの「新広島バイパス」は一九六二年に東雲地区より工事を開始し、黄金橋や新住吉橋などの市内派川を跨ぐ橋梁工事を進めていった。また、船越地区や東雲地区では地盤が軟弱な為、本工事とともに軟弱地盤対策も行った。https://ja.wikipedia.org/wiki/新広島バイパス（二〇二二年六月一四日閲覧）

28　https://ja.wikisource.org/wiki/國道路線認定ノ件_(大正九年四月一日)（二〇二二年六月一四日閲覧）

表５　船越・船越南丁目別人口及び世帯

（2021年 12月末現在）：人、世帯

住所名	総数	外国人数	%	世帯総数	外国人世帯数	%
船越一丁目	1,424	28	2.0%	691	21	3.0%
船越二丁目	1,249	17	1.4%	594	15	2.5%
船越三丁目	695	18	2.6%	368	15	4.1%
船越四丁目	1,057	7	0.7%	488	7	1.4%
船越五丁目	1,193	13	1.1%	584	8	1.4%
船越六丁目	990	19	1.9%	443	15	3.4%
船越南一丁目	325	12	3.7%	177	8	4.5%
船越南二丁目	1,905	37	1.9%	943	23	2.4%
船越南三丁目	1,509	120	8.0%	803	82	10.2%
船越南四丁目	186	21	11.3%	121	18	14.9%
船越南五丁目	16	2	12.5%	12	2	16.7%
計	10,549	294	2.8%	5,224	214	4.1%

「広島市オープンデータポータルサイト」より安編集

一つは、その頃、広島県会議員の檜山袖四郎というのがいて、鴻治組という建設会社をやっていました。そこが国道の敷設を受けていた。もう一つは、日本製鋼と並んで川向こうに大きな陸軍運輸部があって、そこで朝鮮人が働かされ、もう一つは日本製鋼所が兵器を造っていて、徴用工として働かされていました。

（高雄、一二九頁）（傍点は筆者挿入）

また、船越に居住している人の話ではないが、伝え聞きで「日本製鋼に人手が多く必要で、その隣に飯場が出来た」ことが朝鮮人集落になったという話もある。少なくともその周辺には下請け工場があっただろうし、そうすると荷役の仕事もあったのではないかと推測する。いずれにせよ、船越に在日朝鮮人が集まる条件がいくつも重なっていたということであろう。

当時の朝鮮人数は、花都部落に七〜八〇軒で約四〇〇名、西古谷に五〜六〇軒で約三〇〇名、その他の地域も含め全部で約七〜八〇〇人いたのではないかと、聞き取りの中で当時を知る人は語った。『船越町郷土誌』によると、「朝鮮人三〇七人、韓国人五一四人、計八二二人」となっており（＊29）、八〇〇名以上の朝鮮人が船越に住んでいたことになる。〈表4〉で、一九四六年当時の船越の人口が約九千人なので、その一割が朝鮮人であったということになる。

では、現在はどうだろうか。〈表5〉は、二〇二一年の船越・船越南の人口及び世帯の数である。

船越全体住民一〇、五四九人の中で外国人は二九四名で、全体の約三％である。世帯数を見ると、全体が五、二二四世帯に比べ、外国人は二一四世帯で四％となっている（＊30）。外国人の割合としては船越南四丁目と五丁目が多いが、住民自体が少ないのでその割合は有意ではない。

花都部落がある船越南三丁目は二丁目に次いで一、五〇九人と住民が多く、外国人数を見ると、二丁目が約二％に比べ三丁目が八％と、外国人が多く居住していることが分かる。それは花都部落の中に朝鮮人集落があることと大いに関係しているのであろう。しかし、船越南三丁目の外国人の割合だけを見ると、外国人数に大きな変動は見受けられないが、船越全体の外国人数を見ると、終戦直後は全体の一割を占めていた在日朝鮮人数が、現在は約三％に過ぎないことを考えると、かなり減少していることが分かる（＊31）。

29 『船越町郷土誌』には、「中国人壱人、朝鮮人三〇七人、韓国人五一四人、計八二二人」となっており（『船越町郷土誌』七頁）、船越にいる外国人は中国人一人を除いては全て韓国・朝鮮人であった。

30 人数より世帯の割合が大きいということは、在日朝鮮人に一人暮らしが多いということを示しているのではないかと考えられる。

31 「外国人」がすべて在日韓国・朝鮮人だけとは考えられず、帰化者数も考慮すべきだろうが、本稿での言及は控える。

船越町の在日韓国・朝鮮人の生活

本節は船越に住む在日韓国・朝鮮人からの二回の聞き取りを中心に、筆者が再構成したものである。内容の大部分は、一部を除いては検証が行われていないため、事実と異なる可能性もあると考えられるが、船越に住んでいるインフォーマントの語りとして、それも貴重な事実の一つであると考え、語りの内容を修正なくほぼ全体を載せることにした。検証できた部分については、本文や注に追記した。本稿の記した住民の数字などの内容は、聞き取りを行った現時点での内容である。聞き取りを行った時期や状況の概略は以下である（＊32）。

〈聞き取りの概略〉

①二〇二〇年八月二日

場所：在日本朝鮮人総聯合会安芸支部で二時間

インフォーマント：廉和善、朴錫夏、金さん、権さん

廉和善（リョム・ファソン）：朝鮮学校卒業、朝鮮学校教員、広島国際学院高校教員（朝鮮語・数学、一九八五〜二〇一四年）

朴錫夏（パク・ソクハ）：朝鮮学校教員（一九五七〜一九六七年）

金さん：自宅が総聯安芸支部の近く

権さん：総聯安芸支部の支部長

聞き手：豊永、高雄（＊33）、安

②二〇二一年四月一二日
場所：Tさん宅で一時間四〇分聞き取り終了後、花都部落に同行し説明してもらう
インフォーマント：Tさん
—小学校四年生の時に船越町に移住し、船越町では事業家としてある程度の成功を遂げた人物として知られていて、豊永の同級生でもある。
聞き手：豊永、高雄、権鉉基、安

朝鮮人集落と日本人側の朝鮮人集落に対するイメージ

前節で記したように、船越の地元の人の間では、町名は現在の行政名ではなく近代以前の部落名で呼ばれている。筆者の聞き取りによると、朝鮮人集落としては「花都部落」の中に位置する朝鮮人集落が一番大きく、昔は七～八〇軒（＊34）で約四〇〇人の朝鮮人がいた。そして、西古谷に約五〇軒、竹浦にも七～八軒、西にも少し、引地には約一〇軒、荷場に少し、東古谷に少し、そして、海田駅前にも少しいたようである（＊35）。船越全体からの数は、三節で示したように、当時の記録では八二二人となっていて、聞き取りの中でも七～八〇〇人と推測していた。

広島市東区山根町で被爆後、家が全壊したため祖父の家がある船越に来てその後ずっと船越に居住する豊永さん

32　記録として重要と考える人名については、実名を名乗ることを了解してもらった。
33　豊永と高雄は聞き手でもあるが、二人とも船越町に居住していてインフォーマントにもなり得る。豊永は、九歳で被爆後、祖父の家がある船越で今日まで居住している。高雄は、幼年期から高校まで船越で過ごした。
34　Tさんは終戦翌年に花都部落に来ていて七～八〇軒と語り、朴さんは一九五三年に花都部落に来ていて五～六〇軒と語っている。
35　「西都」は「西」のことをいうが、「本間」はどこなのかの確認は取れなかった。

は、初めて朝鮮人集落との接触があった当時のことを次のように回想した。

今考えればね、当時、日本人は朝鮮人に対する偏見差別を持ってたし、しかもあの人たちが、あの大きな集落にいるわけでしょう。だから私たちはそばに近寄ることができなかった。一つは怖かったということもあります。（中略）当時は、あの人たちは、ブタ、ブタを飼うから。廃品回収業もされてますよね。だからすごく異臭が漂っていると。そんなことがあって、同じ町にいても朝鮮人との接触はまずなかった。

〔二〇二〇年八月聞き取り、総聯安芸支部で〕

日本人は、隣に朝鮮人が住んでいても「臭い・怖い・汚い」という3Kの印象で、その存在実態を否定していたということであろう。その現れとして、一九八一年に刊行された『船越町史』には、あれだけ多くの在日朝鮮人が住んでいても在日朝鮮人についての言及はいっさいないことである。

豊永さんが在日朝鮮人に出会うのは、小学校の高学年になってからである。

ところがその子たちが船越小学校に入ってくるわけですよ。私が六年生頃の時なんですわ。西古谷にもありましたからね。集落ね。だから、クラスにね、七〜八人の子が来たわけですよ。やっぱり学力の問題があるんかな。歳がね、一つくらい上です。だからぱっと見た時に彼の方が背が高くて、頑丈な体をしてるから、私たちどっちかというと、彼らがクラスを制圧しているというとおかしいけど、支配しているっていうような感じでした。

〔二〇二〇年八月聞き取り、総聯安芸支部で〕

それまで「臭い・汚い・怖い」存在として透明人間のように考えようとしていた朝鮮人の存在を学校教育の中で

身近に経験することになった。当時は、朝鮮人がいくら日本名の通名を名乗っていても朝鮮人であることは体からにじみ出ていたのだろう。豊永さんのクラスには七〜八名がいて、軟式野球などを通してふれ合うことになったという。

当時の朝鮮人集落の様子は、高雄が二〇一一年に聞き取りした内容でも窺い知ることができる。

船越町花都、今の海田電話局の側を降りたところです。海田川と二号線の側。田んぼとブドウ畑の中にハーモニカ長屋が四棟ありました。一〇軒長屋が三つ、二〇軒長屋が一つ。セメン瓦の薄い壁でしきられ、隣の声が聞こえるような家でした。一部屋八畳と二畳の台所だったと思います。狭いもんです。一世帯に大体五〜六人いたから、五〇世帯、二五〇人〜三〇〇人が住んでいたでしょう。三沢という人が家主でした。

（高雄二〇一九年：一二八頁）

ここで少し補足すると、私が聞き取ったTさんの語りからは、花都部落に七〜八〇軒があったとしている。朴さんの語りからは五〇〜六〇軒あったという。Tさんは終戦直後に花都部落に来ていて、朴さんは一九五三年に花都部落に来ているので、七〜八年という時間差はあるのかも知れないが、どちらが正しいかというより、それだけ大きい朝鮮人集落が花都にあったということだろう。

仕事

戦後、在日朝鮮人の多くがそうだったように、船越の在日朝鮮人も養豚やドブロクや焼酎を密造し、廃品回収をしていた。そして、労働力の需要があるところでは土方の仕事をしていた。養豚は主に花都や西古谷でやっていて、糞尿はそのまま川に流し、ドブロクを作り、何軒か共同で蒸留機のボイラー（＊36）を購入して焼酎を造り、売りに出る。「税金を払わんでいいから安く酒を売」れるので、日本人からも注文があると、乗り物に乗って安芸郡坂町の方まで届けに通うこともあった。焼酎やドブロクを届けに行く際は、水枕に入れたり一升瓶に入れて持って行った。入れ物の蓋をしっかり閉めると、発酵して溢れてしまうので、空気が通るようにして、溢れないように抱えながら届けに行った。焼酎を造ったカスは豚の餌に使っていた。

花都では、低地であるが故に「大雨になると水浸し」になり、豚の糞尿が浮かび、部落での異臭は言葉では形容できないほどであった。西古谷も低地なので、同じ状況であった。そのような状況だったので、「日本人の目から見たら、『朝鮮人臭い、汚い、怖い』」の3Kのイメージが定着していたのだろう。

養豚と酒密造は、税金を払わないから安く売れる。安く売るから売れる。売れるから儲かるという構図で、給料を貰う仕事に就けなかった在日朝鮮人の多くが生き延びるための生業でもあった。

しかし、これらの仕事は、主に女性の妻の体力を使って担わされ、当時の男性は、外では土方の仕事や活動での民族差別のうっ憤を家に帰って女性に当たることが多く、家の守りは女性が担わざるを得ないことが多かった。

抵抗

船越南一丁目にある日本製鋼所に朝鮮人が徴用されてきて働いていたことは前述した。一九四九年六月、日本製鋼所広島製作所では、一九五〇年代前半に起きた東京の赤羽製作所や北海道の室蘭製作所での闘争に先だって大きな闘争が起きた（＊37）。GHQの占領政策による労働者の大幅な首切りへの抵抗であった。

その際、「在日朝鮮人連盟」（通称、朝連）は、日本共産党と一緒に石をなげるなど、闘争に加わっていたようである。この闘争の実質的な指導の中心は日本共産党中国地方委員会で、その当時、日鋼防衛共同闘争委員長であった松江澄は『労働運動研究』（一九七二年）に朝連との関わりについて、次のように書いている。

この闘争の指導は一応は地方―県―地区―安芸郡の各委員会ということにはなっていたが、実際には工場と道路をへだてた在日朝鮮人連盟の建物の中にあった中国地方委員会（委員長内藤知周氏は一時ここに住んでいた）が中心になって指導し、日鋼細胞会議もしばしばここで開き、また私も直接内藤氏と連絡をとって活動した。方針はもっぱら弾圧反対、産業防衛闘争として地域人民闘争を闘うことであった。

（松江澄、一九七二年）

松江によると、闘争「始めの一過間ぐらいは毎日一万人近くの労働者が船越街道を絶えず往来し」た「広島をゆるがした一カ月」であったという。当時の現場を見ていた豊永さんは「大きな闘争であった！」ことを記憶している。またこの闘争は「血の弾圧事件」として、同じ時期に福島県で起きた「平事件」と京浜線・横浜線での「人民電車事件」などと並んで三大事件と称せられていたという。

皮肉にもその翌年に朝鮮戦争が始まり、武器調達のため労働者らの首切りの話は先延ばしとなった。日本製鋼所で作られた武器が朝鮮戦争へ送られることへの反対もあったようで、朝鮮人社会ではそれを機に、北を支持する側と南を支持する側の間に大きな溝ができた。花都部落では「普通の家にうんこを巻き散らしたトンムル（汚物）事件」が起きるなど、朝鮮戦争三年間の間は、花都部落の住む在日朝鮮人同士の間にも大きな亀裂が生じた。

船越には、もう一つ大きな抵抗事件があった。密造酒の取り締まりが激しくなり、密造した酒やその材料や設備

36　以前、筆者が福島町で聞き取った在日朝鮮人女性の話で、花都部落まで蒸留するために通っていたと言う話を聞いている。

37　一九四九年六月に日本製鋼所広島製作所で起きた闘争は、日本の敗戦後、アメリカの占領政策としての首切りに対する反対闘争で、一九五三年の赤羽製作所や一九五四年の室蘭製作所の闘争は朝鮮戦争後の生産低下による首切りに対する闘争であった。

を没収され、酒の量によって罰金が課された。生活が苦しくなった人々は、一九五二年、船越を管轄していた海田税務署の駐車場に座り込み、密造酒取り締まりの不当さを訴えた。同日、古市でも大きなデモが行われ、古市と一緒にマスコミに取り上げられた。昭和二七年四月二二日の「衆議院行政監察特別委員会議事録」によると、証人陳述として国家警察本部警備部第二課長の平井學は、「可部税務署の襲撃事件」について陳述しながら、海田税務署に押し掛けた件についても次のように陳述している（＊38）。

やはり（可部税務署の襲撃事件と同日の一九五二年三月一日：筆者挿入）午前一一時半ころ、安芸地区署の朝鮮人部落の中心地である船越町、この民線（＊39）の地区事務所に朝鮮人約六〇名が集まりまして演説を行い、気勢をあげまして、正午前ころプラカードを四〇本くらい立てまして、海田市税務署に参つております。（中略）「密造酒取締りを緩和せよ、われわれの生活を破壊するな」というような要求をしたのでありますが、午後一時半ころになつて、税務署の方で退去要求をいたしました。それまでは合法的な談判に終始したのでありますが、署長が退去要求をいたしますと、この六〇名ばかりの朝鮮人が引上げぎわに、玄関のところと応接間のところに二本同様の催涙液入りのびんを投げつけてぱつと退散したのであります。（中略）［昭和二七年〇四月二二日、第一三回国会衆議院行政監察特別委員会台一九号［三一五］、証人：国家警察本部警備部第二課長、平井學］

仕事を失って帰国

密造酒の取り締まりに次いで、環境衛生上の問題で環境整備対策の政策が進められ、それまで浄化設備も完備されないまま養豚をしていた在日朝鮮人らは養豚が出来なくなった。西古谷で養豚をしていた場所は公園となり、そこに住んでいた約五〇軒の在日朝鮮人らは立ち退きとなり、バラバラに転居した。花都部落に住む在日朝鮮人らは、転居はしなかったが、「一九七二年くらいに養豚は全部廃止」した。

養豚が出来なくなったことで、国から豚の頭数に比例していくらかの補償はあったものの、借り地でやっていた朝鮮人に、土地の補償はなかった。仕事を失った朝鮮人は失業対策事業（通称、失対）で掃除や土方の仕事に出ることになった。それまでも土方の仕事をしていた在日朝鮮人であるが、以前は雨が降って仕事が休みになると、何の保証もなく、男性はお酒を飲むという生活が日常的であったのが、失対の仕事を始めると、雨が降って休んだ場合でも幾分かの手当があり、以前よりは少し安定した収入が入るようになってきた。しかし、在日朝鮮人に割り当てられた仕事と言えば、土建や土方の仕事しかなかった。少しまとまった金を手にした人の中では、焼き肉屋を始めたが、いずれにしても手作業で、肉体労働の仕事しかできなかった。

38　同日、可部の税務署にも襲撃事件があった。昭和二七年四月二二日の「衆議院行政監察特別委員会議事録［315］」によると、「古市町の朝鮮人の中心地である部落に、朝鮮人が大体一八〇名くらい集合」し、朝鮮語で演説を行い、古市町の役場にデモ行進をしたとされる。要求として、「朝鮮人子弟のみの小学校分校を設置してくれ、朝鮮人の専任教師を雇ってもらいたい、教育費の負担をしてくれ」との三点を要求した後、約六〇名が古市町から可部町へ五キロの距離をバスまたは電車に乗って行き、可部税務署に押しかけた。そこでは、「密造酒の取締りの不当をなじり」、帰りぎわに一五〇cc程度の催涙液が入った瓶を事務室の机の上に投げつけて、さつと引揚げた」。警察官が駆け付けた時には、すでにもう引揚げて逮捕できなかつた。その後、「可部税務署を襲撃した一隊と思われる者」が、古市町にもどり、今度は約一・五キロほど離れた祇園町役場に行き、町長不在で引揚げたと記している。そして、午後一時半ごろ安佐地区警察署へ行き、署長と密造酒取締りの不当について談判のつもりだったが、署長に解散を命じられ解散したものの、約一三〇名が、徒歩で広島市に向かい、午後二時五〇分ごろ解散したという報告があった。半分以上は女子並びに子供の一隊で、「集団デモ行進というふうには見ずに、いささか軽く見た節があつた」とされる。おそらく船越と古市の朝鮮人同士の連帯のもとで行われたのではないかと考えられる。（国会議事録検索室改め国会ソースＨＰ　検索語「朝鮮・部落・密造」より抜粋。（二〇二二年六月二八日閲覧）

39　正式名は「在日朝鮮統一民主戦線」（一九五一〜一九五五）で、略して「民戦」であるが、「民線」と誤記と考えられる。

「生活が苦しいから養豚業をしていた」在日朝鮮人らは、養豚ができなくなると、北朝鮮を支持していた人々の中では、「職を失ったことを機に北朝鮮に帰った」人も多かったようである。広島県では約二千人が帰ったという(＊40)。

定住志向と仕事の変貌

一九七〇年代になると、日本の共産党の一組織として闘っていても「鉄砲玉」に過ぎなかったことの教訓から、在日朝鮮人は、日本社会に抵抗しつつ日本社会の法律を順守しながら自分たちの生活権を主張する定住志向の姿勢へと変わってきた。定住志向になることで、北朝鮮への帰国を希望する人もいなくなった。総聯の活動も「日本で在日朝鮮人の権利を守り、民族の一員として生きるような活動」に変わった。

その流れの中で、抵抗はあったものの養豚やドブロクと焼酎の密造を禁止する広島市の政策を順守し、資金のない人は失対の仕事に就き、資金のある人は不法ではない焼き肉屋を始めた。つまり、戦後三〇年が過ぎた一九七五年前後に、在日朝鮮人は大きな転換期を迎えたのである。

しかし、失対にせよ焼き肉屋にせよ、在日朝鮮人が日本社会でできる仕事というのは肉体を使う仕事しかなかった。失対の仕事は掃除や土建の仕事、焼き肉屋は家族総動員での営みであった。徐々に失対の仕事も減り、船越の在日朝鮮人の間では、小さい焼き肉屋を営む人が増えた。

「いっこうも洗ってないホルモンが一斗缶に入っ」たものを仕入れ、「自分の体力を使って」洗っていた。「子どもらも全部動員」した家族総動員での仕事であった。当時、一世は字が読めない人がほとんどで、子どもらは、学校の授業が終わると、字が読めない親のために店の手伝いに走って帰った。廉さんは当時のことを次のように語った。

僕らの世代はみんな（学校の授業が終わるとすぐ）家に帰りましたよ。親が字を知らないから。お金の計算、何がなんぼ売れたか、分からんじゃないですか？　それを全部親にね、慣れるまで。酒、たばこ、一杯、二杯、三杯、お金の計算はできるんじゃないですか？

〔二〇二〇年八月聞き取り、総聯安芸支部で〕

字が読めず、金銭の計算や数を辛うじて分かる親が売り上げの計算に慣れるまで、記録の仕方を教えていたのであった。日本人は「最初はやはり遠慮してたけど」、「スタミナを付けないといけない」と思うようになり、徐々に日本人客も増えた。当時は駐車違反の取り締まりも厳しくなかったので、どこでも店を開くことができた。当時の焼き肉屋といったら、在日朝鮮人の店しかなかった。元手が安く日本の経済成長期と相まって、結局は儲かっていた。初めは親の手伝いに過ぎなかった二世らは、日本社会での就職差別を前にして、学校卒業後は親の店を継ぐという形になった。

花都部落の宅地購入

一九七〇年代半ばから定住志向へと意識が変わると、安定した生活をしたいという気持ちで、それまで借地で居住していた花都部落の朝鮮人集落では、宅地買収の話が浮上した。

船越には四～五軒の大地主がおり、花都部落のすぐ隣から現在の国道二号線の裏の海の方に向かって八割はブド

40　豊永さんは、以前、朝鮮学校の関係者に聞いたことがあると言った。聞き取りを行った際、朝鮮学校の教諭であった朴さんは、教え子の中で四～五〇名が帰ったと言い、廉さんは兄弟が帰ったと言っていて、身近な人が北朝鮮に帰ったということを実感するところであった。

41　Tさんは、当時、地主は日本に住んでなかったと記憶している。

42　現在の総聯の安芸支部長である権さんの父。

ウ畑で、その土地も大地主らが所有していた。花都部落の在日朝鮮人らが住んでいた集落は、大地主の一人である佐古田さんの土地（*41）であり、一軒当たり二〜三〇坪の土地を借りて、バラックを建てて生活をしていた。

まずは花都部落に住む人々の宅地買収の意思の合意をしなければならなかった。定住志向の姿勢になったとはいえ、まだ故郷に帰りたいという人もいて、故郷に帰りたい人にとっては土地を購入する意思がなく、初めは花都部落に住む朝鮮人約四〇〇人全ての人の合意を得るには至らなかった。

一九八〇年代になり、宅地買収問題は再びクローズアップした。総聯安芸支部の委員長であった権川植さん（*42）が中心になり住民の意見をまとめて地主との交渉に入った。住民側としては、日本の植民地にされたが故に日本に来ざるを得ない状況と居住権という権利を主張し、できるだけ安く買収したい。地主としてはできるだけ高く売りたい。交渉は難航し、一年かかった。その際、花都部落内にあった初級民族学校の敷地も三沢さんという地主から買収した。花都部落には北朝鮮を支持する総聯系の人が多かったが、土地買収問題では民団系も総聯系も関係なく一緒に宅地買収問題が進められた。

地域の変化

前述のように、戦前・直後の在日朝鮮人集落のバラックは不法建築物であった。そのため、上下水道設備や都市ガス設備もなかった。水はポンプで汲み、トイレは垂れ流すかぼっとんトイレで、バキュームカーで汲み取っていた。設備を施工する場合は個々人で下水工事を施していた。花都部落では一九七〇年代までそのような生活が続いた。一九八〇年代になって宅地買収が実現され、合法的に家を建てることとなった。上下水道設備工事も行なった。

日本は経済発展を遂げ、一九六四年の東京オリンピック時には世界に向けて経済成長ぶりをアピールしていたが、「日本の経済成長の何年か後に、朝鮮人がその恩恵を受け」るようになったのである。

この時やっと、船越の在日朝鮮人らは、家も貸さない日本社会の中での住居不安から解消され、失対の仕事ではあるが、給料を貰える仕事に就くこともできた。高陽町や古市、基町の原爆スラム、福島町などの朝鮮人集落はバラバラになって日本人の中に混住するようになったが、花都部落の朝鮮人集落はバラバラにならずに済んだ数少ない朝鮮人集落であった。広島市での南観音の場合は、広島市の太田川の放水路工事を進めるに当たり、広島市の政策で朝鮮人集落ごと左側に移転させた。その面からすると、花都部落の場合は、自らの手で居住の場を獲得したということになる。

この大きな変化は、設備面や外見だけでなく、住む人々にも変化をもたらした。七〜八〇軒だった家が、現在は二八軒程度、人数も約四〇〇人だったのが四四名で以前の一〇分の一に減った。若者は出て行き、年寄りの一人暮らしが増えた。朴さんは「今は少ないから分かるんです」と言う。少なくなったので、人数の詳細までも把握できるということである。

西古谷に約五〇軒あった朝鮮人集落は立ち退き、その跡は公園となっている、竹浦には昔は七〜八軒あったが、今は誰もいないか、いても一〜二軒程度だという。こういった状況の中で、花都部落の朝鮮人集落はまだ比較的規模が大きい方である。しかし、少々の遅れはあるにせよ、朝鮮人集落の面影は徐々に消えていくのであろう。

廉さんは、聞き取りの際、「『犬も入ったら出れん』と、言いよったのに!」と、繰り返す。サンボクトウィ(三伏の暑さ:日本の丑の日のようなもの)には犬を食べる文化があった朝鮮半島出身の一世が、サンボクトウィになると、大阪や中国から犬肉を仕入れて犬料理を食べていたことを比喩してのことであった。まだ以前のバラック建ての面影が少々残っている場所もあるが、もう日本人には怖くない場所になっているということの意味であった。そして、若者が出て行った家に「日本人が住んでいる」と話し、以前のことを考えると、「とんでもない」ことで、「大きな変化」であるとも言っていた。

表6　旧電機高校の沿革

1927年	広島市国泰寺町に広島高等予備校を設立
1938年	広島高等予備校に広島電機学校を併設
1945年	原子爆弾により全施設を焼失
1946年	広島市から現在地の安芸郡海田町に移転
1948年	学校改革により広島電機高等学校に移行開設
1965年	普通科校舎新築（現2号館）女子部校舎船越町に新築
1999年	広島国際学院高等学校に校名変更

広島国際学院高等学校 HPより

表7　広島朝鮮初中高級学校の沿革

1945.12	広島県大竹市に国語講習所が創立（広島における民族教育の始まり）
1946.4.16	広島朝鮮初級学校創立（第一）
1953.9.9	広島県安芸郡海田町に広島朝鮮中級学校創立
1960.4	広島朝鮮中級学校に高級部併設、広島朝鮮中高級学校に改称
1964.4	県内各初級学校を統合し、県内では初級学校は横川と呉市の二校で運営
1996.4	第一初級学校及び朝鮮中高級学校が広島朝鮮初中高級学校として統合

広島朝鮮初中高級学校 HPより

朝鮮学校

船越の在日朝鮮人について語る際、外すことができないのが民族学校のことである。

初・中・高級学校

終戦の年一二月に広島県大竹市に国語講習所が創立された。広島における民族教育の始まりである。その翌年の四月に国語講習所は広島朝鮮初級学校として再出発し、広島県では第一初級学校となった。

前述のように、花都部落の朝鮮人集落は七〜八〇軒の規模を持つ集落で、部落内に子どもらにハングルを教える「寺子屋」があった。その寺子屋が、北朝鮮を支持する人々が中心になり初級学校となった。広島県では、大竹の第一初級学校、古市の第二初級学校に次いで第三初級学校となった。次いで呉に第四初級学校ができ、広島県内には全部で四つの初級学校が短期間のあいだに設立された。

花都部落の初級学校は、現在の株式会社比留田広島製作所の敷地にあり、二階建てであった。いつ頃からあったのか、その詳細は分からないが、全生徒数は四〜五〇人だった。その初級学校も借地で運営していたが、一九八〇年代の宅地買収の際に、学校の敷地も買収した。

花都部落の朝鮮人の子どもらがみんなその民族学校に入ったわけではなかった。花都部落では朝鮮戦争を機に民団系と総聯系の人の間に亀裂が入り、民族学校に通った生徒は主に総聯系の家の子どもらであり、民団系の家の子どもらは日本の小学校に通った。西古谷の朝鮮人集落に住んでいた人々のほとんどは民団系で、みんな日本の小学校に通っていたようである。豊永さんの語りにあるように、当時、日本の小学校では在日朝鮮人がクラスに七〜八名いて、一割は朝鮮人が占めていた。

一九五三年、船越のすぐ隣町である海田町に民族学校の中級学校が設置され、一九六〇年には中級学校に高級部を併設し、広島朝鮮中高級学校に改称した。中級学校には、広島県内の民族学校の初級学校を卒業した生徒と、民族学校がない他地域から中級学校に進学した生徒たちが、寮生活などをしながら学校生活を送っていた。初級学校を卒業したすべての人が中級学校に入ったわけではなく、家庭の事情で進学できない子も多かった。花都部落の初級学校を卒業し進学する生徒の場合は、みんな民族学校の中級学校に進学していたという。

中級学校を設置したときは七名の先生がいて、朴さんもその一人で、二一歳の時であった。当時の生徒数は、一〜三学年までの全校生が四七〜八名、一学年一クラスの各学年の生徒数は約二〇名であった。

一九六四年、大竹、古市、船越の初級学校を広島市西区横川に統合し、県内では横川と呉市阿賀の二校で運営、中・高級学校はそのまま海田に残った。現在の広島駅北側の山根町に朝鮮学校が移転したのは一九九六年。広島県内の初級学校と海田の中・高級学校をまとめ、新たに幼稚園を併設した(＊43)。

43　幼・初・中・高の併設は日本全国の朝鮮学校の中で唯一である。

電機高校と朝鮮学校の生徒同士の喧嘩、そして教員同士の交流

朝鮮民族学校の近くには電機高校があった。現在の国際学院中・高校の前身である。電機高校は広島市中区国泰寺にあったが、原爆で全施設が焼失し、一九四六年に海田町に移転していた。〈表6〉と〈表7〉は両校のＨＰの「沿革」から筆者が本稿と関係する部分だけ抜粋したものである。

一九六〇年に朝鮮学校に高級部が出来ると、近くにあるが故に、電機高校の男子生徒らと朝鮮学校の男子生徒らとの集団喧嘩が度々起きた。朝鮮学校は男女共学で、当時の電機高校は男子高校であった（＊44）。両校の生徒数はほぼ同じであった。朝鮮学校の教諭であった朴さんは当時の状況を回想しながら、次のように語った。

電高生から見ると、うらやましいのもあるし、（朝鮮学校の女子生徒に）ちょっとちょっかいを出したい。こういうのが一つのきっかけになって、ま、女の子がいじめられたというか、そういうことを耳に挟んだ男子（生徒ら）は許せないと。それが出発点で電高とうちの学校の生徒がもめた。

〔二〇二〇年八月聞き取り、総聯安芸支部で〕

一九九〇年代には朝鮮学校の制服である女性生徒のチマチョゴリを切り裂くような陰湿な民族差別が多く起きた。このような差別があったかどうかわからないが、異性に対する多感な感受性と有り余るエネルギーのある青春時代の一ページの出来事であったのかもしれない。もしくは日本社会の暗黙の了解での朝鮮人に対する差別意識から生じていたのかもしれない。

当時の朝鮮学校の生徒だった廉さんは、朝鮮学校の生徒らの間には、「あの頃の男は電高の高校生と喧嘩をせんかったら男じゃない！」「民族の尊厳をかけて闘うぞ！」というような正義感に満ちていたという。朝鮮学校の先生であった朴さんは、そのようなことを知っていたが、「先生という立場上、見て見ぬふり」をしていたと言うが、

根底には民族差別があったということであろう。

一九六八〜一九六九年の京都を舞台に、日本人と在日朝鮮人の高校生たちの恋と友情を描いた映画『パッチギ！』（二〇〇四年）（＊45）に出てくる状況よりも少し早い時期に、同じ状況が広島の海田で繰り広げられていたのである。筆者は当時の状況の手がかりを見つけることができないかと思い、ネットを調べてみた。「Ｙａｈｏｏの知恵袋」に質問として投稿されたことに対しての回答を見つけたので、ここに紹介する。

質問は「四、五〇年前、広島県の海田方面は、朝鮮学校と（中略）しょっちゅうもめて、暴力事件を起こしていましたが、今も物騒ですか?」（min********さん（二〇一〇年八月七日二一時三四分）（＊46）。それに対し、その四〇分後に、一人のアンサーは次のように投稿していた。

（中略）十数年前に朝校が広島駅北側に移転し、電大付属高校も国際学院大学付属高校と改称して進学校になり、現在の海田は平和な町になりました。当時、朝鮮学校・電大付属・海田高校の三校が利用するＪＲ海田市駅の登下校時間は異様な雰囲気でしたね。（yo4********さん、二〇一〇年八月七日二一時一四分（編集あり））

（二〇二一年五月二二日閲覧）

44　一九六五年に女子部校舎を船越町に新築するまでは男子高校であった。一九九九年に「広島国際学院高等学校」に校名を変更している。

45　パッチギ製作委員会。二〇〇四年に上映した『パッチギ』に次いで、一九六九年の京都から五年後の七〇年代の東京を舞台にして在日韓国・朝鮮人の人々の生活と、前作では描かれなかった父親世代の姿を描いた物語の『パッチギ！ LOVE ＆ PEACE』（二〇〇七年）がある。二〇〇七年の作では、当時を生きていた在日韓国・朝鮮人だけでなく、日本人にも大きな感動を与えた。

46　（min********さん 2010/8/7 21:34 投稿、国際情勢 2,322 閲覧（二〇二一年五月二二日閲覧）　https://detail.chiebukuro.yahoo.co.jp/qa/question_detail/q1244910527

四〜五〇年前の海田を知る人々からすると、かなり大きな出来事だったようである。このように生徒同士の喧嘩が激しくなりつつあり、電機高校の先生らは解決策を模索するなかで朝鮮学校の教員らとの交流を試みた。当時のことを元電機高校教員の豊永さんはこう語った。

教員同士でも仲良くしおうや。というんで、生徒同士も野球をやったりしたけど、これは問題解決にならないと。というのは、朝鮮学校の先生に私たちがなんと言われたかというと、「あなたらの学校にも我々の同胞がいるでしょう。それに対して、あなたたち日本人（先生ら）は何をしてるの？　どういう教育をしてるの？」ということを突き付けられたのです。で、私らがしていたことと言うと、ま、できるだけ良い就職に就けるようにしたいと。そのようなことくらいしかやってないと。それだけじゃいけんなというんで、私たちの学校の方が考えたのが、朝鮮語の授業をやろう。これは朝鮮学校の先生に来て貰う。そして、堂々と本名で朝鮮語の授業を（受けることができるようにし）、そういうふうな、立派な朝鮮人もいるということをうちの学校の生徒に知らせようというんで、朝鮮語の授業を始めて……

〔二〇二〇年八月聞き取り、総聯安芸支部で〕

朝鮮学校の先生の話を聞いた電機高校の教員らは、校内の在日韓国・朝鮮人生徒に対する教育に取り組むようになった。その一環として、一九七三年から朝鮮語の授業を取り入れ（＊47）、朝鮮学校の先生に来てもらった。第一代目は姜チュテク先生で、第二代目が今回のインフォーマントの一人である廉和善さんだった。廉さんは一九八五年から二〇一四年までの三〇年間この学校で朝鮮語を教えた。その後、何人かの先生が交代したが、現在も朝鮮語の授業は続いている。

教育内容の変化と朝鮮学校の課題

前述したように、戦後三〇年を迎えながら在日朝鮮人社会も大きく変化した。日本地域の住民としての権利を主張し、日本の法律を順守しながら民族の尊厳を維持していきたいという方向に民族学校の教育内容や民族組織の活動内容も大きく変わった。

それは、日本製鋼所の闘争で朝鮮人が鉄砲玉に利用されたことや日本社会で差別され続けてきた歴史の教訓から、在日韓国・朝鮮人が日本社会の法律に違反すると、直ちに家宅捜索に繋がるだろうとの判断で、物理的にも精神的にも余計な消耗を避けたいということでもあっただろう。

日本の法律は守るが生活の権利は主張するという第一命題の中でどうしても外せないものが教育の権利であり、広島でも朝鮮学校の処遇問題に対する裁判闘争は続いている。

廉和善先生と教員免許取得

前述でも少し触れているが、廉さんは電機高校と朝鮮学校の生徒同士のもめごとがあった時期に朝鮮学校の生徒として経験し、朝鮮大学校を出て、広島朝鮮学校中・高級学校で数学を教えていた。後には電機高校で朝鮮語を教えることとなり、日本学校での教員免許取得という異例のケースを経験している。朝鮮学校と花都部落との関連は深く、ここにあらためて紹介する。

廉さんは一九四八年に広島県東部の三原で生まれ育った。廉さんの父は民族運動に熱心で、家は顧みず留

47　電機高校で朝鮮語を正規科目として取り入れたのは、金時鐘が教員となって取り組んだ兵庫県立兵庫高等学校に次いで日本で二番目となる。

守のことが多かった。民族学校のない三原で日本の小学校を卒業し、一九六四年に海田の民族学校中級学校に進学し、一九七〇年に高級を卒業した。中高級学校在学中は、寮生活をする時期もあり三原から通学した時期もあった。朝鮮学校は一九七〇年に学校法人としての認可が降りたので、廉さんが三原から通学する際は通学定期が購入できず、通勤定期で学校に通った。通学費に割高の費用を費やさなければならなかったのだ。当時、通学に高い費用を払いながらも民族学校に通うことができたのは、廉さんの父のように、子どもに民族教育を受けさせたいという意識が強かったからであろう。

廉さんが中級学校に入った頃は、電機高校生徒と朝鮮学校生徒同士の喧嘩があった時期で、先輩らの行動を見ながら、正義感に燃えていた。高級を卒業した廉さんは朝鮮大学校に進学し、卒業後は広島の朝鮮学校で数学を教えた。そして、電機高校で朝鮮語を教えていた姜チュテク先生が朝鮮学校の校長になったことで忙しくなり、その後を継いで一九八五年から電機高校で朝鮮語を教え始めた。

しかし、日本の学校で正規教科を教えるためには日本の文科省が認める教員免許が要求された。姜先生の場合は、日本の教育課程として認められる日本の中・高校を卒業して朝鮮大学校を出たので、日本の教員免許を得ることにそれほど困難ではなかったが、廉先生の場合は、中・高・大と朝鮮学校卒業のため、北朝鮮と日本は国交がないことと朝鮮学校の中・高級学校は日本の文科省で学歴と認めないため、教員免許の許可がおりなかった。

そこで、電機高校の先生らの取り組みで、日本の学校で英語などの外国語を教えるネイティブ先生らのケースに準じるのではないかと主張したが、文科省の言い分としては、「彼らは自分らの国で認められる教員免許がある」とのことであった。豊永さんらが広島県教委と数回に渡って交渉し、廉さんの祖国である朝鮮民主主義人民共和国（以下、北朝鮮）で国語、つまり、朝鮮語の教員免許を取得すれば日本の県教委も教員免許を出さざるを得ないのではないかと提案した。廉さんは三年間の間、数回に渡って平壌へ渡航しながら通信制の課程を経て国語科教員免許を取得し、広島県教委に教員免許を申請した。ところが、「県教委というのはすぐ判断しないで、文部省、文科省、そこと東京と判断を委ねて」いた。交渉の末、「もうこれでいいんじゃないか」と主張し、日本学校での教員免許が認められた。つまり、決まった制度があるのではなく、結局は個別の政治的判断であったようである。その免許の有効期限は三年で、廉さんは三年ごとに更新をしながら電機高校で朝鮮語を教えることになった。

廉さんが教員免許を取得するために北朝鮮に行っていることは総聯の中央本部側にもその情報が入った。総聯の中央本部としては、「朝鮮大学で出した教員免許を日本の文科省で認めるべき」だという主義で、廉さんにも同じ立場をとってほしいと考えた。そして、廉さんが北朝鮮行きの万景峰号に乗るために立ち寄った新潟まで来て、廉さんの北朝鮮行きを阻止しようとしていたこともあった。しかし、廉さんは、日本での教員免許取得を最優先に考え、北朝鮮行きを押し切ったようである。北朝鮮でもこのようなケースは廉さんのケースが唯一で、廉さんは平壌のホテルで大学の先生とマンツーマンの授業を受けて来た。

このようにしてまで日本の教員免許を取得したのは、日本でも唯一のケースであった。

むすび

日本で朝鮮人の集住地のことが語られる際、どうしても在日韓国・朝鮮人の人口が多い東京や大阪、京都など大都会の集住地が語られることが多く、それだけ関心も注がれていると、筆者もそう思っていた。しかし、本稿を書くに当たり、日本における集住地について書かれた書物を探す中、あまりの数の少なさに驚いた。それどころか、日本における「嫌韓」の素材として書かれた書籍が多く売られていることにまた驚いた（＊48）。

本稿では、在日韓国・朝鮮人が日本社会の中でどのようなルートで集落を形成し、どのような生活をしてきたかを、聞き取りを通して得た内容に沿って描いた。だが在日韓国・朝鮮人の壮絶な生き様をまとめるという大それたことは私にはできない。

本稿を締めくくるに当たって、聞き取りのインフォーマントの一人である朴さんの〝「汚物事件」と在日韓国・朝鮮人〟の語りを結びとしたい。

この朴さんの語りが在日韓国・朝鮮人研究に有益に使われることを望んでいる。

民団の「トンムルサコン（汚物事件）」があったらしいんですがね。詳しいことは私よく分からないんだけど。ま、あった。だから、朝鮮戦争から三年間。（中略）今の総聯を支持する母体とが真っこう対立。だから、花都では「トンムルサコン」と言ってね、普通の家にまき散らした、そういう事件があった。それで、お互いに民族間の嫉視反目が始まってね。お互い結婚が出来ない。そういう状況が生まれてね。

ま、向こう（朝鮮半島で）は戦争やってるわけだからね。その三年間というのはもう、うん。一九五〇年から五三年の間ね。ほで、北を支持する私たちと南（の）リショウバン（李承晩）を支持する側とが日本でも、そういう卑劣な。朝鮮戦争がやはり在日、そもそも朝鮮戦争そのものの実態は朝鮮民族の分裂をもたらしたんですね。ま、大きな転機となったんだろうと思います。

その余波が日本にも押し寄せてきて、総聯と民団というのが対立を作り出したと。結局、基本はアメリカによって。で、その前を正すと、日本帝国主義。植民地化されたばかりに朝鮮が、朝鮮戦争を強いられたというか、三八度線が引かれたということがね。植民地化されたことによって、その、朝鮮民族の悲劇の始まりがそこにあった。
だから、私が思うには、朝鮮民族のそういう悲劇が七〇数年に亘って強いられた根本は日本の植民地政策によって、ね、残された残骸が結局朝鮮戦争を引き起こし。うん、日本では総聯と民団という、ね、俗流一般という、かたやソ連の力を借りてきた北、アメリカ・日本の力を借りてきた南、ま、こういう構図が出来たんじゃないかと思います。

〔二〇二〇年八月聞き取り、総聯安芸支部で〕

---

48 『マンガ嫌韓流』を書いた山野車輪による探訪記『在日の地図』（山野車輪、二〇〇六）では、東日本から西日本までの二一か所を探訪しながら嫌韓素材として消費されていて、二〇一六年に改訂版を出している。

参考文献

安錦珠、二〇一〇「在日一世女性の高齢者福祉問題—広島市西区福島地区の通所介護施設の事例より」『部落解放研究』第一六号、広島部落解放研究所、一〇七〜一二六頁
広島市、一九八三『広島新史・都市文化編』
船越町役場総務課編、一九六〇『船越町郷土誌』広島県安芸郡船越町
広島市役所、一九八一『船越町史』
高雄きくえ、二〇一九「広島と呉のあいだ—「船越町」近現代史を探索する」『比較日本文化学研究』第一二号、一一二〜一三九頁
平山洋介・山内徹郎・坂本道弘、一九九〇「在日韓国・朝鮮人の居住問題とエスニック・コミュニティ#1集住地域の形成」『日本建築学会大会学術講演梗概集（中国）』一九九〇年九月、三五七〜三六四頁
三輪嘉男、一九八三「在日朝鮮人集住地区の類型と立地特性」『在日朝鮮人史研究』第一一号、在日朝鮮人史運動史研究会、一九八三年三月、五四〜六九頁
伊藤泰朗、二〇〇七「朝鮮人の被差別部落への移住過程—広島市の地区を事例として」、『部落解放研究』第一四号、部落解放研究所、一四〜六七頁

奈倉文二、一九九八「日本製鋼所の設立とその特徴」『茨城大学政経学会雑誌』第67号、一七〜三四頁
呉市史編纂室編、一九六四『呉市史・第三巻』呉市役所
在日コリアン青年連合（ＫＥＹ）編著、二〇一七『在日コリアンの歴史を歩く―未来世代のためのガイドブック』彩流社
山野車輪、二〇一五『在日の地図』海王社
土木学会図書館ＨＰ〈旧蔵写真館／六．明治の港湾建設―宇品港〉、http://library.jsce.or.jp/Image_DB/human/furuichi/lib06.html
国会議事録検索室　改め　国会ソースＨＰ（検索語：朝鮮・部落・密造）（二〇二二年六月二八日閲覧）、http://rock-sack.blogspot.com/2016/06/1.html
第一三回国会衆議院行政監察特別委員会第一九号昭和二七年四月二二日［三一五］、https://kokkai.ndl.go.jp/#/detail?minId=101304280X01919520422&current=4
松江澄、一九七二「一九四九年六月―日鋼広島の闘い」労働運動研究、№三七号、http://www.netlaputa.ne.jp/~rohken/nikou.htm（二〇二二年七月二日閲覧）
ウィキペディア〈日鋼争議〉（二〇二二年七月二日閲覧）

第6章

セクシャル・マイノリティとフェミニズムの対話

河口和也……家族から疎外される／を求める性的マイノリティ

広島修道大学の河口です。わたしは二〇〇二年から広島に住んでいますので、かれこれ二〇年になります。今日ご一緒します堀江さんとは二五年くらい前からの友人です。堀江さんはわたしからゲイ・スタディーズを学んだと言われますが、私は一緒に勉強したと思っています。高雄さんとの出会いは、二〇一四年にジム・ハバードというアメリカの映画監督の『怒りを力に（United in Anger）』というエイズ活動の映画の上映会開催に協力をしていただいたときでした。アクトアップというエイズの直接行動団体があって、非常にラディカルな組織でしたが、そのドキュメンタリー映画の上映会を広島でしてくれないかとある団体から頼まれまして、高雄さんに相談したという経緯でした。今日は登壇者が知り合いばかりということで、安心してお話ができるかと思います。

「反家族」からの出発

さて、今日はこのところ話題になっている同性婚の話ですが、以前から（同性）パートナーシップ制度、パートナーシップ宣誓制度などと言われ、その制度化が進んできました。もちろん日本ではまだ同性婚は制度化されていません。セクシュアル・マイノリティの人が家族をつくるということに関しては社会的な注目が集まってきていますし、いろんなことが進んできている状況かと思います。そこで今日は「家族から疎外される／を求める性的マイノリティ」ということでお話をさせていただきます。

このタイトルに込めた意味は何かというと、性的マイノリティと家族を考えるとき、私たち性的マイノリティは「血縁家族」、学術用語で言えば「定位家族」、つまり自分が生まれた家族ですが、それは基本的に異性愛関係でできているということです。家族には異性愛主義（ヘテロセクシズム）、同性愛嫌悪（ホモフォビア）が必然的に含まれてしまっているわけです。そのことから性的マイノリティは家族の中で様々な困難に直面します。性的マイノリティにとって、家族とは第一にいやなものだということになります。もちろん家族と仲の良い人もいますが、最初は家族との軋轢とかコミュニケーションがうまくいかなかったりすることに直面します。家族にはある意味、強い言葉になりますが「抑圧の源泉」といいますか、そういった意味合いがあります。ですから欧米での運動のなかで一九七〇年代には、性的マイノリティは家族には敵対的な立場をとっていて、自分たちは家族なんかつくらないよという動きまでありました。つまり「反家族」の考え方ですね。

しかし、その運動も変化してきて、一九八〇年代にはエイズの問題が生じたりとか、レズビアンの「ベビーブーム」現象があったりしました。その中で、これまでは家族に敵対してきたけれども自分たちにも家族は必要だよねということになってきます。ですから一九七〇年代から時代が移り変わっていくなかで、最初は「抑圧の源泉」であった家族が徐々に自分たちにとって「必要なもの」になってきたという動きがみられます。

日本では一九七〇年代には同性愛の運動はなかった、あるいは可視化していなかったわけですが、一九九〇年代以降、性的マイノリティの運動が展開されてきて、日本でも性的マイノリティにとっての家族が求められるという動きが生じてきています。ですから自分たちのネットワークやコミュニティの中で家族を模索する動きはこうしたところから始まっています。

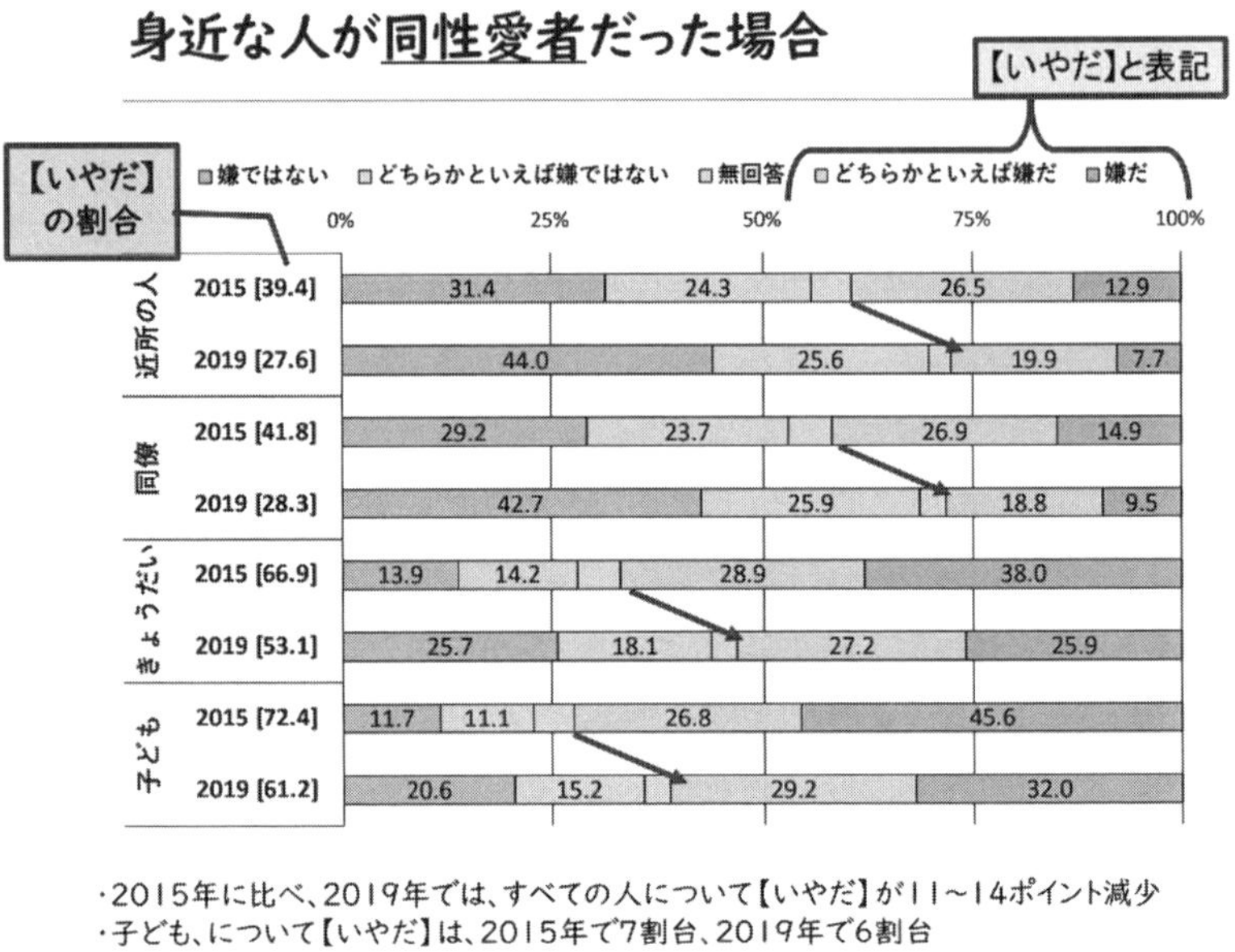

図１　「身近な人が同性愛だった場合」の反応　［釜野他　2020］

「身近な人が同性愛だった場合」の反応

一つ調査をご紹介します。私が研究代表を務めています研究チームによる、堀江さんにも参加していただいた二〇一五年と二〇一九年に行った科研費による調査結果です。二〇一五年調査では一二五九人、二〇一九年の調査では二三六八人のデータを回収、分析した結果です。

その質問項目のなかで「身近な人が同性愛だった場合どういう反応しますか」という設問で聞いております。

身近な人が同性愛だったら「嫌ではない」「どちらかというと嫌ではない」と、「どちらかというと嫌だ・嫌だ」と分けて示されています。ネガティブな反応のほうの「どちらかというと嫌だ・嫌だ」で上から「近所の人が同性愛だった場合」、次が「同僚が同性愛だった場合」、次が「きょうだいが同性愛だった場合」、最後が「子どもが同性愛だった場合」になっています。

これを見ると、「近所の人」と「同僚」というカテ

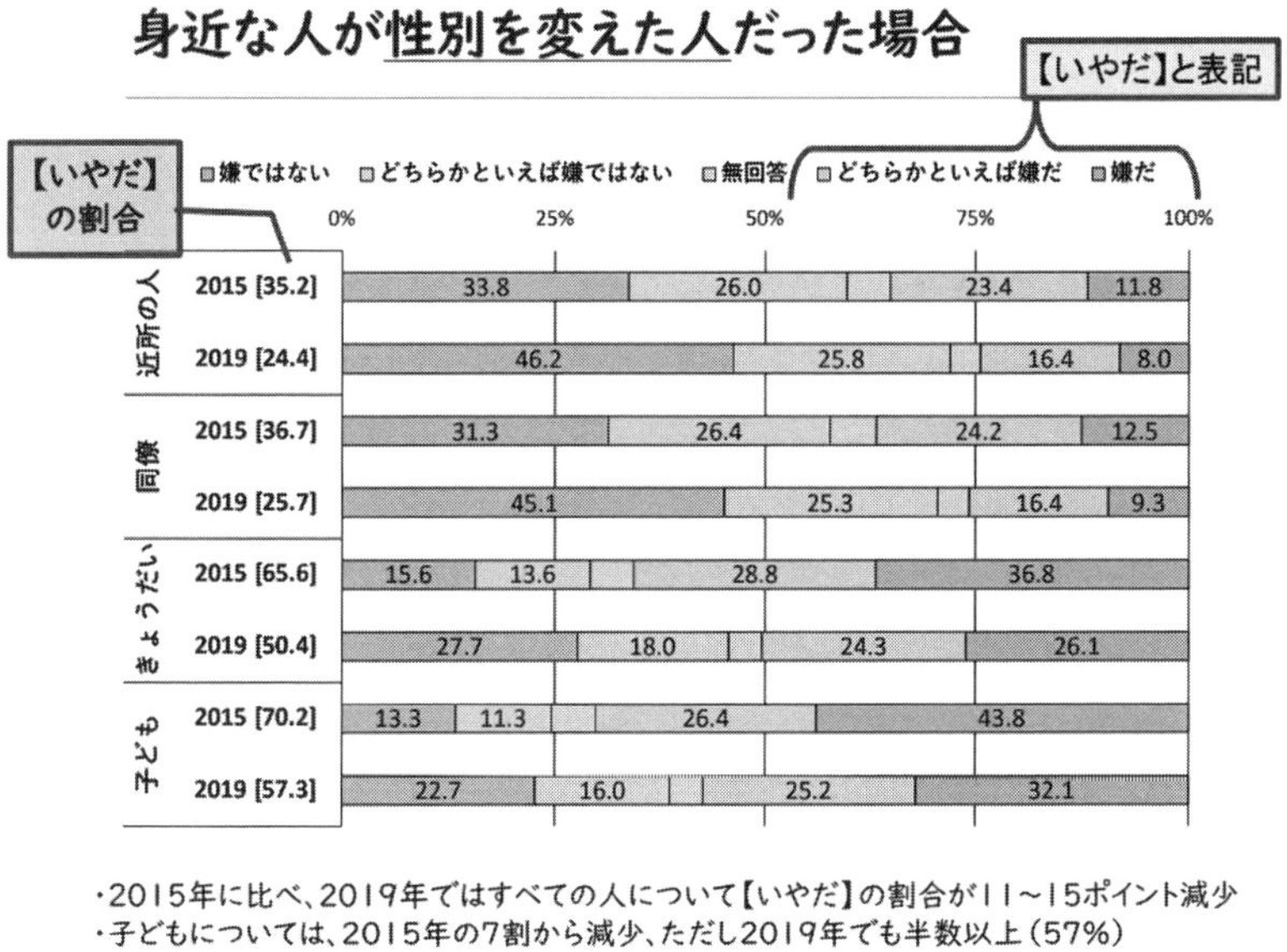

図２　「身近な人が性別を変えた人だった場合」の反応　［釜野他　2020］

ゴリーと、「きょうだい」と「子ども」というカテゴリーの間で、断絶があることがわかると思います。つまり、「子ども」とか「きょうだい」が同性愛だった時に、より強く「いやだ」「受け入れがたい」という反応が出てくることがわかります。ですから自らの家族内に同性愛者がいると、よりネガティブな反応が出るという結果が示されています。

二〇一五年と二〇一九年に比較をしておりますが、お気づきのように二〇一五年より二〇一九年の方が抵抗感が薄まってきています。四、五年の間にこのような変化があるわけですが、それでも家族内にセクシュアル・マイノリティがいる場合と、そのセクシュアル・マイノリティが家族の外にいる場合の反応が違うということがわかるかと思います。

図２は「性別を変えた人の場合」ですが、これも「同性愛」の場合と傾向は変わりません。つまり家族内、家族外で反応の違いがあるということですね。さきほど「抑圧の源泉」としての家族の問題があると申しましたが、ある程度実証的にもあらわれています。

（同性）パートナーシップ宣誓制度

（同性）パートナーシップ証明・宣誓実施自治体

- 渋谷区、世田谷（2015）
- 伊賀市、宝塚市、那覇市（2016）
- 札幌市（2017）
- 福岡市、大阪市、中野区（2018）
- 群馬県大泉町、千葉市、熊本市、東京都府中市、堺市、横須賀市、総社市、小田原市、枚方市、江戸川区、豊島区、鹿沼市、宮崎市、茨城県、北九州市、西尾市、長崎市、三田市、交野市、横浜市、大東市、鎌倉市（2019）
- 三豊市、尼崎市、大阪府、岡山市、広島市（2020）さらに拡大中……

赤字は政令指定都市（東京23区を除く）青字は府県

表１　制度導入自治体表

パートナーシップ制度という動き

最近の話ですが、日本でもパートナーシップ制度という動きが出てきておりまして、二〇一五年はパートナーシップ元年と呼ばれている時期になります。東京都渋谷区で、同性カップルを「パートナー関係として証明する」という条例を議会として可決しました。

渋谷区では「条例」として議会を通す形で成立させる方法を取りながら、わりとスムーズにいったということでしたが、それでも反対の議員が三四人中一一人いたようです。以降、同じ年に世田谷区もパートナーシップ宣誓制度を設けています。渋谷区は「条例」で通したわけですが、世田谷区は「要綱」という形で、議会の承認を経なくても行政が運用できるものとしてパートナーシップ制度をつくっています。

二〇一五年に渋谷区・世田谷区、二〇一六年に伊賀市という小さな自治体・宝塚市・那覇市、二〇一七年札幌市、二〇一八年福岡市・大阪市・中野区と続き、二〇一九年には一気に増えました。言ってみればパートナーシップ制度は自治体による横並びの制度で、ほかのところができるなら自分とところでもということで、（もちろん自治体では新しい制度を始めるわけですから担当職員にはいろいろな苦労があるわけですが）「比較的簡単」に作れます。どこかが口火を切ると自分のところもとなり、いまどんどん増えているわけです。でも、これは自治体ごとで作られ自治体内だけで有効ですから、例えば福岡でパートナー宣誓をした人が転勤で廿日市市に来た場合、このパートナー宣誓は無効になってしまいます。ただし茨城県、大阪府は府県単位で制度をつくっていますから比較的広いエリアをカバーしているといえます。

広島市、岡山市は二〇二〇年度内に作ったということですが、広島県がつくってくれれば比較的広いエリアが入

図3
［渋谷区・虹色ダイバーシティ　全国パートナーシップ制度合同調査　2022］

ります。しかし、いまのところそうではないので、カバーするエリアは広島市のみとなります。今東京都が検討中となっています。この制度の広がりと交付件数としてみると、二〇二一年三月三一日付のデータで一七四一組の交付件数、自治体数では一〇三自治体、人口カバー率で言うと三七．一％になります。かなり速いスピードで、パートナーシップ制度が広がっているといえるかと思います（ちなみに、二〇二一年一二月末のデータでは、全国の交付件数が二五三七組、導入自治体数は一四七自治体、人口カバー率は四三．八％となっています。）

広島の場合

広島市でも二〇二一年一月四日にパートナーシップ制度を開始しています。その内容は「一方または双方が性的マイノリティであるお二人が、お互いを人生のパートナーとし、日常の生活において相互に協力し合うことを約した関係（パートナーシップ）である旨の宣誓書を提出し、広島市が受領書及び受領カードを交付するものです。」。つまり行政の前で私たちはカップルですよ、パートナーですよということを宣誓してカードが交付されるということです。これには要件があります。「成年に達していること」「配偶者がいないこと」、結婚していたらダメということですね、次に「宣誓しようとする相手以外と宣誓をしていないこと」「近親者ではないこと」ですね。

それからこれまで実際のセクシュアル・マイノリティが家族になる唯一の方法と言っていいのですが、それは「養子縁組」をすることでした。同性婚ができない状態の今でもそれはかわっていないことですが、パートナー同士が養子縁組をしている場合があります。その人たちをどのように処遇するかということですが、これは自治体ごとで違っています。広島市の場合は二人が養子縁組をしていてもパートナーシップ宣誓ができるということになっています。

　性的マイノリティにはそれしか選択肢がないから養子縁組をしているんですが、法的には親子関係ですので、その方たちをパートナーシップ関係、配偶者関係のような関係に入れていいものかどうかという議論があるようです。広島市のパートナーシップ制度ができるときに、広島市の担当者が私のところに来られて、議員が「養子縁組をしている二人を入れるのはどうか」と反対している人がいるんだけど、何か説得できる論理はありませんか」と聴きに来られました。

　広島市はできるだけ包摂的な（インクルーシブ）、いろんなものを含みこむようなものにしたいという考えもあって、私は「広島はレイトカマーである。今の段階でつくるのならその段階で最高なものをつくってください」とお願いしました。つまりこの養子縁組も入れてもらわなければなりませんでした。私がその時お伝えしたのは、「これまで性的マイノリティが使えた制度というのは養子縁組しかなかったわけです。それを使うことしかできなかったわけですから、その人たちを排除するということはよろしくない」ということでした。

　一見些細なことに見えるかもしれませんが、すでに家族である人たちがパートナーシップ制度に入れないというおかしなことが起きてくるわけです。

　広島市では「パートナーシップ宣誓カード」を交付しますが、このパートナーシップ制度で何ができるのかということです。実際にできることはほとんどありません。広島市では六つのことが可能です。わかりやすいもので言えば「市営住宅の入居」ですね。あとは「傷病者搬送証明書の交付」「身体障がい者などに対する軽自動車税の減免」「保有個人情報開示請求」「市営合葬墓の使用申し込み」「り災証明書の交付」。ですから自治体の作るパートナーシップ宣誓制度ではほとんどできることがないと言っても過言ではないですね。

パートナーシップ制度と同性婚

なぜ、パートナーシップ制度とか同性婚が必要になるのかということですが、それは性的マイノリティをめぐる社会状況やそこから生じる不利益なことがあるからです。

同性カップルを取り巻く社会状況としては、「子どものころから『自分が普通ではない』と感じ続けて孤独感を深めている」「社会から性的指向が受け入れられないことを知ると次は自分で自分を受け入れられないと悩み始めること」「パートナーに出会ってもその関係が社会から祝福されることはなく、友人、同僚、家族に対しても隠し続けること」「特に大都市圏以外に住む者については、社会からの同調圧力が強く厳しい状況に置かれていること」「子育てをしている同性カップルが親権等について常に不安を感じていること」などがあるわけです。

またどういう不利益があるかと言いますと、「遺産を相続できない、遺言だけでは不十分」「相手が意識不明になった時、医療行為の同意権を行使するのが困難」「別れる際財産分与を請求する権利が不明確」「DV防止法による保護命令制度が利用できるかどうかが不明瞭」「住宅購入の際に共同でローンが組めない」「外国人と日本人のカップルの場合、『日本の配偶者等』の在留資格が得られず不安定」などたくさんあります。

日本ではパートナーシップ宣誓制度は多くの自治体で広がってきました。しかし、その制度が法的効力を有していないということで同性婚を求める人たちも取り組みを始めるようになりました。日本では二〇一九年に五都市で同性婚裁判が提訴されました。札幌、東京、名古屋、大阪、福岡です。二〇二一年三月一七日に札幌で初めての判決が出て、それは「同性婚が受理されないことは違憲である」というものでした。

同性婚裁判において原告はどういうことを主張したかということですが、大きく言うと三つあります。一つは「婚姻の自由（憲法二四条、一三条違反）」二つ目「平等原則に対する違反（憲法一四条違反）」三つ目に「国会が同性婚にかかわる立法を怠ったこと（立法不作為）は国家賠償法上違反である」という主張をして裁判を闘ったということになります。

憲法二四条は「婚姻は両性の合意のみで成立し、個人の尊厳と両性の本質的平等に立脚する」13条は「個人尊重」ですが、裁判所はこれについては憲法違反とは言えないとしています。憲法が制定されたときには同性婚は意識されていなかったし、意識しろというのも難しいだろうということです。札幌の裁判官はこれについては仕方がないとしましたが、憲法一四条の「法の下の平等」には違反しているだろうということで画期的な判決が出されました。三つ目の立法不作為に関しては違反ではないということでした。

札幌での判決が出されたときに、訴状で弁護側は「性的指向」ということで押したわけです。「性的指向」は異性愛、同性愛、両性愛とありますが、この三つのものは平等でなければならないと。異性愛が優位で、同性愛・両性愛が劣位であるということは平等ではないと、「性的指向」という概念で押していきました。この三つの性的指向の間での不平等はよくないということです。

性自認と同性婚

しかしここで考えなくてはいけないことがあります。性自認がトランスジェンダーである場合に、日本では戸籍の性別変更が認められているものの、性的指向が同性愛である場合に、異性との婚姻関係にある場合には同性婚が認められていないためにその性別変更は認められないことになります。さらに、トランスジェンダーの中には、様々な理由から性別適合手術のような医療的措置を受けない、あるいは受けることができない人もおり、その場合には、戸籍の性別変更の要件を満たさないために性別変更は認められません。したがってそのトランスジェンダーの性的指向が異性愛の場合、同性婚が認められない現状では、異性との婚姻関係を結ぶことは不可能になります。つまり異性婚も認められないという場合があることになります。

これはとても複雑なので具体的な例をお示しいたします。二〇〇四年に「戸籍の性別変更に関する『特例法』」ができています。内容は「二〇歳以上であること」「婚姻していないこと」「未成年の子がいないこと」とあり、あと二つが「生殖腺がないこと」「他の性別の身体の性器に近似すること」。ですから、手術要件というものがあり性別適合手術を受けていないと戸籍の性別変更はできません。

二〇二〇年に出た記事ですが、法律上の性別が同じ人どうしの結婚を認めないのは憲法に反しているとして、前項一三組二六人のカップルが国を訴えています。性別変更していないトランス男性とパートナーである女性は同性婚に当たるので結婚できないということになり、提訴しています。［伊吹、二〇二〇年］

沖縄の例で「僕たちはゲイですが結婚しています」という見出しの記事があります。日本で同性婚は認められていないのになぜ結婚できるかというと、一人はトランスジェンダーで戸籍の性別を変更していないトランスジェンダーです。そして、この人の性的指向は同性愛であるということです。性別変更をしていないから生まれたときの性別は女性のままなのですが、性的指向は男性に向いていて、性別を男性に変更したいわけですのでゲイであると。だから法的にも結婚できるという事例です。［大城、二〇一〇年］

もう一つ。映画『ぼくが性別ゼロに戻るとき』に登場する八代さんの場合です。八代みゆきさんは性別適合手術を受け女性となった人ですが、三三歳のとき二六歳の女性と結婚していました。七八歳の時タイで性別適合手術を受け、名前と戸籍の性別変更をしましたが、婚姻関係があると性別変更が認められないのでいったん離婚し性別変更をし、現在二人は養子縁組をして親子関係として生活をしているという状態です。つまり「親子関係」と「婚姻関係」はスイッチできるということが起きるわけですね。［玉木、二〇一九年］

これまで性的指向だけで同性婚をとらえていたあいだは特に意識されなかったわけですが、そこに性自認という項目を含めて考えてみると、対応すべきことがいろいろ浮かび上がってくるということがわかりました。

私が同性婚を容認する理由

結論から言うと、同性婚は基本的に性的指向による関係性の問題ではあるんですが、性の多様性の視点から同性婚を見てみると、性的指向以外の多様な性の在り方の人々にとっても同じように不利益や不平等を生じる問題であることが見えてきました。同性愛、同性婚の問題に異性愛、異性婚もかかわる問題でもあるかなと思います。

以上からも、私の立場は同性婚容認ということになります。なぜなら、一つは制度というものの拘束的な側面でもあるんですが、制度がなかったときには考えられなかったことでも、制度の可能性が想像力を広げるものになるということでもあります。五、六年前になりますが、わたしのパートナーが東京のゲイパレードの現場にいたときに同性婚を推進しようとするブースがあったと。そこで若いゲイが同性婚は五、六年後にはできるらしいよ、と発言していたと。そのことをパートナーがわたしに報告してくれたのですが、パートナーもわたしも「そんなの無理だよ」と思っていました。裁判の事例などを見ていると、確かに長い時間がかかるわけです。夫婦別姓も二五年たってもできないのに同性婚がおいそれとできるわけがないと思っていたんです。

しかし、同性婚の裁判が提訴されたりしていることを考えると、長くこの問題に関わってきた私も、想像力、イマジネーションを持つことができていなかったなと反省的に思います。結婚するとか子どもを持つとかは、制度が確立するということから、あるいは制度が確立する可能性があるからということで思考のなかにも可能性がもたらされて、そして広がるのかなとも思いました。これまで制度というものを、人びとの思考を縛るものとしてみていましたが、想像力という点では、もう少しポジティブな面もあるのではないかと思い、その意味でも同性婚制度化はそうした機能も果たすのではないかと思います。

参考文献

渋谷区・虹色ダイバーシティ　全国パートナーシップ制度合同調査　２０２２　[https://nijibridge.jp/wp-content/uploads/2022/01/20211231_infographic_ND.pdf]（最終アクセス　二〇二二年三月二五日）

伊吹沙織（二〇二〇）「「異性愛カップルなのに結婚できない」同性婚訴訟でトランスジェンダー男性のカップルが提訴へ」BuzzFeed News 二〇二〇年二月一三日公開 [https://www.buzzfeed.com/jp/saoribuki/marriage-for-all-07]（最終アクセス 2022年3月25日）

釜野さおり・石田仁・風間孝・平森大規・吉仲崇・河口和也（二〇二〇）『性的マイノリティについての意識：二〇一九年（第二回）全国調査報告会配布資料』ＪＳＰＳ科研費（18H03652）「セクシュアル・マイノリティをめぐる意識の変容と施策に関する研究」（研究代表者広島修道大学 河口和也）調査班編

大城周子（二〇二一）「僕たち、ゲイだけど結婚しました…あるカップルが問う「男女」「夫婦」【ＷＥＢ限定】」『琉球新報』二〇二一年五月二九日版 [https://ryukyushimpo.jp/news/entry-1327473.html]（最終アクセス　二〇二一年六月三日）

玉木美企子（二〇一九）「七八歳で〝男〟から〝女〟へ。性適合手術を受けた八代みゆきさんとパートナー・安子さんの歩み」『Soar』二〇一九年三月一二日 [https://soar-world.com/2019/03/12/miyukiyashiro/]（最終アクセス　二〇二一年六月二日）

堀江有里

〈反婚〉の可能性

婚姻不平等の現実と、制度がはらむ問題を同時に考えることは不可能なのか？

はじめに——問題の所在

このたびは、貴重な機会にお声がけくださり、ありがとうございます。

今日は「同性婚」をめぐる諸問題について、ご一緒に話し合える機会を楽しみに寄せていただきました。というのも、日本では一九九〇年代以降の議論として、レズビアンやゲイの運動には「家制度」を超える可能性と、そのためにパートナーシップ制度が求められる視点があったのですが、二〇一〇年代以降、それらが急速に後退し、「同性婚」のみが課題として前景化してきたことに、わたしは違和感や危惧を覚えているからです。それは戸惑いと表現したほうが適切かもしれません。議論の潮目の変化があまりにも急速に起こってきたように思えるからです。時代の流れとともにそれまでの議論がきちんと継承されずに、どんどんといくつもの分断線が引かれてきている昨今だと感じています。だからこそ、今日はさまざまな議論をしていくことができれば嬉しいです。

自己紹介

少し自己紹介しておきますと、わたしは一九九四年に日本基督教団の牧師となり、いまは京都で活動しています。大学院を修了して牧師になると同時期に、仲間たちと一緒に「信仰とセクシュアリティを考えるキリスト者の会」（ＥＣＱＡ／Ecumenical Community for Queer Activism）というグループを立ち上げました。日本ではキリスト教のなかで性的マイノリティをテーマとした最初のグループでした（＊1）。会員は性的マイノリティに限定しておらず、現在は一〇〇名ほどですが、実働は一～二名といったところです。現在は相談業務やニュースレター発行による情報共有などの活動をおこなっています。

わたしは、牧師になった当時、葛藤しながらも「レズビアン」としてカミングアウト（表明）しはじめましたが、その後にさまざまな人びとから連絡が入ってきました。まだ、インターネットも携帯電話も普及しておらず、連絡をとりあうにはそれなりの手間がかかった時代です。それでもなお、つながろうとする人びとがハードルを超えて出会っていこうとしていた時代だったのだと思います。人づてで連絡が入り、経験もないままに相談業務に放り込まれたかたちでした。

また、キリスト教のなかで性差別や同性愛者差別と対峙することで、自分自身の〝ことば〟が必要だと感じ、社会学を勉強するようになりました。具体的には、所属する日本基督教団で「同性愛者差別事件」が起こったのです。一九九八年のことでした。牧師になる試験を受けようとしていた男性同性愛者に対し、「簡単に認めるべきではない」との発言がおこったことがきっかけでした（＊2）。すでにわたしもレズビアンとしてカミングアウトして牧師として活動していましたし、ほかにもバイセクシュアルやトランスジェンダーの牧師たちもいました。しかし、男性同性愛者の場合に問題になった。もちろん、そこにはいくつかの要素が絡んでいるのですが、ひとつ言えることは、そもそも「女性」の場合には問題化されることもないほどに、キリスト教の世界には男性中心主義的な価値観が横たわっているということです。

この「事件」以降、わたしは京都に在住しながら、東京の「動くゲイとレズビアンの会（アカー）」に所属していたので、この時期、河口和也さんにも大変お世話になりました。社会学を勉強しようと思ったのも、河口さんたちが刊行された『ゲイ・スタディーズ』（青土社、一九九七年）の影響がとても大きかったです。大学院に入りなおし、社会学の研究に従事するようになりました。この二〇年近く、就職はできなかったのでいくつかの大学でジェンダー論や社会学の授業を非常勤講師として担当してきました。時代の最先端、「高学歴ワーキングプア」です（笑）。一応、研究者としても活動していますが、このような経緯ですので、わたしにとって研究とは差別や抑圧と「闘うためのツール」です。

問題関心

今日は、「婚姻不平等の現実と、制度がはらむ問題を同時に考えることは不可能なのか？」という長い副題をつけてみました。婚姻制度がはらむ問題を、ふたたび、どのように議論の俎上にのせていくのか。議論の場をつくっていけるような可能性はあるのか。そんなことを考えてみたいと思うのです。

まず、こういうことを強調しなければならない時代になったのだと、良い意味でも悪い意味でも感慨深い思いを抱いているのですが、大前提として強調しておきたいことがあります。現在、日本の婚姻制度は異性カップルしか想定しておらず、同性カップルは参入機会すらない。これは端的に不平等です。だからこそ、不平等は是正される必要がある。この点については強調しておきます。わたしは「同性婚に反対」しているのではなく、「婚姻制度そのものに反対」するという立場です。婚姻制度は、後に述べるようにさまざまな問題をはらんでいるため、廃止

＊1　ＥＣＱＡの詳細については［堀江、二〇〇六］。
＊2　「事件」の詳細については、当時、仲間たちと抵抗運動を担ってきたなかで記録してきました［堀江、二〇〇六、第二部］。

すべきだと考えています。しかし、現行の婚姻制度が、戸籍上の性別が異なるカップルのみに特権（と同時に義務）を限定しているのは不平等であり、差別だと考えています。その意味で、「婚姻平等」——戸籍上の同性カップルが家族を形成する権利——を主張する人たちの声は聴かれるべきだと思うのです。

他方で、性的マイノリティの運動や研究に従事してきたなかで、二〇一五年あたりから、婚姻制度に「乗る」ことに疑問を差し挟むことが、ある種の「タブー」のような様相を呈してきたというのが、わたし自身の実感でもあります。時期的には、米国連邦最高裁における同性婚合憲判決が、日本国内の世論形成にも影響しているとは思います。また、国内で広がる同性パートナーシップ認定制度など、地方自治体による住民サービスも、一見、その後押しをしているようにも思います。賛成か、反対か。その二者択一しかないのか。まるで「踏み絵」のように置かれる現状を、わたしたちは、どのようにとらえるべきなのでしょうか。今日は、与えられたテーマをめぐって、いくつかの問題提起を断片的に提示しておきたいと思います。

不平等の解消と〈反婚〉の可能性

性的マイノリティのコミュニティのなかで同性パートナーシップの法的保障を求める動きが集合的な議論として広がってきたのは一九九〇年代です。九〇年代の議論では、婚姻の平等を求めるよりも、「家制度」を超える家族の可能性に重きが置かれていたかと思います。たとえば、ヨーロッパや合衆国のいくつかの州で進められていたパートナーシップ制度が紹介され、議論が重ねられてきました（その議論の一部として［赤杉ほか、二〇〇四］参照）。

大きく流れが変わってきたのは、二〇一〇年代以降です。ここにはふたつの流れがあります。

ひとつめは、行政サービスとして、全国の自治体で同性パートナーシップ認定制度がひろがってきたことです。まず、二〇一五年には東京都渋谷区や世田谷区をはじめとして、地方自治体による同性パートナーシップ認定制度がつくられていくことになりました。同性カップルが宣誓をしたり、申請をしたりして、自治体が受理書などを発行する行政サービスです。婚姻制度ではないので、法的な効力はほとんどありません。しかし、当初はメディアでの表現などの問題もあり、同性カップルへの法的な救済制度がつくられたかのように受け取られた側面がありました。国の法律が制定されたわけではないので、婚姻と同等の効力があるわけではありません。ただ、公営住宅への入居権など、自治体によってはメリットを設けているところもあります。また、法律では規定されていないけれども法的家族が求められることがある病院での意思決定や同意書へのサインなどにも有効であるという事例もあります。

もうひとつは、「婚姻平等」を求める動きです。異性に限定された婚姻制度への参入機会を同性にも認めるべきとして、立ち上がってきた人たちがいます。二〇一五年には日本弁護士連合会（日弁連）への人権救済申し立てがおこなわれ、後に日弁連が政府に意見書を提出しています。さらには、二〇一九年二月には「結婚の自由をすべての人に」訴訟が開始されました。

行政サービスとしての同性パートナーシップ認定制度や、「婚姻平等」を求める動きが広がっていくにしたがって、一九九〇年代には存在していた婚姻制度そのものへの問い、あるいは批判についての議論は後景化していくこととなりました。もちろん、戦略として「婚姻平等」の必要性を主張していくことは有効かもしれません。しかし、それでも、わたし自身は、これまでの経験もあり、婚姻制度への問いを重要視してきましたし、いまもしています。

これまでの経験というのは、学生時代に出会ったまちでのことです。わたしは京都・東九条の在日朝鮮人の集住地区でフィールドワークをおこなっていました。そこで出会ったのは、日本人のキリスト者の先輩たちでした。強制連行も含め、日本の帝国主義に翻弄され、壮絶な生を余儀なくされてきた在日朝鮮人たちとの出会いのなかで、自分の「日本人」性をふりかえる。外国人に対する排他的・抑圧的な施策のなかで、戸籍制度の問題に出会っていく。そこで戸籍制度は、天皇制を補完するための制度であると気づかされていくわけです。かれらは、このような問題を感じつつ、あえて婚姻制度を利用せずに法的には「非婚」を選択していきました。

出生届が提出され、戸籍簿に記載されることで「国籍」が付与されるわけですが、実際には、日本国籍保持者は、戸籍簿と住民基本台帳という二重管理になっているわけです。ほとんどの住民サービスは住民基本台帳を基盤としている。だからこそ、行政交渉をして、生まれてきた子どもの戸籍はつくらずに住民票だけ作成するという結果を勝ちとってきた人たちもいました。その闘いを間近でみて、学習会などで学んできたひとりとして、やはり、婚姻制度を同性間にも適用せよとは言えないというのが正直なところです（＊3）。

ただ、「非婚」の運動を担っていた先輩たちは、異性愛を前提としていて、それ以外のパートナーシップのあり方は認識されていませんでした。わたしはそこから、婚姻制度の異性愛主義をも問題化する必要があるということで、〈反婚〉という概念を使って、「平等」を求めつつも、婚姻制度を問い続けることの必要性をこれまでにも述べてきました。〈反婚〉とは、この言葉を使う人によって定義が異なりますが、わたしは、さしあたり、法制度とそこから生み出される社会規範を批判する視点としてつぎのように考えています。ひとつには、国家が家族を管理の基礎単位として措定することを問う視点です。そして、もうひとつには、対関係を当然視してしまう規範を問う視点です。国家によって住民管理がまったくなされないと、生存の問題にかかわることがある。だから、せめて、登録は個人単位でおこなうべきだと考えています。

〈分断〉をみつめる

性的マイノリティとフェミニズムのあいだ？

さて、冒頭に触れるべきでしたが、今回のシンポジウムでのテーマについて考えたことを述べておきます。今回のテーマは、当初、「セクシュアル・マイノリティとフェミニズムとの対話 ――同性婚が認められると日本の家父長制・婚姻制度のなにがひらけるのか」でした。ここにはふたつの課題があります。分解して考えてみたいと思います。

①「セクシュアル・マイノリティとフェミニズムとの対話」

②「同性婚が認められると日本の家父長制・婚姻制度のなにがひらけるのか」

まず、①については、セクシュアル・マイノリティ――最近はジェンダー・マイノリティも含んで「性的マイノリティ」と表現することが多いですが――の置かれた状況とフェミニズムが追求していく課題とが別の次元のものとしてとらえられているのではないかと思います。

フェミニズムと性的マイノリティの課題を分離する視点の問題については、今回だけではなく、これまでにもしばしば述べられてきました（＊4）。たとえば、二〇〇〇年の時点で、竹村和子さんは、つぎのように述べています。

＊3　東九条での経験と「反婚」の思想へと至った経緯については［堀江、二〇一八］。

＊4　たとえば、日本女性学会の大会シンポジウムの企画のなかで、フェミニズムのあいだにある差異を語り合う場を求めたところ、バックラッシュの勢力が大きかったこともあり、差異を語るよりはフェミニズムが一枚岩であるべきだとして、実現しなかった例もあります［堀江、二〇一六］。

フェミニズムについてまとまったものを書くということを聞いた知人たちから、「フェミニズムに戻るのか」とか、「フェミニズムについてあなたはいったい何を書くのか」と、ときどき尋ねられる。こういった発言の裏には、セクシュアリティについて語ることとフェミニズムについて語ることはべつの問題である、あるいはセクシュアリティ研究が出現した今となっては、フェミニズムは古い批評の枠組みだ、という考え方があるように思われる［竹村、二〇〇〇、iii頁］。

竹村さんがここで指摘しているのは、フェミニズムの扱う課題が、シスジェンダーで異性愛の女性たちを無自覚に想定しているという点ではないでしょうか。たとえば、「レズビアン」というポジションは、〈女〉として、〈同性愛者〉として、その交差する場に位置するがために、不可視化することがこれまでにも指摘されてきました。なぜか。それは、シスジェンダーで異性愛の女性たちがマジョリティとして代表性をもってきたからです。それは無自覚なことだったわけです。

しかし、竹村さんは「フェミナ」（女）という語の派生語である「フェミニ・ズム」は、「女（フェミナ）という概念を自然化せずに前景化して、思想の俎上にのせる（イズム）ということである」として、こう述べています。

フェミニズムは「女」というもっとも身体化されている存在、本質化されている存在を切り開いて、それを歴史化すること、つまりそれをとりまく社会関係の糸をたどり、「女」というカテゴリーのみならず、それと相補的な関係にある「男」というカテゴリーを解体し、そして女と男という「異なった二つの性」を必須のものとしている異性愛主義の桎梏——「非異性愛者」だけではなく、いわゆる「異性愛者」をも呪縛している桎梏——を明らかにすること、またひいては、「女」のアナロジーを利用して戦略的に説明されてきた他のさまざまな抑圧形態から、そのアナロジーを奪い去ることである［竹村、二〇〇〇、vii頁］。

竹村さんは、「男・女」という関係性のなかにある異性愛主義をみいだします。異性愛主義は、非異性愛者だけではなく、異性愛者をも呪縛しているのだと述べているのです。わたしは、このような考察が、フェミニズムのなかで無意識のうちに想定されている「女＝異性愛の女」への問いとして提示されているのではないかと思います。「セクシュアル・マイノリティとフェミニズムとの対話」という問題設定は、このふたつのカテゴリーが別々に存在しているように思えます。レズビアンは、この両者のカテゴリーのあいだで引き裂かれた自己を課せられる。同時に、存在自体が不可視化される。その現実の前に立ち止まりたいと思うのです。

冒頭に述べたとおり、わたしは「レズビアン」という名づけを引き受けて、それを表明しつつ生きています［堀江、二〇〇六：二〇一五］。しかし、そもそも「レズビアン」とは誰のことなのか、という議論は、英語圏でも一九七〇年代以降、ずっと継続しています。

たとえば、「レズビアン」とは、関係性につけられる名前なのか、それとも、個人（アイデンティティ）につけられる名前なのかという議論もあります。女同士のカップルが自分たちを「レズビアン・カップル」と表現するケースがあります。わたしの周囲でもいますが、ふたりがカップルであると「レズビアン」だと名づけを引き受けるわけですが、それぞれをたずねてみると、単体（個人）では「レズビアン」という名づけを自分自身は引き受けていない、ということです。自分たちの関係性に「レズビアン」という名づけを引き受けているケースです。また、他方では、わたし自身もそうですが、自分自身を「レズビアン」と名づけるケースです。誰かとパートナーシップをもっているのか否かは関係なく、個人のアイデンティティとして引き受けていくケースです。

わたしは、いまも「アイデンティティ」は暫定的な〈足場〉として必要だと思っています。黙っていると異性愛者とみなされるからです。そのため、「レズビアン」という名づけを引き受け、名乗る、という作業をつづけています。しかし、自省的に振り返ると、大学の授業や講演などでもいつも「同性愛者」については〝男たち〟の歴史を語り、「女」たちのなかではシスジェンダーで異性愛者であることが前提とされていることに疑問を差し挟めなくなっていることは少なくはありません。そんななかで、いったい、「レズビアン」であることを引き受け、名乗ることに、どのような意味があるのかと自問します。わたしは「レズビアン」であることを引き受け、名乗ることは、ひとつのあり方として、抵抗の身振りを忘れずにいたい、ということでもあります。不可視な存在であるからこそ、名づけを引き受けていくことの必要性があると思っています。

このような状況のなかで「セクシュアル・マイノリティとフェミニズムとの対話」という当初に設定されたテーマが、「レズビアン」の不可視性をたどることになったのは、再度、心に留めておく必要があると考え、あえて述べることにしました。

先に挙げたもうひとつのテーマ設定「同性婚が認められると日本の家父長制・婚姻制度のなにがひらけるのか」という問いについて考えてみます。すでに述べたとおり、「婚姻平等」は、二〇一〇年代以降、性的マイノリティの集合行動のなかで、ひとつの重要な課題となってきました。同時に、昨今、「同性婚」は〝踏み絵〟的な様相をもっているように思われます。何度もくりかえしますが、現行の婚姻制度は、異性間しかその参入機会が認められておらず、同性間には適用されないのは、端的に不平等です。婚姻制度の同性間への適用を不平等の是正として問題化している人たちにとって、ニーズは確実にあるわけです。そのような主張に対して、世論調査でも「同性婚」を認めるべきだという声は大きくなってきています。

なぜ、声が大きくなってきているのか。「同性婚」が支持されるようになってきているのか。そこには、〝わかりやすさ〟があるのも事実です。マジョリティにとって「家族」を形成することが良いことである、という価値観のもとにある〝わかりやすさ〟です。ここには陥穽が横たわっているのではないでしょうか。崩壊していく「家族」や、その内部での暴力の問題などは等閑視されがちだからです。もちろん、何を優先課題として強調するかは、戦略の立て方によって異なります。「同性婚が認められると日本の家父長制・婚姻制度のなにがひらけるのか」というテーマ設定自体が、「同性婚」を求める人びとが〈家族＝善〉という価値観のみを強調しているという思考回路に陥っていないかと問わざるをえません。性的マイノリティのあいだに生じている分断が、わたしにとっては大きな課題なので、あえて述べておきます。

「同性婚」の（不）可能性

さて、「結婚の自由をすべてのひとに」訴訟でいちはやく地裁判決が出たのは札幌でした。札幌地裁判決（二〇二一年三月）では原告が敗訴したものの、同性同士の婚姻を認めていないのは「法の下の平等」に反すると明記した点では非常に画期的でした。この点はすでに多くの人びとが述べているのでここでは割愛します。

さまざまな人びとの尽力のうえにこのような判決が出て、世論も後押しをしつつあります。では、「不平等である」という事実の認定の延長線上に「婚姻平等」は実現するのでしょうか。わたしの考えを結論から述べますと、日本政府は、おそらく、簡単に戸籍制度を「改正」することはないだろうと思います。つまり、これまでの政府のあり方を踏まえると、現行の婚姻制度に同性カップルが包摂されることは、あまり現実的ではないとわたしは考えています。というのも、婚姻制度は、先にも述べたとおり、戸籍制度が基盤となっているからです。戸籍制度は、婚外子差別、部落差別、外国人差別、民族差別など、「差別の温床」となってきたと指摘されてきました。それでもなくならない。また、住民基本台帳に一本化できないのは、天皇制と補完的な制度であるとの指摘もあります（＊5）。いわば、現代的な「国体」──天皇制を中心とした国家体制──として存在しているのではないかと考えられるのです（＊6）。さらに、夫婦同氏強制制度や、ＤＶや離婚・再婚などの諸問題についても、これまで婚姻制度は批判されてきたはずです。

＊5　戸籍簿と天皇制の関係については、佐藤文明さんの一連の著作に学んできました。たとえば、［佐藤、一九八八］など。

戸籍制度はあくまでもそのまま維持する、という点においては、わたしたちは、性的マイノリティに関するほかの法律でも経験済みです。「性同一性障害者・特例法」です（＊7）。戸籍上の性別変更を可能にした法律ですが、あくまでも「特例」の措置であり、変更申請者は新戸籍を編成する必要があります。先に述べた差別の温床として、戸籍の性別変更を終えた人びとも対象となりえます。戸籍には変更理由が記載されるからです。しかし、この差別の問題はあまり顕在化していないようにみえます。

ただ、「婚姻平等」を認めるべきだという世論はひろがってもいます。なので、そのまま放置するわけにもいかない。今後、考えられうるのは、婚姻制度は戸籍制度を基盤としているので変更することはなかったとしても、「性同一性障害・特例法」のように、戸籍法はそのまま変更せずに「特例法」として法制化されていくことです。その可能性はあるのではないかと思います。

たとえば、台湾はその方式を採用しています。東アジアで初めて「同性婚」を実現したとされる台湾ですが、「婚姻平等」を求めた人びとに対し、民法改正ではなく、別立ての法律が制定されるという結果を生み出しました。たとえば、婚姻法では親族の形成がありますが、別立ての法律であるので、同性カップルは姻族の形成はありません。また、子どもとの関係も明示されていません。つまりは、二者関係の法的保障なわけです。婚姻法はかわらず、異性間の結びつきを夫婦として固持している。そして、別立ての「同性婚」の法律を制定する。これを「婚姻平等」と呼んでしまってよいのかどうか、わたしには疑問ではあります。

日本の状況に戻りますと、今後、表面的には法的な家族を形成する権利が付与されたとしても、婚姻制度やそれの基盤となる戸籍制度には踏み込まないという政府の判断がなされるとすれば、それ自体、法が持つ異性愛主義の規範を克服したとは判断できないと思います。むしろ、表面的には「平等」であり、他方で婚姻制度がはらむ問題を不可視化するのではないかと、わたしは危惧します。いま以上に、婚姻制度の問題をめぐる議論がされにくくなるのではないでしょうか。そして同時に、戸籍制度を基盤とした婚姻制度は、「国体」を守るために機能しつづけていくわけです。

キリスト教の立場から――内在的な宗教批判の必要

先ほど、台湾が婚姻法を改正せずに、別立ての法律を制定した点に触れました。なぜ、婚姻法を改正することはなかったのか。改正できなかったのは、反対意見があったからです。二〇一七年五月に司法院大法官（憲法裁判所）により、同性間の婚姻を認めないのは憲法が規定する婚姻の自由や平等権に違反するという判決が出されました。しかし、二〇一八年十一月に台湾で実施された国民投票（公民投票）では、二〇一三年に発足した「下一代幸福聯盟（Coalition for the Happiness of our Next Generation）」という団体が、①小学生や中学生にＬＧＢＴにかかわる人権教育をすべきではない、②婚姻は異性間に限定されるべきであり、同性カップルの法的保障は別立ての法律をつくるべきだと主張しました。結果として、この国民投票は、かれらの意見が多数票を獲得することになってしまった

＊6　天皇制とジェンダーに関する論考はすでにフェミニズムのなかでも多く存在します。しかし、セクシュアリティあるいはクィア・スタディーズの観点からは、なかなか論点としてあがってこないのが、日本の研究や運動の現状です。レズビアンの視点から考察したものとして［堀江、二〇二二］。

＊7　正式名称は「性同一性障害者の性別の取扱いの特例に関する法律」（二〇〇三年成立、二〇〇四年施行）。ただし、性別変更の申請には以下のような厳しい条件が付与されています。①二十歳以上であること、②現に婚姻をしていないこと、③現に未成年の子がいないこと、④生殖腺がないこと又は生殖腺の機能を永続的に欠く状態にあること、⑤その身体について他の性別に係る身体の性器に係る部分に近似する外観を備えていること。二〇〇三年に成立した際には③の条件が「現に子がいないこと」とされており、諸外国にはない条件だとして多くの要望が出され、五年後に緩和されました。

わけです。やはりと言うべきか、このキャンペーンに大きく寄与したのはキリスト教勢力でした。

東アジアでみると、台湾だけではなく、韓国でも、差別禁止法の制定運動に対し、「家族の多様性」や「性的指向」という文言を入れることに大きな反対があり、またクィア文化祭への攻撃が激化してきたのが、二〇一〇年前後からです。デマやフェイクニュースをもとにヘイト・スピーチが横行しています。ヘイターのすべてではないですが、中心を担っているのは、いわゆる「宗教右派」を中心としたキリスト教の人びとです。

日本で「同性婚」が認められるべきだという世論が高まってきたことにも影響を与えたのは、米国連邦最高裁判決（二〇一五年）の判決です。この判決文には、とても美しい言葉が並んでいます。当時、「婚姻」をほかの人間関係とは切り分けて重要視する文言だけが取り上げられました。

> 婚姻ほど深淵なる結びつきはない。というのは、婚姻は、愛、忠実さ、献身、犠牲、家族の究極的な理想を体現したものであるからだ。婚姻の結びつきのなかで、ふたりの人間は、これまで以上に偉大なものとなるのだ。本訴訟の当事者たちが示したように、婚姻は、死をも超える愛を体現するのである。

日本で「輸入」されなかったのは、この背景にあった、いわゆる「宗教右派」を中心としたキリスト教への配慮という問題です。多くの人びとが宗教に関心のない日本社会のなかでは、この点に関心が寄せられることはほとんどありませんでした。

米国での議論の詳細には踏み込みませんが、たとえば、「婚姻平等」がどのように運動のプロセスを積み上げてきたのかを描き出した歴史学者ジョージ・チョーンシー［Chauncey, 2004］や、「性愛中心主義」を排除しても国家による婚姻制度は残すべきだとする哲学者エリザベス・ブレイク［Brake, 2012］の議論は重要だと思います。ブレイクは、婚姻制度を批判しつつ、それでも残すべきだとする理由は、国家が制度を手放してしまったら、結婚という出来事を教会と市場が独占してしまうであろうからだと述べています。これはもっと丁寧に読解していく必要があるとは思うのですが、ふたりとも、それぞれ牧師家庭で育ってきたことが興味深いところです。著書のなかでそれぞれ本人が触れていますが、その経験や背景があって生み出されてきた思想もあるのではないかと思うのです。

では、日本の場合は、さまざまな議論を「輸入」するときに、宗教的な言説がすっぽりと抜けてしまうのは、どこに問題が生じるのか。そもそも、宗教的言説をしっかりと読み解いていく必要性が考慮される必要はないのか、という問いを立てる必要もあるのではないかと思います。むしろ、「同性婚」をめぐる宗教的言説が不可視化されているのが問題ではないかと、わたしは考えてきています。

たとえば、すでに日本でも国家神道を復活しようとしているようにみえる日本会議（一九九七年設立）や日本神道政治連盟など、異性愛主義や性別二元論に基づいた「家族」の擁護を主張する人びとがいます。かれらは政権の中枢にいるわけです。そこでも「伝統的な家族」というフィクションの信奉者が宗教を背景に家族規範を主張しています。性規範の強化と再生産のモデルは、米国などから「輸入」されてきているケースもありますし、今後、強化されていく危険性もあります。この点についても、もう少し掘り下げて考えていく必要があるのではないかと思います。

米国では、先の最高裁判決が出たことは、「同性婚」に反対する宗教右派の「敗北」でもあったわけです。それに対し、「信教の自由」などの理由づけで対抗措置が生み出されているのも事実です。同時に注目しておきたいのは、もはや、「婚姻平等」が進む欧米では、「同性婚」は憎悪を差し向ける主要な対象とはならず、トランスジェンダーへの憎悪が増殖しています。性的マイノリティのカテゴリーのなかでターゲットが変化してきているのです。日本でも、二〇一八年にお茶の水女子大学で入学試験受験者の資格をトランス女性をも含む発表をおこなってから、おもにＳＮＳなどでトランス女性への憎悪発言が増殖し、激化しています（＊8）。現在はヘイターたちが国会議員へのロビイングを繰り広げています。そのような分断状況のなか、どのように性的マイノリティが連帯していけるのか、大きな課題が横たわっています。

それでも、なお、〈反婚〉を——分断を架橋するために

高雄きくえさんが、ご著書でこんなエピソードを記されています。「選択的夫婦別姓」を求める裁判に関する講座での出来事です。「法律的に考えると焦点を絞らなければならないというのは理解できるが、夫婦別姓の問題をアイデンティティの問題だけではなく、家族や婚姻制度、その歴史なども含めて議論できたらいい」という主旨の発言をしたところ、別の参加者から「あなたのような人がいるから別姓にならないのだ。国会のおじさんたちが警戒するから」と怒りを向けられた、という経験について、です〔高雄、二〇二〇、七頁〕。困難な課題があるからこそ、戦略的に動かなければならないという思いのなかで、根源的な問いが結果的に封じられていく瞬間です。この瞬間に生じる違和感には、とても共感しました。「運動の足を引っ張るから」という理由によって沈黙させられていく。本来、〈敵〉はそこではないはずなのに、分断されていく瞬間でもあると思うのです。

先ほど、第三節でも触れましたが、当初の「同性婚が認められると日本の家父長制・婚姻制度のなにがひらけるのか」というテーマは設定された時点で、〝問い〟ではなく、〝反語〟のようなものだったのではないでしょうか。それは、「選択的夫婦別姓」を求める動きも、「婚姻平等」を求める動きも、婚姻制度あるいは戸籍制度そのものの問題性を問いつづけることに留保が働かざるをえないからです。

「同性婚」について、高雄さんはつぎのように述べています。

（…）女にとって「婚姻」は「夫婦同氏」を強いる「家制度の亡霊」（…）であり、明治からの女性への抑圧の一形態として女の生き方を呪縛してきた。そのような「婚姻制度」が継続したのは「法律婚」をすれば保護され、利点があるからであるが、「同性婚法制化」を望む人たちの「夫婦同氏」への見解は、裁判を起こしている今に至っても聞こえてこないのはなぜだろうか［高雄、二〇二〇、七一頁］。

この点を〝問い〟として受け止めてみれば、ふたつの応答が考えられると思います。

ひとつは、「裁判を起こしている今に至っても」というよりも、「今だからこそ」聞こえてこない、という点です。「婚姻平等」を求めるのは、あくまでも現行の制度ありきであり、根源的な問いは差し出さない戦略が採用されているということです。この点は、「選択的夫婦別姓」を求める動きと同様です。

もうひとつには、婚姻制度を根源的に問うフェミニズムの議論の積み重ね——もちろん、高雄さんが指摘されているように、この営為自体が、ウーマン・リブの時代とは異なり、後景化しているわけですが——と、「婚姻平等」を求める運動とのあいだがつながっていない、という点です。すでに述べてきたように、フェミニズムだけではなく、九〇年代の性的マイノリティの運動のあいだにあった議論とも距離があるのも現実です。

分断された状況に、どのように橋をかけていくことができるのか。簡単に道筋がみつかるわけではない。しかし、それでもなお、制度と慣習を問いつづけることと、同時に「平等」を求めつづけることが矛盾するものではないのだとあきらめずに思考しつづけ、対話を模索しつづけるしかない。わたしは、そんなふうに考えています。

迷路にはまったままのような内容になってしまいましたが、以上で終わります。ありがとうございました。

＊8　この点についてはいくつもの文献がありますが、さしあたり、重要なものとして［清水二〇二一］をあげておきます。

付記

本稿は当日の報告に加筆修正したものです。あらためまして、主催者の方々や参加者の方々に感謝いたします。また、加筆修正にあたり、横浜フェミニズム研究会のメンバーにも貴重なコメントをいただきました。感謝いたします。

文献

赤杉康伸・土屋ゆき・筒井真樹子編著［二〇〇四］『同性パートナー——同性婚・DP法を知るために』社会批評社

ヴィンセント、キース・風間孝・河口和也［一九九七］『ゲイ・スタディーズ』青土社

佐藤文明［一九八八］『戸籍うらがえ史考——戸籍・外登制度の歴史と天皇制支配の差別構造』明石書店

清水晶子［二〇二二］「『同じ女性』ではないことの希望——フェミニズムとインターセクショナリティ」岩渕功一編著『多様性との対話——ダイバーシティ推進が見えなくするもの』青弓社、一四五～一六四頁

高雄きくえ［二〇二〇］『わたしの名前——フェミニズム／植民主義という視点』ひろしま女性学研究所

竹村和子［二〇〇〇］『フェミニズム』岩波書店

同性婚人権救済弁護団［二〇一六］『同性婚——だれもが自由に結婚する権利』明石書店

堀江有里［二〇〇六］『「レズビアン」という生き方——キリスト教の異性愛主義を問う』新教出版社

——［二〇一五］『レズビアン・アイデンティティーズ』洛北出版

——［二〇一六］「『個人的なことは政治的なこと』をめぐる断章」堀江有里・山口真紀・大谷通高編著『〈抵抗〉としてのフェミニズム』（立命館大学生存学研究センター報告・第二四号）、一二四～一五二頁

——［二〇一八］「いまこそ〈反婚〉を！——婚姻・戸籍・家族」『女たちの21世紀』第九五号、一八～二二頁

——［二〇一九］「キリスト教における『家族主義』——クィア神学からの批判的考察」日本宗教学会『宗教研究』第三九五号、一六三～一八九頁

——［二〇二二a（近刊）］「『関係』を規定するのは誰か？——〈反婚〉の視点から家族政策を問う」『アジア・ジェンダー文化学研究』第六号

——［二〇二二b（近刊）］「天皇制とジェンダー／セクシュアリティ——国家のイデオロギー装置とクィアな読解可能性」菊地夏野・堀江有里・飯野由里子編『クィア・スタディーズをひらく2——結婚、家族、労働』晃洋書房。

Brake, Elizabeth, 2012, *Minimizing Marriage: Marriage, Morality, and the Law*, Oxford University Press.（＝久保田裕之監訳［二〇一九］『最小の結婚——結婚をめぐる法と道徳』白澤社

Chauncey, George, 2004, *Why Marriage?: The History Shaping Today's Debate Over Gay Equality*, New York: Basic Books.（＝上杉富之・村上隆則訳［二〇〇六］『同性婚——ゲイの権利をめぐるアメリカ現代史』明石書店）

高雄きくえ

選択的夫婦別姓が法制化すると日本の家父長制・婚姻制度の何がひらかれるのか

フェミニズム・ジェンダー／植民主義という視点から考える

はじめに

わたしは昨年、自費出版で『わたしの名前　フェミニズム・植民主義という視点』（ひろしま女性学研究所）を出版いたしました。後でもう少し詳しくお話しいたしますが、わたしは一九八〇年代半ばに「事実婚」で子ども二人を生み育てるという経験をしております。つまりわたしは「夫婦同姓強制」という問題より婚姻制度にずっと違和感を持っていたといえます。一九八六年から発行した月刊家族を、この度久しぶりに二〇年間分めくってみましたが、かなりの回数、かな

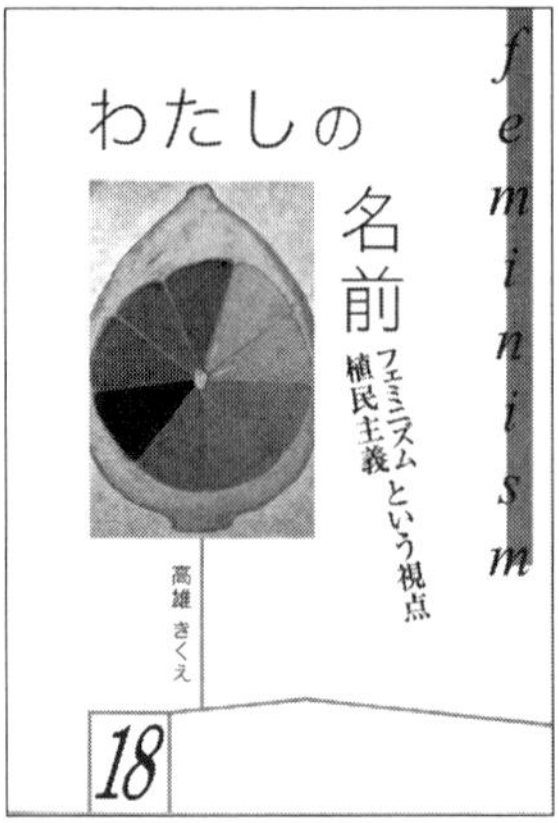

高雄きくえ『わたしの名前　フェミニズム・植民主義という視点』（ひろしま女性学研究所、2021年）

りの分量で取り上げていることがわかり、自分でもこのしつこさは何だろうと少々あきれてもいます。

• 私たち〝訣婚〟しています／さらば婚姻届——12組の意識／たかが紙切れ一枚というけれど＝第三三号（一九八八年一一月一日）
• 夫婦別姓はイバラの道?!／「世間」と「自分」のはざま＝第四六号（一九八九年一二月一日）
• 夫婦別姓だと何が起こる⁉①／嫁・姑「立場を超えた関係が…」＝第五八・五九号（一九九九年一一月二二日）
• 夫婦別姓だと何が起こる⁉②／姓が違う家族——男たちのとまどい／親子「婚姻届を出さないで産んだ子どもにも父親姓を名乗れる道を」＝第六〇号（一九九一年二月一日）
• 新春座談会「親のでる幕」非婚（シングルマザー・夫婦別姓・別れても共同子育て）を支える〝おばあちゃん同盟〟＝第八三号（一九九三年一月一日）
• 夫婦別姓が法制化される日——事実婚カップルは婚姻届けを出す？出さない？／戸籍・婚姻制度を温存したままの法制化にはギモン＝第九一号（一九九三年九月一日）

さて二年前、ご存じと思いますが、広島でも恩地いづみさんが「夫婦同姓は憲法違反」だとして広島地裁に提訴しました。当初は婚姻制度を問題にしたいというこの私にもかかわれるところがあるのではないかと思い学習会などには参加していましたが、途中からどうしてもこの裁判に共感だけではなく、というか共感とともに違和感の強度が増すことに気づきました。そこには共感はするけどわたしの違和感も不可視化したくないという強い思いがありました。だから堀江さんのタイトル「婚姻不平等の現実と制度が孕む差別の問題を同時に考えることは不可能なのか」という問いにとても共鳴しています。

今日はその「わたしのこだわりとその行き先」についてお話しできればと思います。

二つのこだわり

こだわりの一つは、「夫婦同姓とジェンダー」という視点です。現在「選択的別姓」は政治の場でも議論されていて運動を進めている方々のお力だと思います。しかしながら、「選択的夫婦別姓制度」を推進する側の主張として「同姓にしたい人は同性でいい。別姓にしたい人は別姓でいいではないか」つまり強制的に全員に別姓にしろと言っているわけではないのだという主張。これにわたしは違和感を持っているわけです。だからと言って「夫婦別姓法制化」を何が何でも阻止するというものではありません。世界の動向としても、わたし自身も遠からず法制化されるだろうと思います。にもかかわらず、わたしは自分の「こだわり」にこだわってみたいと思います。

日本では大雑把に言えば九〇％の女性、八〇％の男性が結婚をします。結婚した場合どちらの姓を名乗ってもいいわけですが、九六％の夫婦が「妻が夫の姓に改姓する」という選択はジェンダー問題だとわたしは思います。この現実そのものを問題化しない形で夫婦別姓を選択的、あるいはわたしから見たら付け足し的、あるいは例外的な形として「夫婦同姓・別姓」の問題を解決しようという事にどうしてもなじめませんでした。家父(夫)長制や戸籍制度への挑戦、あるいは抵抗にならないのではないか、つまり異性愛婚姻制度、戸籍制度の差別性を温存し、強化することになるのではないかと思うからです。

明治民法から制度化されたこの「家父長制的婚姻制度」そのものに抵抗、反逆する女たちもいました。婚姻制度への根源的な問いを社会化しようともしましたが、一方で多くの女性たちは「家制度」の中でしか生きることができませんでした。こうした歴史を不可視化したままだと、現在地の持つ歴史性が捨象されてしまいますし、現在的な不利益性だけでは戸籍制度の問題性が隠れてしまいます。つまり婚姻と深く結びついた戸籍制度による国家の「国民支配」という仕組みがそこにあることを隠してしまいます。

もう一つは、「植民地主義と改姓」という視点です。「夫婦同姓」ですからどちらかがそれまでの「姓を変える」わけですが、この一般的に「名前を変える」という出来事は、はたして結婚だけに限られたことなのだろうかと考えてみました。日本の近代史を紐解くとそうでないことは明らかです。日本は植民地支配のために「被植民者の名前の日本化」を政策にしていきます。アイヌ・沖縄・台湾・朝鮮・南洋諸島と植民地化していくわけですが、「創氏改名」「日本式氏名」「通名と本名」という制度や施策を強制し、ことに在日朝鮮人にとって「本名・通名」使用と生き難さが直に結びつき、戦後の差別という現実をもたらしています。

「名前を変える」「名前を変えさせる」「名前が変わる」ということは「結婚時の夫婦同姓別姓」だけの問題ではなく、植民地支配を「名前」を通して浸透させたことを鑑みれば、「婚姻制度と夫婦同姓」がなぜ日本で制度化したかの背景も見えてきます。先日の朝日新聞の「先住民の寄宿学校『五〇〇人超死亡』報告　米、過去の同化政策巡り調査」という記事に「これらの学校では同化政策を進めるため、子どもを英語名に改名したり、先住民の言語使用を禁じたり、軍事的な訓練を行わせたりした。」（朝日新聞、二〇二二年五月一三日）とありました。異なる地でありながら時代的に重なり、被植民者を同化させるための手法として「名前と言語」が重要であることがわかります。わたしはここに連続講座の軸「ジェンダー×植民地主義」がクロスする地点を見い出してもいます。

自著『わたしの名前』の反響

本の出版の直接的動機は、これまで何度も言ってきました。「単なる夫婦同姓・別姓の問題を家父長制や婚姻・戸籍制度の問題としようとするあなたみたいな人がいるから変わらないのだ」と直接怒りをぶつけられたことへの応答、さらに言えば、自分で選択できないことを押し付けられたわたしの子どもたちへの伝言として書きました。だからたまには人は怒りをぶつけられることも必要だなとも思いながらの作業でした。

ここでわたしの立場を整理しておきます。日本人であり、女性であり、異性愛者である、と思っていましたが、この間揺らぎを感じるようになり、自分の変容を面白く受けとめてもいます。また三〇歳代に「事実婚」をし、5年後に「事実婚解消」をしました。子どもが二人います。いわゆる婚外子です。子どもはわたしへの反発を強く持ち、娘は婚姻届を出し夫の姓に改姓しました。息子も婚姻届けを出し、妻が改姓しています。このような立場からわたしは「名前」について語っていることを申し上げておきます。

先ほど「反婚を言うと嫌われるんです」と堀江さんも言われていましたが、同じように「選択的夫婦別姓」に異議を述べると「今は足を引っ張らないで」と言われる場合が多く、気がつくと発言をいつの間にか躊躇するようになっていました。それでも自分が当事者であるこの問題については自分である決着をつけておかなければならないということで、本にしました。

自著は、わたしが勝手に読んでほしい人に送りつけたり、その人が知人・友人に紹介してくれたりして、ありがたいことに思った以上に読んでもらうことができました。広大の中村平先生が書評会も開いてくださいました。

一九七〇年代を同じ大学キャンパスで過ごし、ウーマンリブや女性解放運動に触発されミニコミ発行や議論をしてきた友人たち。結婚制度や性別役割に異議を申し立てていた友人たちもはや七〇歳。ほとんどの友人が結婚し夫の姓に変えているという現実を目の前にして、二年前久しぶりに大学時代の友人と会う機会があり、「どうして変えたの?」という素朴な質問を許してもらいました。友人は「一応話し合ったけど、わたしが変えたくないのなら彼も変えたくないだろうと思って」「とりあえず妥協したということかな」「自分の名前が好きでなかったから」という回答でした。現在的な「答」なのかもしれないとも思います。

読んでくださったのはこの問題の当事者性を抱えている方々で、率直な感想をいただきました。わたしの「選択的夫婦別姓」への「共感と違和感」への共感と違和感ですが、ほんとにそれぞれの物語の中で、燻り続けていることを痛感いたします。感想を少し紹介します。

- なまえの強制がどのようであったか、比較史的に見通せてよかった。「家族をつくらない命名」の面白さに気がついた。（女性・五〇代）
- 家父長制・婚姻制度から解放されても残るであろう姓。そもそも姓は必要なんでしょうか。（男性・六〇代）
- 40年近く飼いならしてきたモヤモヤを逆なでしていただきました。娘の夫は「自分が改姓する」と言ったようですが、彼の父親が「それは認めない」と。娘は揉めたくないので自分が改姓し、仕事は旧姓を通すと言っている。（女性・六〇代）
- 約50年前、波風を立てたくなかったので自分が改姓しました。九六％の一人です。選択肢を広げるだけではなく、その根幹をなしている制度を常に問い続けていかなければいけない。とてつもなく難しい問題だけど、私の視野は少し広がりました。（女性・六〇代）
- 夫の名字に変えざるを得なかった女性たちの経験は、そのまま性別役割に苦しむ日本の姿そのもの。「在日」の方の通名についてもこれまでいかに（日本人は）無自覚に生きてきたことか。（女性・三〇代）
- 「別姓」にまつわる問題を植民主義とその継続という視点から、さらには「わたしの名前」とは何かという問いから掘り下げるという視点はとても刺激的です。（男性・五〇代）
- 家父長制による女の植民地化、日本国家によるアイヌ・沖縄・台湾・朝鮮・南洋群島への植民地化。植民地化は今も継続しており互いに両者を強化しているという総括には全くその通りだと思う。「夫婦別姓」も戸籍をなくせ、天皇制打倒まで行くと思いますが、受け入れられない人も多く、根っこを残しながらの除草をするしかなくなっているのでしょうか。（女性・五〇代）

・「選択的夫婦別姓運動」が向き合っていない問題に気付いた。戸籍・法律婚というシステムそのものが内包している問題です。アメリカでは選択的夫婦別姓が認められていますが、異性婚をした七〇％の女性が夫の姓を名乗っています。もっとも夫の姓を名乗る割合が多いのが、経済力、学歴が低い女性たち、人種別にみると黒人女性という調査結果を目にしています。「選択的夫婦別姓」をシングルイシュー運動で終わらせてはならないという気持ちを強く持つようになりました。（女性・三〇代。アメリカ在住）

・「…同姓がいい人に強要するものでも、誰かを傷つけるものでもないのに、なぜ選べないのでしょうか」（Voice Up Japan 代表理事：山本和奈（二三歳）朝日新聞、二〇二一年一月一八日）の発言がとても気になりました。これまで婚姻制度や戸籍制度がいかにたくさんの人を傷つけてきたかを、私たちは伝え得ていないということです。法律婚にのらない、のれない人々を排除する方向に行かないためには、やはり戸籍制度の差別的歴史は何らかの形で常に、語られ、伝えられないといけないと思います。（女性・六〇代）

わたしの「選択的夫婦別姓法制化」への共感と違和感

もちろん、「夫婦別姓」のニーズがあることはわたし自身もよく知っていますので、共感はあります。これは朝日新聞の「選択的夫婦同姓・別姓」についての関連記事です。最近とみによく目にしますので、社を挙げてキャンペーンをしているのかもしれません。今年に入ってからの記事でも、半面を使って、時には一面を使っての特集記事を継続しています。「選択的夫婦別姓」実現に向けて大いに貢献していると思いますし、読者の共感度も高いことを示しています。しかしだからと言って制度自体がはらむ差別構造について語ってはいけないことにはならない

阪井裕一郎『事実婚と夫婦別姓の社会学』（白澤社、2021年）

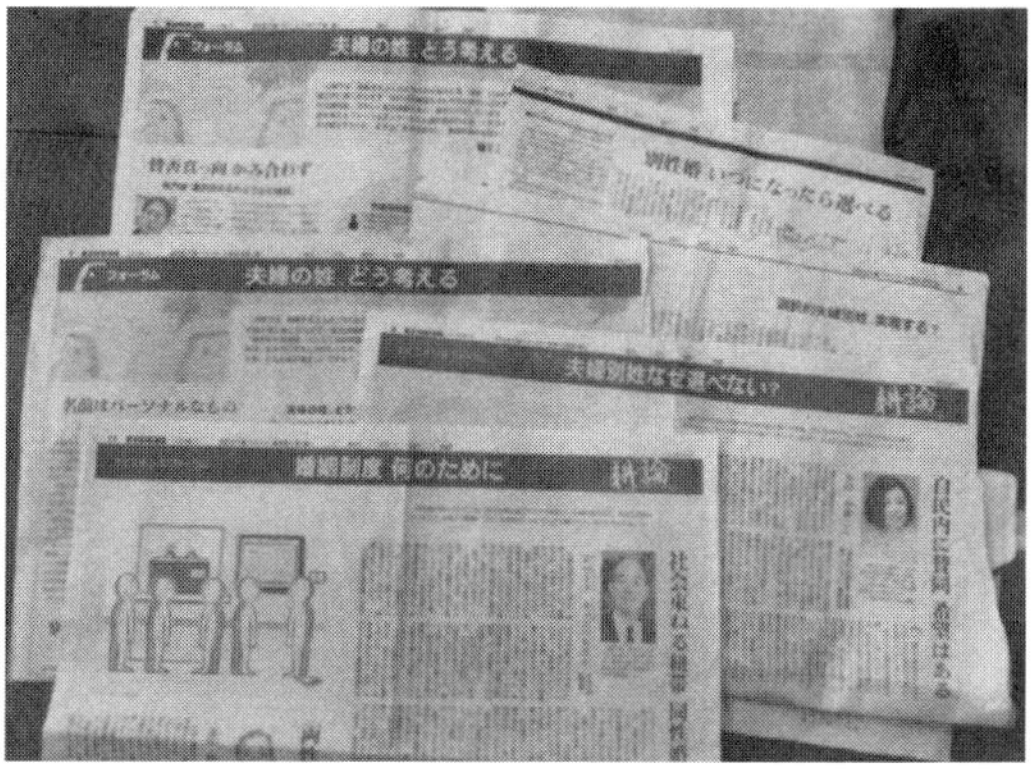

2021年初頭から始まった朝日新聞「夫婦別姓法制化」キャンペーン・

と思います。

そこでわたしの違和感を、繰り返しになるところもありますが、よく耳にする二つの言説から考えてみたいと思います。

①「…同姓がいい人に強要するものでも、誰かを傷つけるものでもないのに、なぜ選べないのでしょうか」（朝日新聞「別姓婚　いつになったら選べる」二〇二一年一月一八日朝刊）

②「夫婦同姓がいい人はそれでいい。別姓にしたい人がいること、選択的であることを理解してほしい」（高雄きくえ著『わたしの名前』七頁／二〇二〇年）

まず①「同姓がいい人に強要するものでも、誰かを傷つけるものでもないのになぜ選べないのでしょうか」についてです。これからわかることは、この問いには、まったく婚姻制度、戸籍制度、九六％の妻の改正を問う視点は読み取れません。戸籍七四条につながる民法七五〇条の「選択性」への改正は本当に誰も傷つけないのでしょうか。これまでも傷つけてこなかったのでしょうか。

最近、阪井裕一郎さんという社会学者が『事実婚と夫婦別姓の社会学』を出版され、「選択的夫婦別姓問題」をめぐる言説を整理されています。反論したいところはありますが、「整理する」という

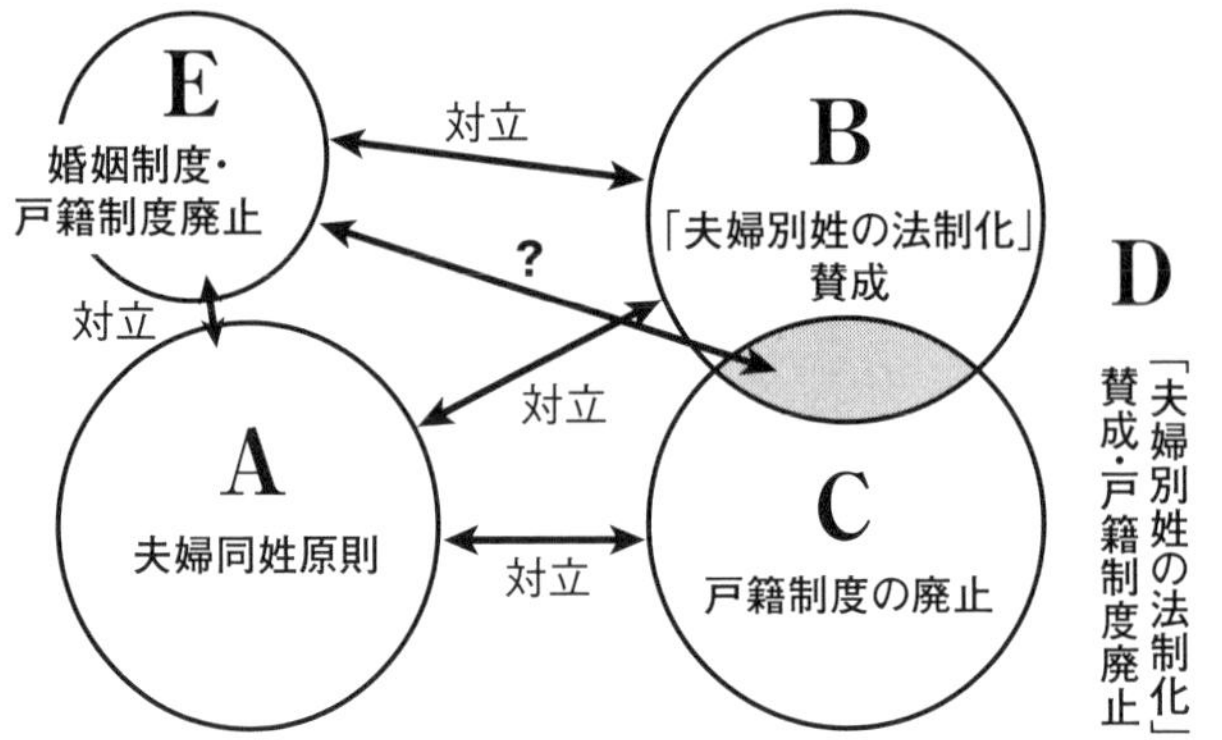

図　夫婦別姓をめぐる対立軸（阪井裕一郎著『事実婚と夫婦別姓の社会学』白澤社発行、現代書館発売、2021年）に高雄が加筆したもの

意味では大変参考になりました。

夫婦同姓をめぐる対立軸として阪井さんはこう整理しています。「A＝夫婦同姓原則」「B＝夫婦別姓法制化賛成」「C＝戸籍制度の廃止」「D＝戸籍制度廃止／夫婦別姓法制化賛成」の四つに整理し、論を展開しています。しかしわたしはそこにもう一つ「E＝夫婦別姓法制化反対かつ戸籍制度廃止」を追加したいと思います。つまり「婚姻制度・戸籍制度」そのものを問う人たちもいるし、わたしもその一人ですが、たとえ「選択的夫婦別姓」が制度化されるにしても手放してはいけない一つの行く先として明記しておきたいからです。

ところで「夫婦同姓や戸籍制度」は誰も傷つけてこなかったんでしょうか。戸籍による差別の実態はこれまで部落差別・外国人差別・無国籍者・婚外子（二％）差別・性（異性愛）の固定化など、こうした国家による線引きは多くのマイノリティの差別的経験としてあり今でも継続しているという歴史と現在性を軽視してはいないでしょうか。わたしは婚姻制度と戸籍制度が不可分な「名前の政治性」を含みえないこうした認識が現在の法制化の根拠になっていることをとても残念に思います。

次に②「夫婦同姓がいい人はそれでいい。別姓にしたい人がいること、選択的であることを理解してほしい」です。先ほども言いましたが、わたしも「選択肢」が増えることは基本的に大歓迎です。民法七五〇条ではどちらの姓にしてもいいにもかかわらずなぜか九六%の夫婦が「夫の姓」を「選択」しています。またこれは「男女差別」の問題でしょうか。なぜ「夫が改姓」が半分に増えないのか、四〇年たっても「妻が改姓」が二・八%しか減少していないのか。このことをもっとフェミニズム・ジェンダー問題、「主体」の問題として議論する必要があるのではないでしょうか。

ちなみに、「一九七五年は九八・八%が、二〇〇八年は九六・二%が、二〇一五年は九六%が、夫の氏を夫婦の姓に（厚労省）改姓しています。四〇年たっても二・八%しか減少していません。

最近の若い世代は「僕が変えてもいいよ」と提案する男性が結構いると聞きますが、その選択を阻むのは「男性の父」です。わたしの娘や感想の中にもあったように、「父」が壁になっているのも事実です。「同姓でいい人はいい」と言い切り、その多様性をジェンダー問題として分析していない、関心がないというところにわたしは問題性を感じています。様々な条件で「夫の姓」にしなければならなかったそのことそのもの、その条件そのものをもう少し当事者として考える必要があるのではないかと思います。

さらに「選択なんだからいいではないか」の「選択」という言葉です。「選択」とは同等、同質ないくつかの事柄の中から選ぶという意味だと思いますが、はたして「同姓か、別姓か」というのはこの意味の「選択」と言えるのでしょうか。歴史や議論が尽くされていないのも関わらず、「選択」という言葉が適しているのかどうか。そのマジック性さえ感じてしまいます。たとえば「選択」という場合、「複合姓、新姓、名前だけにする」などまだま だ選択肢は現実的にもあるわけです。

そのことも議論にならないのですが、議論しないで「付け足し」的な、「選択的」な、「例外的」な「選択的夫婦別姓法制化」推進によって何が不可視化されるのか。実際二〇〇二年には法務省や自民党は「例外的夫婦別姓」案も検討していたようです。

第一次別姓訴訟（二〇一五）で「合憲とは言えない」とした裁判官が「女性の社会的経済的な立場の弱さや家庭

生活における立場の弱さ、事実上の圧力がある。夫の氏を称することが妻の意思に基づくものであるとしても、その意思決定の過程に現実の不平等と力関係が作用していること、その負担を避けるために法律婚をしない選択をする者を生んでいること、氏が基礎的な集団単位の呼称であることの合理性や意義があるとの多数意見には賛同するが、それは全く例外を許さない根拠になるものではない」としていることに（http://www.asahi-net.or.jp/~dv3m-ymsk/seimei.pdf　夫婦別姓訴訟弁護団一同「最高判決を受けて」二〇一五年一二月一六日）原告側弁護団は「非常に説得的である」と述べています。

——法律的にはどちらの姓を選ぶかは双方に等しく権利が与えられているのであり、女性が男性の姓へと変わる慣習が根強く存在しているとすれば、社会規範や社会意識の問題だからである。現在の法律によって困難を抱えている当事者には、当然のことながら男性もいるのである。……法的には平等であるにもかかわらず、結婚後に改姓するのは現在も96%以上が女性であるという「実態」を考慮して、「法における平等」を歪めている文化的コンテクストを問題化するという視点は間違いなく重要であるが、現行法の正当性を否定するために男女平等を持ち出すことはできない。（阪井、七〇－七一頁）

上記のように、先の阪井さんは民法七五〇条は法的には平等なので、男女差別の問題としては成立しないと断言しています。そして、「96%は社会規範や社会意識の問題」であり「どちらかが強制的に名前を変えさせられる」という国家介入問題であると言います。わたしはさらに「婚姻制度」「戸籍制度」は個人を管理する国家介入の最たる問題ではないかとも思います。

おわりに——戸籍につながる婚姻／家父長制・植民地支配を問い、ひらくために

〈第一波フェミニズム〉といわれる「青鞜時代」。一九一二年に発刊された『青鞜』を中心に、平塚らいてう・伊藤野枝ら〝新しい女〟は結婚制度や性の二重性批判などの議論を展開。「法律によって是認してもらうような結婚はしたくない」（平塚）とらいてうは年下の画家奥村博と生活をともにします。

また一九七〇年代〈第二波フェミニズム〉には、「家族・家からの解放」「性別役割」を議論し、その実践として共同保育・ミニコミ・女のための雑誌・書籍などを通して「女にとっての結婚」とは何か、戸籍とは何かを問う動きが、多くの女性たちによって展開した時代でした。しかし一方で女性のM字型就労の谷が一番深くなった時代でもあり、二分化した時代ともいえますが、「結婚が女の人生」と言われた当事者にとってはとても切実な問題であったのです。

わたし自身もその一人であり、こうした時代の波にもまれながら、家族や結婚について経験的思考を続けながら現在地に辿り着いています。

しかしウーマンリブ・女性学・フェミニズム・男女共同参画と「女の経験」が理論化され、制度化されてきたこの五〇年。五〇年たった現在もなお「妻が夫の姓に改姓する」夫婦が二・八％しか減少していないという事実が、歴然とこの問題の深さを示しています。

しかしながら、わたしの「夫婦同姓・別姓」についての考えを本にしたり、友人たちと話したりしているうちに、どこかでわたしは「夫婦別姓・同姓」問題や婚姻のもつ問題の切実な当事者なのだろうかという疑いを持つようになっていることに気づきました。制度をつくる／変えるということは、そこに新たに線引きをすることであり、新たな排除と包摂を生むだけではないかという考えにとらわれてしまうのです。別なアプローチを模索するしかない

のですが、現時点でのわたしの確信を三つに整理しました。

「夫の姓を名乗る夫婦が九六％」の選択理由の多様性を可視化していくこと。

婚外子は一九七〇年代からずっと約二％であり、その背景を分析すること。

誰が「名前」について権力を持っているのか、「名前の政治性」に敏感になること。

これからも「夫婦同姓・別姓」の議論を注視しながら、わたしの「こだわり」をひらいていきたいと思います。◆

第7章

〈この世界の片隅に〉(*) 現象を読み解くためのレッスン

（＊）映画『この世界の片隅に』
こうの史代・原作、片渕須直・監督、2016年

植松青児

三つのコンテクスト（軍都・ジェンダー・植民地主義）から読み解く

自己紹介します。私の母は広島県生まれで、十九歳のとき、呉空襲で殺されかかり、危うく助かりました。母の父は原爆の直後に入市被爆し、五年後に癌で、鉄道病院（現・JR病院）で亡くなりました。

ただ、わたし自身は広島生まれでも広島育ちでもありません。母は戦後家出し、東京で結婚して姉と私、二人の子どもを産みました。その後、私は十代を北九州市小倉（福岡県）で過ごしました。一九四五年八月九日、原爆の第一目標は長崎ではなく小倉だったことはよく知られています。しかし、八月六日の原爆も、天候によっては広島ではなく小倉に落ちていたかもしれません。広島・長崎ではなく、小倉・広島とか小倉・長崎だった可能性もあったでしょう。原爆が落ちなかった小倉は戦後、一九五〇年からの朝鮮戦争でアメリカ軍の兵站基地となりました。

さて「この世界の片隅に」という作品は、一般的には「戦時生活」の記録と空襲悲劇、この二つを足し合わせた作品として受容されています。しかし、その二つにとどまらない、さまざまなコンテクストがこの物語には描かれています。今回は、そのうち軍都・ジェンダー・植民地主義の三つのコンテクストについて、掘り下げていきたいと思います。

すずの故郷・江波の顔

まず、「軍都・廣島」です。具体的には軍都・廣島（＝国家）が江波（えば）を蹂躙した歴史です。**図1**は映画の冒頭、主人公の故郷である江波の海苔養殖の風景ですね。広島市の南部、海に面した江波は海苔養殖と牡蠣養殖が盛んな地域でした。

図1

ところが**図2**（上巻六一頁）、呉の北条家の親子が、主人公・すずの実家（浦野家）に、結婚の交渉に来るシーンで、主人公の父・浦野十郎はこのように語ります。「うちも海苔をつくりよりましたが三年前の埋め立てでやめましてのう」「今はそこへできた工場へ勤めよりますわ」。

鈍感な私は、原作を初めて読んでから八年間、この台詞に込められた深い意味に気が付きませんでした

この「埋め立て」とは、広島市編纂の『被爆広島七〇年史』によると「広島工業港計画」と言われるものです。名目上は、広島の工業地域を拡大する計画ですが、実際は軍都広島を拡大する埋立て工事でした。当時の相川県知事は、ラジオで、埋立て工事の必要を次のように語っています。「さうなったら初めて広島県が名実共に経済的にタイアップしまして、軍都、軍県と言はれることになるのです」さ

すずの父・浦野十郎が、求婚に訪れた北條円太郎、周作父子に
「江波の漁場の消滅」「埋め立て地にできた工場への就職」を語っている。
（原作・上巻61頁）

図2

らに相川県知事は一九四〇年六月観音地区の漁協の総会に出向いて、「私も男である。諸君も男である。国家非常時に相共に協力して奉公すべきである」と述べています。つまり国家非常時（＝総力戦）の今、あなた方は漁業権を手放しなさい、あなたたちの生業は奪いますと。こうして、軍都拡大のために漁村であった江波が埋め立てられていきました。

このことは江波の人々に何をもたらしたのでしょうか。

まず、多くの漁家が海苔養殖の生業をはく奪されました。生業を奪われた主人公の父・浦野十郎はその埋立地にできた工場労働者になります（工場の名前は後述します）。ただ、生業を奪われた者の全てが工場に就職したわけではありません。たとえば、満洲開拓団に入って中国東北部（「満洲」）に向かった元漁家の方々もいました。一九四一年三月には、向洋（むかいなだ）と江波の漁業者たちが計六回一八一人が「満洲」に移住したと記録にあります。

この時期の広島市の江波、そして吉島や観音は、戦後の東京・砂川、石川・内灘、沖縄・普天間や辺野古などと同じ歴史を共有しているように思うのです。そこは、無人地帯ではなくそこに人が住み農業であれ漁業であれ長く築かれた生業があった。しかし生業を奪われ、土地を奪われ、人が離散した、そのように軍都拡大という「暴力」によって蹂躙された歴史を共有しているのではないか。「この世界の片隅で」の前半の舞台である江波は、砂川や辺野古と同じ歴史を共有しているのではないか、そう感じています。

祖父と朝鮮人強制動員

次に、埋め立て工事における、朝鮮人強制動員の問題です。実は、入市被爆が原因で死去した私の祖父は、この問題に関わっていた当事者でした。

埋立て工事は、第二区（吉島）、第三・四区（江波）、五区（観音）それぞれ異なる業者が工事を請け負います。このうち二区を請け負ったのが水野組（現・五洋建設）でした。五洋建設は海洋浚渫専門の建設会社（マリコン）で、現在も沖縄・辺野古の新基地建設の主要マリコンの一つです。

では、誰がこの工事で働いたのか。この時期、すでに労働力は不足していました。なぜなら日中戦争が始まって成年男子を大量に徴兵して侵略戦争に投入していったからです。労働力不足が起こります。そこで朝鮮から労働者を調達しました。

私の祖父は、水野組の社員として、朝鮮人労働者を使う立場の側にいました。祖父は私が生まれる前に死去しましたが、私の母に、朝鮮人を使っていたことを述べていました。

三点目は、埋立地にできた工場での戦時強制動員の問題です。

埋立地には、三菱重工の工場が建てられました。江波に広島造船所、観音に広島機械製作所が建てられ、現在も名称を変えて稼働しています。江波の工場では人間魚雷「回天」も製造されています。

一九四五年七月時点で三菱重工の在籍労働者は一一八三三人で、計画人員（二二一五〇人）の約半分しか労働力を確保できず、朝鮮から約二〇〇〇人の労働者が動員されています。

このように、アジア太平洋戦争末期の江波は、軍都拡大のため生業を奪われた問題、埋め立て工事での朝鮮人強制労働動員、そこにできた三菱の工場での朝鮮人強制労働動員、さらに生業を奪われた漁民たちの離散、「満洲」

移住などなど、重層的「暴力」の現場だったのです。

日本軍「慰安婦」と地つづきの白木リン

次に、作品に描かれた性労働者について見ていきます。原作には、呉の朝日遊廓で働く白木リンという性労働者が、主人公すずの（呉の街での）唯一友人として描かれています。映画版では、長編バージョンである『この世界のさらにいくつもの片隅に』で、リンについてはほぼ原作どおりに描かれています。

実は主人公と同様、白木リンも広島の南部の生まれです。原作では曖昧なんですが、映画でははっきりそのように設定されていました。片方が北条家の嫁、片方が朝日遊郭の性労働者、違う境遇を強いられた二人は、一九四四年に朝日遊郭前の路上で偶然に出会います。

図3は、下巻一〇六～一〇七頁に描かれたリンの人生と思われるシーンです（空襲で失った主人公の右手が勝手に描いているというファンタジー的な設定になっています）

まず、リンは農家の年上の子どもとして働いています。次に、人身売買され、裕福な家で下女として働きます。その裕福な家の子どもに虐待され、逆にその子どもを殴って逃亡します。ホームレスになったリンはある家の屋根裏に住みつきます。その家は、主人公すずの親戚の家でした。現在の西区草津です。そこですずとリンは、まだお互いだれかは知らないまま、ほんのつかの間会っているんですね。その後リンはその家を出て、汽車に乗り呉に向かいます。当時呉で開かれていた「国防と産業大博覧会」会場の前で大人に声を掛けられ、アイスクリームをおごってもらった後、朝日遊郭に連れていかれます。最初はお茶くみなどの手伝いから始まって、ある年齢に達した後に、自身が性労働者として働く、そういうリンのライフヒストリーが3頁にわたって描かれているのです。

私は、日本軍「慰安婦」にさせられた多くの植民地出身女性とリンは、別な空間を生きてはいますが、けっして異質の存在ではないと感じました。その印象を確信に変えてくださったのは、吉見義明さんが書かれた『買春する帝国』という本でした。つまり、内地と植民地の境界、遊郭と慰安所という名称の差異を越えて、「買春の帝国」内の連続的な出来事ではないか。

付け加えると、もしリンがもう少し早く生まれていたら日本軍「慰安婦」として上海に連れていかれた可能性もあったでしょう。と言いますのは、一九三七年日本は中国全面侵略を開始するわけですね。実は侵攻の初期の段階で上海派遣軍は慰安所を設けたわけですが、この時は国内の複数地域（神戸など）から遊郭で働いていた性労働者が、

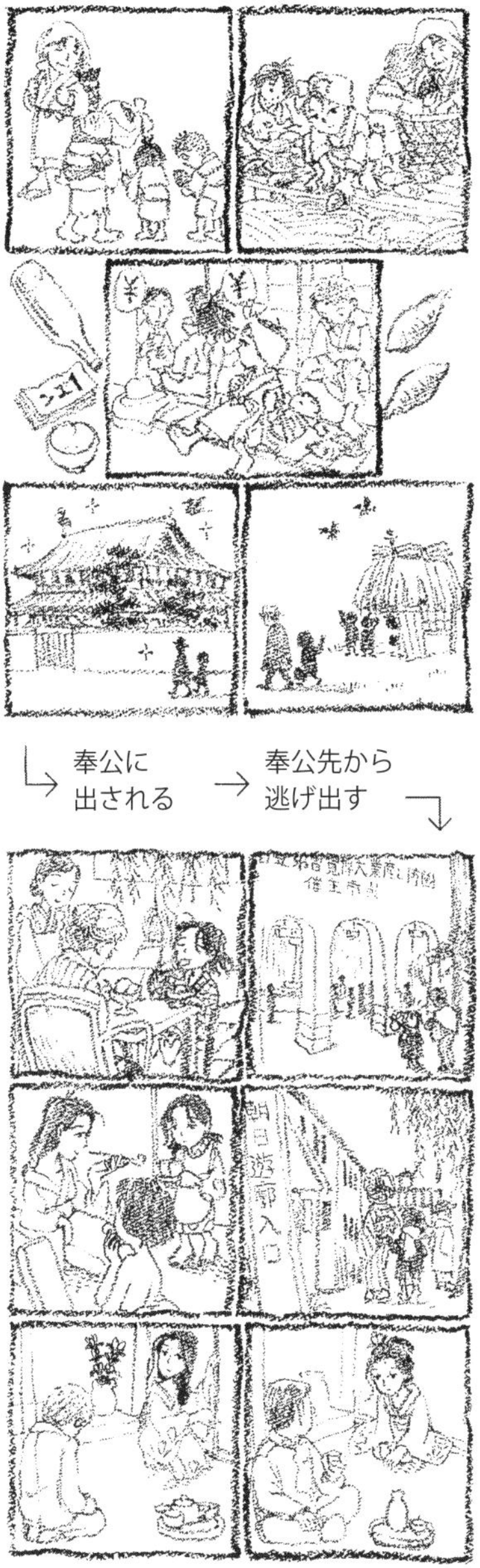

©こうの史代／双葉社

図3

軍に徴用される形で軍の用意した船に乗って中国大陸に連れて行かれているからです。

しかし南京侵攻時、ご存じのように大量の強姦犯罪を起こします。陸軍上層部は、その対策として日本軍慰安所を大量に設置していきます。しかし施設だけ作ったところでそこで働く性労働力がなければ性施設は機能しません。日本内地だけでは性労働力を調達できず、ここから植民地朝鮮、さらには侵略先中国等で、多数の女性を性奴隷として強制的に動員していきました。

ただ、先に述べましたように、中国侵略の初期は内地から性労働者（性奴隷）を連れて行ったのですね。リンは一九三七年にはお茶くみの下働きだったので連れていかれなくて済んだのですが、あと二、三歳上だったら連れていかれていたかもしれません。

そう考えると、「平和の少女像」が象徴する朝鮮半島の女性たちと、この作品のリン、あるいは同じ朝日遊廓で働き病死したテルなどの女性は、「買春する帝国」の構造的暴力の被害者として、地続きの存在だと思うのです。作者がどこまで意識しているかはともかく。

そのような境遇の白木リンが、この作品でどのように描かれているのか、どのように描かれていないのか、今後さらなる批評が必要だと思います。

ノスタルジーと歴史修正主義に抗する批判を

最後に、一九四五年八月一五日の「太極旗」のシーン、原作版の描写を映画版が大きく改変した問題についてお話しします。

図四は、原作下巻九四～九五頁です。主人公は「ああ　暴力で従えとったいう事か」「じゃけえ暴力に屈するいう事ね」「それがこの国の正体かね」と語っています。

当時の日本の社会状況を考えると、これは不自然な描写ではないか、とってつけたようなものではないかという議論はとても重要だと思います。その議論をとりあえず措いて考えると、このシーンで主人公は、帝国主義戦争の「敗戦」を理解し、終戦＝「植民地主義の終わり」を理解し、「この国の正体」＝日本の帝国主義・植民地主義を理解しています。さらに、自分が住んでいる「足元」で「暴力で従えていた」ことを認識します。とても大きな意味を持つシーンです。

……
……ああ
暴力で従えとったいう事か
じゃけえ暴力に屈するいう事かね
それがこの国の正体かね

©こうの史代／双葉社

図4

ただし主人公すずは、そこから太極旗を振っている人に話を聞く、その人の歴史を聞く、対話するという方向には向かいません。主人公は自分を恥じて号泣する、いわば「良心的な日本人」の物語として自己完結しているわけですね。この点が原作版の大きな限界であり、その後映画版で改変されてしまう下地を作ってしまったようにも思います。

さて、このシーンは映画版でいかに改変されたのでしょうか。

主人公の台詞は次のように改変されました。「向こうから来たお米…大豆…そんなもんでできとるんじゃろうなあ、うちはじゃけえ暴力にも屈せんとならんのかね」。

何を言っているのか意味不明瞭です。食糧の自給ができないから、言い換えると国力の差で、アメリカの暴力に屈したという慟哭にも受け取れます。さらに「自分が住んでいる集落にひるがえる太極旗」を見て、自分の足元で朝鮮半島出身の人々を抑圧していたという、暴力への「気づき」という要素が消滅してしまいました。

さらに、その後制作されたTBSドラマ版では、主人公の台詞は「負けました、うちは納得しとらん」と戦死した兄上に向けて独白するものに改変されました。太極旗は登場しません。つまり、他者が消えて、日本人がただ悔しがっているだけの「八月一五日」に再編されたわけです

補足して、主人公の表情の差異を指摘したいと思います。原作でも主人公すずは「天然ボケ」キャラとして描かれているわけですが、太極旗のシーンではきりっとした表情をしています。もちろん、こうの氏は意図的に、別人のようにきりっとした表情に描いたわけです。これに対して、映画の同じシーンでは、すずはとても幼い表情をしています。この表情の改変は、女性を愚かな者として描きなおす「愚者化」、一種のジェンダー政治だと私は思います。

以上、原作には「軍都・廣島」「ジェンダー・性労働者」「帝国主義・植民地主義」などに踏み込んだ描写や批判的な描写があることを分析しました。

しかし、原作の大きな問題点は、それらの要素が良く言えばコラージュ、悪く言えば「つまみ食い」「良いとこ取り」になっている点です。脱着可能的なモジュールとして作品に組み込まれている。なので、映画版やTVドラマ編では容易に異なるモジュールに入れ替えられてしまったように思うのです。

そして、片渕監督が作り直した映画の批評はさらに必要ですし、加えてあのような改変を欲望する「外部」（観客、地元住民）に対する批評も重要です。

太極旗の場面を原作のままで映画化した時、それを許さない「日本人」が存在することは間違いありません。日本軍「慰安婦」や南京事件を描いた映画、さらに「表現の不自由展」などに対する右翼の妨害を考えれば、原作の

まま映画化した時に、上映を妨害する運動が発生していた可能性もあったでしょう。

そして、社会的批評性を取り去り、ノスタルジーに浸りたい「日本人」の観客・読者に対する批評的姿勢もより必要だと思います。その欲望は歴史を「上書き」したい歴史修正主義の欲望ともつながっているからです。◇

森亜紀子

切り落とされてきた場所・出来事から考える

呉・沖縄・南洋群島を糸口に

私の視点――沖縄・南洋群島を経由して故郷・呉に向きあう

はじめまして、森亜紀子と申します。一九歳まで呉市内の灰ヶ峰の麓にある住宅地（吾妻町）で育ち、大学進学を契機に京都に出て二〇年ほどになります。京都では、日本帝国が植民地の一角として統治した「南洋群島」（グアムを除くミクロネシアの島々。北マリアナ諸島・カロリン諸島・マーシャル諸島）に移民した沖縄出身者の植民地経験・戦争体験とその記憶について研究してきました（＊1）。

他方でごく最近、呉で軍国主義青年として育った一九二七年生まれの祖父の人生と家族史を手がかりに、軍都としての呉を問い直す作業を始めました。故郷・呉について考えるようになった理由は二つあります。一つは、帝国日本の崩壊以後に南洋群島から沖縄へ引揚げた八〇～九〇代の高齢者からお話を伺う中で、「本土出身者（大和人）」であり、日本帝国の軍事的中枢地の一つであった呉の出身者であるという自らの立場性に向きあい、自分なりの応答の在り方を模索する必要性を感じるようになったからです。私がお話を聞いてきた高齢者はみな、南洋群島で支配民族として振舞っていた本土出身者から日々さまざまな差別を受けていた上、日米両軍によって島々が戦場にされた時には、多くの方が本土出身日本兵に逃げ場を奪われ、時に親族・友人を虐殺された経験を持っていました。「(あなたは)本土の方だから言いたくないのだけど…」と前置きをしながら本土出身教師による沖縄出身者への差別を語りだした人、「日本人には話したくない。戦争の時にひどい日にあったんだ」と顔をこわばらせた人、頭上から襲ってきた轟音に庭先で身をかがめながら「あれを聞くとテニアンでの戦争を思い出す。まだ小さかったから、南洋といえば辛い記憶しかない。絶対に話したくない」と拒んだ人…。こうした声に接する中で、沖縄の人びとの南洋群島における植民地経験・戦争体験を研究することは、同時に、「本土出身者(大和人、日本人)」として負うべき歴史的責任に対して無自覚だった自己を足元から壊していく行為でなくてはならないのではないか、と考えるようになりました(*2)。

1　日本が第一次世界大戦時に軍事占領し、一九二二年以降国際連盟の委任統治領として二〇年余りの間統治していた南洋群島には、第一次世界大戦以後に沖縄を襲った長期不況から逃れ、「よりよい暮らし」を得ようと、沖縄県内の農村・漁村から移住する人びとが相次ぎました。この結果、南洋群島在住の沖縄出身者数は、一九四二年には現地住民人口(約五二千人)を追い越して五五千人にまで増加。沖縄出身者は、日本国内の各県から渡った「日本人移民」総数約八七千人の中でも、その六割以上を占めるほどの一大集団であったが、南洋庁職員や南洋群島各地で熱帯資源の開発を行っていた南洋興発㈱等の経営者、他府県の移民からは、「大和民族」よりも劣り、現地住民に近い存在として蔑視され続けました。

2　筆者は二〇〇六年から現在までに帝国崩壊以後に南洋群島から沖縄へ引き揚げた経験を持つ約一五〇名の人に聞き取りを行い、その内一〇〇名のオーラルヒストリーを下記二冊の証言集にまとめました。いずれも非売品ですが、国会図書館、国内各地の公立図書館、国立大学法人図書館などに所蔵されているので、手にとっていただけたら嬉しいです。森亜紀子『複数の旋律を聞く―沖縄・南洋群島に生きたひとびとの声と生―』新月舎、二〇一六年。同『はじまりの光景―日本統治下南洋群島に暮らした沖縄移民の語りから―』新月舎、二〇一七年。私が聞き取り調査を始める少し前に出版された野村浩也『無意識の植民地主義―日本人の米軍基地と沖縄人―』(御茶の水書房、二〇〇五年)を読んだことも、「本土出身者(大和人、日本人)」としての無自覚さを問う方法を模索するべきだと考えるようになったきっかけの一つです。

理由の二つめは、私が沖縄・南洋群島研究の道に進む最初のきっかけを得た辺野古（＊3）、大学進学以後の居住地・京都市内からほど近い京丹後という二つの場所での軍事基地化の強行と、軍都であった過去をウリにする大和ミュージアムを中核に据えた呉駅周辺の再開発が、二〇〇〇年代半ばという時期に同時に急展開する事態を目の当たりにし、衝撃を受けたからです。軍都であった過去を美化する呉市の地域活性化策に疑問を抱くことなく、そうした町を休日に訪れることを喜びとする日本社会の多くの人びとの態度と、辺野古への米軍基地建設と京丹後の自衛隊分屯基地への米軍専用Xバンドレーダーの配備に対して、「（対象地とされた）地域の問題だ」と沈黙を決め込む態度とは、戦前・戦後の差はあれ軍事主義を肯定・黙認するという意味で通底しているのではないか。そうであれば、現在の日本社会の軍事化に抗うためにも、呉という場の過去・現在を問う必要があるのだろうと考えました。

今回の連続講座の発起人の一人である高雄さんと出会ったのは、私が呉に向きあわねばならないと考え始めた二〇一八年末頃のことでした。今日司会を務めておられる中村平さんが、「家族史を辿ることを通して船越町の歴史と記憶を掘り起こそうとしている人がいるよ」と紹介して下さったのです（＊4）。以来高雄さんは、私の祖父への聞き取りにも同席してくださるなど、私の心強い先輩であり伴走者となってくださっています。こうしたご縁から、連続講座では、「呉出身でおじい様に聞き取りをしている立場から『この世界の片隅に』に対して何かコメントを」とのご提案をいただきました。ただ、コロナ禍の影響で、呉には二年間以上もの間帰省できておらず、家族史の聞き取り調査についてはほとんど進捗がありません。

そこで、今回は、「呉－沖縄－南洋群島」という、通常は一緒に語られることのない三つの場所に関わってきた私なりの視点から、「『この世界の片隅に』はなぜ社会現象になるほどの一大ヒット作になったのか」を批判的に読み解くことで務めを果たそうと思います。その際には「『この世界の片隅に』がその作品世界の中で何を丁寧に描いたのか？」だけでなく、「何を切り落としたのか？」に特に注目したいと思います。というのも、私は、『この世界の片隅に』がヒット作になったのは、こうの史代がこの作品の世界観を作り上げる際に、日本帝国の植民地主義・戦争加害の問題を丁寧に切り落としたからだと考えるからです。

『この世界の片隅に』はなぜ多くの人の心を掴んだのか――描かれたことと切り落とされたこと

こうのが丁寧に描いたことの内、特に幅広い層の読者を獲得するポイントになったと思われる点――ここでは作品がヒットした「仕掛け」と呼びます――として、私は次の三点を挙げたいと思います。

「戦災地」としての呉を描く

一つめの仕掛けは、呉の「軍都」としての側面を美化して描くだけでなく、これまで顧みられることなかった「戦災地（特に空襲被害地）」としての側面を際立たせたこと。これにより、軍都であったという「黒歴史」ゆえに従

3　サイパン・テニアンでの地上戦の苦しみを、これからを生きる人には二度と味わわせたくない」と辺野古の座り込みテントに来られた高齢女性に出会ったことが、沖縄・南洋群島研究の道に進むきっかけになりました。辺野古での出会いについては前掲拙著、三七六－三七八頁に記しています。

4　高雄きくえ「広島と呉のあいだ―『船越町』近現代史を探索する　私が生まれた町、「占領軍「慰安所」」「東洋一の兵器工場」「朝鮮人集落」の忘却」『比較日本文化学研究』一二号、二〇一九年。私が家族史から日本帝国の軍事主義・植民地主義を問うという方法に関心を持つようになったのは、中村さんの実践（中村平「台湾先住民族タイヤルと私の遡行の旅―植民暴力の記憶の呪縛―」『東洋文化』九二号、二〇一二年など）の影響も大きい。

来の平和教育の中で除外されてきた呉という空間もまた、広島・長崎への原爆投下と主要市街地への空襲を「国民の戦争体験」として特別視してきた戦後日本の被害者ナショナリズムの文脈に見事に位置づけられたのではないでしょうか。私自身、呉の軍都としての性格を嫌悪するあまり、呉の空襲被害については全く勉強したことがありませんでした。そのため、「呉を舞台とした戦争漫画が話題になっている」という噂を聞きつけてこの作品を初めて手に取った時には、幾隻もの戦艦も浮かぶ呉湾を美しく柔らかなタッチで描いたページが繰り返し現れる上巻に不信感を抱きながらも、すずと嫁ぎ先の家族が一九四五年三月一九日の呉初空襲以来日に日に追い詰められていく中巻の後半あたりから引き込まれ始め、一九四五年七月一日〜二日、二日間で十二万二二五三人もの罹災者を出したという呉市街地への焼夷弾攻撃を描いたくだりでは、家を焼かれて居住地を転々と変えたという祖父の体験を初めてリアルに想像できたことに新鮮さを覚えたのです。そして、すべて読み終えた後には、上巻で感じた不信感よりも、被爆地・広島の陰に隠れてタブー視されてきた呉の知られざる一面に光が当てられて「嬉しい」という感覚さえ残ったことを覚えています。今でこそ、この作品を批判的に読んでみようとしていますが、もし沖縄・南洋群島という日本が虐げ続けてきた場所について考えた経験がなかったら、私自身も、これまで見落とされてきた呉住民の戦争体験を真面目に掘り起こした稀有な作品だと肯定的に評価していたかもしれません。

戦時下の暮らしを詳細に再現した

二つ目の仕掛けは、当時のすずやその家族の誰もが抱いていたはずの帝国意識や植民地住民など他者に対する差別、戦時の庶民の日々の行為の意味（例えば、海軍軍法会議の録事だった周作や大日本婦人会の一員だったすずの行為がどのように軍事主義・植民地主義を下支えしていたか）に関しては「意図的に」描かない姿勢を貫く一方で、登場人物が暮らした呉や江波の戦前の街並みや、戦時下を生き延びるために庶民がおこなっていた様々な工夫に関しては文書史料をもとに詳細に再現した点です。こうしたこうの氏の作為がよく表れた例として、中巻の「第二三回　二〇年正月」

の章の導入の『愛國イロハカルタ』（財団法人日本少國民文化協会制定）をモチーフにした九二ページのイラストを挙げることができます。『愛國イロハカルタ』は「次世代の日本を担い、大東亜の指導者となるべき少国民の気宇を雄大に、情操を清純にし、その日常生活を指導して忠君愛国の念を涵養する」ことを目的として、一九四三年一二月に、情報局の認定と財団法人日本少国民文化協会の制定を経て社団法人日本玩具統制協会が発行したものです（＊5）。それぞれのかるたに記された句は、国民学校の児童を含め一般市民から寄せられた二六万通もの応募から選ばれたそうです。インターネットで調べてみたところ、『愛國イロハカルタ』のイラストには複数のパターンがあるようなのですが、こうの氏はどうやら、九二頁のイラストの㋬と㋣を描くにあたり、アジア・太平洋戦争開戦後に日本軍が占領した東南アジア住民と思われる色黒の男の子たちが描かれていないパターン一の㋬とパターン二の㋣の絵柄を敢えて選び出しているようなのです。つまり、日本人が「アイウエオ」を教え込み、日の丸の小旗を振らせた東南アジアの子どもたちの姿を切り捨て、支配者としてふるまう当時の日本人の姿を見えにくくしている。

こうした行為が意図的なものであることは、「このマンガがすごい！WEB」上に掲載されたこうの氏自身のインタビュー内容からも明らかです。こうの氏は、「特に気を使ったところ、創作するうえで難しかったところはありますか？」という質問に次のように答えています。

戦時中の思想です。今の世のなかでは通用しないもの、ある程度否定すべき要素が入っていますよね。そういう要素をなるべく入れないように作るのが難しかったです。たとえば『愛国イロハカルタ』は本物なんですよ。（中略）竹やり訓練のシーンでも、実際にはチャーチルの似顔絵とかを的にくっつけてやっていたんですが、

5　兼清順子「ミュージアムの収蔵品五六『愛国いろはかるた』」『立命館大学 国際平和ミュージアムだより』vol.21−1、二〇一三年八月二三日発行。

愛國イロハカルタ（パタ―ン２）
（出典）以下のツイッタ―より。
https://twitter.com/uroburo96/status/1161819803746570240

愛國イロハカルタ（パターン１）
（出典）脚注５の文献表紙より。

『この世界の片隅に（中）』92頁

そういうのを描くとこの戦争特有の要素が入る気がしたので、あえて描きませんでした。（中略）読者の方がもっと普遍的になるべく感情移入できるように、特定の国や人物を描かないようにしました（＊6）。

この発言では、敵国であったイギリスの首相チャーチルの例が挙げられていますが、東南アジアの子どもたちへの支配を彷彿とさせる場面もまた、

「今の世のなかでは通用しないもの」「戦争特有の要素が入る」という同じ理由によって消されたのでしょう（とはいえ、「アイウエオ」の黒板と島々の軍事占領を表す日の丸は描いているので、消し方が中途半端なのですが…）。しかしその一方で、すずや周作の日常生活や、後に時限爆弾で命を落とす姪の晴美の愛らしい姿は『愛國イロハカルタ』の中に細やかに描き込まれ、当時の庶民の暮らしをリアルに再現しているとの評価を得たり、幅広い年齢層の人びとからの共感を得ているわけです。作品の背後に上記のような作者の意図があるということは、よほど注意深く読まなければ気づくことができないでしょう。当時の日本人が他者に抱いていた差別心や敵愾心をそぎ落とし、身近な人びとを思いやる姿のみを描くことによって自閉的な日本人像が意図的に創り上げられていることに気づかず、こうの氏が望んだように感情移入した人も多かったのではないでしょうか（＊7）。

すずの「呉市民化」の過程を丁寧に描いた

三つめの仕掛けは、呉市民の中で相対的に弱い立場にあるすず（女性であり、江波から嫁いだよそ者である）を主人公とし、彼女が呉を「居場所」として選び、「呉市民」として受け入れられていく過程を丁寧に描いた点です。漫画に疎い私でも知っているほど有名な戦争漫画には、中沢啓治の『はだしのゲン』、水木しげるの『ラバウル戦記』『敗走記』、最近の話題になったものでは武田一義の『ペリリュー――楽園のゲルニカ――』などがありますが、いずれ

6　「劇場アニメ化決定記念！この世界の片隅に こうの史代 Special Interview」『このマンガがすごい！WEB』二〇一五年六月一二日掲載（https://konomanga.jp/interview/29799-2/2）。

7　川口隆行『原爆文学という問題領域』（創言社、増補版、二〇一一年）によれば、こうしたこうのの姿勢は、すでに『夕凪の街 桜の国』（双葉社、二〇〇四年）を発刊した時から見られたようです。「原爆スラム」の日常を穏やかなものとしてあたたかみのある筆致で表象化する一方で、「原爆スラム」のそこここに暮らしていた朝鮮人を消し去ったこうのの行為を、川口は「被爆都市の記憶の横領」であると批判しています。

も男性が主人公。女性は脇役としてしか登場しないため、私自身は、これらの作品世界に入り込むような感覚を覚えたことはありませんでした。他方で、『この世界の片隅に』では、主人公のすずはもちろんのこと、朝日遊郭で働くリン、義姉の径子など家父長制によって抑圧され、傷を抱えた複数の女性が登場し、彼女らの心の機微や女性同士の信頼関係の芽生えが丁寧に描き込まれているため、最初に読んだ時には、男性が描いた男性のための戦争漫画には感じることのなかった共感を覚えた記憶があります。しかし、登場人物に女性としての自身の経験を重ねるのではなく、一歩引いた位置から改めて読み直すと、すずをはじめとする女性たち――自分自身では境遇を変えることのできない弱い存在として、与えられた環境の中で楽しみを見つけ出し、周囲を和ませ、懸命に生きる「無害な」女性たち――のありようが、呉という町とそこに暮らした日本人の被害者としての側面を強調し、その軍事主義・植民地主義への加担者としての側面を意識的に不可視化しようというこうのの意図を象徴的に体現し、補強しているのではないかと考えるようになりました。例えば、下巻の八六頁はそれを象徴するシーンに思えます。時限爆弾の爆発から晴美を守ることができず、自らの右手も失い、「新型爆弾」の投下によって広島に暮らす実家の家族も全滅したかもしれないという不安を抱えたすずが、おもむろに高木に登り、爆風によって広島から飛ばされてきた障子の枠越しに被災した呉市街地を見渡しながら、「…あんたも広島から来たんかね。うちは強うなりたい。優しうなりたいよ。この町の人みたいに」とつぶやくシーン。絵の外側には「広島の被爆に対し、呉市は翌日から大規模な救助活動を行いました。そのため数千人の呉市民が二次放射能によって被曝してしまいました」との解説がなされ、すずが言う呉市民の「強さ」「優しさ」とは、爆撃を受けてボロボロに傷ついているにもかかわらず、それでもなお被爆地広島の人を思って救援に向かい、更なる被害を被ってしまったことを指すのだと示唆されます。もちろん、呉市民が広島で行った救援活動の意味と被害の重層性をきちんと受け止める必要はあります。しかし、その部分のみを切り取り、相対的に弱い立場に置かれていたすずに、日本社会や呉という地域社会の在り方を批判させるのではなく、むしろ丸ごと肯定させてしまうあたりに、「被害者としてのわれわれ（日本人）」を女性も含む国民的なレベルで立ち上げ、大きな共感を得たいという強い欲望を感じます。

以上をまとめると、『この世界の片隅に』は、これまでは日本帝国の加害を象徴する場としてタブー視されてきた軍都・呉の戦争被害をクローズアップし、同時に、当時そこに暮らしていた庶民を「帝国性を帯びない無垢な人びと」として描き出すことにより、日本帝国期の呉を「平和な町」として美化し、従来の評価を逆転させようと試みた作品であったと言えるのではないでしょうか。この作品を映画化した片渕須直監督の「自分としてはこんな風に平和だったんだよというくだりが気に入っているし、戦争の前にどんな平和やささやかな幸せがあったのかを大事にしたかった」という言葉に、この作品に関わった人たちにも共有されていたであろう、こうした指向性がよく表れています。

そして、私たちが真剣に考える必要があるのは、こうした物語を肯定的に受け止め、積極的に欲した人びとが日本社会の多くを占めたということでしょう。実際のところ、この作品にみられた〈日本の戦争被害の強調→帝国性の消去→「平和だった過去」の創出〉という現象は、他のさまざまな書籍・映像にも共通して見受けられます（＊8）。

戦争への強い関心の一方で不可視化されてきた植民地主義——南洋群島は「楽園」だった？

それでは、〈日本の戦争被害の強調→帝国性の消去→「平和だった過去」の創出〉という現象がまかり通る現状

8　最近の例では、ＡＩによって戦前の広島や長崎の写真をカラー化した庭田杏珠、渡邉英徳『ＡＩとカラー化した写真でよみがえる戦前・戦争』（光文社新書、二〇二〇年）を挙げることができます。『この世界の片隅に』映画版の片渕監督は、この本の帯に「すずさんの時代にたどり着きたいと思っていたら、ここにもタイムマシンを作ろうとする人たちがいました」との共感の言葉を寄せています。

をどのように乗り越えていったらよいのでしょうか。私はやはり、権赫泰・車承棋が鋭く指摘したように、私たちが生きてきた「戦後日本」という時空間は、日本の帝国性を意図的に「消去」することによって成り立ってきたのだという事実をしっかり見つめ、それぞれの場で「消去」された人や場所・出来事の痕跡を地道に辿り直していくしかないのだろうと考えます（＊9）。そこでここでは、私が研究している南洋群島を事例にこの問題を考えてみたいと思います。

「楽園」と名付ける植民者

日本社会において南洋群島が語られる場合にも〈日本の戦争被害の強調→帝国性の消去→「平和だった過去」の創出〉が行われてきました。南洋群島の中でも日米両軍による激しい地上戦が展開された島として知られるサイパンでの日本兵の「玉砕」や日本の民間人の「集団自決」（ただし「日本人」の約六割は沖縄出身者）は折に触れて想起され、衝撃的な出来事として記憶される一方で、それ以前に日本が南洋群島において行った植民地支配の実態や、サイパンとその南に位置するテニアンを占領した米軍によって、両島が日本本土の主要都市への空襲・原爆投下の拠点としても活用されたことは忘れ去られるか、軽視されてきました。

戦後日本においていち早く日本の南洋群島支配に着目し、先駆的な仕事を成し遂げたのは、『東京大空襲・戦災誌』を編集した人びとです。「空襲の研究者として日本本土を灰燼にしたB29を取材にいこう」とサイパンを訪れた彼らは、そこで日本人の過酷な戦争体験を知り、『萬歳岬の虹—玉砕島からの証言—』（時事通信社、一九七七年）をまとめます。このグループの一員であった石上正夫は、その後もサイパン・テニアンにこだわり続け、両島の先住民チャモロが日本統治時代に受けた皇民化教育を批判した『日本人よ忘るなかれ—南洋の民と皇国教育—』（大月書店、一九八三年）を残します。しかし、東京大空襲への関心を起点としながら、サイパン・テニアンの玉砕、さらにはチャモロの被支配体験まで遡って先駆的な仕事を行った石上でさえ、戦争とその遂行に加担した教育に対しては痛烈に批判する一方で、日本統治時代に関して総体としては「楽園であった」と肯定的に評価しています。地獄の様な戦場を語る行為が、それ以前の植民地の日常を楽園化する。『この世界の片隅に』と同様に、戦争被害の強調とそれ以前の帝国期の美化が表裏一体となっています。

写真１　南洋群島で撮影された徳村夫妻とその子ども（右側の三人、1940 年頃か）

それでは、南洋群島時代を「楽園」と言ってしまうことで何が見えなくなるのでしょうか。私が調査の中で知ることになった首里・那覇をルーツとする人びと（徳村家、湧稲国《わきなぐに》家、仲本家）の事例を紹介しましょう。ここで紹介する写真はいずれも、南洋群島で撮影した写真を沖縄に引き揚げた後も大切に保管されていた徳村（旧姓：湧稲国）光子さん（一九一三-二〇〇八）の娘・田鶴子さんと、光子さんの姪（妹の子ども）の湧稲国久子さん（一九二七年生）から複写させていただいたものです（＊10）。

9　権赫泰・車承棋（編）『〈戦後〉の誕生―戦後日本と「朝鮮」の境界―』新泉社、二〇一七年。

10　徳村光子さんの写真の一部と湧稲国久子さんのオーラルヒストリーは、それぞれ前掲拙著（二〇一六年）の三七〇-三七五頁と一九三-二〇〇頁に収録しています。

沖縄エリート出身者・徳村夫婦の場合

まず、**写真1**をご覧ください。真ん中に映っている女性が光子さんです。一九一三年に沖縄県首里区で泡盛酒造所を営む湧稲国家に生まれ、後にひめゆり部隊が結成されたことでよく知られる沖縄県立第一高等女学校を卒業。その後上京して東京女子専門学校（現・東京家政大学）で学び、一九三七年二四歳の時に南洋庁地方課勤務の徳村政雄さん（写真1の右端の男性）と結婚したのをきっかけに南洋群島へ移住し、二児の母となった女性です。琉球王国時代の士族層の血を引き、経歴からもわかるように当時の沖縄女性の中ではエリート層に位置していました。夫の政雄さんも、光子さんと同じく首里の泡盛製造所を営む家に生まれ、上京して拓殖大学で学び、南洋庁に就職するというエリートコースを歩んだ人でした。南洋群島に渡った沖縄出身者の中で、徳村夫妻のような恵まれた人びとはごく少数に限られました。

南洋群島の沖縄出身者は、第一次世界大戦後の糖価暴落を直接の起因とする長期不況（いわゆる「ソテツ地獄」）から逃れるために、体一つで県外へ就業の場を求めざるを得なかった生活困窮者であり、北マリアナ諸島（サイパン・テニアン・ロタ）で大々的に製糖業を行っていた南洋興発㈱のサトウキビ農場の農民や製糖工場労働者になったり、パラオ諸島を拠点に鰹節製造を行っていた南洋興発の子会社・南興水産㈱に原料鰹を売る鰹漁民になるなど、ほとんどが肉体労働者であったからです。もちろん、徳村夫妻が実家の家業である泡盛製造所を継がなかったのは、長期不況と酒税法の改正（泡盛に対しても本土の焼酎と同等の税が課された）による泡盛製造業全体の不振が影響していたようですが、そうした中でも帝国の中心である東京で学歴を積み、帝国の周辺でそうした経験を生かせる位置に登り詰められた点で、他の沖縄出身者とは大きく異なります。太陽の光が燦燦と降り注ぐバナナの葉の下に立つこざっぱりとした若夫婦の姿からは、新天地の「成功者」としての余裕や、これからの未来に対する希望のようなものが感じられます。

ただ、こうした「幸福」な日々はたった七年しか続きませんでした。戦局の悪化を受け、一九四三年末〜一九四四年の初めには、日本軍から食糧増産に寄与できない地域（マーシャル・東カロリン諸島や北マリアナ諸島の市街地）に暮らし、戦闘の足手まといにしかならないと判断された幼老婦女子（日本人）に対して、引揚命令が出されたからです。これにより、当時テニアン島に暮らしていた光子さんは、南洋庁サイパン支庁ロタ出張所に単身赴任していた夫を残し、息子二人と親戚の子ども一人を連れて引揚船に乗り込むことになりました。後に光子さんは、荒波に揉まれ、米軍の潜水艦攻撃を避けながら命からがら「本土の土を踏む」までの体験を次のように記しています。

船は大洋に出ると予想以上にゆれ、早くも大人達は船酔いをする人が殆どで、子ども達も船酔いと環境の違いに脅えてか大声をはり上げて泣き出しました。このような状態がしばらく続いたある日、大時化が襲来し、梯子入口からどっと押し寄せて来た怒濤をもろに被った船室は潮水びたしになり、船体が上下左右にゆれる毎に私達は重り合って右へ左へと転がり、「にわかトイレ」からはコットンコットンと汚物が所かまわず私達の上に飛沫となって散る始末で、まるで地獄絵そのものでした。（＊11）

その後、横浜、東京、愛知、大分での疎開生活を経て終戦後に沖縄へ引揚げた光子さんは、変わり果てた故郷・首里の姿を目の当たりにして衝撃を受け、子どもの教育のために本土で暮らそうとの考えを振り払って、夫と共に「未亡人」女性のための洋裁学校を設立します。

11　徳村光子「戦時下のクリスチャン生活」那覇市企画部市史編集室（編）『那覇市史 資料編3巻7 市民の戦時戦後体験記⑴戦時編』那覇市役所、一九八一年、四八頁。光子さんは戦前首里に暮らしていた時から、姉と母の影響を受けてキリスト教を信仰していました。この手記は、光子さんが東京に滞在していた一九三〇年代半ば頃から奄美や沖縄の教会が憲兵によって弾圧されるようになったことにもかなりの頁を割いています。日本国内で教会への弾圧が強まっていたことも、光子さんが南洋群島に渡航した理由の一つだと考えられます。

写真２　サイパン島のチャモロの家族と（右端が光子さん。同様にチャモロの衣装を着ている少年の左横は沖縄出身女性。チャモロ女性と衣服を交換している。1934年頃）

緑豊かな首里の丘もなく、見渡す限り破壊され見る影もない瓦礫の街と化した故里、愛する同胞達の悲愴な戦死、また祖先が命をかけて築き上げた文化遺産の破壊、なんたる惨禍でしょう。私は戦争のみにくさ、人間のおろかさをいやというほど心にたたきつけられ、悲憤慷慨やる方なき思いでいっぱいでした。「若い僕達が今沖縄を出れば誰が復興に尽くすか」といった主人の言葉が痛いほどに心に響いて来ました。（＊12）

チャモロ女性と光子さんのあいだ

もしも、光子さんの南洋群島経験を以上のように紹介し終えるならば、「楽園から地獄へ」というこれまで語られてきたストーリーをなぞってしまうことになるでしょう。しかし、光子さんが残した写真の数々をより子細に読み込んでいくと、そうしたストーリーと齟齬をきたすようなまなざしに出会います。**写真2**をご覧ください。これは、光子さんがまだ東京に住んでいた頃に母親の付き添いでサイパン旅行した際に撮影されたものです。撮影された場所はサイパン島市街地に暮らすチャモロ人家族の石造りの家の前。興味深いことに、右端に映る光子さんと少年を挟んで左側に立つ光子さんの友人の沖縄女性はチャモロ女性の正装を着ており、左端に立つチャモロ女性は着物を着ています。チャモロ女性と光子さんの間には、お互いのオシャレ着を交換して記念撮影をするような親密な関係性があったことが分かります。一九八八年に日本の南洋群島支配についての先駆的な通史“*Nan'yo*”（未邦訳）（＊13）を記したマーク・ピーティによれば、一九三〇年代の南洋群島には「日本人（大和人を指す）」を頂点とし、現地住民（「島民」と呼ばれて蔑視されていた）を底辺に置く帝国のヒエラルキー（一等国民「日本人」、二等国民「沖縄人」「朝鮮人」、三等国民「島民」）が形成されていたとされますが、この写真からは、光子さんやその友人が、北マリアナ諸島の先住民であるチャモロを「島民」と呼んで蔑視しているような様子は窺えません。光子さんの姪である湧稲国久子さんへの聞き取りによれば、沖縄の女性たちはむしろ、チャモロ女性に羨望を抱いていたと言います。一九三九年に設立された南洋庁立サイパン高等女学校（前身は一九三六年に設立された愛国婦人会立南洋家政女学院）に通っていた久子さんとその友人の真栄城光子さんは、成績優秀であったために日本人用の高等女学校への進学を許されていたチャモロ人の同級生ロサ・デアスがいかに優れた知性の持ち主であったかを語り合った後、次のように続けました（＊14）。

真栄城光子さん：これが上手、ピアノ。音楽の時間はね、先生のあれ（手伝い）したり。自分のおうちにね、ピアノありましたもん。いい暮らししていましたよ。

湧稲国久子さん：遊びにも行ったさ。えぇ、いいね、ピアノもあるねって言って。とにかくね、洋式でしょう？ ベッドもあって。

12　同上。
13　Mark R. Peattie, *Nan'yō : The Rise and Fall of the Japanese in Micronesia, 1885-1945*, University of Hawaii Press, 1988.
14　拙著、二〇一六年、二〇六頁。

写真３　ヤップ島の住民と夫の政雄さん（1930年代後半～40年代前半）

ところで、なぜチャモロの人びとは写真のように西洋風の面立ちをして洋服を日常着とし、二人の女学校生が語ったようにピアノやベッドを備え付けた石造りの洋館に暮らしていたのでしょうか。それは、スペイン時代に強制的なカトリックの布教政策に抗ったために宣教師やスペイン軍に多くの同胞を虐殺され、結果、かろうじて生き残った人びとは、スペインの混血政策・同化政策に従わねば生き延びられなかったからです。写真に見られるようなチャモロの西洋的な風貌や暮らしぶりはこうしたスペイン時代に受けたいわば傷跡のようなものですが、光子さんや久子さん、真栄城光子さんたちは、西洋列強の生活様式を「文明的」とする世界的潮流の中で、それらに憧れを抱くようになったようです。他方で、南洋庁や南洋興発の経営者など支配層は、こうしたチャモロの存在をあまり表に出したがりませんでした。「島民」はあくまでも「野蛮」で「劣等」な「土人」風でなくてはならず、日本人より「文明化」された存在であってはならなかったからです。

沖縄人エリート層の帝国意識の内面化

当時の南洋群島の日本人が盛んに発信したがったのは、写真2のような関係性ではなく、**写真3**に見られるような関係性でした。これは南洋庁の地方課に勤務していた光子さんの夫・政雄さんがヤップ島に赴任していた時に撮影したと思われる写真です。南洋庁の真っ白な制服を身につけ、「支配者」然として中央に立つ政雄さんの姿、そしてそれを撮影させた事実からは、日本人エリートだけでなく沖縄人エリート層もまた、自らを優位に置き、植民地住民を劣位に置く帝国意識を内面化していたことを見てとれます。加えて印象的なのは、政雄さんに半ば背を向け、カメラから目をそらしたヤップ島男性の姿、左端の女性の不安げなまなざしと身構えです。私には「誰にとっての楽園か?」と問うているように見えます。

それでは、政雄さんにとってこうした状況は「楽園」と言えるものだったのでしょうか。**写真4**を読み解きながらこの点を考えてみたいと思います。この写真の撮影場所は不明ですが、両脇の柱に書かれた「期せよ長期建設」「祝武漢三鎮陥落」という文字から、日本軍が中国大陸の武昌・漢口・漢陽の三主要都市を攻め落としたことを祝う南洋庁職員の記念写真であることが分かります。後列右から四番目の政雄さんは、この時も支配者の一員としての自己を誇りに思っていたのでしょうか。この写真に写っている部分だけで判断するならば、そうであったように見えます。

しかし、私は、ある手記に出会うことによって、この写真はより注意深く読み解かなければならないと考え直すようになりました。その手記とは、ある沖縄出身男性がサイパン島の小学校五年生だった時の体験を想起したものです。ちょうど写真4が撮影された一九三八年のことです。少し長いですが、とても重要な内容なので引用します。

写真4　「武漢三鎮陥落」を祝う南洋庁職員(1938年10月末頃)

小学校五年のある日の午後、教室に残っていた、男・女生徒の間で、言い争いになった時、一人の女生徒が、沖縄人は支那人だ、言葉も支那人みたいだと云われたので、わたしがその女の子を、ぶってしまったのです。当時は支那事変の真最中であり、敵国人と、同一視された悔しさで泣かせてしまった。ところが、その相手がわるいことに、駐在所の、お巡りさんの、お嬢さん、だったのです。当時は子供が泣き出すと、『あれ、巡査がくるぞう』と言って、おどかして、泣きやましたくらい、恐れられていましたから、ことは大きくなって、翌日、先生に呼び出されて、お叱りをうけたので、私が抗議すると、先生まで、沖縄の祖先は、支那大陸から、渡ってきた説もある、と云ふので、逆に、私が泣き出してしまったことがありました。今ならば、ルーツを求めて、あまり気にならないことだが、当時の子供心には、大変、ショックでした。このことが切っ掛けになり、馬鹿にされたくない一心で、勉強をするようになり、言葉づかいも、標準語を正しく話すように努力したので、内地の人より、上手になったと思ったものです。あの時の、お巡りさんの、お嬢さんに、感謝して居ります。この様なことは、私一人ではなく、沖縄から、南洋へ行かれた皆さんが、標準語が、上手に使えるのは、私と同じように考えて努力されたからだと思います。当時の植民地では、内地人と沖縄人と区別されて呼ばれて、沖縄人の地位の低さを表現していました。このような環境から、発憤して、沖縄人に、すばらしい、人材が輩出して、戦後の沖縄の復興の担い手となり、活躍なされた、南洋帰りの、数多くの方々が、現在、各界において、要職にあって、その敏腕を振るって居られることは何んとも頼しい限りであります。

この文章からは、日中戦争期に南洋群島に暮らしていた沖縄の人びとがどのような恐怖の中に置かれ、どのようにして「立派な日本人であるように」駆り立てられていったのかが伝わってきます（＊15）。しかも、政雄さんの場合には、琉球王国時代から中国と密接な関係性を築いた歴史経験を持つ旧首里士族です。「立派な日本人であろう」とする彼には、日中戦争開戦以降は特に、沖縄の人びとの容姿や立ち居振る舞いを監視し、「敵国人」であった中国人や中国文化との接点や共通点を探ろうとする同僚や上司のまなざしが張り付いていたのではないでしょうか。日本軍が中国大陸で戦線を拡大していく過程と、南洋群島の支配層が沖縄の人びとをも駆り立てながら植民地支配体制を確立していく過程が複雑に絡まり合って展開していたことが分かります。

15　政雄さんが体験した状況は、冨山が『暴力の予感』において問題にした関東大震災時の比嘉春潮と友人の体験を思い起こさせます。自警団から「朝鮮人だろう」「ことばが少し違うぞ」と問われた比嘉と友人は、「ちがう」「日清日露のたたかいで手柄を立てた沖縄人と朝鮮人をいっしょにするとはなにごとだ」と答えることによって結果的に難を逃れるという体験をしました。冨山は、こうした事態を指して沖縄も朝鮮も同じ植民地だといった類型論を展開するのではなく、沖縄および沖縄の人びとを、常に「殺されるかもしれないという冷汗握る状況に宙吊りにし続ける暴力こそを問題化し、それを言語行為によって回避しようとする人びとのギリギリの賭けを読み取らねばならないと指摘しています。冨山一郎『暴力の予感―伊波普猷における危機の問題―』岩波書店、二〇〇二年、一一－一二頁および六六－七四頁。

写真５　テニアン島のタガ遺跡前で（少女は光子さんの姪の久子さん、手前三人はカロリンの諸島からの移住者、1936年頃）

消しさられた他者とその傷跡

最後に、テニアン島で撮影された写真5を紹介して終えたいと思います。先にも述べたように、日本社会において、テニアンはサイパンと同様に日本の民間人を巻き込む激しい地上戦のあった島、広島・長崎に原爆を投下したB29が飛び立った島としてしか知られてきませんでした。テニアンの「戦争」に着目した著作や報道は、例えそれが日本人の支配層の戦争責任を厳しく問うものであったとしても、戦争以前の時代を「楽園」であったとし、その内実を問うてこなかったのです。

しかし、この写真には、そうした語りによって消し去られてきた他者たちが凝縮して映し出されています。中央に帝国の少女然として立つ久子さんは、「標準語を正しく話すように努力した」体験を綴った少年と同世代です。私が聞き取りに伺った時、久子さん自身は自らの被差別体験を語ることはありませんでした。しかし、今思うと、テニアンでの幼少期の思い出や、サイパン高等女学校の思い出を話してくれた時の彼女の「美しい丁寧な日本語」が、彼女を含む沖縄の人びとの「内地人」からの被差別体験を物語っていたように思われます。

彼女の手前に立つ三人の若者は、もしこの島がテニアンだと知らずに見るならば、背後に聳える巨大な石柱遺跡を築いた島の住民が写されたのだと思われるかもしれません。しかし、実際にこの石柱を築いたタガ一族を祖先とするテニアンの先住民チャモロは、ここに写る若者たちの在り方とは全く異なって、スペイン時代の虐殺・同化政策の結果西洋風の風貌と生活様式を身につけていたのであり、ここでは見えない存在になっています。

それではこの若者たちは誰なのか？推測の範囲ではありますが、サイパン・テニアンには、スペイン・ドイツ時代にカロリン諸島を襲った暴風雨から逃れて来た人びとの集住地があったとされることから、この若者たちはカロリン諸島からの避難民の末裔であると思われます。若者たちは、「南洋の支配者としての暮らしぶり」を故郷の親族に見せたい移民たちの要望に応えて、石柱遺跡とはなんの縁もゆかりもないにもかかわらず、しぶしぶ「文明的な日本人に支配された、先史時代から変わらない暮らしを続ける南の土人」のように振舞ったのでしょう。左端で苦笑いする青年は、そうした「演出」を見透かしているように見えます。

この写真には、戦後日本社会が南洋群島を「楽園」とする語りを普及・再生産させることで「日本史」から消し去ってきたさまざまな他者とその痕跡だけでなく、見ないように蓋をしてきた自己の姿をも映し出していると言えるのではないでしょうか。

おわりに——広島で培われてきた議論をさらに開くには

今回私は、加納実紀代さんから受け継いだ蔵書をもとに資料室を開設するためのプレ・イベントとして開かれたこの連続講座の他の方々の報告を理解するため、そして自身の報告をまとめるために、加納さんの著作をはじめてじっくりと読む時間を持ちました。そして、次の三つの感想を得ました。

まず、加納さんが「銃後の女性」について論じられたものの中で繰り返されていた、「(日本の女性たちは加害か被害か)どちらかひとつの立場ではなく被害者でもあり加害者でもある、つまり二重性がある(ことを引き受けなければならない)」(＊16)という主張や、「(被爆者である自分は)被害者であることは確かだけど、一方では原爆が落ちたときのアジアの人たちが『ざまあ見ろ、これで解放される』と思ったという話を聞くわけです。この『被害と加害の二重性』という方が、たんなる被害者であるよりもよっぽどつらいなぁ」(＊17)と気づいていくプロセスにつ

16 加納実紀代『ひろしま女性平和学試論—核とフェミニズム—』家族社、四八頁。
17 同上、五六頁。

いては、支配と被支配の狭間に置かれた南洋群島の沖縄の人びとの両義的な位置を理解する上でも非常に重要な指摘だと思いました。報告の中で扱ったように、薩摩侵攻、琉球処分、同化政策と次々と沖縄を植民地化する政策が実施される中で、なんとかよりよい暮らしを得たいと願った沖縄の人びとを、ミクロネシア（南洋群島）の人びとを虐げる側に仕向けて行った暴力を直視しなければならないと考えてきたからです。

同時に、広島で培われてきた戦時の日本女性の被害／加害をめぐる極めて重要な議論が、『この世界の片隅に』では全く参照されもせず、むしろ加納さんの議論の逆をいくように日本女性を犠牲者化することによって幅広い人びとに受け入れられたという点に、危機感も感じました。かくいう私も、高雄さんに出会うまで家族社やひろしま女性学研究所を核として積み重ねられてきた議論や加納さんの著書にきちんと触れたことがなかったわけですが、女性も含めた日本社会全体の加害性を引き受けていくべきだという主張が、なぜ広く社会の共通認識とならなかったのか、改めて考えないといけないのだろうと思います。

三つ目に、これまで広島で蓄積されてきた議論は、「戦争」を主題化する一方で、「植民地」の問題を後景化する傾向があったのではないかと感じました。「戦場の男性（兵士）」のみしか見えなかった状況から、加納さんは「銃後の女性」へ、女性史・ジェンダー史研究・フェミニズムを足場とする人びとは「従軍慰安婦」へと戦争にかかわる議論の場を大きく広げてこられたわけですが、今後は戦争に関わる議論を、植民地支配・植民地主義の問題（つまり、日常の問題）へとさらに開き、『この世界の片隅に』が「平和な日常」として描いた日々の内実を問う必要があると思います。その際には、アジアだけでなく、今日取り上げた旧南洋群島の人びとに対する支配もきちんと視野におさめるべきでしょう。日本人の被害のみを強調する視点から語られてきた、沖縄と同様の悲劇的な地上戦があった島、原爆を投下したB29の出撃拠点となった島という見方をどのように乗り越えていけるのか、広島にかかわってこられたみなさんと一緒に考えていきたいと思っています。◇

川口隆行

〈この世界の片隅に〉現象をどう考えるか

植松報告、森報告を受けて

川口です。よろしくお願いします。

植松さんと森さんが大変精緻な報告をされて、いろいろ勉強になりました。植松さんの江波の話、僕もなんとなく知っていたこともあるのですが、詳しいことは良く知りませんでした。森さんの報告にあった呉の問題と南洋の語り方、両者に共通する語られない出来事の指摘は、とりわけ重要だと思います。

私はコメンテーターという立場で話をいたします。事前にお二人の資料をいただいていたので、そこから私が展開できそうなものを話題提供するつもりです。今日のお二人の発表は、いわゆるテキストに何が書かれているのか書かれていないのか、あるいはテキストにあるわずかな痕跡から歴史をどのように考えるのか、といったテキストに即した議論だったと思います。作品の表現をきちんと論じることは重要ですし、私もそこにこだわる人間なのですが、一方、現象として考える場合、作品が受容される社会的状況との繋がりを考える必要もあるでしょう。そのような立場から少しお話ししたいと思います。

〈この世界の片隅に〉現象の前史について

いきなり私事で恐縮ですが、一九九〇年代の終わり、博士論文がなかなか提出できずにいた時期がありました。良いものを書こうとすればするほど最初に設定した問題の枠組みに飽きてしまったこともあり、いろんな意味で「病んだ」大学院生活を送っていました。目が覚めたらコンビニか本屋に行って漫画を立ち読みして一日が始まるという生活でしたが、その頃読んでいた漫画に、セキセイインコと主人公の女の人の四コマ漫画がありました。ささいな日常の出来事を題材にした一見ほのぼのとした漫画でした。それがこうの史代の「ぴっぴら帳」でした。鬱々とした院生生活にいやしをもとめていたのかもしれません。穏やかな物語なのですが、インコと主人公の二者間でほぼコミュニケーションが閉じられているこの漫画の世界も、考えて見れば自閉的といいますかある種の闇が潜んでいたともいえ、私はそこに共鳴したのかもしれません。

その後、二〇〇三年秋に、こうのは広島原爆を描いた「夕凪の街」を発表します。その頃、私は博士論文を提出し、台湾の大学で働いていました。すぐには読めなかったので、友人に買ってもらい、冬に帰国した時に読んだのですが、連載開始とともにインターネットの掲示板2ちゃんねるなどで大変盛り上がっていました。2ちゃんねるに週刊漫画アクションスレッドが出来ていて、大量の書き込みが続いているのです。どんなにすごい漫画なのかとワクワクして帰国したのですが、まあ普通に面白かったです。そもそもこうの作品は、インターネットとか、『この世界の片隅に』を映画化した際に使ったクラウドファンディングのように、新しいメディアとか新しい資金集めの手法などと非常に親和性が強いのが面白い点だと思います。

インターネットの反響もあってか、「夕凪の街」の続編である「桜の国」も発表、単行本『夕凪の街　桜の国』が発売されます。単行本は各種漫画賞の締め切りに間に合ううまいタイミングで刊行されており、二〇〇四年度文化庁メディア芸術祭マンガ部門大賞を受賞します。これで一躍こうのは広く認知されるわけです。

文化庁メディア芸術祭贈賞の際には「「戦争を知りようがない世代にとっての戦争の影」を見事に描き出している。父母から子の世代への願いや受け継がれる記憶や価値観の微妙な違いをいとおしく綴って、力強いメッセージ性を持ちつつも、押しつけがましくならずに読者の受容を喚起する、独特の表現方法に感服した」という評価を与えられます。『夕凪の街　桜の国』は、右は産経新聞や小林よしのりの「わしズム」、左は朝日新聞や「アカハタ」といったように、右派からリベラル、左派に至るまで絶賛されます。この漫画の評価については、まさに翼賛ムードだったのを今でも覚えています。そしてすぐに手塚治虫文化賞新生賞を受賞、さらに映画化、ドラマ化され、ノベライズ化もされ、各言語に翻訳されていきました。翻訳に関しても面白いことがあって、韓国語版では序文が日本語版とは微妙に異なるといったこともありましたが、ここではこれ以上は言及しません。こうした一連の動きを見ますと、作家の才能もあるのでしょうが、編集者を含めた出版社が、かなり周到に作品のテーマ選択や販売に至るまで、プロモートしていたようにうかがえます。それは、映画化においても同様のことが言えるように思います。

賞賛が大勢でしたが、私は大田洋子の小説、『夕凪の街と人と』と『桜の国』のタイトルを借用していたことに若干引っかかりを覚えました。もちろん使うこと自体に問題はないでしょう。『夕凪の街と人と』は一応参考文献としても挙がっています。では文学研究者として何が気になったかと言えば、こうのが大田の作品の何に目を向けたのか、そして何に目を向けなかったのか、あえて避けたのかといったことです。

私は大田洋子『夕凪の街と人と』を戦後広島の複雑な様相を描き出した作品として高く評価しています。この小説は、副題に一九五三年の実態とあるように、一九五三年の広島の、特に基町を小説家の小田篤子という人が歩いてルポジュタージュする形式を採用します。小説の冒頭近くで、小田篤子は、自分が歩いている場所について、朝鮮戦争が始まった一九五〇年の頃大勢の朝鮮人が集まって住んでいたことを回想します。回想する小説内の時点、つまり一九五三年にはその朝鮮人の集住地区はなくなっているのですが、それは朝鮮人がいなくなったのではなく、基町全体に拡散しているわけです。そういう基町を歩き回りながら、主人公は朝鮮人被爆者、朝鮮戦争を機に密航してきた朝鮮人、満洲からの引揚者などと出会っていきます。

大田の作品などを意識して、『夕凪の街　桜の国』を読み直してみると、やや不思議にも思うのです。そこには朝鮮人の痕跡すら描かれていないのです。大田の小説は、朝鮮人が存在するのが当たり前であり、主人公がそのような「他者」とどのように出会うのか、すれ違うのかが重要なテーマでもあるのですが、それをこうのは描かなかった。こうのは、昭和三〇年代の日常の様子とか風俗をものすごく丁寧に描きます。一見これが歴史的事実かのように描きますが、一方でそこにあえて描かないものがあり、丁寧に細かく描くことと荒く描くこと、あるいはまったく描かないことが巧妙に選別されています。以上のことは、二〇〇八年に出した『原爆文学という問題領域』で論じていますので、興味がある方は読んでみてください。

『この世界の片隅に』にある朝鮮人イメージから何を考えるか?――植松報告を受けて

植松さんの報告を受けて、一点に絞ってお話しします。この講座は「ジェンダーと植民地主義」ということなので、やはり先に触れた朝鮮人イメージの問題について考えてみましょう。植松さんが報告で示された太極旗が描かれるシーンです。原作では「ああ暴力で従えとったという事か　じゃけえ暴力に屈するという事かね　これがこの国の正体かね　うちは知らないまま死にたかったなあ」というセリフが太極旗と一緒に描かれます。インターネットのファンクラブの掲示板などを見ますと、このシーンが雑誌に発表された時期、こうの本人が書き込みをしているので分かるのですが、日本の敗戦をどう描くかという事を彼女はかなり考えてナーバスになっていました。編集者ともいろいろ相談していたはずです。

また大田洋子の話に逸脱しますが、『夕凪の街と人と』には、一九五三年の時点から三年前の一九五〇年の出来事を思い出し、さらに敗戦時の出来事を思い出すシーンがあります。そこで大田は、こんな書き方をします。日本の敗戦の際、「旗と幟とプラカードを押し立てている朝鮮人が〝朝鮮独立万歳〟と叫んでいる」のに対して、「ほんとに独立できると思っているの、心の中で篤子はそう思い涙ぐんだ」と。つまり大田洋子本人もそうだったと思うのですが、作品内の登場人物も必ず日本は勝つと信じ、負けるとはゆめにも思わなかった。なのに、朝鮮人たちが独立と騒いでいるわけで、それを不快にも、悔しくも思っているという箇所です。差別感情が吐露されるのですが、それだけを取り立てて批判すべきとは考えません。そうした感情は、敗戦の時のリアルな日本人の意識の典型かもしれないからです。そして注目すべきは、この小説は一九五三年の時点で、「あの時こんな感情を抱いた」ということを回想することで、敗戦時の自分を批評的に位置づけなおそうとしていることにあります。ちょっと手が込んでいる仕掛けとなっています。

そうした表現を念頭におくと、『この世界の片隅に』の太極旗のシーンはあっさりしているなというのが正直な印象です。もしも、大田洋子のような描き方をしたならば、主人公のすずは太極旗を見てもっと複雑な表情になったでしょう。朝鮮人に対する差別への気づきだけではなく、もっと言語化できないような感情を抱いたと考える方がリアルな気がするのです。

冒頭で述べたセキセイインコとの日常を描いた「ぴっぴら帳」以来、これは評価していることですが、こうのは穏やかな日常に潜む女性の生きづらさに一貫してこだわってきたと私は考えています。正確に言えば、女性の生きづらさなのか彼女個人の生きづらさなのか分かりませんが。

『この世界の片隅に』では、主人公のすずを苦しめているのは「家」です。彼女を苦しめているのは自分が「産めない」女性であるということです。それが負い目となり、プレッシャーとなっている。すずにとっての大きな抑圧はここにあります。そういう点で、『この世界の片隅に』は、何が女性を苦しめているのかという問題を上手に描いています。

その一方、女性を苦しめている社会制度への批判はおもだってはなされません。すずは、軍国女性として精一杯生きることで「家」のなかで居場所がないことを埋めようとします。ある意味、当時の「普通」の女性なのです。ただし、「普通」であろうとすることと同時に「普通」とは言い難い女性との交流、つまり娼妓であったリンとの交流が描かれる遊郭のシーンがあったりするのも面白く、過剰な漫画だとは思います。ちなみに二〇一六年の映画ではこの遊郭の話はカットされています。

太極旗のシーンは、すずのこれまで正体不明だった鬱屈した感情が爆発する箇所とも言えます。ですが、「この国の正体かね」とか「暴力に屈するという事かね」とか、これまでの作品で描かれてきたすずのキャラクターからすると、こうした言葉を発するというのはとても不自然にしかおもえません。そもそも、すずという人物は、こうした言葉や語り方をもっていない人物として造形されてきたからです。自分を束縛し、抑圧する「家」の内部で、「普通」の軍国女性として一生懸命生きてきた。このシーンに至るまで、「国の正体」「暴力が」などという言葉は彼女の口から発せられません。それがここで唐突に出てくる。登場人物の造型からすると破綻です。では、破綻させてでも、このようなシーンを挿入したかったとすればそれはなぜなのでしょう。

これはすずの言葉というよりは作者の言葉でしょう。こうのが作品の統一を壊してでもどうしても何かの形で持ち込みたかった言葉なのです。それはもしかしたら戦後という時代における「普通」の言葉としての「戦争してはいけません」「暴力はいけません」です。このシーンや台詞については、植松さんもこだわっておられたように、いろんな人が戦争や植民地主義への言及がある、こうのは『夕凪の街』からヴァージョンアップしたなどと言われたりしますが、別の見方をするならば左派やリベラルを納得させるアリバイとして機能したのだろうと思っています。

すずを苦しめた暴力は、直接的には「家」の問題です。もちろん「家」と国家の連続性は前提なのですが、暴力の所在を名指すとするならもう少し身近なところへの言及、「産めない」女性の居場所がない「家」の問題に言及しなければならなかったのではないでしょうか。それをひとっ飛びに「この国の正体」みたいな話で言ってしまうことは、結局のところすずを苦しめてきた問題についての名指しの失敗であり、それを隠すための肩代わりになっているのではないでしょうか。

植松さんは映画版やドラマ版がどんどん内向きになっているというか植民地主義への反省的な視点が消えていると言われましたが、僕はむしろ原作の登場人物の論理から言うと、映画版やドラマ版の方が登場人物の一貫性を維持しているように考えています。原作の登場人物に合わせるならば、あのシーンは植松さんが映画やドラマ版で指摘したような発言にした方が不自然ではなく、つまり原作の根底に流れる論理に近づけたのが映画・ドラマなのではないでしょうか。

もともと原作に「改変」される余地があったのです。そもそもあのシーンの改変を考えて、作者がそれに不満だったら、映画やドラマの制作者に抗議すればいいのです。こうのはそういうことは一切発言しません。自分の手を離れたら作品は自由に受容されていいと考えているのかもしれませんが、どう読むかは自由にしても、映画・ドラマが原作とする限り、自分の意図と違う改変があれば作家としてそれは抗議することも自由です。ですから、そのような態度を示さない以上、彼女は映画やドラマのこのシーンの改変にある意味納得しているのではないかというのが私の見立てです。

こうの史代の「普遍」へのこだわりをどう考えるべきか？——森報告を受けて

森さんの報告の一部に反応して、こうの史代の「普遍」へのこだわりについて考えてみたいと思います。やはり時期を遡りますが、『夕凪の街　桜の国』が出たときに『週刊金曜日』に山口泉さんの書評が掲載されたことがあります。かいつまんで言うと、『夕凪の街　桜の国』は、平和というのを平板に語っていて細かいところを見ていない。漫画として評価すべき面白さもあるが、ナショナリズム的なものに近づく恐れがあるといった内容でした。私はとてもうなずく点の多い書評でした。ところが、こうのは、この書評について「山口さんの文章で意外だったのは実は日本に暮らしながらこの国を好きでない人がいるという事でした」といったことをファンクラブの掲示版に書き込みします。私としては、こうのという人はそんなことを意外に思うのかと少し驚きました。もちろんこうのの発言は真面目にそう思っているから言っているというよりは、山口さんの真正面からの批判を茶化して、ズラそうとしているのかもしれませんが。

また、『夕凪の街　桜の国』が映画化されたときに、こうのは「おばあちゃんの思い出と重なる昭和の懐かしさ」などといった発言をしています。「後世に伝えたいのはおばあちゃんが使っていたような美しい日本語」だとも。個人的にはそのような思いを抱いていても構わないと思うのですが、一方で昭和という時代に「美しい日本語」というのがいかに抑圧的に植民地や占領地の人々に働いたか。日本語がうまくない、発音がこなれていないことを理由にいかに不当な差別が行われたか。私などは「美しい日本語」が昭和という時代にどう働いたのかということを考えるのです。次の引用は森さんも言及していたのですが、重要なので読みあげておきます。

今の世のなかでは通用しないもの、ある程度否定すべき要素が入っていますよね。そういう要素をなるべく入れないように作るのが難しかったです。たとえばこの「愛国いろはかるた」は本物なんですよ。（中略）竹やり訓練のシーンでも、実際にはチャーチルの似顔絵とかを的にくっつけてやっていたんですが、そういうのを描くとこの戦争特有の要素が入る気がしたので、あえて描きませんでした。（中略）読者の方がもっと普遍的になるべく感情移入できるように、特定の国や人物を描かないようにしました（『このマンガがすごい！WEB』二〇一五年六月一二日の発言）。

戦争中、竹槍訓練はチャーチルとかルーズベルトとかの似顔絵を貼って突き刺していました。だが、こうのは、竹を突く人を正面からは描くけど、誰に向かって突いているのかは描かない。竹槍のシーンを描いているように見えて、敵は描かない。つまり細かく当時の風俗を描いているように見えて、実は何かを描かない。この発言は、そのことを確信犯でやっていますと自分で種明かしをしていることになります。

さらに重要なのは、彼女はなぜそのようなことをするのかと言えば、敵が「アメリカ」や「イギリス」、あるいは「中国」であると明確に描いてしまうと、「普遍」性を失ってしまい現在の読者には感情移入できないからという点です。ここで思い出すのは広島原爆犠牲者慰霊碑文「安らかに眠って下さい／過ちは／繰返しませぬから」です。この碑文については長い論争の歴史があるのは有名です。あえて誰が過ちをしたのか強調しない碑文が、憎しみや分断を超えて新しい共同体をつくる可能性があるという考え方ができます。一方、歴史の個別性を忘却することで、誰がどのような立場からどういう場面で過ちを犯したのかあまり考えずに済ませる恐れもあります。なんとなく漠然と過ちを繰り返しませぬからと言うだけで、抽象的な思念のうちに現実の複雑さを閉じこめてしまう力があの慰霊碑にはあるでしょう。広島の慰霊碑碑文の歴史とは、おそらくこうした可能性と危険性の狭間において、我々はどう生きるのかという葛藤の歴史でもあったのかもしれません。ちなみに最近の私はあの慰霊碑の前に立つと虚しさを感じずにはいられません。七六年たって私たちは何度過ちを繰り返してきたのだろうかと思うからです。

『この世界の片隅に』は戦中と戦後を切れ目なくつなげて、昔も今も変わらない「普遍的」な日常を語り出すことで、多くの読者にとって受け入れやすい作品となっています。

「復興」あるいは「レジリエンス」という言葉の浸透

話がやや飛躍しますが、二〇一一年の震災以降に日本社会で語られた「復興」を考える際に、特に重要となるのが「レジリエンス」（resilience）という言葉です。日本語にあえて訳すならば「回復力」や「適応力」となりますが、もともとは物質が外力（stress）による歪みを撥ね返す力を意味する物理学や工学の用語でした。その後、精神医学、臨床心理学の領域で進展したトラウマ研究の中で盛んに使われるようになります。様々な暴力によるトラウマ（心的外傷）体験によって発症するPTSD（Post Traumatic Stress Disorder）を抱えた人たちが、トラウマに支配されずに、日常生活へ復帰する道筋を考えるキーワードとして、「レジリエンス」に注目が集まったのです。日本では、一九九五年の阪神淡路大震災以降、トラウマ概念が一般化するとともに「レジリエンス」という言葉も次第に普及しますが、様々な社会的場面で広く使われるようになるのは二〇一一年以降のことです。外部から受けたストレスに対する「レジリエンス」は、災害復興の基本概念として普及したばかりか、多少のストレスがあっても「折れない心」「しなやかな心」を維持するための心がけといった、企業における社員のメンタルヘルスの管理などでも重用されています。また、国連が掲げるSDGs（持続可能な開発目標）の随所にも「レジリエンス」が随所に盛り込まれているので、この言葉は日本だけで流行しているわけではないのですが、日本ではSDGsの「レジリエンス」には「強靱性」という訳があてられることが多いのも特徴です。

私は、〈この世界の片隅に〉現象の背景にも「復興」あるいは「レジリエンス」という言葉の浸透を見ることができると考えています。例えば、原作では一九四五年の日本の敗戦以後は五〇頁ほどしか描かれていません。それは分量にして下巻の約三分の一、上中下巻あわせて全体の約一〇分の一ほどです。ですが、二〇一六年のアニメ映画では、「復興」する戦後の呉や広島の光景が原作よりも強調される内容となっています。アニメ映画のヒットの要因は、もちろん作品としての多面的な魅力もあるのかもしれませんが、戦争の破壊を経験しても、昔と変わらぬ（＝普遍的な）日常を取り戻す姿に、多くの人々は自分たちの見たい自画像を投影したのではないでしょうか。そして、作品内の呉や広島の「復興」の光景を、東日本大震災からの「復興」と重ねたのかもしれません。そういう点からすれば、東日本大震災を背景としたＮＨＫの朝ドラ「あまちゃん」の主人公を演じた女優がアニメの声を担当したことは象徴的でもあります。

そしてより〈この世界の片隅に〉現象の根源にあったのは、経済大国としての地位からずり落ち、いまだ先の見通しの立たない日本社会の漠然とした「復興」への願望ではないでしょうか。二〇二一年夏の「復興五輪」とは、東日本大震災をダシにして、敗戦の廃墟からの経済的「復興」の象徴として開催された一九六四年の東京オリンピックの再演への夢だったのでしょう。こうのや映画化に関わった人たちの意識が全てそうだと言うつもりはありませんが、安倍元首相と自民党がかつて唱えた「日本を、取り戻す。」というキャッチフレーズと〈この世界の片隅に〉現象はそれほど遠くない位置にあるようにも思いますが、それ以上に既存の左右のイデオロギー的立場を越えたナショナルな欲望の発露でもあるように見て取れます。

『この世界の片隅に』というタイトルは、一九六五年に岩波書店から出版された山代巴編『この世界の片隅で』を借用しています。だが、両者の内容は似ても似つかないものです。こうのの漫画やアニメ映画には、「今も昔も変わらぬ日常」の影に追いやられ、周縁化された人たちへの眼差しは希薄です。山代たちの作品は、原爆投下から二〇年経過してもなお、広島の「復興」から取り残された人々、例えば朝鮮人被爆者、被差別部落民、沖縄の被爆者といった人々から丹念に聞き取りをしたルポルタージュです。別の言い方をすれば、山代たちの実践は、「復興」によって抑圧された人々の抵抗の声と姿を可視化させる試みでした。

おわりに

実は私の関心は大田洋子や山代巴にあります。こうのがタイトルだけ借用した、あるいは一応読んで参考にしたけど深くは読み込まなかった彼女たちの作品です。こうのという人は、そういう意味では先行する作品への敬意が希薄な作家です。言葉を文脈から切り離して上手に自分の文脈に接続して使っていく。ですが、そこばかり批判していても私自身疲弊してしまうので、むしろ〈この世界の片隅に〉現象を逆にダシに使って、みんなで大田洋子や山代巴を読み直しましょうと強く主張したい。最近、山代巴『この世界の片隅で』は岩波書店が新書で復刻しました。大田洋子の作品集も小鳥遊書房から刊行が続いています。大田や山代のリバイバルの機運は、こうののおかげかどうかはわかりませんが、どうせならこの機会を生かして戦後広島の街の人を描いた二人の作家の作品を多くの人と読み直すことができたらと考えています。◇

第8章

広島で〈加害性〉を語るということ

植民地支配／戦争責任／戦後責任と被爆都市のあいだ

爆心都市からあいだの都市へ
植民地主義と戦争の責任という経路

阿部小涼

はじめに

まず、急ぎのお知らせをひとつさせて下さい。土地規制法の廃止を求める団体署名の呼びかけです。Webで「土地規制法廃止アクション」で検索して詳細を確認し、それぞれのアクションにつなげて頂ければと思います。宜しくお願いいします（＊1）。

皆さん、こんにちは。今日はそちらに行けなくて本当に残念でした。次の機会をつくって必ず広島に行きますので、その時を楽しみにしたいと思います。阿部小涼と申します。沖縄の琉球大学というところに勤めています。今日は、素晴らしい機会を準備してくださった主催者の皆さん、そして、ご参加の皆さんにお礼申し上げます。プロフィールの資料やレジュメに、私がこれまで書いたものを紹介していますのでご参考下さい。

遠隔ヴィデオ会議システムに慣れないので、お聞き苦しいだけでなく、テレビ番組のように見て楽しんで頂けるようなクオリティには、到底、至りませんが、どうかご容赦下さいませ。いっぽう、会場の皆さんには、スライド

図1　ひろしま女性学研究所の出版物から

の細かいところが見えにくいと思いますので、これも先廻りしてお詫び申し上げます。

今日は、「爆心都市からあいだの都市へ：植民地主義と戦争の責任という経路」というタイトルで、お話をさせて頂きます。

広島とあいだ

はじめに、タイトルのことば選びの背景に絡めて、私と広島とのあいだ、間柄を示す四冊の本を紹介します〔**図1**〕。二〇〇九年の広島平和映画祭にはじまり、二〇一〇年、性暴力禁止法をつくろうネットワークの広島でのシンポジウム、二〇一二年のカルチュラル・タイフーン、そして二〇一五年のジェンダー・フォーラムと、折に触れて、広島とつながる機会をつくって頂いてきました。現在のアフガニスタンからの米軍撤退という苛烈な事態、また、沖縄では、高江と辺野古という場所からますます深められている、日米軍事基地に反対する行動の

1　安全保障の名目で軍事基地や原発施設などの区域を指定して住民の監視・行動抑制を強める立法の廃止を求める行動。土地規制法廃止アクション事務局 Web　http://juyotochi-haian.org/。

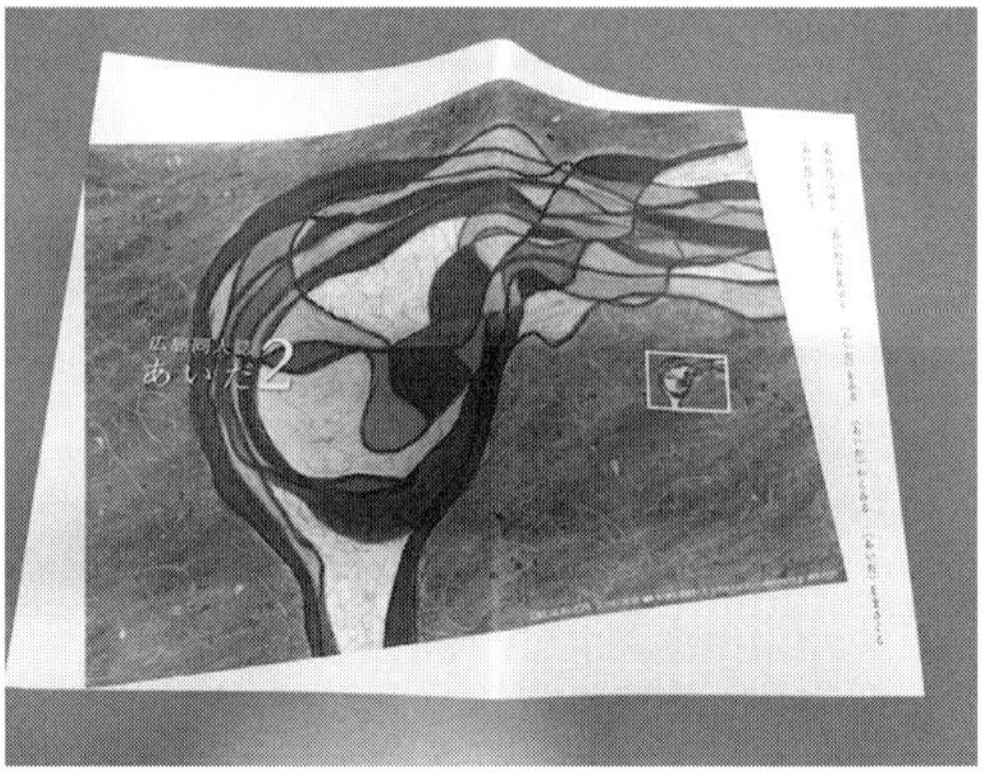

図2　『あいだ』2号カヴァーデザイン

継続があり、それらが、この一〇年超という時間と重なっていることに感慨深いものがあります。

二〇一五年の被爆七〇年ジェンダー・フォーラムを承けて、昨年の二〇二〇年に計画されていたジェンダー・フォーラム第二弾に参加予定していたのですが、急激な新型コロナウィルスの感染拡大のため開催が延期となりました。その後、広島の皆さんは、先延ばしになったこの時間を存分に活かして、企画を拡大し、練り上げ、「ジェンダー×植民地主義、交差点としての広島連続講座」が実施され、今日、こうして第八回の講座に私が登壇させて頂くことになりました。

「爆心都市からあいだの都市へ」というタイトルの「あいだ」とは、この講座を主催しているメンバーのお一人である高雄きくえさんが企画発行している同人誌のタイトルからお借りしました。毎回とても美しく目を引く表紙デザインが施された雑誌ですが、二〇一九年の第二号は、なかでも気に入っているものです（**図2**）。そのころ、買ったままになっていた本を読まなければと思い、偶然手に取っていたのが、柿木伸之さんの岩波新書『ヴァルター・ベンヤミン』でした（**＊2**）。最初のページに挿画としてパウル・クレーの「新しい天使」、いわゆるベンヤミンの「歴史の天使」が目に飛び込んでくる本です。ちなみに、柿木伸之さんは、この連続講座の第四回で、笹岡啓子さんの写真の批評者として登壇されました。

第二号を手に取った私は、高雄さんに次のようなメールを送りました。

『あいだ2』の表紙の絵は、嵐に吹き付けられて背後の未来に追い立てられている歴史の天使というベンヤミンの構想とは、似ているが異なるもののように見えます。風を横に受け流しながらこちらを見ている、なんだったらちょっと不敵な笑みさえ浮かべているなあ、なんて思って眺めているのです。ベンヤミンと〈あいだ〉のあいだに、なにか因果めいたものを感じています。

風を真正面から受ける歴史の天使とは異なって、少し身を引いて受け流す〈あいだの女〉のイメージは、広島について語るために触発されるものとなりました。

「あいだ」ということを、近年、多くの著者たちが重大に考えていると思っています。そのことを示す二つの本を眺めてみます。東琢磨の『ヒロシマ独立論』、そしてデヴィッド・グレーバーの『民主主義の非西洋起源について』です（＊3）。この二冊は並べて見ると装丁のカラーリングが似ているという偶然も発見できますね。

東琢磨さんの『ヒロシマ独立論』は、この講座にご参加の皆さんならばもはや紹介するまでもない重要文献ですが、冒頭箇所で東さんは、「山と海のあいだの水の都」という表現を導入しています。山と海、過去と現在、生者と死者、異郷のような故郷、征きつ戻りつする〈あいだ〉としての広島を捉えています。

昨年、惜しまれつつ亡くなったデヴィッド・グレーバーの翻訳書では、タイトルに「あいだ」ということばが使われています。in-between という語で、思想において断ち切ってしまいがちな西洋と非西洋のあいだを、政治の空間として捉えるものです。そのような空間こそ、抵抗する人々の姿が現れる民主主義の空間なのだと書いていま

2　柿木伸之『ヴァルター・ベンヤミン：闇を歩く批評』岩波書店、二〇一九年。

3　東琢磨『ヒロシマ独立論』青土社、二〇〇七年。デヴィッド・グレーバー著、片岡大右訳『民主主義の非西洋起源について：「あいだ」の空間の民主主義』以文社、二〇二〇年。

す。広島を平和都市、爆心都市としてシンボル化していく中心主義を、少し解《ほど》いてくれる効果が、「あいだ」の都市という表現にはあるように思います。

今日はこのような調子で、一時間、とりとめのないお喋りにお付き合い頂きたいと思います。まず今回、私は広島と沖縄のあいだをつなぐ役割もあるかと思いますので、最近の基地問題についてレビューしておきたい・・・と思ったのですが、簡単にまとめられないほどの事件・事故が続いている、というお話からです。

最近の報道から

沖縄の米軍基地をめぐる報道

今日の原稿を準備していた七月から八月前半にかけて、目に付いた基地関連の報道を挙げようとしてみても、それは膨大でうまく集約することが出来ません。

二〇二一年七月から八月の米軍事件・事故・辺野古報道
7月6日、辺野古サンゴ訴訟最高裁で県の敗訴確定、五人中二人の裁判官が反対意見
7月13日、普天間所属CH53Eヘリが渡名喜村沖でコンテナ落下
7月21日、在日米軍司令官、辺野古の軟弱地盤問題「時間かけて解決していく」と発言
7月27日、普天間所属AH1攻撃ヘリ、宮崎県串間市に不時着
7月29日、防衛局、サンゴ移植を強行着手

7月30日、宜野湾市議会、普天間基地のPFOS汚染水放出意向に抗議決議
7月30日、本島中部の住宅地路上で強制性交等未遂疑いの米空軍軍属を逮捕
8月3日、北部訓練場の廃棄物抗議の宮城秋乃さんを沖縄県警が書類送検し表現の自由を侵害
8月5日、辺野古サンゴ移植で県の許可撤回を国が執行停止
8月8日、在沖米四軍調整官は、逮捕軍属は「管理下にない」と抗議を受理しなかったことが発覚
8月12日、嘉手納基地、オーストラリア空軍機使用で騒音・悪臭激化
8月12日、普天間所属MV22オスプレイから一・八キロの部品が落下
8月14日、戦没遺骨収集ボランティア・ガマフヤーの具志堅隆松さん、日本武道館近くでハンガーストライキ

辺野古基地建設現場の大浦湾海底に、マヨネーズのように緩い地盤があって、現在の埋立工法での滑走路建設は不可能ではないかといわれている軟弱地盤問題ですが、米軍司令官は「時間をかけて解決する」と言ったそうです。SACO合意から二五年たちますが、さらに時間をかけるという発言に、もうマヨネーズを冷静な気持ちで見ることも食べることも出来なくなってしまいました。しかし防衛局は、だれを忖度したのか、この真夏の台風シーズンにサンゴの移植を強行しました。十数年前に、東村の北部訓練場へリパッド建設で、やんばるの貴重植物の移植を、やはり暑い時期に強行していたことが思い出されます。あの植物はどうなったのでしょうか。つくづく、生物多様性保護には向いていない役所の仕事です。米兵による犯罪は、相変わらず頻発していますが、軍属の犯罪をめぐって米軍の対応が問われているところです。PFASによる水の汚染問題では、米軍はこれを薄めて下水に流し

4　QAB「見えない侵入者：米軍基地から漏れ出す永遠の化学物質」（英語字幕版）https://www.youtube.com/watch?v=kjBOO4D4Ow8
ジョン・ミッチェル「埋もれた米兵犯罪／開封米軍司法文書」『沖縄タイムス』https://www.okinawatimes.co.jp/subcategory/埋もれた米兵犯罪%20開封%20米軍司法文書

沖国大ヘリ墜落事故以降の普天間所属機の墜落・不時着・緊急着陸

2004年8月13日	CH53D 大型輸送ヘリ	沖縄国際大学構内に墜落
05年2月10日	KC130 空中給油機	嘉手納基地に緊急着陸
8月12日	CH46 ヘリ	山口県の宇部空港に緊急着陸
06年4月3日	CH46 ヘリ	大分空港に緊急着陸
4月17日	AH1 ヘリ	嘉手納基地に緊急着陸
6月28日	KC130 空中給油機	普天間飛行場に緊急着陸
12月18日	小型連絡機	普天間飛行場に緊急着陸
07年1月16日	KC130 空中給油機	普天間飛行場に緊急着陸
2月14日	AH1・UH1 ヘリ	金武湾港並里地区の船揚場に緊急着陸
08年2月10日	KC130 空中給油機	嘉手納基地に緊急着陸
09年6月15日	KC130 空中給油機	普天間飛行場に緊急着陸
13年8月12日	CH53E 大型輸送ヘリ	嘉手納基地に緊急着陸
14年3月2日	MV22 オスプレイ	嘉手納基地に緊急着陸
16年12月13日	MV22 オスプレイ	名護市安部の海岸に墜落、大破
17年1月20日	AH1 ヘリ	うるま市伊計島の農道に不時着
2月2日	CH53E 大型輸送ヘリ	普天間飛行場に緊急着陸
6月1日	CH53E 大型輸送ヘリ	久米島空港に緊急着陸
6日	MV22 オスプレイ	伊江島補助飛行場に緊急着陸
10日	MV22 オスプレイ	鹿児島県の奄美空港に緊急着陸
8月5日	MV22 オスプレイ	オーストラリア東部の沖合に墜落
29日	MV22 オスプレイ	大分空港に緊急着陸
9月29日	MV22 オスプレイ	新石垣空港に緊急着陸
10月11日	CH53E 大型輸送ヘリ	東村高江の牧草地に不時着、炎上
18年1月6日	UH1 ヘリ	うるま市伊計島の東側の海岸に不時着
8日	AH1 ヘリ	読谷村儀間の一般廃棄物最終処分場内に不時着
23日	AH1 ヘリ	渡名喜村の村営ヘリポートに不時着
4月18日	UH1 ヘリ	熊本空港に緊急着陸
25日	MV22 オスプレイ	奄美空港に緊急着陸
8月14日	MV22 オスプレイ	嘉手納基地に緊急着陸
14日	MV22 オスプレイ	奄美空港に緊急着陸
9月5日	UH1 ヘリ	久米島空港に緊急着陸
19年3月27日	MV22 オスプレイ	鹿児島県の沖永良部空港に緊急着陸
4月1日	MV22 オスプレイ	大阪府の伊丹空港に緊急着陸
10月26日	AH1・UH1 ヘリ	鹿児島県の旧種子島空港跡地に緊急着陸
21年6月2日	UH1 ヘリ	うるま市津堅島の畑に不時着
7月27日	AH1 ヘリ	宮崎県串間市崎田の農地に不時着

県内で発生した
主な米軍機からの落下事故

2015年1月15日	渡名喜村出砂島射爆撃場の南西海上	攻撃ヘリＡＨ１Ｗスーパーコブラが渡名喜村の出砂島射爆撃場の南西海上を飛行中、重さ100㌔超のミサイルランチャーや燃料タンクなど計208㌔の装備品を投棄
2月4日	沖縄周辺海上	嘉手納所属のＦ15戦闘機が沖縄周辺海上で訓練飛行中、重さ5.4㌔の金属製部品を落下
5月20日	沖縄周辺海上	嘉手納基地を離陸した海軍第１偵察哨戒航空団のＰ３Ｃ哨戒機が沖縄周辺海上で訓練飛行中、重さ4.5㌔のワイヤアンテナを落下
2016年1月29日	落下場所不明	岩国基地所属の米海兵隊のＫＣ130空中給油機が県内に飛来した際、プロペラに装着するゴム製部品の一部を落下。普天間―嘉手納間を飛行中に落下させた可能性が高いとみられる
2017年12月7日	宜野湾市野嵩	普天間所属のＣＨ53Ｅヘリの部品で重さ213㌘のプラスチック製円筒を保育園の屋根で発見。米軍側は「飛行中の航空機から落下した可能性は低い」と説明
12月13日	宜野湾市新城	普天間所属のＣＨ53Ｅヘリから、普天間第二小学校に窓が落下
2018年2月9日	うるま市伊計	普天間所属オスプレイのエンジン部品を大泊ビーチで発見
2月27日	落下場所不明	嘉手納基地所属のＦ15戦闘機から重さ1.4㌔のアンテナが落下。日本側への連絡は事故発生６日後の３月５日
2019年6月4日	浦添市当山	浦西中学校のテニスコートに飛行中のＣＨ53Ｅヘリからプロペラのカバーテープが落下
8月27日	沖縄周辺海上	普天間所属のＣＨ53Ｅヘリが本島東海岸沖８㌔で、重さ約１㌔の窓を落下。県や関係自治体への連絡は発生から２日後
10月18日	伊江島補助飛行場内	米空軍のＭＣ130Ｊ特殊作戦機が重さ0.5㌔の部品を落下
2020年1月29日	伊江村	パラシュート降下訓練中にプラスチック製の重りを提供区域外のキビ畑に落下
2月12日	落下場所不明	米軍嘉手納基地を離陸した米海軍のＦＡ18戦闘攻撃機が給油口カバーを落下
2月25日	読谷村沖	米軍普天間飛行場所属のＣＨ53Ｅヘリが鉄製の戦車型標的を海上に落下
8月4日	落下場所不明	米軍嘉手納基地所属のＦ15戦闘機が重さ約3.6㌔の金属製の部品を落下
2021年7月13日	渡名喜島沖	米軍普天間飛行場所属のＣＨ53Ｅヘリが鉄製のコンテナを落下

図３　『沖縄タイムス』墜落、落下事故のまとめ報道

たいと言ってきました。「アンダーコントロール」と言って、放射能汚染水を放出する日本政府と同じ感性に見えます。ＰＦＡＳに関しては、ＱＡＢのドキュメンタリが、英語字幕付きでYouTube配信されていますので、ぜひ、広めて頂ければと思います。米兵犯罪については、ジョン・ミッチェルさんが情報開示請求で入手した二〇一七年から一八年の文書をもとに、米軍基地内の犯罪に関する調査報道の連載が、沖縄タイムスで始まっています。これも深刻なものばかりです（＊4）。

　また、今年も八月一三日、沖縄国際大学にヘリが墜落した日を迎え、県内紙がヘリの事故・米軍機からの落下事故を年表に集約しましたが、その矢先、八月一二日にオスプレイが部品落下事故を起こしました。沖縄タイムス紙は「何かが落ちるようにできているのでは」という住民の声を見だしに配置して伝えました（図3）。

okinawatimes.co.jp/articles/-/735173

ニュースを検索

沖縄タイムス＋プラス OKINAWA TIMES

2021年(令和3年) 8月15日 (日)

新型コロナ　ニュース　沖縄情報　社説・コラム　電子新聞　ランキング

感染者数　沖縄の今　緊急事態宣言　支援先一覧

沖縄タイムス＋プラス ＞ 沖縄タイムス＋プラス　プレミアム ＞ 米軍基地・安保 ＞ 普天間から岩国に移駐した米軍機　沖縄で年千回も訓練　県は「負担軽減に逆行する」

沖縄タイムス＋プラス　プレミアム ＞

普天間から岩国に移駐した米軍機　沖縄で年千回も訓練　県は「負担軽減に逆行する」

2021年4月9日 09:14

[普天間返還 合意２５年]

ＫＣ１３０空中給油機の年度別訓練回数

２０１４年に米軍普天間飛行場から岩国基地（山口県）に移駐したＫＣ１３０空中給油機が、年間で千回程度、訓練のため米軍普天間飛行場や嘉手納基地で離着陸していることが沖縄防衛局の調査で８日までに分かった。移駐は騒音軽減のためだったが、実質的には県内で運用が続いている実態が浮き彫りになった。県は「外来機の飛来は、負担軽減と逆行する」としている。（政経部・大城大輔）

防衛局は１７年度から、２４時間態勢で全機種の飛行を目視調査している。タッチ・アンド・ゴーや通過、旋回も含む。全てが岩国基地所属かは不明。

１７年度が８７４回。１８年度１２０１回、１９年度１００２回と、２年連続で千回を超えた。２０年度は２月末時点で８１５回。

普天間飛行場は１８年度１７５回、１９年度は最多の１９３回に上った。２０年度は２月末時点で１５４回。１７年度は滑走路の補修工事で、固定翼機の離着陸がほぼ停止されていたため９回だった。

嘉手納基地では１７年度８６５回、１８年度１０２６回、１９年度８０９回、２０年度（２月末時点）６６１回だった。

図４　「普天間から岩国への移駐機をめぐる報道」

広島の皆さんに関心が高いと思われる記事としては、ＳＡＣＯ合意で沖縄負担軽減を根拠に岩国基地に移駐したはずの米軍機が、沖縄で訓練しているという報道があります。これは今年の四月に報道されたものです。基地の移設は、単なる基地の拡散という現実を学ばなければならないと思います〔図4〕。

コロナ感染対策で遠隔での授業や会議に切り替わり、換気のため窓を開けることが増えたこともありますが、昨年から米軍機の低空飛行と騒音は酷くなっているという実感があります。騒音といえば、広島との関連で、『ぼけますから、よろしくお願いします。』という信友直子《のぶともなおこ》監督のドキュメンタリ作品をご覧になった方も多いと思います。老いというテーマを見つめる丁寧な作品なのですが、呉の自衛艦の汽笛で新年を迎えるというシーンに驚愕してしまいました。軍事に関わる音が、他愛のない風物詩のように暮らしに溶け込んでしまうことの恐怖について考え込まされたからです。というのも、昨年くらいから、宜野湾市住民は、土日を問わず毎朝八時に大音量でながれる日米国歌に悩まされています。出だしと終わりには軍隊ラッパが鳴り響き、報道によれば普天間基地からのものだといいます。苦情を受けてもなかなか改善されません。爽やかに迎えたい朝から国歌が注入されるのは耐え難く、いったいどうすれば聞かないですむのか悶絶する日々が続いています。騒音は、もちろん空爆の比ではありませんが、頭上から降り注いでくるもので、逃げ場がないという感覚に囚われ、強いストレスを感じます。

被爆者をめぐる報道

次に、講座のテーマのほうに関連づけて、被爆をめぐる最近の報道から気になったものを挙げてみます。「黒い雨」訴訟がついに確定を迎える今年なおさら関心高く読んだのは、「被爆者」を考えるときその当事者とはだれなのか、被爆者の拡がりを捉えるような記事でした。沖縄の被爆者は、沖縄戦の経験と比べて「後ろめたさ」から口をつぐんだという痛ましい証言が、共同通信社の配信記事として掲載されていました（＊5）。いっぽう、在朝被爆者の補償問題についてさっとネット検索した限りではありますが、見付かったのは朝鮮新報紙のネット記事のみでした。要請行動する側も、手交される側も、沖縄選出の国会議員という、ちょっと不思議な偶然もあって、印象深い記事でした（＊6）。

被爆米兵については、森重昭さんの懇切の調査が実を結んだこととして知られていますが、二〇一六年のオバマ来訪だけに注目が集まってしまったのがあまりにも残念でした。『現代思想』二〇一六年八月号（特集〈広島〉の思想）で、この講座の第七回の登壇者をつとめておられた川口隆行さんの論文が、そのあたりを丁寧に紹介していま す。二〇一五年一二月のジェンダー・フォーラムのとき私は、被爆を内省的に語るために相生橋の米兵の話が想起されるべきと捉えたエッセイに言及したのですが、私自身の作業はそこで途絶えてしまっていました。拡がりを捉えるだけではなく、長く関心を持ち続けること、これらの記事から、私はそのように呼びかけられていると思いました。今年の東京新聞では、その後の事後調査でさらなる声を拾い上げつつ、米国の兵士の経験からも核兵器禁止条約の支持を導き出す報道と読めるものになっています（＊7）。対話の積み重ねが和解を導き出すということが、そこでは大切にされていました。しかし、世の中には、残念なコミュニケーションの事例というのもある、という次の話題に繋げて考えてみたいと思います。

コミュニケーションが寸断する戦争の責任という経路

日米首脳電話会談

日本の首相が、米国大統領に、オリンピックの開催を褒めてもらった、という八月一〇日の日米首脳電話会談については、殆どのメディアで報道されたと思います。外務省の公報サイトで次のように紹介されていました。

　八月一〇日、午前八時三〇分から一五分間、菅義偉内閣総理大臣は、ジョセフ・バイデン米国大統領と日

5　共同＝新里環「[オキナワと被爆者かき消された声」広島で被爆の雛さん(89)／「戦渦再び」危機感募る／原爆の記憶封印／苦労刻む」『沖縄タイムス』二〇二一年八月一二日　https://www.okinawatimes.co.jp/articles/-/802768

6　「在朝被爆者補償問題、〝早急な救済措置を〟／参院会派「沖縄の風」が外務省に要請」『朝鮮新報』二〇二一年八月五日　https://www.okinawatimes.co.jp/articles/-/802768　伊波洋一と高良鉄美の参議院会派「沖縄の風」が早急な救済措置を要請し、國場幸之助外務大臣政務官と約45分間懇談したとの報道。

7　「ヒロシマ出撃、捕虜になった父は核の犠牲に／廃絶願う娘「世界は何を学んだ」〈原爆で死んだ米兵（上）〉」『東京新聞』二〇二一年八月一〇日　https://www.tokyo-np.co.jp/article/123182　「日本と悲劇を共有／憎しみ乗り越え交流〈原爆で死んだ米兵（下）〉」『東京新聞』二〇二一年八月一二日　https://www.tokyo-np.co.jp/article/123539

米首脳電話会談を行ったところ、概要は以下の通りです。［中略］
一、冒頭、バイデン大統領から、今般のオリンピック東京大会の成功に対する祝意が表明されました。
［中略］
二、また、両首脳は、オリンピックに参加した日米の選手たちの活躍をたたえました。
三、さらに、菅総理大臣からパラリンピック東京大会についても、安全・安心な大会の実現に向けて全力を尽くしたい旨述べたのに対し、バイデン大統領から同大会の開催を米国は強く支持する旨の発言がありました。
四、その上で、両首脳は、引き続き日米同盟の強化及び「自由で開かれたインド太平洋」の実現に向けて、緊密に連携していくことを再確認しました。（＊8）

外務省の公報が四点に要約して紹介しているのは、一、オリンピック、二、オリンピック、三、パラリンピック、四、戦争準備、という恐るべき内容でした。「ちょっと待って」と多くの人々が考えたのではないでしょうか。

この会談の前日は、長崎の原爆忌でした。八月一〇日に東京新聞は、被爆米兵の記事を掲載していた、そのようなタイムラインでのことです。今年の東京オリンピック強行を、米国大統領に裏書きしてもらうこと自体が、敗戦後から変わらない日本の立ち位置を露わにしているとも言えますが、広島・長崎の原爆忌について、日米首脳のコミュニケーションではスルーしておこう、という姿勢が透けて見えるような事例と言えそうです。

核禁条約をめぐる平行線の同じ俎上

そのような日米合作の知らぬふりは、やはり核兵器禁止条約への加盟の問題として浮上しているというのは、周知のところと思います。最近はWebで新聞を読む機会も増えましたが、複数の記事がデータとして蓄積されていくため、「関連する記事」リンクで、さまざまに立場を比較するように読ませる構成になっています。試みにということで、毎日新聞のサイトで条約運動の中心にいる川崎哲《かわさきあきら》氏の論考を読むと、条約締結反対の中心にある自民党のなかではタカ派ではないと目されているだろう（すみません、すっきりしない表現ですが）、そして党の広島を地盤とする岸田文雄氏とが、対抗関係に読めるように表示されました。川崎氏と岸田氏の表現を並べて引用してみます。

日本政府が正直に「核兵器の使用を援助し、奨励し、勧誘する」と言ってくれれば、争点が明確になる。しかし、そう言えば多くの国民がびっくりするので、「橋渡し」のようなぼんやりした言い方でごまかしている。

我々としては日本政府の立場は核兵器使用の援助、奨励であって、唯一の戦争被爆国である日本がそのようなことでいいのか、と訴えている（＊9）。

安易にこの条約を批准するだけでは唯一の戦争被爆国としての責務を果たしたとは言えない。（＊10）

8　外務省「日米首脳電話会談」二〇二一年八月一〇日（二〇二二年三月一四日閲覧）https://www.mofa.go.jp/mofaj/na/na1/us/page4_005394.html
9　川崎哲「悪の烙印が押された「核兵器使用」を援助する日本政府」『毎日新聞』二〇二一年八月六日　https://mainichi.jp/premier/politics/articles/20210804/pol/00m/010/003000c
10　岸田文雄「核兵器禁止に向け核保有国を動かすことが日本の責務」『毎日新聞』二〇二一年一月一日　https://mainichi.jp/premier/politics/articles/20201231/pol/00m/010/002000c

岸田氏の議論は、柔軟さを含んでいるように思わせるところがありますが、ちょうど一年前の別の記事では、日米関係を「普遍」的と発言するなど、帝国主義・植民地主義に対する脆弱さが露わです（＊11）。そのような政治家が「現実主義」という言葉を使うときは、米国の帝国主義への追従の別の言い方として聴いておくのがよいのかも知れません。岸田氏のような論調では、「国としての責務」とは、米国政府に追従し続けることだけの価値でしかないし、それを責務と強弁することによって、比較対象項としてのグローバル協調主義や核兵器廃絶の価値が相対的に貶められることにも繋がっているようです。こうした条約反対勢力が政権党の中心にあるとき、締結を進めたいと考える条約運動の側の議論が、平行線であるにもかかわらず、同じ土俵に立とうとするあまり近似してくるところがある。その徴候として、「唯一の戦争被爆国」ということばを考えて見ます。ちなみに、この「唯一の戦争被爆国」という言葉は、読み上げ原稿の紙がのりでくっついてしまって読み飛ばされる程度の薄っぺらいものであった、ということも最近、明らかになったところですが、それは、ここでは置いておくとしましょう。

「戦争被爆国」という語は、被曝は「戦争」「戦場」のみで起こるのではないとの批判に対する応答として定着してきていると思われます。正確さを期するための「戦争被爆」という限定、しかし限定性を設けることで、ますます、被曝経験の拡がりや不均等性を押し隠し、矮小化し、都合よく省略することができるような効果につながっている残念なものです。そのように限定を加えてまでも、「唯一の」とだけは言いたい、唯一性だけは譲れないという思考が迫り上がってきます。唯一性というのは、唯一無二の存在であると認められたい承認の叫びなのですが、ただひとつの主体に還元しようとすることは、他者性・多声性を消し去る力が働くところでもあります。また、だれにその承認を求めているのか、という、権力の磁場のなかで起こっていることでもあります。

人々による別の物語の探求

先にみた、被爆者をめぐる様々な報道からも明らかなとおり、被曝の経験を拡がりのなかで捉え返そうとする試みが、現在の水準ではなかったでしょうか。また、果たして被曝という経験を「国」が代表できるのか、という問いもあると思います。「唯一の戦争被爆国として」物語とは異なる対立項に、人々による別の物語の探求を位置付けてみれば、思い浮かぶ事例は枚挙にいとまがないはずです。

国家に預けてしまう議論から距離を置こうとする人々の探求には、例えば、憲法の私案を提案する試みが思い浮かびます。沖縄では川満信一さんの「琉球共和社会憲法C私試案」があり、広島には先に挙げた東琢磨さんの本に収録されている「正義と平和のための独立空間ヒロシマ独立宣言及び憲法私試案」があります（＊12）。憲法とは構成する力のことですが、国ではなく「社会」や想像力あふれる独立空間を構成しようとする試みです。「あいだの都市」とは、そのような共和社会、独立空間にあるでしょう。そのあいだの都市に棲まう私たちの多くが、すでに、非戦・非核の条約の民である。そう言ってしまいたい気持ちになります。

あいだの都市とは、歴史上の複数の帝国主義の折り重なる空間にあって、加害も被害も不可分のままに、ひとりひとりの身体で経験されてきた。そのようなことが、ますます語られるようになってきました。なぜそうなのか、という問いにおいて、植民地主義、人種主義、性差別主義が、相互に補強しあう重層性を探り当ててきました。た

11　岸田文雄「『グレーゾーン』から集団的自衛権そして宇宙へ」『毎日新聞』二〇二〇年一月八日 https://mainichi.jp/premier/politics/articles/20200107/pol/00m/010/002000c
12　川満信一、仲里効編『琉球共和社会憲法の潜勢力：群島・アジア・越境の思想』未来社二〇一四年。

とえばインターセクショナリティということばは、そうした重なりを言うための手掛かりとなっています。第七回の講座で議論されていたのは、いかに「片隅」の儚なさを美学的に捉えても、その世界が帝国世界であることを忘却させるように働くメディア・コミュニケーションに対する危機感であったと思います。日本に暮らす台湾の作家、温又柔《おんゆうじゅう》さんが、最近の書評欄で、「禍々しい光」という表現を使っていたのを読みました（＊13）。なるほど、周囲を見回してみると、禍々しいと言いたくなる光に満ちているようです。禍々しい光と聞いて、皆さんはオリンピックのあれやこれやを思い浮かべたのではないでしょうか。グローバル警備企業の軍事化の問題はすでに明らかだったと思いますが、開会式のブルーインパルスやドローンの編隊飛行は、低空飛行の恐怖に曝されている者にとってみれば、軍事技術の祭典としか見えないというのが、実感ではないでしょうか。サッカーの日本代表選手たちが、レイシズムに抗議して片膝をつく姿勢をとったのは、これを呼びかけたイギリス代表チームに敬意を表してのことだったとの報道を見かけました。自らが代表している国のなした人種主義についての抗議ではなかったのか。オリンピックとは、各国が、忘却を競い合う夢の競演なのかと思われるほどの出来事です。「禍々しい」とは植民地主義の過去を都合よく忘却する行為に染みついているものを表現するのにふさわしい形容です。そして、あいだを生きる人々には、その光の禍々しさがよく見えている、ということだろうと思います。

ヒロシマを語る語り方については根本雅也さんが最近の著書で、反核意識の普遍化が一方で呼び込んでしまう非政治化の問題を丁寧に解析しています（＊14）。非政治化とは、占領者に都合のよいように、強い光をまぶして、見えなくすることなのかも知れません。

国による追悼や補償行政の七六年という経過に対して、しかし、批判と再考とを繰り返しながら別の物語を語る方向性を、確認しなければならないでしょう。この後は四項目を挙げて、このことについて考えてみたいと思います。まずヒバクシャという名称の拡大について、つぎに忘却に抗う人々の闘争について、そして、原爆を空爆のあいだにおくという考えについて、最後に岩国の核兵器をめぐるエピソードについて、非常に散漫ではありますが、このような四つの話題を皆さんと共有してみたいと思います。

被爆者からグローバル・ヒバクシャへ

「被爆者」ということばは、英語でも同じように「ヒ・バ・ク・シャ」と綴られて原爆の被害者の名としてグローバルに広がり定着を見ています。またローカルには、在日のヒバクシャ認知に関心の拡がりがあり、これは第5回講座が詳らかにしたように、在日コリアンの歴史の掘り起こしが結びつけた成果のひとつではなかったでしょうか。さらに、「在外被爆者」という言い方で日本政府の医療補償に結びつける取り組みに拡大し、継続されていることは、さきほど、最近の報道事例で紹介した通りです。現在では、「戦場」の原子爆弾投下だけではなく、核実験による被害にも認知を拡げてグローバル・ヒバクシャと呼ばれています。ビキニ環礁での水爆実験（福竜丸を含む遠洋漁業者と漁獲への被害を含む）を着想する人が多いと思いますが、さらなる拡がりを捉えている言葉であることがわかるのが、次の定義です。

私たちは、「グローバル・ヒバクシャ」という言葉の意味を、核の連鎖の全ての段階―ウラン採掘、原子炉、原発事故、核兵器開発・実験、そして核廃棄物―における、放射線の被害者、と定めます。とりわけ先住民族たちは、ウラン採掘、核実験、そして核廃棄物の投棄の標的となるという、放射線の人種差別を受けてき

13 温又柔「『沖縄の植民地近代』越境が生んだ特権の禍々しい光」『朝日新聞デジタル好書好日』二〇二一年六月一九日 https://book.asahi.com/article/14375871 松田ヒロ子『沖縄の植民地近代：台湾へ渡った人びとの帝国主義的キャリア』世界思想社二〇二一年の書評記事。

14 根本雅也『ヒロシマ・パラドクス：戦後日本の反核と人道意識』勉誠出版、二〇一八年。

ました。このことにより、先住民族は、土地、水、文化、経済状況、そして健康を害されてきました。（＊15）

二〇一一年二月、今にして思えば、福島の原発事故のほんの少し前ということになりますが、ピースボート上で採択された声明文の一文です。川崎氏もこの場におられたのではなかったでしょうか。この後、二〇一二年に横浜で脱原発世界会議が開催され「グローバル・ヒバクシャ」が参集しました。このときオーストラリアからウラン鉱山の被害を訴えるため来日したアクティヴィストが、沖縄まで脚を伸ばして辺野古・高江の現状を確認し、オーストラリアの反米軍基地運動と沖縄を結ぶ接点になっています。グローバルな米軍基地反対闘争の文脈では、プエルトリコ、ビエケスの人々は、米軍の射爆訓練場の閉鎖の後も、劣化ウラン弾による被害を背負わされており、ヒロシマ・ナガサキの反核闘争に連帯しているという強い意識を持っています。被爆は、被曝と、日本語では漢字を違えて書き分けようとするけれど、放射能が人体に及ぼす暴力を捉えようとする開放性の思想は、「唯一」性の思想とは対極の、人々を経験でつないでいくような取り組みだろうと思います。

軍事主義空間の忘却に抗う

次に、あいだの空間にすまう人々は、帝国主義の忘却にどのように抗っているか、という事例を考えてみるとき、都市における廃墟の面白さが浮かび上がってきます。都市が、都市において、記憶の忘却に抗う様については、すでに広島において多彩な人々が論じているので、屋上屋を架すことはしないでおきましょう。『忘却の記憶　広島』という本の執筆陣に加わっている仙波希望《せんばのぞむ》さんは、惑星都市理論／プラネタリー・アーバナイゼーションという枠組みで、ポストコロニアリズムの議論を整理する仕事もなさっていますし（＊16）、西井麻里奈さんは、広島の復興の問題で単著が刊行されたところでもあり（＊17）、重要な問題提起が積み上がっていると感じています。

ジョン・ネーグルは、ベイルートという内戦で分断破壊された都市の再開発が、急いで過去を埋めてしまおうとしているけれども、そのような記憶喪失《アムネジア》という命令法を妨害しているのが、亡霊《ゴースト》や、それに取り憑かれて呪われた場所だ、と言います。亡霊とは、暴力の忘却に抗っている記憶の痕跡なのであり、記憶もまたルフェーブルが定義したところの都市への権利なのだというのです。幽霊の人権という議論は、沖縄にも広島にも脈のある説明の経路であると私は読みました（＊18）。当然、第一回講座の旧陸軍被服支廠を考えることとも、第四回講座のパークシティ論とも共鳴しているものです。沖縄では、焼失した首里城の再建の議論が、その地下に温存されている第三二軍司令壕の発掘・公開という、戦争の記録保存と結びつけて、目下議論されているところです。これらは少々ハイブラウな記憶のプロジェクトと言えそうで、私からは、もう少し、アナーキカルな、ピープルによる権利要求のアクションを紹介してみたい、それが落書きとゴミの話です。

（と、言いつつ、しっかり、自分の仕事を宣伝することになっていて恐縮ですが）ブラック・ライヴズ・マター・ムーヴメントで重要な論客として名前が上がるロビン・Ｄ・Ｇ・ケリーの二〇〇七年に出した翻訳書を紹介させて下さい。もちろん、本の中身も大事なのですが、このときカバーにつかったのは、沖縄の牧港補給敞（キャンプ・キンザー）にあったＶＦＷ（外国戦の退役軍人のためのクラブ）の廃墟に描かれたグラフィティでした。地元では、ＶＦという呼び名で有名で、知っている人が見れば「ああ」と気付くものです。基地の跡地返還をこじらせた施設のひとつとして、長く廃墟のままだったこの場所は、当時、心霊現象が起こる肝試しスポットであり、そしてグラフィティのメッカ

15　ピースボート「二〇一一年グローバル・ヒバクシャ・フォーラムの成果」文書二〇一四年四月三〇日　https://peaceboat.org/10484.html

16　東琢磨、川本隆史、仙波希望編『忘却の記憶広島』月曜社、二〇一八年。仙波希望「ポストコロニアリズム都市理論は可能か」平田周、仙波希望編『惑星都市理論』以文社、二〇二一年。

17　西井麻里奈『広島復興の戦後史：廃墟からの「声」と都市』人文書院、二〇二〇年。

18　John Nagle, "Ghosts, Memory, and the Right to the Divided City: Resisting Amnesia in Beirut City Centre," *Antipode* 49(1), Jan.2017.

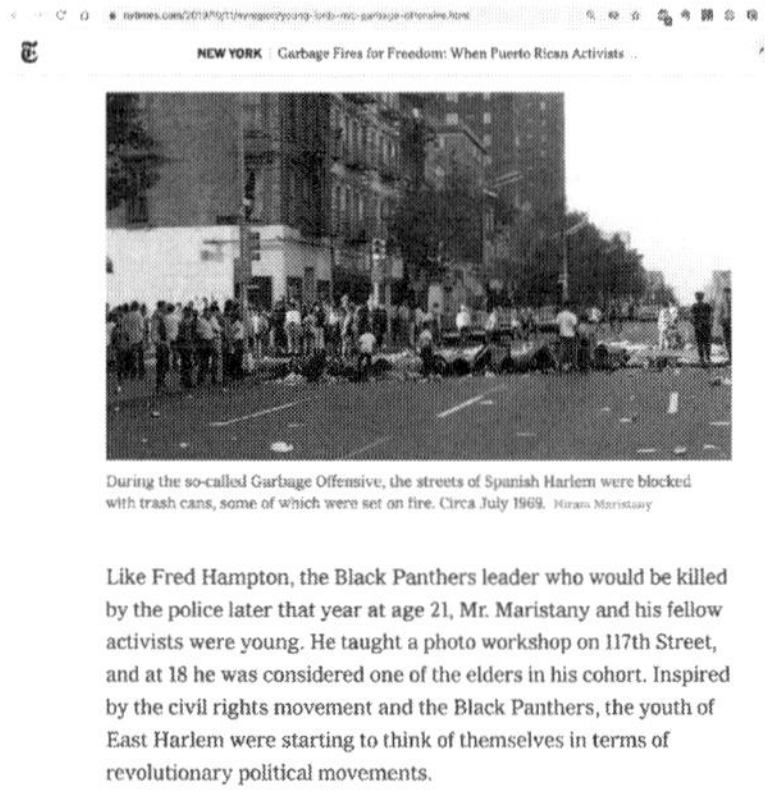

NEW YORK | Garbage Fires for Freedom: When Puerto Rican Activists ...

During the so-called Garbage Offensive, the streets of Spanish Harlem were blocked with trash cans, some of which were set on fire. Circa July 1969. Hiram Maristany

Like Fred Hampton, the Black Panthers leader who would be killed by the police later that year at age 21, Mr. Maristany and his fellow activists were young. He taught a photo workshop on 117th Street, and at 18 he was considered one of the elders in his cohort. Inspired by the civil rights movement and the Black Panthers, the youth of East Harlem were starting to think of themselves in terms of revolutionary political movements.

okinawatimes.co.jp/articles/gallery/797848?ph=1

沖縄タイムス＋プラス

2021年(令和3年) 8月15日 (日)

新型コロナ　ニュース　沖縄情報　社説・コラム　電子新聞　ランキング

グルメ　台風　動物　釣り　人事検索

米軍の廃棄物に抗議の女性　通行妨害などで書類送検　沖縄県警

2021年8月3日 14:11

宮城秋乃さんが米軍北部訓練場返還地で集め、イエローラインの内側に置いた米軍廃棄物＝4月7日（宮城さんのブログより）

図５　「ゴミで可視化する OK2021/NY1969」

になっていました。こうしたグラフィティと肝試しスポットの組合せというのは、しばしば、戦争の痕跡をかき消そうとするアムネジアへの抗いの空間として出現している、と言えるものです。現在は、再開発で取り壊され、国立劇場になってしまいましたが、なんとかこのカバーデザインに記録として留めることになったと思っています。逆に、返還跡地がショッピングモールとなって、「アメリカン・ヴィレッジ」や「ステイト・サイド」と呼ばれたり、ましてや公的な地名として「字ライカム」などとネーミングされたりするような、占領者の名前すら消費して楽しめるという、健忘症の極北というべき事態も、沖縄では起こっているところです。

再開発の一歩手前では、手を付けようとすると、土中から呪いのように汚染物質やゴミが掘り出されるという事態もあります。北部訓練場の返還地部分には、何が廃棄されているのかきちんとした調査が行われないまま世界遺産登録されてしまい、驚き呆れるところです。昆虫研究者の宮城秋乃さんが丹念に発掘した廃棄物を、持ち主である米軍に返還したところ、日本の警察によって書類送検されるという不条理は、報道によって皆さんもご存じではないかと思います。亡霊と同様に、ゴミもまた、忘却を許さないという闘争の一部を物質的に構成しているものです。

スライドには、右側に、一九六九年のニューヨークで、プエルトリリカンの若者たちが、公衆衛生から見捨てられていることを市当局に抗議するため、道路にゴミを集めて封鎖したときの姿をとらえた写真を配してみました〔図5〕。このように並べてみると、空間への権利を可視化するという、時空を越えた歴史的共闘であるという視点を、獲得できるのではないでしょうか。

空爆への問いと人種主義

人々による別の物語の探求ということで、三点目に、空爆の問題を挙げてみます。二〇一五年のジェンダー・フォーラムのときに、私は、広島の原爆を空爆として考えるということに言及したので、これも自分の宿題のようなものなのですが。戦略爆撃によって住民を壊滅させるという技法には、敵の弱い部分を叩くことで自分の力を誇示するというマスキュリンな心性が深く関わっている。原爆投下の決定をめぐる男性中心主義の問題提起は、すでに多くの研究者によってなされているものです。しかし、原爆投下を受けた側として、その被害について、唯一性を強調するいっぽうで、全国の多数の場所が見舞われた空爆について、戦災補償の対象外としてきた日本の政治の戦後という問題に開いていくのが、あいだの都市の流儀ではないだろうか、このように考えています。

そこで、ラウル・ペック監督作品 *Exterminate All the Brutes* をひとつの手がかりとしてみたいと思います（＊19）。HBOのドキュメンタリ番組として四部で構成された重厚な作品で、ネット配信されているのですが、日本では、U-Nextが、HBOの作品を配信しているので、この作品も字幕付きで見ることができます。作品は、アメリカ合州国の歴史をマイノリティの側から描き返すという視点に貫かれています。先住民の弾圧によって建国し、世界中に派兵し、各地で爆撃をくり返すという、今日に至る米国の軍事帝国主義を、人種主義が貫いていたのだということを、多面的に明らかにするものです。

その第三話は、兵器の生産と同時並行した他国の支配が、軍産複合を強化してきたという米国史を振り返る内容です。そして、空爆という技術が正当化される根のところにレイシズムが位置付けられる。ヒロシマとナガサキという言葉が、そこに現前化します。三分半ほどの長さで、映像はまず、地球を俯瞰する視点から、ヒロシマとナガサキというキーワードを投げかけます。「ファシズムとの闘い」、「米兵をそれ以上の死から守る」という紋切り型があり、マンハッタン計画のお馴染みの記録が続きます。すでにこの作品を第二部まで視聴してきたオーディエンスなら、机上の地図や科学者と軍人らの背景に切り縮められているのが先住民の土地で、そこで核開発の犠牲が進行していたことを、映像から読み取っていることでしょう。爆心地を示す同心円のマッピング、エノラゲイ、キノコ雲、廃墟となった市街地。ここから、ナレーションは作品の主題に結びつける問いを建てます。「これは大虐殺だ」、「なぜこれを犯罪と呼ばないのか」。

原爆投下の張本人が、そうではないと名付ける権力を持っていたからにほかなりません。そして「獣を扱う時には、獣として扱う」という、現在ではよく知られるようになったトルーマンの言葉が引用されます。「獣を扱う」というこの表現は、四部作のタイトルである「野獣を皆殺しにせよ」に見事に重なっていることが示されます。原爆投下を、グローバルな空爆の歴史のあいだに位置付け、人種主義の問題としてとらえよという主張がストレートに伝わるシーンです。

作品全体を通して、マイノリティの人々がスクリーンからこちらを見つめるシーンが何度も映し出されます。一義的には、ヨーロッパ、米国の白人というオーディエンスにむかって投げかけられた視線ということが、作者の意図にはあるでしょう。しかし、空爆のレイシズムという点で、帝国主義日本もまた、アジアに対して躊躇無き爆撃を行ってきたことを忘却してこのシーンを見ることは出来ません。スクリーンのヒバクシャに凝視されるシーンは、「獣」と名指された側に、果たして現在の自分は立っているのか、見る・見られるが攪乱されるような、ざわざわとする瞬間を生み出しています。作品について、じっくりと議論を深めたいところですが、時間が許しませんので、ぜひ皆さんも視聴してみて下さい。

ラウル・ペックはハイチ人監督で、これまでもレイシズムをめぐる重要な作品を世に問うてきました。日本で紹介されてよく知られているものには、『私はあなたのニグロではない』のほか、『若き日のマルクス（邦題『マルクス・エンゲルス』）』があります。このように映画に奇妙な邦題を付ける習慣は困った問題ですが、今日、紹介した本作品も、『殺戮の星に生まれて』という日本語のタイトルになっていました。主題がずらされてしまっているのが残念です。

ペックは、制作に当たって底本として三人の著者を掲げています。同じハイチの歴史家、ミシェル・ロルフ・トルイヨ、テキサス生まれの米国の歴史家ロクサーヌ・ダンバー＝オルティス、そして、スウェーデンの歴史家、スヴェン・リンドクヴィストです。なかでも、空爆の問題に通底しているレイシズムの観点は、この作品のタイトルのもとになった、リンドクヴィストの著作から構成されていると言えそうです（リンドクヴィストの著作のタイトルは無論、コンラッドの『闇の奥』に由来しています）（＊20）。

これを踏まえると、空爆の人種主義をとらえるとき、被爆に対する抗議を行う私たちは、その抗議を通してレイシズムを批判し得てきたかが問われるのではないか。核兵器への反対を通して、レイシズム、コロニアリズムを批判する連帯に、私たちは立ってきたかが重層的に問われているのではないでしょうか。ペックの作品から、そのような問いを受け取ったように思います。

19　*Exterminate All the Brutes* (Raoul Peck/ U.S./ 2021/ 3h 52min)［『殺戮の星に生まれて』（二〇二一）］ https://www.hbo.com/exterminate-all-the-brutes

20　Sven Lindqvist, "*Exterminate All the Brutes*", trans. Joan Tate (New York: New Press, 2007); Michel-Rolph Trouillot, *Silencing the Past: Power and the Production of History* (Boston: Beacon Press, 2015); Roxanne Dunbar-Ortiz, *An Indigenous Peoples' History of the United States* (Boston: Beacon Press, 2015).

米軍基地と核と女性解放

人々による別の物語の探求の、四つめとして、岩国の核兵器をめぐる出来事を紹介したいと思います。海兵隊岩国基地で核兵器を保有しているのではないかという疑惑を、一九七一年に社会党の楢崎弥之助議員が国会で問いただし、大きな問題となったことがありました。ずっと後になって、ペンタゴン・ペーパーズの暴露で知られるダニエル・エルズバーグの著書『ドゥームズデイ・マシン』(＊21)が、この核兵器問題の詳細を明らかにしています。日本ではおなじみの調査報道のジャーナリスト、ジョン・ミッチェルさんの著書でも、このことに触れています。ところで、ミッチェルさんが英語で出版した *Poisoning the Pacific* は、米国環境ジャーナリスト協会の、今年度レイチェル・カーソン出版賞で第二位を受賞しました(＊22)。素晴らしい成果を皆さんにご紹介しつつ、この場を借りてお祝いを申し上げます。今日の話は、その疑惑そのものではありません。詳細は多数の研究蓄積があると思うので、これにお任せしたいと思います。

この核兵器保有疑惑の際に、岩国基地に駐留する米兵が、秘密裡に核を配備していた事実を暴露したのではないかと疑われました。泥沼化するヴェトナム戦争に対して、軍隊の中から反戦を訴えた反戦米兵がスケープゴートにされたのでした。このことが、反戦米兵のネットワーク、反戦ＧＩの地下新聞でグローバルに伝えられていた、というのが今日の話題です。

そのひとつの事例が、アメリカのシカゴで発行されていた『キャンプ・ニューズ』という地下新聞でした。史料集成として保存された新聞に残る郵送宛先から、この新聞はドイツのハイデルベルクにあったヴェトナム反戦運動グループに届いていたことが判ります。まず一九七一年一二月一五日号で楢崎が国会に質問書を提示した二日後、岩国基地で四人の兵士が逮捕され、一週間後には極秘裡に本国送還されたこと、岩国の核兵器問題と関連付け、社会党への情報漏洩の疑いから見せしめ目的で行われたとの分析が示されていました。その翌月もトップ記事で「アジアにおける抵抗」の続報が伝えられています〔図7〕。この号では岩国の続報以外にも、沖縄でウィメンズ・リベレーション・グループが会合を持ったこと、那覇で女性団体が自衛隊反対のデモを行ったことなどを伝えています。また、FTAという反戦ショーが来日し、岩国でもイベントが開催されたところ、これに共鳴する米兵たちが集会を開いて声明文を作成しイベント会場でこれを発表したことが報じられています。声明文は一〇項目の要求を掲げ、ヴェトナム戦争への反対、当時苛烈になっていた基地内での人種差別への抗議、日本における米軍基地の撤去と並べて、「岩国基地の核兵器保有についての真実を、日本人に調査させよ」と要求していました。これらは、Pacific News Service の Elaine Elinson 名で書かれたレポートでした。

図6

ここに登場する、岩国基地内からヴェトナム反戦を闘った米兵たちは、自分たちもまた地下新聞を発行していました。『センパー・ファイ』というタイトルで一九七〇年一月から一九七八年頃まで発行が続いたもので、GI地下新聞運動のなかでも息の長い部類に入るものと言えます〔図8〕。センパーファイについては、木原滋哉さんの調査が積み上げられているところと聞いています（＊23）。また、広島と

21　ダニエル・エルズバーグ著、宮前ゆかり、荒井雅子訳『世界滅亡マシン：核戦争計画者の告白』岩波書店、二〇二〇年。
22　Jon Mitchell, *Poisoning the Pacific: The U.S. Military's Secret Dumping of Plutonium, Chemical Weapons, and Agent Orange* (New York: Rowman and Littlefield, 2020).
23　木原滋哉「岩国反戦米兵新聞 Semper Fi についての試論：複合型対抗的公共圏の潜在力をめぐって」『呉工業高等専門学校研究報告』七八号（二〇一六）。

2

RESISTANCE IN ASIA

OKINAWAN WOMEN FIGHT MILITARY

"We Have Become An Island Of Prostitutes"

Military Court Racism at Okinawa

Repression and Rebellion at Iwakuni

Petition at FTA Show

図7　反戦米兵の地下新聞で報じられたアジアの抵抗

岩国に接点を持ったベ平連の皆さん、あるいは発行を支援したと言われているキリスト教会の記録などを付き合わせていくと、全体像を知ることができると思われます。いずれにしても、このような反戦運動の交流を通じて、反戦米兵たちは、岩国基地とは広島から二〇マイルの場所に位置しているという認識を獲得していた、その岩国に核兵器が保有されていることが、どのような意味を帯びるのか理解していたと言えそうです。人々による手作りのコミュニケーションによって、紋切り型から抜け出て、別の物語を獲得していることが窺える事例です。このコミュニケーションを媒介したパズルのピースのひとつに、パシフィック・カウンセリング・サーヴィスという、アメリカ、サンフランシスコを拠点とした反戦グループの人々も含まれていました。ＰＣＳという略称で呼ばれているグループで、社会運動史研究では、現在、大野光明

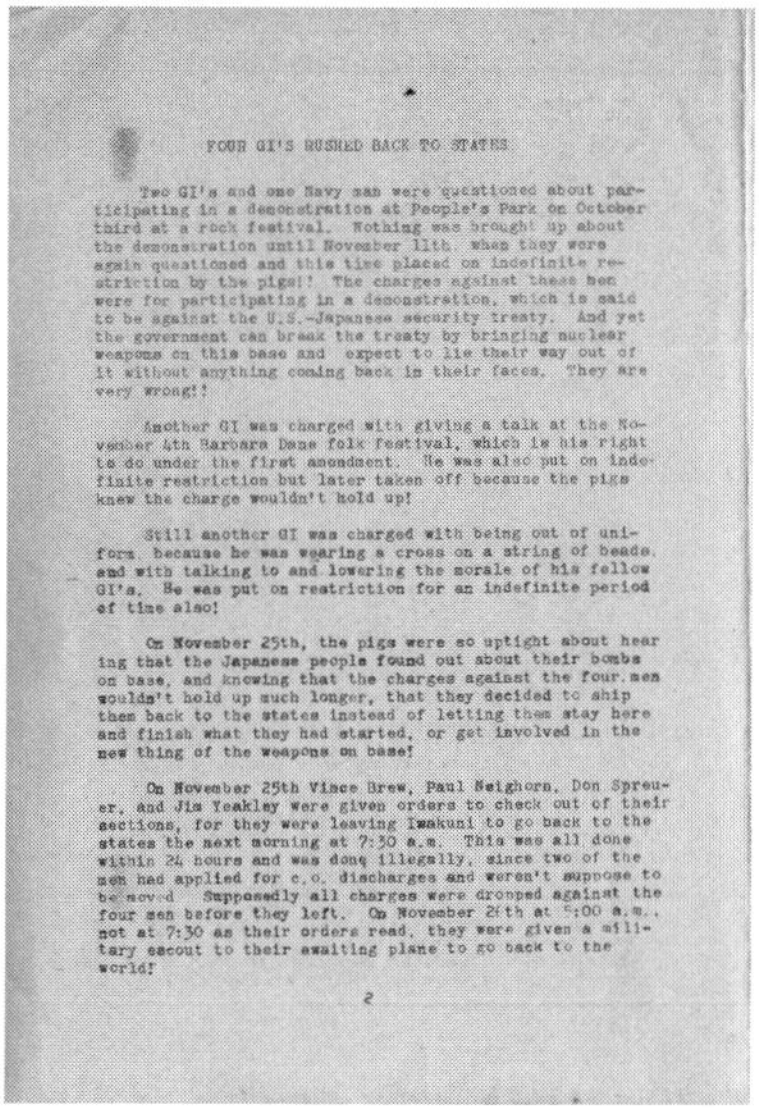

FOUR GI'S RUSHED BACK TO STATES

Two GI's and one Navy man were questioned about participating in a demonstration at People's Park on October third at a rock festival. Nothing was brought up about the demonstration until November 11th when they were again questioned and this time placed on indefinite restriction by the pigs!! The charges against these men were for participating in a demonstration, which is said to be against the U.S.-Japanese security treaty. And yet the government can break the treaty by bringing nuclear weapons on this base and expect to lie their way out of it without anything coming back in their faces. They are very wrong!!

Another GI was charged with giving a talk at the November 4th Barbara Dane folk festival, which is his right to do under the first amendment. He was also put on indefinite restriction but later taken off because the pigs knew the charge wouldn't hold up!

Still another GI was charged with being out of uniform because he was wearing a cross on a string of beads, and with talking to and lowering the morale of his fellow GI's. He was put on restriction for an indefinite period of time also!

On November 25th, the pigs were so uptight about hearing that the Japanese people found out about their bombs on base, and knowing that the charges against the four men wouldn't hold up much longer, that they decided to ship them back to the states instead of letting them stay here and finish what they had started, or get involved in the new thing of the weapons on base!

On November 25th Vince Brew, Paul Neighorn, Don Spreuer, and Jim Yeakley were given orders to check out of their sections, for they were leaving Iwakuni to go back to the states the next morning at 7:30 a.m. This was all done within 24 hours and was done illegally, since two of the men had applied for c.o. discharges and weren't suppose to be moved. Supposedly all charges were dropped against the four men before they left. On November 26th at 5:00 a.m., not at 7:30 as their orders read, they were given a military escout to their awaiting plane to go back to the world!

2

図８　反戦米兵の地下新聞で報じられたアジアの抵抗

さんが研究を進めているところです（＊24）。

ＰＣＳは、軍隊のなかでヴェトナム戦争に疑問を抱く米兵の相談にのり、軍事裁判の弁護を支援するという社会運動で、この頃はアクティヴィストを日本や沖縄を含むアジア地域に派遣し、現地の拠点を構築しようとしていた時期でした。先ほどの地下新聞で報告されていたイベントＦＴＡは、ハリウッド俳優のジェーン・フォンダ、ドナルド・サザランドらが中心となってアメリカ国内を巡業した後、このパシフィック・カウンセリング・サーヴィスの支援によって環太平洋ツアーを実現していました。また沖縄以外の日本では、福生、横須賀、東京、京都、岩国、三沢で各地のベ平連が強力にバックアップしてツアーが開催されたことで知られています。エレーヌ・エリンソンは、ＦＴＡツアーでＰＣＳ側の代表者をつとめていた人物でした。Pacific News Service とはＰ

24　大野光明「太平洋を越えるベトナム反戦運動の軍隊『解体』の経験史：パシフィック・カウンセリング・サーヴィスによる沖縄での運動を事例に」『立命館大学国際平和ミュージアム紀要』第二〇号（二〇一九年三月）。

図9　映画F.T.A.より、キャストが広島平和祈念資料館を訪問した姿を捉えたシーン

CSの活動の一環として現地の状況を広く伝える通信員の肩書きだったようです。

　地下新聞のほか、環太平洋ツアーでは、その様子を映像で記録するスタッフも同行し、ドキュメンタリ映画が制作されていました。それが、フランシーヌ・パーカー監督のF.T.A.です（＊25）。パーカー監督のドキュメンタリ映画には、ツアー一行が岩国へ移動する途中で広島の平和記念公園を訪問している姿をとらえた二分半ほどのシーンがあります〔図9〕。英語のオーディオガイドで資料館を見学するキャストたちの表情が印象的です。広島の市電を背後に捉える原爆ドームの前で、流暢な英語で説明するガイドの話に耳を傾けているキャストのひとり、ホリー・ニアーの姿も記録されています。岩国では、労働組合の集会所をつかって黒人兵たちのミーティングが行われたとされますが、それを捉えたと思われるシーンもあります。岩国市民体育館のステージを終えた後、壇上に米兵たちが上って一〇項目の声明文を発表し、署名の呼びかけに応える米兵らが列をなし嬉しそうにサインする姿も映し出されていました。

　ＦＴＡの記録、ＧＩ地下新聞など、分散している記録資料を突き合わせてみると、見えて来るのは、この動きを支えていたのが、米国でウィメンズ・リベレイションを掲げて活動した女たちでもあったという事実です。PCSのエレーヌ・エリンソンが、兵士の反戦運動にはウィメンズ・リベレイションの視点が不可欠と考えながらアジアで拠点形成し、通信を発信し、核兵器への反対において岩国と広島を認識的に結びつけていました。ドキュメンタリ監督のフランシーヌ・パーカーは、ハリウッドの男性中心主義と闘いながら、この撮影クルーの大半を女性で編成して作品を完成させています。キャストのひとりホリー・ニアーは、メンバーの最若手でしたが、家から解放されたいと願って軍隊に入隊する女性兵士たちの矛盾と向き合い、この後、セクシュアル・マイノリティの反戦ソング・ライターとして活躍することになります（イギリスの反核・反基地運動の現場でグリーナム・コモンの女たちが歌った Singing for Our Lives という歌を耳にしたことがあるという人は多いと思います。その歌の作者がニアーです）。

おわりに

さて、ここまで、別の物語を探し求めた人々の動きについて考えるためのエピソードを挙げてきました。この辺りでこのトークの着地点を見つけなければなりません。

広島という「あいだ」の都市を行き交った多数の人々のコミュニケーションは、「唯一の戦争被爆国として」で

25 F.T.A.（Francine Parker/ U.S./ 1972/ 96min.）.

はない、別の物語を織り上げようとしていた、そのような資料として、何度でも読み直したいものが、まだまだ沢山あります。第三回講座の問題提起に、すなわち加納実紀代さんの仕事に引きつけるならば、そして、第六回のジェンダー解放というパースペクティヴを持つならば、ヴェトナム戦争と人種差別に抗った岩国のＧＩと、核の問題と、ウィメンズ・リベレイションが交錯しつつ残した記録の事例は、加納さんの銃後史ノート戦後編の第七巻と第八巻の「あいだ」にあって、まだまだ掘り起こしていきたいもののひとつと言えそうです。

広島の皆さんが、この連続講座をジェンダー・フォーラムという枠組みから開放しつつ、資料の空間を切り拓こうとしている、そのことに、心から賛同しています。そのような資料とは、あいだの都市を行き交った人々が、国にまかせず、責任という理路・経路を苦心して開拓しようとした記録であり、読み解かれることを待っているのです。と、このように、やや強引ながら着地点を見つけて、私からのお話を閉じたいと思います。

ご清聴有り難うございました。◇

河内美穂

植民地主義の起点・運動の継承

私自身のここ数年の最大の課題を提言として

私から始まる

一九五八年、映画「この世界の片隅に」の主人公と同じく、私は広島市の江波で生まれました。第七回の講座「〈この世界の片隅に〉現象を読み解くためのレッスン」で、植松さんが埋め立てによって江波の海苔産業が衰退したこと、そこから満洲開拓団に応募した人も多かったというお話をされました。そのお話を聞いていると小さい頃の情景がよみがえってきました。カミキリムシを捕って遊んだうちのいちじく畑はいちじくがすべて引きぬかれ、トラックが運び込んだ大きな砂山がいくつも盛り上がっていました。その砂の山から大きな二枚貝を掘り出してはメンコのようにして遊んだ記憶があります。あの砂はどこから来たのでしょうか。その砂を敷いて広い道路ができました。また、歩いて一〇分のところには牡蠣漁師の家が並んでいて、そこは海抜ゼロメートル地帯と言われていました。

私の伯父は修道中学の生徒だった頃、建物疎開で召集されて相生橋付近で被爆しました。祖母は伯父を探すために何日も市内を歩き回り、再会できた時、伯父は「踏んづけられたカエルのように小さくなって座布団に寝かされていた」のだそうです。その葬儀のために疎開先から市内に入った母の兄弟は全員「入市被爆」となりました。それで母は被爆者手帳を持ち、私は被爆二世となったのです。

一方、父は忠海中学時代、ドラム缶に充填された毒ガス運搬のために大久野島に動員されました。父が亡くなったあと父の文箱の中から「毒ガス手帳」が出てきて初めて事の重大さが実感されました。その父は、軍部が南洋諸島を占拠した後の行政を担う官吏を養成する大東亜錬成院（拓南塾）でマレー語を学んだあと、戦況の悪化のせいか、一七歳のとき中国の大同の行政機関に派遣されました。「満州国」に次ぐ、第二の傀儡政権と言われる「蒙古連合自治政府」の出張所でした。

そんなわけで私の体の中には母方の被爆体験と父の毒ガス運搬があり、それが私の「広島」なのです。もともとが被害と加害のないまぜになったところに私は生まれ落ちたようです。等身大の自分を通して書くのがルポだと思っています。私の体から生まれて私の体に戻ってくるようなものを書きたい。学びと仕事と暮らしがすべて運動の一環でありたいと思ってやってきました。私からのお話はこの生まれと体験を通して長年取り組んで来た戦争加害、植民地について二つの提言「①植民地主義の起点　②運動の継承」をテーマとさせていただきます。

一九七六年広島大学で中国語学中国文学を専攻し、修士課程では地域研究科のアジア研究に所属して、近現代日中関係史を学びました。今振り返ると、使っていた中国語のテキストは中国共産党のプロパガンダのような内容で、日中戦争期における抗日と中国革命、毛沢東と文革賛美という特殊な環境下で研究してきた講師陣の熱い講義を聞いていたのがわかります。おそらく今の中文の授業内容とはまったく違うことでしょう。私は教室で日本の加害について具体的に学ぶことになりました。

当時は大学の構内で、留年した各セクトの先輩たちがタテカンの前でアジったり、映画会や講演会を頻繁に開催していました。私はそのおかげで大学教官による講義だけでは知り得ない冤罪・死刑制度、水俣病などの公害問題、被差別部落や障がい者問題と、さまざまな社会問題を学習することができました。近年は、二〇一九年竹中平蔵氏を批判した東洋大学の学生がタテカン撤去だけでなく退学まで勧告される事件がありました。本来、大学とは専門以外の社会問題をも批判したり議論したりする力を涵養しながら学究するところではないかと思います。その意味では大学紛争を経てはいませんが、私も社会を見る目を養えた、まずまずの大学生活を送れたように思います。

「満州国」と中国残留邦人

魯迅・老舎・蕭紅をはじめとする中国文学に触れるほどに、日本人としての加害を自覚しないではいられませんでした。私は中国の人の生の声を聞いて戦後補償・戦争責任など戦争を考えたいと思い、一九八四年かつて「満州国」の奉天市があった瀋陽市の遼寧大学に留学しました。授業の合間には自転車で九・一八柳条湖事件、張作霖爆殺現場を回り、路地に置いた椅子に腰かけているおばあさんやおじいさんにその時のようすを聞いたりしました。かつては緊迫したソ満国境、満州里やハイラル、白系ロシア人の町ハルビンも旅行しました。

ある晴れた春の一日、先輩留学生に連れられて、端午節の朝鮮族のお祭りに出かけました。華やかに歌ったり踊ったりする朝鮮族の輪がいくつもあって、にぎやかなお祭りでした。驚いたことにその中に日本の残留婦人の輪があったのです。七~八人が手作りしたおはぎや巻きずしなどを持ち寄っておしゃべりしていました。その日に懇意になったおばさんを後日訪ねて話を聞きました。瀋陽市の鉄道の西側は鉄西区と呼ばれる工場地帯で、おばさんたちの住まいがありました。たまにみんなで集まっては歌や踊りで楽しむ二〇人位のコミュニティができていました。

鉄西区には敗戦時に北から逃避行をしてたどりつき、日本への帰国を待つ人々が入っていた収容所がありました。その収容所にいる間に親が病気や飢餓で亡くなったり、幼い弟妹の命を守るために、わずかな食料と引き換えに中国人に売られたり、嫁がされた女性たちが中国残留邦人の内「残留婦人」と呼ばれる人たちでした。当時は一二歳以下を「孤児」、一三歳以上を「婦人」と呼んで区別し、肉親捜しから一時帰国への公費負担など、ある程度援護がなされていた「孤児」とは違って、「婦人」は「自分の意志で残った」として援護の対象から外されていました。敗戦当時はもちろん帝国憲法下にありました。女性は選挙権がないだけではなく、男性に従うものであり、庇護される対象と考えられていました。それなのに過酷な逃避行の最中、一三歳を過ぎれば女性も強い意志を持って帰国を取りやめたとでも言うのでしょうか。

レンガ造りのアパートもあれば、うす暗い平屋の泥の家もあるおばさんたちの家を一軒一軒訪ねて話を聞きました。大っぴらに取材などできない時代でしたから、私は中国人が着ている中山服を着て、バスを乗り継いでひそかに遊びに行っていました。録音どころか、メモを取るのもはばかられて、覚えられるだけ覚えては、宿舎に戻ると大急ぎでメモを取るという感じでした。戦前の日本での暮らし、戦中の中国での暮らし、敗戦時についてさまざまな話を聞きました。とても情が深くて、心にしみるようなおばさんたちの語りでした。

残留邦人は国家に四度棄民されたと私は考えています。

①開拓団、大陸の花嫁として送られた人が多かったのですが、過疎地域の原発誘致同様に、地域産業の停滞を放置して貧困を生み、甘言で騙して送りこんだケースもあったようです。すでに軍需工場などができて失業が解消されても、自治体によっては地域ごとの員数合わせのために強制した場合もありました。

②敗戦時日本政府から「残留せよ」とのお達しもありました。関東軍のほとんどはすでに南方に転戦していましたし、残りもソ連参戦以降は本土防衛のために朝鮮半島の付け根まで橋や道路を切断しながら撤退し

ており、文字通り邦人たちは最前線に捨てられての逃避行でした。
③国家としての帰国援護は72年の国交正常化までお預けで、約30年、帰国希望の人々はかつての敵国に放置されたままでした。
④特別援護の制度をと言う関係者の声を無視して、帰国後の生活は生活保護をあてがったので、中国にいる家族の見舞いなどで帰国する自由もなく、また働いても賃金分の保護費を差し引かれるので、貯蓄ができず、生活の向上は望めません。高校や大学の進学をあきらめさせられた子どももいました。

こうして「棄民は繰り返される」と私は学びました。現在、福島の事故後の帰還にしろ、汚染水の処理の方法にしろ、同様ではありませんか。

中国残留邦人は日本国家に対しては被害者でありながら、中国人、朝鮮人に対しては加害者でありました。それが文化大革命で火を噴きます。日本人だからとスパイ容疑をかけられ、監視され、労働改造所に送られました。戦前、日本では農業・漁業などでやって行けなくなった庶民が国境地帯の屯田兵や兵站基地の労働者として送られ、戦後は謝罪もしない国家の罪業を肩代わりさせられ断罪されたのです。現地の風土に適応しきれず亡くなった人々、敗戦の逃避行や文革で亡くなった多くの人々が、生きて戻った帰国者の背後に何十万といるのです。

「満州国」と中国朝鮮族

瀋陽市には朝鮮焼肉店が多い通りがあります。日本語が少しできる店主を慕って焼肉店に通う日本人留学生もいました。瀋陽市に朝鮮族が多いのは、朝鮮半島から鴨緑江をはさんですぐお隣の土地柄であり、また渤海湾沿岸地域でもあったために、地理的に便利だからだろうと思っていました。しかし、日本語学習のために留学生宿舎にやって来る学生たちと交流し、朝鮮の歴史を調べるうちに日本の朝鮮侵略と決して無関係ではないことに気づきました。ある青年が紹介してくれた幾人かを皮切りに、朝鮮族の話を聞き始め、ソ連と隣接する延辺朝鮮族自治州にまで行って、中国に来るまでの朝鮮での暮らしや「満州国」での生活、抗日ゲリラ兵士だった人の戦中の話などをひとりまたひとりと訪ねて歩きました。

朝鮮族の個人的なお話を聞くかたわら、「満州国」政府や関東軍の資料を探して、中国東北地方の大学や図書館、档案館（档案とは戸籍のようなもので個人の来歴が綴られている）で背景の学習もしました。「土地調査事業」「産米増殖計画」など日本は植民地朝鮮の住民の土地を奪い、生計の手段を破壊したので、経済難民として中国に行った人たちや、共産主義思想家、民族独立派として憲兵の迫害を避けた人たちが政治活動のために渡った場合もありました。抗日の拠点だった間島めざして豆満江を渡ったのは、主に朝鮮の北からの移住者で、瀋陽周辺は朝鮮の南からの移住が多かったようです。かつて東北抗日連軍というゲリラ組織が関東軍を奇襲しては悩ませていましたが、この東北抗日連軍の多くが朝鮮族でした。また朝鮮総督府による朝鮮人開拓団も組織されて「満州国」に送られました。日本は朝鮮人が作った田んぼに日本人開拓団を入植させる一方、開拓団として入植した朝鮮人の保護を名目に軍隊を出動させるなど、朝鮮半島と朝鮮人を帝国日本の侵略の兵站基地、尖兵として利用しました。そのため「満州国」では、朝鮮人は「日本鬼子」に対して「二鬼子」と言われ、文化大革命では凄惨な迫害も受けました。

「満州国」とモンゴル系諸民族

私は満州国で日本が朝鮮人に対してどうであったかを少しずつ学びましたが、「五族協和」と言われた他の民族、例えばモンゴル系諸民族（ダウル族・オロチョン族・エベンキ族など）に対してはどうだったのかが新しいテーマとなっていきました。放牧・狩猟・農業など生活の糧も主食も違う民族固有の文化を持った人々でした。

再び訪中し、遼寧大学の広島高等師範出身の漢族教官を訪ね、モンゴル系の民族ダウル族であるフフホトのバタロンガーさんを紹介してもらいました。バタロンガーさんも戦前、善隣協会を通して広島高等師範に入学した人で、広島をとても懐かしがっていました。バタロンガーさんが「満州国」時代を知る人たち、満州国軍の軍人、興安学校（民族学校）の教官、オロチョン族の山林隊隊員などを紹介してくれ、主に当時のようすや日本の加害について話を伺いました。日本に戻ってバタロンガーさんの広島時代を地図や資料で追うことで初めて私は広島が軍都だった意味を実感したのでした。

ダウル族は民族人口は少ないものの、清朝においては溥儀の正妻の出身民族であり、高等教育を受けた人が多く、「満州国」でも政府の要職についていました。日本は興亜の立場からモンゴル族の中国からの独立を支援すると言っていましたが、一九二四年モンゴル人民共和国の成立を機に画策された内モンゴルの独立の動きを、中国・ソ連とともに阻止したという歴史がありました。結局、内モンゴルは中華民国の中で高度な自治を有する「蒙古連合自治政府（蒙疆政権）」を持つしかありませんでした。その政権は徳王ドムチョクドンロプをトップとした日本の第二の傀儡政権です。バタロンガーさんの兄はその政権に近く、一九四九年中華人民共和国が成立すると、台湾への亡命を余儀なくされます。戦後日本から戻った留学生、満州国官僚、蒙疆政権官僚などのインテリ集団が内モンゴルの中華民国からの独立を目指して決起しますが失敗します。文化大革命の終了までの政争で当時のインテリのほとんどが粛清されてしまいました。日本による傀儡政権に翻弄された彼らについて私たちはもう少し歴史を学ばなければならないでしょう。

加害との向き合い方

五族協和・王道楽土を唱えた「満州国」の実相を見るうちに、「満州国」と関係した日本人は加害とどう向き合ったのか、きちんと見て行きたいと思いました。加害意識をどう持ち続けていけばいいのか、これから先、それを次世代にどうつないでいくか、私の中で運動の継承が最大の課題となりつつあります。そのテーマを考えるにあたって、上野英信を紹介します。

上野英信（一九二三〜八七）は、岩波新書『追われゆく坑夫たち』（一九六〇）を引っ提げて登場した炭鉱の記録作家であり、一九七〇〜八〇年代の労働運動、市民運動の旗手であったと、私は文献の中で出会いました。英信が健在だったころ、劇的な対面ができなかったのは本当に残念です。取材を通して感じるのはある種の危機感です。当時市民運動をしていた現在七〇〜八〇代の人たちは上野英信の名前を聞くだけで目に涙を浮かべるほど懐かしみますが、私の世代以下はジャーナリストでさえ、その名前を聞いたことがないほどです。たかだか三〇数年のうちに英信は過去の人になりつつあります。

英信は山口県に生まれ、建国の棟梁を養成するための「満州国」国立建国大学に入学しました。中途で学徒として陸軍の士官教育を受け、軍隊では恩賜の褒章を授けられました。船舶砲兵隊に配属され、宇品で被爆します。敗戦後は京都大学に編入しますが、数か月で中途退学し、学歴を偽って筑豊の炭鉱労働者になっていきます。その中で、谷川雁・森崎和江らと「サークル村」活動を始め、西日本のサークル活動を牽引しました。かつては炭鉱労働者が住んでいた廃坑後の炭鉱住宅を買い取り、炭鉱労働者の宿泊・交流施設としてのコミュニティを目指して「筑豊文庫」を開設します。

炭鉱の記録作家としての英信は、三井三池等の大手炭鉱ではなく、その孫請け、すでに廃坑となった坑口をさらに落穂ひろいのように掘る最底辺の炭鉱労働者の実態を記録しました。彼らは雀の涙ほどの労賃で体を張って働き、炭鉱の組合からは相手にされない、いわば、「正当な労働からも正当な運動からも」見捨てられた人々であり、国策エネルギー政策に翻弄された人々の記録であったわけです。また英信は炭鉱労働者の出身地である鹿児島や山口、与論島といった貧しい農村にまで出かけて、炭鉱労働者の実態を記録し、廃坑後、南米に移民した労働者を訪ねて現地を取材し記録しました。

上野英信の作品で私が一番皆さんに読んでいただきたいのは『眉屋私記』です。国家が作った英雄の歴史ではなく、ひとりの男が南米の炭鉱労働者となって流転していく過程を、アリの目線で妹の半生とともに描いていながら、大きな歴史のうねりも表現しきった沖縄の近代民衆史として卓越しています。炭鉱労働者によりそってきた英信の総決算といえる作品です。

また英信は記憶遺産になった山本作兵衛さんの作品を世に紹介した人でもあります。英信はサークル村時代から労働者による労働者のための文学を求めていて、炭鉱仲間から詩や小説を募り、表紙を版画で刷った「地下戦線」というミニコミ誌を出していました。エリート出身の自分はサポートに回り、地道に労働してきた人の文化を大事にしたかったのです。炭鉱で出会った作兵衛さんを英信はふかく尊敬していました。

上野英信『天皇陛下萬歳』に見る加害との向き合い方

さて、英信の著作の中に『天皇陛下萬歳　爆弾三勇士序説』というのがあります。この講座第一回の小田原さんが取り上げられていました爆弾三勇士を題材にしています。上海事変の時、爆弾を抱えて敵地に突撃し、戻って来られなかった三人を祭り上げて、国は国威発揚に利用しました。英信は炭鉱労働者であった過去などを丁寧に取材し、一兵卒から見た戦史を編みつつ、その犠牲がどのような意図と経緯によって国家に利用されていったかを暴きます。その中で英信は自分の内なる天皇制について告白します。自分は天皇制の棒担ぎだった、自分は無知だったからだまされて侵略者になった、その結果はあの広島の悲惨だった。自分の仲間だった兵士たちは前線で死に、また広島で爆死した。自分だけが生き残った申しわけなさが苦しかった。しかし、自分はあの戦争は侵略だったと加害の側に立とうとするとやにわに、あいつだって加害者だった、侵略者だったと考え始め、そのことで自分の苦しみがやわらいでしまう。自分はどうしたってアジアの諸民族に対しては加害者であり戦争共犯者である、しかし、戦争責任を追及する側に立つことによって免罪されてはならないと言い、永久に弾劾され続けようと決意するのです。

王道楽土を建国するのだとだまされて建国大学に入り、軍国日本のお先棒を担がされた挙句がこの世のものとも思えない悲惨な被爆体験だった……英信の被爆体験の重さが察せられます。アメリカの原爆投下に対して英信は言います。「『三度許すまじ原爆を』というが一回目すら許せない、許す私を許せない」。侵略の尖兵として加害者にされ断罪された庶民は　中国残留邦人もそうであり、被爆者もそうでした。高度経済成長の時代に名誉も収入も顧みず、エネルギー政策に翻弄された筑豊の労働者とともにあり続けること、それが戦前の自分に対する贖罪であり、戦後の英信のぶれない立ち位置でした。自分はどこに立つのか、立ち続けられるのかを取材と書き物を通して、私は英信に学びました。「だまされてはいけない」との英信の思いを伝えたいと強く思います。

運動の継承

筑豊文庫には多くの画家や映像作家や写真家、作家や詩人が訪れました。私は筑豊炭鉱にい続けた英信の志を継ぐ人々として、息長く地域の運動を続けてきた人を上げて拙著に紹介しました。カネミ油症公害反対運動の犬養光博さんや釜ヶ崎の労働者支援の小柳伸顕さん、現代座という劇団で社会問題を問い続ける木村快さんたちです。

足尾銅山の田中正造を読み解く英信の文章について語る犬養さんの感動が、私に文語調の田中正造の日記を読ませます。汚染された地域に住み続けるひとびとから学ぼうとする田中正造と英信の共通点に、私も触れることになります。帝国憲法下なのにその運動が民主主義や地方自治、人権意識をきちんと主張していることに驚きます。

しかし英信はすでに図書館の開架図書ではなくなっています。ふと手にして読み始めるという出会いのできない作家です。ここ数年は活字離れも急激に進んできました。取材の中で犬養さんが言っていました。七〇年〜八〇年、大きなうねりがあった社会運動にはあちこちで地すべりが起きていると。法外な低賃金で家畜同然に働かされていた人たちがいたが、炭鉱が廃坑になってその人たちが職を求めてどこかに消えてしまうと、そんなあくどい搾取労働の実態も責任も消されて、すべてがなかったことにされてしまった、九〇年代以降は問題の本質が見えにくくなっていると。まさにその通りではないでしょうか。軍隊慰安婦の問題しかり、朝鮮人BC級戦犯問題しかり。

国立市の公民館は市民が運動の中で作ったもので、八〇年代以前は加害にしっかり向き合った戦争や平和に関する学習会が開催されていました。しかし、九〇年以降は加害どころか平和自体、あまり語られなくなり、二〇〇〇年以降は八月にかろうじて戦争中の雑貨などがテーマに選ばれるようになりました。

かつて労働の現場には組合があって、そこには例えば自衛隊・戦争・平和部会、障がい者部会や少年法の部会などがあり、それぞれの部会が中心になって問題を議論し、組合員全員が多方面の問題を考えつつ、他の組合と連帯していました。例えば、自衛隊関連の裁判があれば、各組合の自衛隊を考える部会が市民運動を盛り立て、法廷の外と内とで裁判闘争が闘われていました。しかし現在は、個別の問題に関心を持つ市民運動があっても運動体同士が連携しにくくなり、大きなうねりにはなり得ていません。

先程私の大学生活にも触れましたが、現在の学生は学内で社会問題を学習するチャンスが少ないように思います。こうして各方面での社会教育の現状を見るにつけ、市民の力量はどこで身に付けることができるのだろうかと思います。

そして私にできることはなんなのでしょう。田中正造から上野英信へ、犬養さんから私へと届けられたものを私は次世代にどうバトンタッチしていったらいいのでしょうか。今の私の最大の問題は運動の継承です。ルポを発表してもなかなか手に取ってもらえません。より多くのより細かな情報を届けるにはフィクションがいいのではないだろうか。私は今、問題の小説化を試みています。（新刊は拙著参考）

植民地主義の起点

もうひとつの提言は、植民地主義の起点を押さえていきたいということ。自分は長い時間、先の大戦の戦後補償や戦争責任を考えてきたけれど、日本の加害の起点はどこなのだろうと思い始めました。なぜ広島に原爆が落とされたか、それもどこまで戻って考えたらいいのでしょうか。平和についてしっかり考える人でも、その起点は太平洋戦争だと言い、日中戦争だと言います。ではその前の日露戦争は西洋人を駆逐してアジアを解放したよい戦争だったのでしょうか。それを機に朝鮮への侵出が本格化して植民地化の基盤ができあがります。さらにその前の日清戦争では台湾を割譲しました。その前は？明治からその版図に加えられた沖縄と北海道ですが、そこに住む人々は日本の領土内に入ることを喜んだのかどうか。抵抗はなかったのでしょうか。現在まで続く沖縄の構造的な不平等をどう見たらよいのでしょう。そして私はアイヌについて学び始めました。侵略者としての日本は、明治のはじまりに「大日本帝国」などという大仰な名前を付けたときから始まりました。以来、日本はずっとこの道を来たのだということに、ほんの最近ようやく気付いたからです。

台湾は割譲、朝鮮は併合、琉球は処分（一八七二琉球藩・一八七九沖縄県）、北海道は編入。呼び方は異なっていますがみな暴力によって植民地化したのでした。内国植民地沖縄については研究者も多く、漢籍の資料も含めて文献は豊富です。帝国の足跡はおのずと現れます。しかし、地域ごとの集団で国家を持たず伝承を重んじて文字を持たないアイヌについては、和人の一方的な記録を見る以外にありません。それでも戦後、八〇年頃までは地元でも「民族」としての運動が盛んで、本州からも多くの活動家が応援に訪れており、アイヌ自身による著作や周辺の人々による記録書が刊行されていました。しかしこれも九〇年以降は本州の他の運動が下火になったと時を同じくして、あまり多くの人々の関心を引かなくなってしまいました。もちろん問題がなくなったわけではなく、問題が見えにくくなったのです。

参考までに直近の簡単な歴史をご紹介しますが、はっきり言ってわからないところだらけです。地域ごとにコタンという村を形成していたアイヌは集団を大きくするという発想がありませんでした。交流はあっても各地域でそれぞれ独立した文化を形成していました。また、何を持ってアイヌと認定するか、アイヌの人たちの間ですらそれがまだあやふやなままです。地域や世代、立場によって将来についての考え方も違うので、私は非アイヌとしてどう関わっていったらいいのか悩みます。

アイヌについて　植民地化の原型

もともとアイヌはアムール川流域や樺太、千島、カムチャッカ半島の南部に居住し、一八世紀後半まで日本の本州北部にも広く住んでいたと言われています。琉球が海洋民族として交易を主としてきたように、アイヌも北部の幅広い地域の諸民族との交易を重要ななりわいとしていたようです。

明治以前、和人が蝦夷が島（えぞがしま）と呼んでいた現北海道は「アイヌモシリ」というアイヌの住む土地でした。近世には南部に松前藩がやってきてアイヌを先住民と認めて交易を始めますが、甘言を用いて次第にアイヌを支配下におき、奴隷のように働かせるようになります。それに対してシャクシャインの乱などアイヌの大きな抵抗運動が幾度も起こりました。とはいえ、松前藩の力の下にあった地域でも、幕末までは、アイヌの集団の中には行政権・司法権がきちんと存在し、自治的生活を送っていたのです。

それを徹底的に破壊したのが明治政府です。一八六九年明治維新の翌年にはアイヌの自治的生活を無視して、日本政府は蝦夷が島を大日本帝国に編入し、開拓使という役所を置いて北海道と改称しました。北海道の「開拓・開発」と言う名の植民地化政策の始まりでした。

一八九九年「北海道旧土人保護法」による同化政策が開始されました。アイヌが狩猟採集していた土地を取り上げて農地とし、伝統的な狩猟や漁労に法的な規制を加えて経済を破壊していきました。日本的な苗字をつけてアイヌ戸籍を作り、入れ墨・耳輪などを禁止して文化を破壊し、子どもにも日本語を強制して同化教育を進めました。差別と貧困、まさにその後に続く沖縄・台湾・朝鮮統治の原型をそこに見ることができます。さらには沖縄同様、学術調査の名の下に人間の尊厳を無視した遺骨の盗掘・収集を行い、子どもの頭骨を計測するなどして学問の研究材料としました。

先住権を求める闘い

生計の手段を奪われ、差別と偏見の中を一〇〇年過ごしたアイヌですが、少しずつ力を蓄えながら、一九八四年北海道ウタリ協会がアイヌの解放に向けての新法案を作成しました。議会での議席確保や伝統的な漁業・森林資源の利用管理権の回復、自立化基金の創設を求める内容です。しかしその法案は無視され、旧土人保護法が廃止されたのは一九九七年であり、アイヌたちが求めていた新法は伝統文化に特化した「アイヌ文化振興法」にとってかわられただけでした。

二〇〇七年には「先住民族の権利に関する国際連合宣言」があり、四三か国とともに日本も賛同しましたが、伝統文化を支えた土地や資源の権利回復へと道は開かれていません。二〇〇八年「アイヌ民族を先住民族とすることを求める決議」が国会で満場一致で可決しましたが、二〇一九年「アイヌの人々の誇りが尊重される社会を実現するための施策の推進に関する法律」を展開すべく二〇二〇年に作られた民族共生象徴空間（ウポポイ）の展示には先住権についての記述は見受けられません。

日常生活から切り離された伝統文化・新伝統文化のみがクローズアップされてもそれは見世物や娯楽と受け止められるのではないでしょうか。観光は文化の復元や保護、促進に寄与することもありますが、不適切であれば、文化を消滅、破壊しうるものでもあります。先住民族が自ら管理し、自治権を持たなければ文化そのものにも意味がありません。例えば、かつてシカの狩猟が重要ななりわいのひとつでしたが、シカの性質・気象・狩猟の道具の製作・訓練・接近・追跡・解体・運搬・保存加工、そしてそれらの前後に宗教があり、それらすべてを総合した学びがあってこそのなりわいでありました。文化はそうした人間の営みの歴史の上にゆっくりと芽吹いていくものです。失われた土地の権利や資源の権利が回復することがアイヌ政策の原点でなければなりません。

先住権を求めるアイヌの闘いは続きます。二〇一九年先住権を主張した紋別アイヌ協会により儀式のための「無許可」のサケの捕獲が「強行」されました。浦幌ではサケの捕獲権利の確認を求めた裁判が始まっています。アイヌの権利回復の問題はアイヌが当事者であり、アイヌにもいろんな考え方があることでしょう。しかし、帝国の侵略の源流を求めて来た私は、この問題においてはやはり当事者と言えるのではないかと思います。非アイヌである者がその運動に何を学び、どう関わっていくか、北海道ならぬ本州に住むものとしてどう関係して行けばいいのか、私は考え続けています。

参考資料

○上野英信（1923～1987）主な著作
『追われゆく坑夫たち』岩波書店、一九六〇年
『地の底の笑い話』岩波書店、一九六七年
『天皇陛下萬歳―爆弾三勇士序説』筑摩書房、一九六九年
『骨を噛む』大和書房、一九七三年
『出ニッポン記』潮出版社、一九七七年（元炭坑労働者の南米訪問記）
『眉屋私記』潮出版社、一九八四年（沖縄近代民衆史）
『上野英信集』（一～五巻）径書房、一九八五～八六年
『写真万葉録・筑豊』（一～一〇巻、趙根在と共同監修）葦書房、一九八四～八六

○アイヌ関連、近年の動き
政府側政策
二〇一九年「アイヌの人々の誇りが尊重される社会を実現するための施策の推進に関する法律」制定
二〇二〇年　民族共生象徴空間　ウポポイ開館
【問題点】
・ウポポイの設立はアイヌ民族が望むものだったか　アイヌ民族によって管理されているか　土地や資源、経済から切り離された伝

統文化の披露は見世物では？
・ウポポイは巨額の支出をしたがアイヌ民族総体の利益にはならない
・ウポポイに置かれている遺骨はなお研究利用に供されてしまう
【先住権を求めた闘い】
二〇一九年　紋別アイヌ協会が、先住民の権利として、儀式に使用するサケを道に申請せず捕獲（道警が書類送検）
二〇二〇年　アイヌ（＝ひと）の権利をめざす会　https://kamuycep-project.jimdofree.com/
「カムイチェプ＝サケに対するアイヌの権利回復を！」の署名活動
二〇二〇年　ラポロアイヌネーション（北海道浦幌町のアイヌ協会）サケ捕獲権確認求め提訴

○拙著
『氷晶のマンチュリア』現代書館、一九九四年
『最後の蒙古浪人　春日行雄』（株）リーブル、二〇〇四年
『上野英信　萬人一人坑』現代書館、二〇一四年
小説『海を渡り、そしてまた海を渡った』現代書館、二〇二一年

田浪亜央江

広島と中東の〈加害・被害〉と植民地主義

「復興」をめぐる齟齬から見えるもの

広島の「世界認識」

自己紹介を最初の切り口にしてお話しさせて頂ければと思います。東京から広島に来て、今年で五年目になります。もともと広島には何の地縁もなく、中学や高校の修学旅行などで来るという機会もないままでした。その私がまず広島出身の方に最初に出会う機会となったのは、イラクでのことでした。二〇〇三年三月にアメリカがイラクに対する戦争を始めたわけですが、その前年のことです。

その当時、湾岸戦争で使われた劣化ウラン弾の被害に対する関心が世界的に高まっていました。広島の被爆者を含めた市民、ジャーナリストや国会議員などのグループがイラクを訪問するさいの通訳として同行しました。そこで初めて核の問題に取り組む広島の方と出会ったことは、私にとって大きな意味を持ちました。長らく回り道やモラトリアムの時間を送っていて、当時三〇歳過ぎても定職についておらず、比較的時間があったことで得た機会でした。当時はまだ自分が将来広島に来るとは思っていなかったわけですが、そのころ中国新聞の田城明さんが劣化ウラン問題について精力的に取材をされていて、その記事はネットで読んでひじょうに参考になりました。

初めて広島を訪問したのは二〇〇七年になってからです。その頃は生活上の必要から外務省の下請けのような仕事をしていたのですが、中東の若手研究者を短期間日本で自分の専門に関わる調査をするという名目で招聘する仕事がありました。その際、このように公的な予算で日本に招聘した人に広島を訪問してもらうというのは、わりと一般的なパッケージだということに気が付きました。おもに途上国の人たちを対象に、広島の「復興の歴史」を知ってもらってそこから学んでもらうという趣旨なのですが、広島の人はよくご存じだと思います。中東やアラブ圏の人たちはほんとうに広島への関心が高く、一般的な日本出身者よりも詳しかったりして、だから広島訪問をとても楽しみにしていました。でも私のほうも実は広島訪問は初めてだったという。広島に来て、ある大学の先生に平和学ということで講義をして頂いた後のことが印象に残っています。その場では誰もコメントしなかったことについて、その日の夜、宮島に泊まった時にけっこう議論がヒートアップしました。一つは、「広島の思想の普遍化」ということで、広島をホロコーストと対置した部分について。あと、その先生は中東の人を前にしていて意識したんでしょうが、「現在世界の核問題」ということで、イランの核開発問題を挙げた。中東の人からすると、イスラエルの核兵器保持のことがまったく言及されないままに、イランの核開発についてだけが言及されるというのは、ひじょうに不思議な話ですし、ホロコーストの件も、「イスラエルの犠牲」ということが暗に前提とされていました。

つまり日本の経験から「学ぶ」ことを誘導されているプログラムの中で、中東の若手研究者たちはむしろ日本社会が世界を見るさいの視野の狭さを、ここ広島で感じ取ったのではないかなと思いました。その頃から私も、東京に住みつつ、広島と中東をつなげて考えるというか、そういうことを少し気にするようになったのではないかと思います。

その後、五年前に広島に来ましたが、今年、イスラエルが占領中のパレスチナのガザをまた攻撃するという出来事がありました。私にとっては広島では初めて、社会的なアクションを呼びかけるような立場になりました。たまたま行動を行なった日の朝に停戦が成立したわけですが、それで問題が終わったわけでなくて、イスラエルの占領が続いていることが問題だと思い、予定通りに行動しました。来てくださった方がたくさんいたことは嬉しかったのですが、どうもひっかかりもありました。広島で「平和を」と原爆ドームの前に立つと、ビジュアル的には分かりやすく、ひじょうに受けがいいというか、通りがいいんですね。これまでの経験からすると勝手が違うなと。例えば東京の場合だと、イスラエル大使館の前に行って抗議するわけですが、国家というか、支配者側との緊張感がある。他方広島で「平和を訴える」と、その活動が大学の広報にも載ってしまったりするわけです。私自身は社会運動というのは非主流の側からの「抗議」や「異議申し立て」というマイナーなものだと思っておりますので、戸惑いがありました。そしてピンポイント的に「〇〇に平和を」と呼びかけることとの限界、視野の狭さがどうしても気になります。中東という「紛争が絶えない」と見える地域の加害者側と被害者側を二分して、被害者側に立つ。そういう問題に矮小化してしまうことの問題を強く感じます。これだと中東における植民地支配の問題が抜け落ちてしまうんですよね。それは日本人自身が人種主義とか植民地責任、そして性差別主義を乗り越えていないことと関わりがあるんじゃないでしょうか。「複雑な」中東の事情が分かっているとか分かってないとか、詳しいとか詳しくないという問題以前の話ではないだろうかという気がしています。

植民地経験に続く中東の現在

去年、被爆七五年ということで、勤務先の大学のほうで呼びかけられ、何人かの教員と一緒にこういう本を出しました(『世界は広島をどう理解しているか　被爆七五年の五五か国・地域の報道』中央公論新社)。世界のそれぞれの地域や国に関わる研究者が、そこでは広島の原爆がどのように報じられているのか、新聞報道をもとに分析したもので、私は中東アラブ地域を担当しました。去年二〇二〇年が中東地域にとってどういう年だったかと言えば、フランスがアルジェリアで最初に核実験をやってから六〇年目にあたるわけです。それからレバノンの首都のベイルートでは、都市のかなり大きな部分を破壊してしまった大爆発が起こりました。これは、いわば偶発的な「事故」として御記憶の方も多いと思いますし、事故であるのは事実ですが、その背景には統治する国家の問題が複合的に絡んでおります。レバノンがどうしてこういう国になったのかと言えば、フランスの植民地支配の歴史を無視しては考えられません。事故の後にフランスのマクロン大統領がレバノンに来て、しっかりしろと鼓舞したことも含めて、これはポストコロニアルな社会のありようを改めて考えさせられる出来事でした。そしてイラクがクウェートに侵攻し、クウェートを併合した湾岸危機から三〇年。これはイラクが行なったことでしたが、独裁的な支配者サッダーム・フサインの登場や振る舞いも、イラクという国がイギリス・フランスの駆け引きの中でひじょうに不自然で強権的な支配を必要とする国家として作られたことの上にあったことです。こうして挙げたことはすべて、中東が長年植民地支配を受けてきたことと切り離せないわけです。

面白いと思ったのは、こうした出来事について、現地では広島を基準とした言い方がなされていることです。どれだけ大変な出来事だったかについて、「ベイルートの爆発の威力は広島原爆の一〇倍だった」というふうに広島と比較しています。それからイラクがクウェートに侵攻したことで受けた経済制裁では、独裁者ではなくイラクの一般民衆、なかでも子どもなど弱い人たちがもっとも影響を受けましたが、「経済制裁によって死んだイラク人の数は、広島・長崎の原爆の犠牲者の二倍だった」と。〝広島単位〟とか〝広島基準〟とかとりあえず名付けておきますが、そういう言及のされ方をしています。中東の人々がいまだになまなましく植民地主義の影響のなかを生きているなかで広島が参照されているわけです。そうしたことが日本ではまったく意識されず、広島の被害だけが特別なものとして語られる、そういう不均衡さについて考えさせられました。

もちろん原爆の威力や被害といってもさまざまな側面があるなかで、単純に爆風の威力や死者の数といった何か一つの指標を当てはめて「何倍」と言っているわけですから、その信憑性といったことはまったくの論外になるわけです。そうした比較の仕方はいろいろと問題があると思う一方で、中東・アラブにおいては、やはり先進国・日本の原爆被害だけがなぜこれだけ特権的に語られ、毎年八月六日になると取り上げられるのか、と感じるのはある意味当然な話で、イラクはこんな状態なんだ、パレスチナはもっと酷い状況なんだ、しかも現在進行形でありながらそれが無視されているじゃないか、という言外の抗議であると私は理解しています。

「アウシュビッツ」と広島

これから広島の戦後と中東との関わりについてお話ししたいと思います。与えられている時間の中では全体的な話をするような時間はもちろんありませんが、広島の戦後の運動文化と中東とのつながりというか、広島の運動圏から出発して中東に足を踏み入れたということの最初の出来事としては、「広島アウシュビッツ平和行進」を挙げることが出来るかと思います。一九六〇年、安保の改定反対の運動があった年の八月に、原水禁大会で日本山妙法寺の佐藤行通さんが提案し、その後一年くらいかけて原水禁で議論されたらしいのですが、一九六二年に、四人の参加者が一年三カ月かけて三三カ国を行進するという行動に繋がりました。広島から東南アジア、インドと陸路を通り、最終目的地はアウシュビッツです。そして当初は予定に入れられていなかった中東のイスラエルにも訪問するという流れとなりました。これはイスラエル大使館の提案で加えられたそうです。

ホロコーストの生存者が作った国ということで、イスラエルにも訪れたわけです。実は一九六〇年の段階までは、広島でホロコーストへの関心は高くありませんでした。おそらく日本全体のなかでもあまり知られていなかったわけです。それが一九六〇年に例のナチス高官のアイヒマンがアルゼンチンで逮捕され、エルサレムでアイヒマン裁判が始まるという流れのなかで、一気に関心が高まったということが背景としてあります。

日本山妙法寺の方以外の三名は、自分たちが若者であるという自意識を強く持っている世代です。そのうちの二名の文章が書籍として刊行された記録に収録されているのですが、「若者代表」を名乗って文章を寄せています。「僕ら」という一人称が適切なものなのかはともかく、「僕ら日本の若者」が加害者として、とくにシンガポールでは日本軍による虐殺現場なども目にして、その加害者である自分たちということを意識する。他方で、自分たちは戦後生まれであって、米軍による日本の占領も経験しているなかで、「僕らは被害者でもあったのだ」という、まあ正直というか彼らの意識としては率直なコメントもしています。ところが東南アジアを抜けてパキスタンに入ると、本当にもう風景も含めたさまざまなものがすでに「異国」のものとなっていて、そこで初めて「ほっとする」というわけです。自分たちの与り知らないところで日本が加害者になったという、そのような歴史的経緯もない異国に至ってようやく「自由になれる」と。余計な心配ひとつ要らず、「解放された」と述べています。

私がもっとも注目するのはイスラエルにおける見聞なのですが、それはひじょうに未消化なものに終わっています。イスラエルに着くとすぐに、ホロコーストの生存者から連絡が来て、自分たちの収容所での経験が語られる、そうしたことについては分かりやすく記録されています。それからイスラエルにおける共同生活組織キブツで、集団的に保育されている健康的な子どもたちを見たりします。

一方で、イスラエルというのはいわゆる国民皆兵で、若者たちが軍服を着て闊歩するような、ひじょうに軍国主義的な国であるということは、これはもう光景を見れば一目瞭然です。そしてイスラエルのなかで差別されているエスニックマイノリティであるアラブ系の住民とも話す機会を持ちます。彼らは、自分たちが極端な差別と弾圧をされているということを訴える。そういうことについても記録はされているのですが、それを彼らがどのように受けとめたのかは読み取れない。つまりホロコーストのサバイバーたちが作り上げた国という、それなりのイメージを持ってイスラエルを訪れていた一方、そこで見聞きしたものにはそのイメージと明らかなギャップがあったのですが、そのことの整理はおろかそれについてのコメントもなく、やりすごしているように読めるわけです。これは私が自分で確認したわけではありませんが、当時、「広島アウシュビッツ平和行進」のニュースレターというものが公式に刊行されていて、そこではイスラエル訪問の報告は完全に省かれているとのことです。これについては昨年刊行された『ヒロシマ　グローバルな記憶文化の形成』(ラン・ツヴァイゲンバーグ著、若尾祐司・西井麻里奈・髙橋優子・竹本真希子共訳、名古屋大学出版会、二〇二〇年)のなかで、一章が割かれて言及されております。

次にこの本について言及したいのですが、その全体のモチーフは、私が初めて広島を訪問したさいに感じたことを含めて、ひじょうに気になっていた点を、いろいろな資料を駆使して実証的に示しながらまとめてくださった、ひじょうにありがたい本でもあり、研究書としてすごい本だと思っております。その一方で、やはり丁寧に批判していかねばならない本だと感じております。全体のモチーフは、広島の経験・記憶とホロコーストの記憶というものが、どのように相互に影響しあっていったのかというものです。そして、それぞれの記憶に国家が介入し、国家の記憶となることによって、両者の持っている普遍的な思想というものがむしろ弱体化し、思想性を喪失していきました。そうした経緯を、イスラエル国家のありように対しても批判的なスタンスに立って書いた本であると思います。ただし、多少気になる点が、随所に見られます。そのひとつは、先ほどの平和行進の流れのなかで、日本ではその後「広島アウシュビッツ委員会」というものが作られ、現在は東広島市に合併された黒瀬町に「アウシュビッツ博物館」を設置しようという運動が長く続けられた件に関してです。『朝日新聞』の記事(一九八二年一一月二二日付)を見ると、建築模型も作られて、着工間近の雰囲気を伝える写真が載っています。ところが、それは結局、経理の不明瞭問題などいろいろな内部の問題があり、最終的に結実せずに挫折します。

一方、その博物館の設置について、パレスチナ＝ＰＬＯとアラブ連盟が介入し、抗議をしました。そのあたりの経緯についてこの本は言及しているのですが、ここでのアラブ側の言い分は、イスラエルがホロコーストを利用しているというものです。現在、パレスチナ人を弾圧し、ひじょうに好戦的な国家であるイスラエルが、ホロコーストの記憶を利用して、自分たちを被害者として自己同定化している。そのことにこのホロコースト博物館は利用されるだろうから、絶対に作ってはならないということを黒瀬町に対して訴えたわけです。しかし黒瀬町としては、まったくそのような構図について理解が追いつかず、とにかく外交的に煩わしいのでやめておこうということになったようです。これにはいろいろな人が関わっており、必ずしもイスラエルを意識してということではなく、もう少し普遍的なものとして作ろうであるとか、結局のところホロコースト記念館としてではなく、平和記念館ぐらいのものにしようという声も出て、そうなるとそもそもの趣旨もよくわからなくなっていったわけですが、そうしたことも含めて、必ずしも日本の実際の状況はイスラエルにとってうまく利用できるものではなかったと言えるわけです。

ここでこの本の著者は、イスラエルによるホロコーストの記憶の利用、ようするにイスラエルを犠牲者とする犠牲者政治、それからアラブ側による、自分たちこそがイスラエルの攻撃による犠牲者で、広島の犠牲に並びうる現代の被害者というのはパレスチナ人であるという、そのような双方の犠牲者政治の競い合いであると整理しています。なおかつこの動きのあった一九八二年当時、イスラエルがレバノンに侵攻し、パレスチナ難民キャンプを包囲し、虐殺をはたらくという痛ましい事件があったのですが、これに関して著者は、「ベイルートの虐殺とヒロシマを同等のものにすることは、ひじょうにおおげさであった」という一文を入れております。

しかしここでの問題は、そのような犠牲者政治の競争ということではないと思うのです。まずイスラエルがなぜベイルートでそのような虐殺事件を起こしたのか。そもそもイスラエルという国の一九四八年の建国はパレスチナの植民地化の本格的なスタートであり、現在にまで至るパレスチナ人の追放が継続されている。そうした植民地政策を継続させるためには、イスラエルの周辺にも軍事力によって親イスラエル国家を打ち立てる必要がある。そのためにレバノンでパレスチナ人の虐殺を行なっているわけです。そうした視点抜きに、イスラエル側とアラブ側が対立し、競い合っているという整理では、ひじょうに問題があるのではないか、ということです。

パレスチナから広島を問う

つまり、ここでも問題になるのは、植民地主義への認識の欠如です。先ほどお話ししたアウシュビッツ平和行進の例では、一九六〇年代前半の段階で、イスラエル国家の性格とか、そこでのアラブ人マイノリティの立場がよく分からなくても仕方なかったと普通は捉えられると思います。でも、仕方なかったかどうかは別として、日本が植民地を支配していたこと、その経験が当時の若者世代（に限りませんが）の意識から抜け落ちていたからこそ、イスラエル社会の状況が分からなかったのだ、というふうに見るべきではないか。そして現在の広島でも、イスラエルという「国家」を個々のホロコーストの犠牲者の代表とみなしてしまうことに疑問が出にくいのは、中東の事情への無知云々の問題ではなく、日本の植民地責任の自覚の欠如とつながっているのではないかということです。

そこであらためて、本書のなかでは犠牲者政治を行なうものとして切り捨てられたパレスチナ人が、当時いかなる情報発信をしていたのかということを振り返ることで、私の話を終わりにしたいと思います。一九八二年はベイルートでの虐殺事件があった年でもあると同時に、日本ばかりでなく世界的に反核運動が高揚していた時期でした。そこで当時、ＰＬＯ駐日代表部が刊行していた、いわばパレスチナ連帯運動の情報誌として広く読まれていた『フィラスティンびらーでぃ』（一九八二年八－一一月号）の紙面においては、広島を中心に高揚していた反核運動が、もっと第三世界に目を向けねばならないということが熱くアピールされているわけです。そこでは、広島の反核運動は視野がひじょうに狭く、「島国根性」に凝り固まっている、といった批判なども臆せずに行なわれています。ところがその同じ号では、朝鮮人被爆者に焦点を当てた五ページの記事が掲載されており、李実根さん（朝鮮人被爆者代表委員）のインタビュー記事「もうひとつのヒロシマを問う」があります。これは、今回私がお話しするにあたっての、大げさに申し上げれば「発見」でした。じつは私はこの雑誌を一〇年、二〇年の間に何回か読んでおりましたが、その時にすでに目に入っていたはずなのに、これを見落としていたというか、少なくとも記憶に残るようなかたちで読んでいなかったわけです。私自身のうかつさだということもありますが、広島のことを考え始めて何年か経ち、広島に来て五年が経ち、広島で生活するなかでこの連続講座に関わらせて頂いているなかで、つまり東京という都市にいては見えなかった地方における生活のなかで、ここで暮らす在日朝鮮人たちと出会い、そのなかで私は今回始めてこの記事にハッとさせられたということです。それが私にとって、意味のあることだったと思うわけです。

すでに持ち時間が過ぎてしまったので話を終えねばなりませんが、この同じ号のなかの別の記事のなかに、ひじょうにわかりやすく平たい言葉で、何回読んでも読み返すべき思想が本当に読みやすい言葉で語られているのを見ることができます。

「パレスチナ人が言っているのは、ユダヤ人と闘うとかユダヤ人を撃滅するということではない。…シオニズムから離れて、植民者根性、『原住民をたたき出して自分たちの国をつくるんだ』というような気持ちをもっている人々の意識を変えさせて、そしてユダヤ人とパレスチナ人とが共存するということである」

「復興」を遂げた広島の人々が支援する対象として見ていたり、広島の経験を学んでもらおうなどと偉そうに考えている、その対象としてのパレスチナ人たちこそが、日本人の「島国根性」「植民者根性」を鋭く指摘し批判しながら、日本がアジアで共存の道を歩むことの道を示しているのだと思います。私自身はこうした思想から学び続けたい。もちろん、パレスチナに学べばこと足りるということではありませんが、こうした思想を手がかりにしつつ、日本の植民地主義、植民地責任を問い続けていきたいと思っております。

ひじょうに早口になってしまいまして、すみません。以上で終わりにいたします。ありがとうございました。◇

道面雅量

ヒロシマからは少し離れて

登壇の機会をいただきありがとうございます。自分がこの場で何をしゃべることができるのか、今、私はちょうど五〇歳になりますけれど、結局、自分が考えてきたことを振り返るしかないのかなと思い至りました。振り返ってみると、意外と二〇代ぐらいまでにテーマが出そろっているのだということに気付いたりしまして、それを話したいと思います。その分、青臭い話になるかもしれませんが、連続講座のテーマにできるだけ関連付ける形でお話しできればと思います。

「呉」という地から

話のタイトルを「ヒロシマからは少し離れて」としました。今、私は地元紙の中国新聞の呉支社に勤めていて、広島本社から転勤して「少し離れた」向こうに住んでいますけれども、呉という地をめぐって思い出すことがあります。私、一九九四年四月に中国新聞社に入社しましたけれど、中国新聞の新入り記者は、少なくとも五月の連休の一大イベント「フラワーフェスティバル」が終わるまでは広島本社に配属されています。その時、本社内で電話番とかもする。その時に受けた電話が今も記憶に残っています。

それは呉の読者からで、声からすると高齢の女性だったと思いますが、抗議なんですね。「また原爆のことばぁ書いてから。呉の人間もひどい目に遭うとるんよ。私らには何の補償もないんよ」と、怒気をはらんだ声でまくし立てる。応対した新入社員の私、全くしどろもどろです。中国新聞の原爆報道に対してそういう意見もあるんだ、と強く印象に刻まれました。

今、実際に呉に来てみて、戦争に関わる連載などで呉空襲のことなどを調べますと、具体的な被害の大きさをあらためて知ることになります。呉空襲というと、一九四五年七月一日夜から二日未明までの市街地空襲が知られていますが、それ以外にも呉海軍工廠への空襲もあれば、航空機製造の拠点だった広工廠への空襲もあり、全体として呉は四五年に入ると何度も何度も空襲に遭うんですね。どれもかなりの規模の空襲です。で、ふと、入社した頃に受けた電話を思う。

被爆者援護法というのは、放射能による健康被害という「特殊の被害に鑑み」た援護です。法律の整備はずいぶん遅れましたけれど、被爆者が健康手帳をもらい、医療的なサポートが受けられる体制がだんだん整っていく。それはそれで画期的で大切なことだけれど、同時に、国はその他の空襲で被害を受けた人々を「受忍論」のままに放置しました。原爆以外の空襲被災者たちの声を上げさせないために「特殊の被害」という言葉が盛り込まれた、とみることもできます。その辺りのことを、入社したての時に聞いた電話を思い起こしながら、今更のように感じているところです。

松井一実広島市長が八月六日の平和宣言などで「核兵器は絶対悪」と口にするのを聞くたびに、じゃあ、核兵器禁止条約より先に禁止条約が発効した地雷はどうなのか、焼夷弾は、米軍基地は、オスプレイは「相対悪」なのか、と悪態をつきたくなる気持ちが拭えないのです。

チョウ・ムンサンの遺書

もう少し、個人的に「ヒロシマから少し離れた」頃の逸話を重ねます。私は広島県の竹原市で生まれ、「平和教育」もしっかり受けて育ちました。呉の高校を経て、学生時代は京都で過ごしました（立命館大学）。学生だったその時に見たあるテレビドキュメンタリーが、すごく印象に残っています。冒頭で「二〇代までにテーマは出そろった」と申し上げましたが、自分が自分なりに物事を考える起点のようなものにさえなっています。

私が大学の二年生だった頃、一九九一年にＮＨＫで放送された「チョウ・ムンサン（趙文相）の遺書」という番組です。趙文相という人は、太平洋戦争にかり出された朝鮮半島出身の人で、ＢＣ級戦犯です。具体的には、現在のタイ、ミャンマーをつなぐ泰緬鉄道の建設現場で、作業に当たる捕虜に対する通訳兼監視員を担っていました。

多くの日本人が戦地にとられて人員不足となる中、捕虜に接する監視員に、朝鮮人で英語ができる人物は重宝されました。趙文相はまさにそうでした。ただ、この役職は、捕虜の側からすると具体的な虐待なりの記憶が生々しい人ということで、戦犯裁判で不利になりやすい。事実、死刑判決が出て四七年、戦後二年目にシンガポールで処刑されます。趙文相が処刑される間際に書いた遺書、また、処刑の瞬間に向けてずっと書きつづった手記が残されていて、それがこの一本のドキュメンタリーになっています。

その中にこういう言葉が出てくる。レジュメに引用していますが「友よ、弟よ、己の智恵で己の思想をもたれよ。今自分は自分の死を前にして自分のものの殆《ほとん》どないのにあきれてゐる」。私はちょうど学生時代、若い頃だから、「自分の思想をもたれよ」という語りが非常に心に響いたというのがあります。「友よ、弟よ」という呼び掛けが、自分に言われているような気持ちになりました。

ここで胸に刻んだのは、内面の自由を奪われるということがいかに悲惨かです。この手記もハングルではなく日本語で書かれているわけですが、内面を奪われるということがどれほどひどいことか、この連続講座のテーマに挙げられている「植民地主義」に重ねて、考え続けたいと思います。

姜徳景さんとの出会い

京都での学生時代、私は映画好きの集まりの中でできた縁から、ある歴史的事件を基にした映画づくりを支える市民運動に関わりました。終戦直後、京都の舞鶴港で、帰国を急ぐ朝鮮人を乗せた輸送船が機雷に触れて沈没する「浮島丸事件」を扱った劇映画（公開時のタイトルは「エイジアン・ブルー」）でした。大学の卒業間際に、運動の一環で舞鶴から韓国へと渡るツアーが催され、私も部分的に参加しました。一九九四年だったと思いますが、当時、ちょうど従軍慰安婦問題が日本でクローズアップされていたころで、ソウルの中心部からそう離れていない恵化《ヘファ》洞にあった「ナヌムの家」も訪ねたのです。現在地に移転する前の家ですね。

その時は団体ツアーで、みんなで元慰安婦のハルモニのお話を聞く、といったレベルでしたが、翌年の九五年、戦後五〇年の節目に、私はそこを再訪します。日本の新聞労働者の組合である新聞労連と、韓国の言論労連とが交流する集いがソウルであり、それに参加した私は滞在を一日延ばして、一年前に来た時になんとなく覚えていた道順をたどったのでした。

その時は、もう新聞記者になっていましたので、きちんと話が聞けたら記事にしようという思いがありました。ナヌムの家で共同生活するハルモニの中で、達者な日本語でしっかりと取材に応じてくださったのが姜徳景（カン・ドッキョン）さん。慰安婦時代の体験を絵に描かれたり、有名というか象徴的な人です。ほとんど一日がかりで、微に入り細に入りお話をうかがいました。

彼女は、戦時中、日本の重要な軍需工場だった富山の不二越鋼材へ、朝鮮半島から女子挺身隊として渡ったそうです。そこを空腹に耐えかねて脱走した後、捕まって、長野の松代と思われる地で慰安婦にさせられてしまう。お話の中で、何人もの兵士の相手をさせられたこと、「毛布を持って山に登らされた、仕切りのないところで」という体験も語られました。私は胸が詰まってしまい、相づちも打てなくなっていたら、姜徳景さんは「私はその時、金岡春江だから。天皇陛下のためならと思って我慢した」と言われました。

ここにも、植民地主義の下に、内面を奪われた人がいます。それがどれほど悲惨なことなのか、私の中で、「チョウ・ムンサンの遺書」と重なって心に刻まれた言葉でした。

「不戦兵士」小島清文

私はその後、島根県浜田市の中国新聞浜田支局に転勤します。そこで知り合ったのが、「不戦兵士の会」をつくったことで知られる小島清文さんでした。大学を繰り上げ卒業させられて海軍に入り、戦艦大和の暗号士を経て、フィリピン・ルソン島の最前線へ。武器弾薬も食糧もないまま部下とジャングルをさまよったあげく、白旗を上げて米軍に投降するという稀有な体験を持つ方です。

この小島さんも、自分たちが戦陣訓「生きて虜囚の辱めを受けず」にいかに縛られていたか、白旗を上げれば仲間から撃たれる可能性もある中で、自分に無意味な死を強いる「国家」とは一体何なのか考え抜いて、どうにかその呪縛から逃れたことを語ってくださいました。「上の言うままに殺し、殺されるおもちゃの兵隊になるな」と。

ここにも、内面を奪われないことの大切さと、その難しさが示されていると思います。

小島さんがルソン島のジャングルをさまよっていた戦争末期、日本軍は「特攻」という非情な作戦を採りました。国家のため、共同体のために、ある個人に「死ね」と命令することが許された。もちろん家族をはじめ悲しんだ人はいたでしょうが、「それは許されない作戦だ」と主張する新聞などなかった。大勢順応主義の強い社会の中にあって、内面の自由をどう奪われずにいることができるのか。あらためて考えたいと思っています。

自由の価値と多様性

関連してレジュメに引いたのは、岩波文庫「魯迅評論集」で見つけた詩の一節です。「生命はげに尊し、愛情はさらに価高し。もし自由のためとあらば、ふたつながら抛《なげう》つもよし」。もとはハンガリーの一九世紀の詩人ペテーフィの「格言」と題した詩で、それを魯迅が友人のシュー・ペイケン（徐培根）、政治犯として処刑された人物ということですが、その友人から預かった本に仮訳として書き付けてあったのを引いている（日本語訳は竹内好）。私にとって、先に触れたチョウ・ムンサンの遺書のように、なにか呪文めいて心に刻まれています。この「生命」と「愛情」との比較、さらに「自由」との価値の順位づけが印象的で。

さらに、内面の自由を奪われないということでいえば、（自由についての哲学を体系化してきた）「西洋」にも簒奪されないように、という注釈をつけたいと思います。現在、タリバン政権の復活で女性の人権状況が大変懸念されているアフガニスタンですが、ヴェールの強要などを、内面化された「西洋の物差し」によって高みから裁き、この物差しに従わないなら懲らしめるべきだ、といった言説があふれかえる日本の現状は望ましいのかどうか。

アフガンでの活動で知られる中村哲さんが「ヴェールを取らせるために爆弾を落とすという愚行」といった表現をされていましたが、多様性を寿ぐはずの「自由」が暴力的に押し付けられることはあってはならないと思います。内面の自由を奪われないというのは本当に難しい課題で、チョウ・ムンサンが処刑の間際になって覚えた悔いを考えるにつけても、その難しさを思います。あと、レジュメに書き付けている「非多様性としての戦争」というのは、ナショナリズムを掲げて民族の特徴を強調するはずの戦時において、軍服、戦車、戦艦、戦闘機といったものは極度に似通うこと、焼け焦げた死体はまるで区別がつかないこと、多様性を寿ぐ自由と戦争とはまさに対極であるということを言わんとしたものです。

おわりに

最後に、私にとってこれも呪文めいている、中野重治の詩の一節を引きます。「やがてはそうなるであろう／しかしなるであろうか／しかしなるであろう」。これは、中野が日本共産党の創立二五年の記念に寄せた詩「その人たち」（一九四七年）の中の一節で、史的唯物論の詩的表現といったところですが、引用した狙いは、歴史の進歩と関連づけて自由を考えてみたいということです。

ざっくりとした大意ですが、哲学者の市井三郎は、歴史の進歩とは「本人が責任を問われる必要のない不条理な苦痛（の社会的総量）が減ること」だと定義しています。歴史を、個々人の自由が拡張されていく過程としてとらえ、進歩退歩を論じることはできるのではないか。内面の自由を含めた自由をいっそう保障する社会にしていくことが、歴史の歯車を回すということではないか。「保守と革新」というときの革新とは、歴史を前に進める側に立つことではないか、そんなことを考えています。

本日の登壇者である田浪亜央江さんが共訳されたイラン・パペ著『パレスチナの民族浄化』は、パレスチナ人の追放を主導したイスラエルの「英雄」たちを具体名で告発し、「私が彼らの名前を挙げるのは、犠牲者と同様、加害者も人間として扱うためである」と説きます。そして「痛みのともなうこうした過去への旅は、前に進むための唯一の方法である」と記します。ここにいう「前に進む」が、歴史の進歩のニュアンスなのだろうと思います。◇

中谷いずみ

未来を語ること
井上ひさし『父と暮せば』

はじめに

「未来を語ること」と題したこの報告では、井上ひさしの戯曲『父と暮せば』を通して、記憶をめぐる物語時間の修辞に目を向けたいと思います。被爆の記憶の回復／整序を描いたこの物語は、どのような「過去」や「未来」を要請しているのか、そしてその記憶は何を切り離し、誰を宛先にしているのかなどについて、作品を分析しながら考えてみたいと思います。それはおそらく、被爆体験以外の記憶の語りも含め、「未来を語らない」言葉を聴くための考察にもなるはずです。

『父と暮せば』は、一九九四年九月のこまつ座第三四回公演を初演とし、翌月の『新潮』に戯曲が掲載されました。その後、一九九八年五月に新潮社から単行本化され、二〇〇一年以降は新潮文庫として刊行されています。この作品は、被爆の問題を正面から扱ったもので、数多くの資料に基づくリアリティと問題提起で評価を得てきました。例えば関きよしは、二〇〇五年再演時に行われた秋葉裕一との対談で、初演から一〇年経つことにふれた上で「原爆の恐ろしさを伝えていくということではもう古典のよう」であり「日本の現代劇としても、日本の民衆にとっても大事な作品」であると述べています（＊1）。また『自分史つうしん　ヒバクシャ』の発行者である栗原淑江は、『父と暮せば』初演を観た時の「衝撃」にふれ、一時間半という短い芝居に「私が長年にわたって被爆者たちから学んできたことのエッセンスがぎっしりと凝縮されて」いたこと、「原爆もの」につきまといがちな「重さ、暗さ」ではなく「父娘の情の通い合う広島弁による軽妙な対話に泣いたり笑ったりしているうちに、原爆は人間に何をしたのか、人はどうしたらその苦しみをのり越えて生きていくことができるのか、という基本的なテーマが胸に落ちてくる」ことなどを記しています（＊2）。この作品は再演を重ね、二〇一五年七月のこまつ座公演で五〇〇回に達しています（＊3）。更にこまつ座による二〇〇一年のモスクワ公演や二〇〇四年の香港公演（＊4）のほか、リーディング上演がパリ、ニューヨーク、オタワ、トロント等で行われるなど（＊5）、海外でも上演を重ねるとともに、二〇〇四年には黒木和雄監督・脚本、宮沢りえ・原田芳雄主演で映画化もされました。多くの人びとに原爆の問題を訴え、「古典」ともいわれてきたこの作品の重要さは疑う余地もありません。

そのことを踏まえたうえで、本報告では、作品内で描かれる「未来」や「過去」に潜むイデオロギーについて、そして記憶の整序による時間編成や語りの宛先について、ジェンダー批評やクィア批評の観点から考えてみたいと思います。

『父と暮せば』の時間

『父と暮せば』は、原爆投下から三年が経とうとしている広島で図書館に勤務する二十三歳の福吉美津江と父竹造との二人の生活を描いた一幕四場の戯曲で、一九四八年七月の数日間を物語の舞台としています。数日前から美津江の前に現れるようになった竹造は、広島文理科大学の助手であり原爆瓦などを資料として保存しようと集める青年、木下の話を美津江から聞き、二人を恋仲にしようと唆します。家の中を舞台に「恋の応援団長」を買って出る父とそれを拒む娘の二人が繰り広げる対話劇で、対話の中で竹造は既に亡くなっていることが分かるようになっています。更に物語が進むにつれ、美津江は八月六日に亡くなった友人に対する生き残りとしての罪責感や、助けられなかった父との別れという封印された記憶を抱えていて、それが木下を拒む理由になっていることが明らかになっていきます。

その日に職場で起きたことを話す美津江と、それを聞いて茶化したりユーモラスに自説を語ったりする竹造とのやり取りは、理想的な父娘の関係のように見えますが、二人で過ごすこの時間は、実は原爆によって既に失われています。被爆後の三年間を美津江が一人で過ごしてきたこと、竹造が姿を現し始めたのは数日前のことで、美津江が木下と出会った日であることは台詞でも語られています。また竹造は、美津江が木下を思う時のため息や願いから自分の手足や心臓が生まれたと語っています。この父との暮らしとは、木下との出会いで美津江に未来の可能性が生まれた時に、原爆がなければあり得たかもしれない時間として出現したものといえるでしょう。

読者／観客の目の前で展開するのは、失われたはずの父と娘の満たされた時間です。美津江は罪責感のために未

1 関きよし・秋葉裕一「対談 演劇時評（第四回）」『悲劇喜劇』二〇〇五年九月
2 栗原淑江「死者たちとともに生きる 映画『父と暮せば』に寄せて」『世界』二〇〇四年九月
3 「こまつ座『父と暮せば』五〇〇回上演達成二〇一五年七月」エンタメターミナル
https://enterminal.jp/2015/07/chichitokurasebа500/（二〇二一年一一月七日閲覧）
4 小田島恒志・萩尾瞳「演劇時評（第6回）」『悲劇喜劇』二〇一一年一一月
5 「こまつ座『父と暮せば』五〇〇回上演達成二〇一五年七月」前掲

来に向かうことを恐れますが、竹造は彼女の生を無条件に肯定してみせます。原爆による生死の分かれ目は残酷なほどに偶然的なものであり、その境界に必然性はありません。原爆投下時、友人である昭子に宛てた封書を落して拾おうとかがんだために助かった美津江が昭子に助けられたと語るのは、そこに必然性を見出そうとするからですが、しかし一方で彼女は、自らの生を意味づけることができません。それは、被爆後に錯乱していたらしい昭子の母から「なひてあんたが生きとるん」「うちの子じゃのうて、あんたが生きとるんはなんでですか」と責められたことで、昭子と自分の生死が反転可能であったことを突きつけられたからです。答えようのない問いを抱えて、生き延びたことの必然性を実感できないままの美津江は、生き残りに値するか否かというフレームで自らの生を否定し続けます。死んだはずの竹造は、そんな美津江を、恋という生の領域に向かわせようとするのです。

被爆体験を子どもたちに伝えるために、原爆資料を使っておはなしが作れないかと木下にいわれた時も、よく知られている話に原爆資料をくみこんでみることを竹造から提案された時も、美津江は、話をいじらないのが広島女専の昔話研究会のやり方だといって拒みます。それを聞かない竹造が語り出した「ヒロシマの一寸法師」の中の、身体に突き刺さるガラスの話に、二の腕を押さえながら「やめて!」と叫ぶ美津江にとって、原爆は過去を甦らせ、情動を激しく揺さぶるものです。また、話をいじらないという美津江の思いに注目する林京子は、その姿勢を「被爆者が体験を書いたり話したりする場合の基本的な姿勢」だと指摘しています(*6)。これらのことを踏まえつつ、ここでは、美津江が広島女専の昔話研究会で決めたことにこだわっている点に注目してみたいと思います。カロリン・エムケは、迫害や拘束を受けた人びとの例をあげて、例外的極限状況を生き延びる助けのひとつとして「迫害と拘束以前の時代の思い出、その時代との結びつき」に言及し、「かつての生活やかつての自分との結び付きを可能にしてくれるもの、それらとの連続性を保証してくれるもの」によって、「こちら側の生」と「あちら側の生」とを「二重化」することが「現在を乗り越える助けになる」場合があると述べています(*7)。被爆の記憶を抱える美津江が、それ以前に昭子とともに所属していた昔話研究会にこだわるのも、過去との連続性の希求の表れと見なせば、彼女は原爆が投下された時間を切り落すかたちで、自らを支えているということができるでしょう。そして、その切断した時間に向き合わせることで、美津江の二重化した世界を修復する役割を担うのが、竹造（と木下）なのです。では、美津江の記憶の回復における竹造（と木下）の役割を考えてみたいと思います。

記憶の回復／整序と再生産的未来

前述の通り、竹造の出現とは、美津江が放棄していた「未来」の可能性を木下がもたらしたことに由来します。舞台上に登場しない木下は、原爆瓦や曲がった瓶など原爆資料を集めて原爆の記憶を継承したいと考えており、もし美津江が彼と共に歩む未来を選択するならば、切断してきた記憶との対峙は避けられません。つまり竹造との時間は、美津江が記憶と向きあい、未来に向けた一歩を踏み出すための時間なのです。平川大作は、ナチスで原爆の開発を進めていた科学者を描くマイケル・フレインの戯曲『コペンハーゲン』と『父と暮せば』を「記憶の演劇」の例としてあげ、問題とされる出来事が「表象されざるもの」として提示されるところから、物語が始まると指摘しています（＊8）。平川は、「うまく思い出せない」という「想起の挫折」を描く両作には、「世界を時系列においてとらえ、その出来事の因果関係をドラマとして構成するような歴史劇のもつ安定した視座はない」とし、「う

6　井上ひさし・小森陽一編『座談会 昭和文学史 第五巻』集英社、二〇〇四年一月
7　カロリン・エムケ『なぜならそれは言葉にできるから―証言することと正義について』みすず書房、二〇一九年一〇月
8　平川大作「「記憶の演劇」試論―『コペンハーゲン』と『父と暮せば』を中心に」『演劇学論集』二〇〇四年一一月

まく思い出せない状態」から「記憶の獲得」までの過程が「プロットの骨子」になっていると述べています。この平川の指摘を踏まえるならば、『父と暮せば』とは、記憶の回復と整序によって、美津江が過去から未来への時間を単線的に紡ぎ直す物語といえるのではないでしょうか。更に、井上ひさしはこの戯曲について、恋を自らに禁じて「しあわせになってはいけない」と「いましめる娘」と、恋を成就させることで「しあわせになりたい」と「願う娘」の二つに分け、「願う娘」を「亡くなった者たちの代表として」の父に演じさせるという、いわば「見えない自分が他人の形となって見える」劇場の機知を用いたと述べています（＊9）。つまりこの作品は、被爆体験者の未来への思いを、そしてまた原爆による死者たちを代弁／代表する存在を「父」と設定することで、原爆をめぐる記憶の回復／整序の物語を、父娘の幸福な関係の物語に重ねるのです。

では、その重なりについて、美津江が記憶を獲得する場面、即ち父との最期の別れを思い出す場面に着目しながら、もう少し考えてみましょう。昭子の母の「なんで」に答えられない美津江が、自らの生の意味を見出せずにいることは、先に述べた通りです。更に物語が展開すると、彼女の心理の奥底には、父を見捨てた記憶が潜んでいたことが明らかになります。その場面は、木下が置いていった原爆関連資料の中に焼けた地蔵の頭を見つけた美津江が動揺するところから始まります。気を取り直して居間に戻った彼女は、木下の郷里の岩手に誘われたことを話し、竹造はそれを「求婚」だと喜びます。しかし竹造が風呂の火加減を見に行っている間、再び地蔵の顔を見つめていた美津江は、突然これから生け花の先生のところへ行くと言いだします。竹造は、木下が戻ってくるのだからと慌てて止めますが、美津江は聞こうとしません。その竹造と美津江のやり取りの中で、竹造の最期が語られていきます。

「あんときのことはかけらも思い出しゃあせんかった」という美津江は、焼けただれた地蔵の顔から建物の下敷きになって焼け死んでいった父の顔を思いだし、本当に申し訳ないと思っているのは父に対してなのだと話し始めます。昭子に申し訳ないと思うことで、自分のしたことに蓋をしていたと語る美津江は、父を火の海に見捨てて逃げた自分に幸せになる価値はないといいます。木材に組み敷かれたまま火に襲われる父を助けようとする美津江と、ここから娘を逃がそうと必死になる竹造とのやり取りが、過去の再現的台詞と現在からの回想的台詞との交錯で描かれるこの場面は、まさに作品のクライマックスといえるでしょう。そしてそのやり取りの後、両者納得ずくの最期だったと言い聞かせる竹造は、それでも自分は死ぬべきだったという美津江に次のように語ります（『井上ひさし全芝居その六』（二〇一〇年六月、新潮社）より引用）。

竹造　わしの一等《えっとー》おしまいのことばがおまいに聞こえとったんじゃろうか。「わしの分まで生きてちょんだいよォ！」
美津江　（強く頷く）……。
竹造　そいじゃけえ、おまいはわしによって生かされとる。
美津江　生かされとる？
竹造　ほいじゃが。あよなむごい別れがまこと何万もあったちゅうことを覚えてもろうために生かされとるんじゃ。おまいの勤めとる図書館もそよなことを伝えるところじゃないんか。
美津江　え……？
竹造　人間のかなしいかったこと、たのしいかったこと、それを伝えるんがおまいの仕事じゃろうが。そいがおまいに分からんようなら、もうおまいのようなあほたれのばかたれにはたよらん。ほかのだれかを代わりに出してくれいや。
美津江　ほかのだれかを？

9　井上ひさし「劇場の機知―あとがきに代えて」『父と暮せば』新潮文庫、二〇〇一年二月

竹造　わしの孫じゃが、ひ孫じゃが。

父から「あよなむごい別れ」を伝える役割を与えられ、だからこそ「わしによって生かされとる」といわれて、美津江は再び自分の生の意味を取り戻すことになります。この後、美津江は竹造に今度はいつ来るのかと尋ね、「おまい次第じゃ」といわれて「(ひさしぶりの笑顔で)しばらく会えんかもしれんね」と返します。この美津江の姿は、木下との結婚に踏み出す未来を予感させるものであり、ここにおいて、抑圧されてきた記憶の回復／整序は果たされ、過去と未来に繋がった現在が浮かび上がるのです。

ただ留意したいのは、父が美津江に、その「生かされ」た命で「あよなむごい別れがまこと何万もあったちゅうことを覚えて」おくよう求め、更にそれが「分からんようなら」「ほかのだれかを代わりに出してくれいや」といった時のだれかが、「孫」「ひ孫」であるということです。子どもの比喩で表される未来、即ち木下との結婚という未来によって、美津江は過去から未来へという単線的時間を紡ぎ直します。杉原早紀は、竹造が求める「語り手としての孫・ひ孫」とは、証言の聞き手が次の「潜在的語り手」になるという「記憶の未来化の比喩」として捉えるべきだと指摘しています(＊10)。しかしやはり気になるのは、未来が「子ども」に喩えられていることであり(＊11)、また美津江の単線的時間の回復が、再生産言説への接続によってなされているという点です。いうまでもなく、原爆をめぐる記憶を獲得し、「孫」「ひ孫」という未来の比喩によって整序される美津江の時間とは、異性愛体制下の再生産＝生殖家族に則した時間です。もちろん村上陽子のように(＊12)、被爆を体験した女性たちが長い間結婚差別にさらされてきたことや出産に伴う身体的リスク、避けがたい死者からの要請という点を踏まえつつも、この物語の終わり方自体に大きな意味を見出すことも可能です。しかし杉原が指摘するように、この物語は「後遺症や差別といった種々の問題について、観る者(読む者)にほとんど意識させずに、安堵感だけを残して終わるという危うさ」も抱えています。ここで、この「安堵感」について、もう少し踏み込んで考えてみたいと思います。

竹造と木下は、ともに原爆の記憶を継承しようとする点で共通しています。『父と暮せば』を構造的に読み解くならば、ともに記憶の継承を欲する竹造から木下に、記憶の所有者である美津江が移譲される物語とみることもできます。つまり美津江の原爆の記憶の回復／整序の過程は、家父長制下の男による女の交換の過程に重なるものなのです。そのため物語は、子どもを未来の比喩とする再生産＝生殖家族の時間への美津江の復帰を着地点とします。つまり被爆の記憶の回復／整序を描いたこの物語は、一方で、家父長制下の家族制度から零れ落ちそうになっていた女性を救い上げ、復帰させる物語でもあるのです。それゆえ、この作品が既存の秩序を脅かすことはありません。むしろ被爆を体験した女性の記憶の回復／整序を支え、その存在を包み込むような、安定感のある父や〈未来の〉夫を描くことで、その体制を温存させるものであるともいえるでしょう。このように、本作が家父長制下の再生産＝生殖家族を普遍的な枠組みであるかのように見せてしまう点には、やはり注意が必要です。なぜなら、被爆を体

10　杉原早紀「九十年代に語られた二つの「広島の物語」―井上ひさし『父と暮せば』『紙屋町さくらホテル』」『芸術研究』二〇〇二年七月

11　藤高和輝訳・解題のリー・エーデルマン「未来は子ども騙し―クィア理論、非同一化、そして死の欲動―」（『思想』二〇一九年五月）によれば、エーデルマンはラカンを参照しつつ「政治的未来をもたらす普遍的価値を表す形象」としての〈子ども〉に注目し、それが「社会的秩序の未来性への同一化を通して私たちのアイデンティティを固定する」かのように機能すると指摘する。エーデルマンによれば、社会的現実の秩序が裂け目のない一貫性をもつものであることを示すべく私たちを再生産＝生殖の政治へと呼び戻すのが〈子ども〉という「未来」の比喩であり、その一貫性を脅かすものとして否認されるのがクィアネスである。政治は想像的な統一体という失われた起源を取り戻すべく象徴秩序の安定性を実現しようとし続けるが、想像的な統一体は失われており、また差異のシステムとしての言語によって、そこに隔たりが生じ、安定性の実現は不可能なものとなる。「未来」の比喩である〈子ども〉とはその裂け目を覆い隠すために動員される形象であり、その裂け目をこじ開けることで幻想を粉砕するのがクィアであるとして、エーデルマンはそこに保守対リベラルの構図には期待し得ないような「政治への対立性」を見る。

12　村上陽子「記憶の痛み、物語の力―井上ひさし『父と暮せば』論―」『アジア太平洋研究』二〇一五年一一月

験した女性がさらされてきた結婚差別とは、被爆者に対する差別的まなざしと、家父長制下の生殖を中心とする性規範や未婚女性を社会的経済的苦境に陥らせる社会制度との交差によって生じていたものだからです。だとすれば、被爆をめぐる女性の記憶の物語を受け入れる主体が誰に設定されているのかという問題を、小さく見積もることはできないでしょう。

加えて、この物語が編成する単線的時間についても考えてみたいと思います。そのための参照軸として、大田洋子の小説『夕凪の街と人と―一九五三年の実態』を取り上げます。

単線的時間の(不)可能性――大田洋子『夕凪の街と人と』を参照軸として

一九五五年に発表された『夕凪の街と人と―一九五三年の実態』は、大田洋子自身を思わせる小説家の篤子が、母や妹が済むH市に三年ぶりに帰郷し、原爆の被害を受けた街の実態を見るために、さまざまな人や場所を訪ね歩くという小説です。以前すでに論じたことがあるので、詳細は拙著を読んでいただければと思うのですが（＊13）、今回は単線的時間編成に関わるところだけを取り上げます。被爆を体験している篤子は、バラックがひしめく基町への親しみを強く抱き、「同じ日、同じ時間に強大な戦禍によって傷ついた者」（『大田洋子集 第三巻』日本図書センター、二〇〇一年一一月）としての一体感を求めます。しかし話を聞いていくうちに、「いったい引揚者のなめた苦労と、原爆にやられたひとらとは、どっちがよけい悲惨でしょうかねえ。この街では原爆にあった人らが、自分たちこそは世界中でいちばん残酷な目にあったような顔をして、いばってるんですからね」と語る女や、「一九四一年に私は南鮮出身の学徒兵だったんです。そして同じ四十一年に八路軍に逮捕されて、北支の太陽山――八路軍の最初の根拠地です―へ連れて行かれたんです」と語る、「共産党」だと周囲からのけ者にされている男に出会います。被爆体験をもつ篤子は、「強大な戦禍」である原爆を過去の起点とすることで、現在までの単線的時間を編成しようとしますが、同じ時間に異なる体験をした人、移動した人びとの存在によって、その試みは失敗し続けます（＊14）。また被爆の後遺症も、篤子の単線的時間の編成を妨げるものの一つです。「あれからもう丸々八年をすぎていますもの。現在、血液に破壊がなければ、もう、だいじょうぶなのでしょうね？」と問う篤子に医者は、「原爆後遺症は、いつ誰に出るかあるいは出ないか誰にもわかりません」と答えます。また身体の異変を感じた篤子は、原爆後遺症かもしれない青年の「膝にあったダリヤの花に似ているという、大きな斑点」や、被爆による外傷のために医師の診断を受けていた人びとの姿を眼前に浮かべ、「なにかの病気の前兆ではないか」と動揺します。過去が未来に侵入するかのように、「原爆後遺症」は彼女の「未来」を脅かすのです。つまりこの作品には、原爆を起点とする過去から現在へという単線的時間を紡ぐことのできない主体が描かれているのです。この『夕凪の街と人と』における時間編成の失敗を踏まえたうえで、あらためて、『父と暮せば』に目を向けたいと思います。

『父と暮せば』は、物語の現在である一九四八年七月の数日間と、回想的に再現される一九四五年八月六日の原爆投下の瞬間とを行き来することで成立しています。つまり一九四八年七月という時間と、一九四五年八月という時間が、点と点で結ばれるかたちになっているのです。その意味でいえば、物語上で再現される時間は極めて限定されているといえるでしょう。また、物語には一九四五年八月六日の被爆時を境界線として時間を区分するまなざしが潜んでいますが、これは美津江の内面にクローズアップした物語だからと考えることができます。例えば、敗

13　拙著『その「民衆」とは誰なのか』（青弓社、二〇一三年七月）第七章「〈未来〉の諸相」

14　川口隆行は、これらを「復興」のありように違和感をつきつける「複数の声」として論じている（『広島　抗いの詩学』琥珀書房、二〇二二年二月）。

戦以後である一九四五年からの三年間は、美津江が記憶を封印し、自らの生に意味を与えられず苦しみ続けた時間であるために、物語上で再現されることはありません。また、原爆以前の時間が語られる際にも、日常の中で美津江と竹造も見聞きしたであろう一九三二年の満洲国成立や一九三七年の日中戦争開戦、一九四一年の太平洋戦争開戦、さらに帝国と植民地のネットワークにおける人や物の移動等々の社会的事象が、美津江の物語と交わることはありません。また、空間も家の中に限定されており、『夕凪の街と人と』が描いたような人びとが登場することもありません。一九四八年の時代性が垣間見えるのは、木下の原爆遺物収集に関わって占領下の検閲の話が出てくることくらいでしょうか。つまり『父と暮せば』は、時空間の限定によって、個の被爆体験とその記憶の回復／整序に焦点を絞った物語として成立しているのです。

急いで付け加えたいのですが、私は、原爆を描いた作品の中に、同時期に起きた歴史的社会的事象や事態などを必ず入れるべきだといっているわけではありません。むしろ私の関心は、『父と暮せば』の読者／観客が、このように制限された時空間で展開される個の物語を、同時代に生じていたさまざまな事態や歴史体験と交差するものとして捉え得るのか否かという点にあります。なぜ私がこのようなことを気にするかといえば、被爆をめぐる言説では、原爆がしばしば普遍化されて語られるからです。例えば『父と暮せば』を「原爆の恐ろしさを伝えていくということではもう古典のよう」（＊15）な作品という時、その「原爆の恐ろしさ」は、歴史的文脈から切断されて語られてはいないでしょうか。また井上ひさしは、文庫版『父と暮せば』（＊16）の前口上で、原爆を「人間の存在全体に落とされたもの」であり「被害者意識からではなく、世界五十四億の人間の一人として」知らないふりはできないから書くのだと述べています。もちろんこのように、原爆被害を「人間の存在全体」のものとして考えることの重要さは、例えば、核兵器保有国やその傘下にある日本が禁止条約に署名しない現状や、使用可能な核兵器がいまなお脅威や威嚇として用いられる危うさ、そして核共有を欲する声が日本の政治家たちから出てくる今日の状況において、どんなに強調してもし過ぎることのないものだと思います。ただ同時に、「人間の存在全体」のものとする語りが、原爆以外の歴史的事象や帝国の記憶を切り離し、「戦争」の非道さや恐ろしさの象徴として「原爆被害」を一般化してしまうものであることにも注意が必要でしょう。核兵器や戦争の恐ろしさを示す記号としての「原爆被害」ばかりがクローズアップされ、人びとの間で共有されれば、歴史的文脈や同時期の事象、事態、そして帝国の記憶などは「原爆」や「戦争」の言説から切断され、忘却されてしまいます。そしてそれは、一九四五年八月を境界線としない時間区分をもつ人びとの存在を後景化することに繋がるのです。

もちろん井上ひさしは、前述の文庫版の「前口上」で、アジアに対する日本の加害性にも言及しています。更に『父と暮せば』の続編として、木下との間に生まれた息子と亡き美津江、そして登場しない韓国女性の物語を描こうとしていたのも事実です（＊17）。ただ今日の『父と暮せば』の読者／観客に重要なのは、原爆被害を「人間の存在全体」のものとしながらも、『父と暮せば』の美津江のような個の被爆体験を、帝国の歴史と戦争、植民地主義、家父長制などをめぐるさまざまな社会的諸次元と交差するものとして捉え直すことなのではないでしょうか。

おわりに

本報告の最後に、『父と暮せば』初演の三年前である一九九一年から、日本軍従軍「慰安婦」を経験した女性たちが声を上げ始めていたことにふれておきたいと思います。これまで分析してきたように、『父と暮せば』の美津

15 関きよし・秋葉裕一「対談 演劇時評（第四回）」前掲
16 井上ひさし『父と暮せば』新潮文庫、前掲

江が封印していた記憶は、父（と未来の夫）が受け止め先となることで回復／整序され、再生産＝生殖家族の単線的時間へと編成されることで、多くの人びとの感動を呼びました。しかし、彼女を包摂する家父長制が、現実の被爆女性の結婚差別において、また元「慰安婦」女性たちの沈黙において、抑圧的に作用していたことは、あらためて確認しておきたいと思います。更に「慰安婦」を経験した女性たちについていえば、彼女たちの記憶の受け止め先であるはずの日本社会は、正確さや整合性の欠如による単線的時間編成の不可能性を証言に見出すことで、彼女たちの語りを信憑性の問題のみに還元し、おとしめる言説を生産し続けてきました。

これらの言説が、整序された記憶や単線的時間編成を当然視する姿勢に貫かれたものであることと、『父と暮せば』がそのような家父長制下の単線的時間の回復に着地する物語であること、そして従軍「慰安婦」問題に向き合わないままに、『父と暮せば』のもたらす感動が広く共有される現状があることを改めて確認しておきたいと思います。カロリン・エムケがいうように、極限状況を生き延びた人間の語りは「必ずしも直線的な語りではないし、ましてや完結した語りではありえない」のであり、また痛みや苦しみを覚えながらでなければ想起できないこと、語れないことを「それでも語る」という行為は、「受け取り手が語りに完璧さや首尾一貫性を求めるナイーブさを捨てることでしか、実現しない」ものです（＊18）。そうした「受け取り手」の側の試みは、「問うから聴く」へと聴き取りの方法を転換してみせた『記憶で書き直す歴史─「慰安婦」サバイバーの語りを聴く』などで、すでに行われています（＊19）。記憶の抑圧と沈黙の原因を個人に帰すのではなく、語りを受け止めるべき社会の問題として問い直すこと、再生産的未来を前提とする単線的時間編成を自明視する言説に異を唱えること、そして『父と暮せば』の美津江の物語を、帝国の歴史や戦争、植民地主義、ジェンダーといったさまざまな次元の問題と交差するものとして捉え、想像し、考えることこそが求められているのではないでしょうか。今回の「ジェンダー×植民地主義　交差点としての「ヒロシマ」」連続講座は、そのための場をひらいてくれるものでした。あらためて、この企画がもつ意義の大きさを感じています。

付記　本稿は、当日の議論を踏まえるかたちで報告内容を書き直したものです。特に日本軍従軍「慰安婦」に関して、コメントをいただいたその場では応答できませんでしたが、後日考えたことを書き加えました。示唆に富むご意見、ご質問をくださった登壇者、参加者、主催者のみなさまに深く感謝申し上げます。

17　井上ひさし『演劇ノート』白水社、一九九七年七月
18　カロリン・エムケ『なぜならそれは言葉にできるから』前掲
19　韓国挺身隊問題対策協議会・二〇〇〇年女性国際戦犯法廷証言チーム『記憶で書き直す歴史——「慰安婦」サバイバーの語りを聴く』金富子・古橋綾編訳、岩波書店、二〇二〇年一二月

おわりに

〈広島・ジェンダー・在日〉資料室サゴリ（通称サゴリ＝ハングルで交差点の意）の準備は、連続講座開講と並行しながら進めてきた。正直に言うと、わたしの非力さゆえに順調に進んできたとばかりも言えない。有志それぞれの生活を維持しながら、いくら意義ある資料室とはいえ、ボランティアで連続講座の運営と資料室づくりに時間を費やすことはそうたやすいことではない。この二年間は、時には方針、時には方法、時にはかかわり方の温度差などの齟齬も起こり、「ゼロから創る喜び」と同じぐらい困難もあった。しかも「資料室」という「過去・現在・未来」を包摂する「森」に分け入るということ自体、日々、継続した緊張感から自由にはなれない。

しかしながら、その困難の最中は「負」でありながら、手放さないで向き合っていくと必ず「実」になっていくことも、長い人生の中で経験もしている。だから、右手で資料室づくりの楽しさを満喫しながら、左手は困難さに捉えられているといった感じなのだが、この舞台も七〇歳代を生きる筆者には、まんざら捨てたもんじゃないとも思っている。

昨年九月、変則もあったが連続講座を無事終えてすぐに「全記録」刊行を決め、その準備にとりかかるとともに、広島駅北・光が丘に確保した資料室に既に運び込まれた本・雑誌・紙資料の整備・データ化作業に入った。記録本の刊行は「ジェンダー・フォーラム全記録（2015）」と同じく「記録は抵抗の文化」に支えられのことであり、資料室も記録本刊行も「思考する広島」の現在地を確認することでもある。「あったことをなかったことにされる」ことは避けたいというささやかな抵抗か。

そこで少し「資料室」についてお話ししたいと思う。資料室には現在主に三つのコレクションがある。なぜ資料室が通称「サゴリ（交差点）」なのかが、この三つのコレクションが同じ空間に配置される資料室であることで、おわかりいただけるのではないだろうか。

①加納実紀代文庫（仮称、本約八〇〇〇冊、戦前・戦後雑誌、新聞資料多数、研究ファイルなど）。加害・被害の二重性を両手に女性史研究を続けた〝加納実紀代の全仕事〟コレクション。

②一九七〇年前後の広島及び大阪・東京の女性運動のチラシ・機関紙・新聞コピー等のコレクション（一般ジェンダー・フェミニズム関連本約三〇〇〇冊も）。

③広島における在日朝鮮人の歴史や現在を伝える「在日」関係資料コレクション。本は約九〇〇冊。戦前の在日朝鮮人に関する資料、朝鮮人被爆者に関する資料、各「在日」団体史、在韓被爆者関係、立ち退き関連資料、朝鮮学校に関する資料、日本の学校における在日朝鮮児童に関する資料など。（二〇二二年十月一日現在）

現在、研究者の協力を得て、上記コレクションの各ファイル資料データ化に入ったところだ。ファイル資料整備はたぶん五年十年はかかるだろうと見込んではいるが、ある程度その内容を掴む必要があるので、一ミリでも二ミリでも前に進めたい一心で努力している。

現在、双葉山中腹にある四階建てビル（通称レモンハウス：四階は韓国料理レストラン・ナリゾア）の一階を借りて作業をしているのだが、酷暑の今夏も「広島の箱根（加納蔵書があった）、あるいは軽井沢」と呼んでいるサゴリは、下界より二度ぐらいは気温が低く風も通るので扇風機だけで過ごすことができた。筆者は自宅にいるより過ごしやすいので、時間があると通うことにもなった。そんな小さな森に佇むサゴリは、また「資料の森」でもある。森に分け入る気分でサゴリに通う日々は、コロナも様々な困難も何とかやり過ごせるのではないかという楽観をもったらす。

一冊の本も「森」であり、サゴリ資料室も「森」だと思う。「森」を構成するひとつひとつははっきりつかめないが、全体としての心地よさとひとつひとつへの好奇心をもたらし、〈ちっぽけなわたし〉を発見する。そのあいだを往還しながら深呼吸し「謙虚」という二文字を飲み込みながら、「過去・現在・未来」と向き合う場、対話する場として、サゴリがくっきりと森のなかに立ち現れてくる。

＊　＊　＊

本書は、「ヒロシマという森にこれまでとは異なる入り口から分け入る」ことに同行してくださった連続講座参加者、改めて執筆してくださった登壇者の方々によって可能になりました。深く感謝申し上げます（残念ながら、登壇者お二人は執筆を辞退されました）。

本の出版時、一番悩むのがタイトルです。手にとってもらうためには、タイトルだけでどんな「森」であるかを伝えるものでなければなりません。阿部小涼さんの論考タイトルが連続講座タイトルと響きあっていることを直感していた編者は、阿部さんにタイトル使用許可のお願いをしました。気持ちよく了承し、アドバイスもくださった阿部さん、ありがとうございました。

また、生前加納実紀代さんと深いかかわりがあり、著書出版元も多いインパクト出版会（会長・深田卓さん）が本書の発売元を引き受けてくださり、より多く、広く、本書を届けることができるようになりました。深田さんは箱根と川崎・生田にあった加納さんの蔵書・資料を広島に運び出す作業に立ち会ってくださり、荷を詰めてくださいました。ありがとうございました。

加納さんの最後の著書になった『〈銃後史〉を歩く』出版記念会（二〇一八年一一月一七日）での講演録掲載をご了承いただいた同記念会実行委員会の皆様にお礼申し上げます。加納さんは「『平和』表象としての鳩と折鶴」を主題にした本を出版したいと研究に余念がありませんでした。最期まで研究に勤しんでおられた姿が筆者の励ましにもなっています。

最後に、連続講座と本書刊行につながる大きな決断をしてくださった加納さんのご家族、麦子さん、原《げん》さん、穂子さん、そして孫の土さんに感謝申し上げます。広島に加納さんの蔵書をたくすことにはかなり不安を持たれただろうと思いますが、ともに荷造り作業をしてくださり、気持ちよく広島に送り出してくださいました。作業を終えてがらんとした室内を眺めながら「淋しくなったけど、実紀代さんは喜んでいると思いますよ」と温かい言葉をいただきました。「今度会うときは広島で！」と資料室開設を楽しみにしてくださっています。ありがとうございます。プレッシャーに押しつぶされないよう、「加納実紀代の仕事」と向き合っていきます。

最後の最後になりましたが、おひとりおひとりのお名前を記しませんが、多くの方々のご協力あってこその資料室づくりであることを忘れたことはありません。ありがとうございます。最初に「困難」と少し弱音を吐きましたが、しかし、その〝弱音〟こそ実りある「資料室づくり」を支えてくれるはずです。「弱い音、弱い声」を聞き逃さないよう、森に耳を澄まし、感謝を忘れず長い道のりを歩いていきます。これからもよろしくお願いいたします。

秋風が葉ずれの音を届けてくれる〈広島の箱根〉にて

ひろしま女性学研究所主宰
高雄きくえ

執筆者プロフィール

小田原のどか（おだわら・のどか）

彫刻家、評論家、出版社代表。芸術学博士（筑波大学）。宮城県生まれ。著書に『近代を彫刻／超克する』（講談社、二〇二一）、共著に『吉本隆明：没後一〇年、激動の時代に思考し続けるために』（河出書房新社、二〇二二）など。主な展覧会に「小田原のどか個展　近代を彫刻／超克する―雪国青森編」（国際芸術センター青森、二〇二一）、「あいちトリエンナーレ二〇一九」など。主宰する出版社から『原爆後の七五年：長崎の記憶と記録をたどる』（長崎原爆の戦後史をのこす会編、書肆九十九、二〇二一）を刊行。

切明千枝子（きりあけ・ちえこ）

一九二九年生まれ。高等女学校四年生の一五歳の時、爆心地から一・九㎞離れたところで被爆。八〇歳代半ばより被爆体験証言者として活動を始める。被爆体験記『切明千枝子　ヒロシマを生き抜いて』Ｐａｒｔ１、２がノーモア・ヒバクシャ継承センター広島から発行されている。

森田裕美（もりた・ひろみ）

中国新聞記者。中国新聞社入社後、福山支社、報道部、文化部、論説委員などをへて現在ヒロシマ平和メディアセンター。主に原爆・平和関連報道に携わり、被爆者や世界の核被害者、原爆と表現、記憶の継承などをテーマに取材執筆。

宋恵媛（そん・へうぉん）
大阪公立大学教員。博士（学術）。著書に『「在日朝鮮人文学史」のために――声なき声のポリフォニー』（岩波書店、二〇一四／ソミョン出版［韓国］、二〇一九）、編著に『在日朝鮮女性作品集』（緑蔭書房、二〇一四）、『在日朝鮮人文学資料集』（緑蔭書房、二〇一六）等、訳書にキースプラット著『朝鮮文化史―歴史の幕開けから現代まで』（人文書院、二〇一八）がある。

池川玲子（いけがわ・れいこ）
日本女子大学学術研究員。『「帝国」の映画監督坂根田鶴子『開拓の花嫁』・一九四三年・満映』（吉川弘文館、二〇一一）、『ヌードと愛国』（講談社、二〇一四）

高雄きくえ（たかお・きくえ）
ひろしま女性学研究所主宰。女性三人で出版社家族社を設立、ミニコミ紙月刊家族（一九八六～二〇〇六）、書籍発行、女性学講座などを開講。その間、家族問題専門書店ブックス家族を一二年運営。二〇〇六年ひろしま女性学研究所と改称し書籍発行を続ける。著書に『わたしの名前　フェミニズム・植民地主義という視点』（ひろしま女性学研究所、二〇二〇）、論文に「広島と呉のあいだ　船越町近現代史を探索する」（『比較日本文化学研究』第一二号、二〇一九）など。二〇一八年から個人同人誌「あいだ」を発行、現在「〈広島・ジェンダー・在日〉資料室サゴリ」開設にむけて準備中。

平井和子（ひらい・かずこ）
一橋大学ジェンダー社会科学研究センター客員研究員。広島市生まれ。専門は近現代日本女性史・ジェンダー史。主著に『日本占領とジェンダー―米軍・売買春と日本女性たち』（有志舎、二〇一四）共著に上野千鶴子・蘭信三・平井和子編著『戦争と性暴力の比較史へ向けて』（岩波書店、二〇一八）「日本兵たちの『慰安所』―回想録に見る

現場」吉田裕編『戦争と軍隊の政治社会史』（大月書店、二〇二一）

笹岡啓子（ささおか・けいこ）

写真家。広島県生まれ。二〇〇一年から広島平和記念公園を中心とした撮影を始め写真集『PARK CITY』（インスクリプト、二〇〇九）を刊行。東日本大震災後、被災地域を撮影した小冊子『Remembrance』（KULA、全四一号）を、二〇一五年からは被災地を含めた日本の海岸線などを撮影した小冊子『SHORELINE』（KULA、一－四一号）の刊行を続ける。photographers' gallery の設立メンバー。近刊写真集に『Remembrance　三陸、福島二〇一一－二〇一四』（写真公園林）、受賞歴にVOCA展奨励賞、日本写真協会新人賞、さがみはら写真賞新人奨励賞、林忠彦賞、東川賞新人作家賞がある。

柿木伸之（かきぎ・のぶゆき）

西南学院大学国際文化学部教員。二十世紀のドイツ語圏を中心に哲学と美学を研究。著書に『燃エガラからの思考——記憶の交差路としての広島へ』（インパクト出版会、二〇二二）、『断絶からの歴史——ベンヤミンの歴史哲学』（月曜社、二〇二一）、『ヴァルター・ベンヤミン——闇を歩く批評』（岩波新書、二〇一九）、『パット剝ギトッテシマッタ後の世界へ——ヒロシマを想起する思考』（インパクト出版会、二〇一五年）など。訳書に『細川俊夫　音楽を語る——静寂と音響、影と光』（アルテスパブリッシング、二〇一六年）がある。芸術評論も手がける。広島市立大学国際学部を経て現職。

権鉉基（くぉん・ひょんぎ）

在日朝鮮人三世。広島朝鮮初中高級学校を卒業し、大阪で在日本朝鮮留学生同盟（留学同）の活動を経て、留学同の専従として活動を開始。様々な役職を歴任したのち、二〇一九年に退職。専従としての活動と並行して戦後広島の在日朝鮮人史に関心を持ち、様々なフィールドで研究活動にも携わる。広島韓国・朝鮮社会研究会編（二〇一〇）「戦後広島のマイノリティ立ち退き関係新聞記事資料集」、「平和」と「復興」の狭間を生きた在広朝鮮人」（『現代思想』二〇一六年八月号）などがある。

安錦珠（あん・くんじゅ）

比治山大学非常勤講師。一九九〇年に日本に来て在日韓国・朝鮮人の存在を知る。日本にいながら「慰安婦」問題を知り、日本と韓国の歴史認識の違いを身体で体験し、二〇〇七年に広島大学大学院総合科学研究科に入って在日の高齢福祉問題やジェンダー意識に目覚める。現在は気ままの研究を進めつつ、「〈広島・ジェンダー・在日〉資料室サゴリ」と同じ建物でKorean café Restaurantを気ままに運営している。

河口和也（かわぐち・かずや）

広島修道大学教員。専攻は社会学。とくにゲイ・スタディーズ、クィア・スタディーズの領域で研究。最近は、性的マイノリティに対する社会意識と政策の研究、地方都市で生活するＬＧＢＴに関する研究、またゲイの当事者として教育・行政・企業関係者に対してＬＧＢＴ対応関連の講演活動を行う。広島県男女共同参画財団ＬＧＢＴ関連顧問。著書に『ゲイ・スタディーズ』（青土社、一九九七）、『クィア・スタディーズ』（岩波書店、二〇〇三）、『同性愛と異性愛』（岩波書店、二〇一〇）、『教養のためのセクシュアリティ・スタディーズ』（法律文化社、二〇一八）。訳書に『グローバル・セックス』（岩波書店、二〇〇五）、『ゲイ・アイデンティティ――抑圧と解放』（岩波書店、二〇一六）など。

堀江有里（ほりえ・ゆり）

日本基督教団牧師（京都教区巡回教師）。信仰とセクシュアリティを考えるキリスト者の会（ＥＣＱＡ）代表、大学非常勤講師、専門領域は、社会学、ジェンダー論、クィア神学。一九九四年より性的マイノリティの相談業務に従事。主著に『レズビアン・アイデンティティーズ』（洛北出版）、『「レズビアン」という生き方――キリスト教の異性愛主義を問う』（新教出版社）ほか。

植松青児（うえまつ・せいじ）
百貨店パート勤務などさまざまな職業を経て、現在は週刊「金曜日」編集部に週四日勤務。母は呉空襲で被災、祖父（母の父）は広島で入市被爆。「金曜日」に「『この世界の片隅に』は こんなに奥深い」（二〇一九）「女性社会史を描いた『この世界の（さらにいくつもの）片隅に』」（二〇二〇）を寄稿

森亜紀子（もり・あきこ）
同志社大学〈奄美‐沖縄‐琉球〉研究センター研究員。小豆島・土庄町地域おこし協力隊。共著に『太平洋諸島の歴史―日本とのかかわり』（明石書店、二〇一九）『つながる沖縄近現代史―沖縄のいまを考えるための十五章と二十のコラム』（ボーダーインク、二〇二一）「〈南洋群島〉という社会空間の生成―沖縄出身南洋教育世代の台頭と帝国のヒエラルキー」（『歴史学研究』一〇二四号、二〇二二年七月）。

川口隆行（かわぐち・たかゆき）
広島大学教員。主な著書に『広島　抗いの詩学―原爆文学と戦後文化運動』（琥珀書房、二〇二二）、編著に『〈原爆〉を読む文化事典』（青弓社、二〇一七）、『原爆文学という問題領域』（創言社、二〇〇八）など。

阿部小涼（あべ・こすず）
琉球大学教員。「グローバル連帯史のなかの沖縄一九七二」『世界』No.九五六（二〇二二年五月）。「軍事主義インフラに抗する、連帯の脱植民地化に向けて」『福音と世界』第七七巻一号（二〇二二年一月）。「Texts That Matter：黒人解放闘争の開放性と連帯の文献系譜学」（特集 日本社会の人種主義：日本でBLM運動を考える）『同時代史研究』一四号（二〇二一年九月）。

河内美穂（こうち・みほ）
広島市出身。広島大学文学部文学科（中国語学中国文学専攻）卒業、広島大学大学院地域研究科（アジア研究）終了、中国遼寧大学に国費留学。旧満州関係のルポルタージュ、ノンフィクションなど執筆のかたわら、中国語の翻訳・通訳。著書に『氷晶のマンチュリア』（現代書館、一九九四）『上野英信　萬人一人坑』（現代書館、二〇一四）など。二〇二二年七月、初めての小説『海を渡り、そしてまた海を渡った』を現代書館より刊行。中国残留邦人三代の目線でこれまで書かれなかった戦後の中国や日本帰国後を描く。

道面雅量（どうめん・まさかず）
中国新聞記者。広島県竹原市生まれ。立命館大学国際関係学部卒。一九九四年中国新聞社に入社し、浜田支局（島根県）、文化部、東京支社などを経て呉支社編集部。

田浪亜央江（たなみ・あおえ）
広島市立大学国際学部教員。中東地域研究、パレスチナ文化研究。単著に『〈不在者〉たちのイスラエル ― 占領文化とパレスチナ』（インパクト出版会、二〇〇八）、共著に『中東と日本の針路　「安保法制」がもたらすもの』（大月書店、二〇一六）、『周縁に目を凝らす　マイノリティの言語・記憶・生の実践』（彩流社、二〇二二）など。

中谷いずみ（なかや・いずみ）
二松学舎大学教員。著書『その「民衆」とは誰なのか』（青弓社、二〇一三）、共著に『プロレタリア文学とジェンダー』（青弓社、二〇二二年一〇月下旬刊行予定）

会場・オンライン同時開催
<主催>
広島・ジェンダー・「在日」
資料室準備会
ジェンダー×植民地主義
交差点としての「ヒロシマ」
連続講座
全8回
ヒロシマという磁場を
被害性だけで語ることなく、
ジェンダー・植民主義という視点て
<広島>の輻輳性を明らかにし
広島がアジアの交差点になるための思考を紡ぐ……
日時　毎月1回14：00～16：30
※第一回のみ14:30開始になります。
第一回：2021年1月24日（日）
場所　広島県男女共同参画財団エソール広島
（おりづるタワー10階）研修室
広島市中区大手町1丁目2-1
（市電「原爆ドーム前」電停より徒歩すぐ）
※おりづるタワー南側入口（旅館相生側）にスタッフがおります。
開始時間後は、インターホンで「1001」をお呼び出しください。

参加費　一般：一回1000円・通し券5000円
学生：一回500円・通し券3000円
（※オンライン参加も同じ）

広島・ジェンダー・「在日」

資料室準備会とは？

広島市内に、「広島」・「ジェンダー」・「在日」をキーワードに、資料室をつくるプロジェクトです。

現在保管予定の資料は、故加納実紀代（女性史研究者）蔵書、広島「在日」関連資料、広島における1970年前後の女性運動資料、被爆者関連資料など。

カフェ・イベントスペースの運営、関連した展示、勉強会・読書会などのイベントも企画しています。

Twitterも見てね！

@ hgz_library
全8回の講座内容、参加方法は裏面をご覧ください。

※4月以降の日時・内容等には変更がある場合がございます。ご了承ください。

全8回講座内容（テーマ・講師）

回	日付	テーマ	講師
①	1/24（日）※14:30開始	旧陸軍被服支廠とヒロシマの記憶 何のために残すのか	小田原のどか（彫刻家・彫刻研究） 森田裕美（中国新聞論説委員） 切明千枝子（被爆者）
②	2/23（火・休）	「在日朝鮮人女性」とは誰なのか ジェンダー視点から考える	宋連玉（文化センターアリラン館長） 尹李英愛（フリーライター・通訳者） 朴金優綺（在日本朝鮮人人権協会事務局）
③	3/28（日）	加納実紀代が語る、 加納実紀代を語る 「平和」表象としての鳩と折鶴	平井和子（一橋大学ジェンダー社会科学研究センター） 池川玲子（東京女子大非常勤講師） 高雄きくえ（ひろしま女性学研究所）
④	4/25（日）	撮り続ける笹岡啓子 写真集「パーク・シティ」公園都市広島	笹岡啓子（写真家） 柿木伸之（広島市立大学教員）
⑤	5/23（日）	広島・山口の 地域在日朝鮮人史を掘り起こす	鄭佑宗（同志社大学教員） 安くんじゅ（比治山大学非常勤講師） 権鉉基（資料室準備会世話人）
⑥	6/27（日）	セクシャル・マイノリティと フェミニズムの対話 家父長制・婚姻制度／トランスジェンダー	河口和也（広島修道大学教員） 堀江有里（信仰とセクシュアリティを考えるキリスト者の会代表） ウルリケ ヴェール（広島市立大学教員） 高雄きくえ（ひろしま女性学研究所）
⑦	7/25（日）	<この世界の片隅に>現象を 読み解くためのレッスン	川口隆行（広島大学教員） 植松青児（編集者・アクティビスト） 西井麻里奈（大阪大学助教）
⑧	8/22 最終シンポジウム	広島で<加害性>を語るということ ―日本・アジア・アメリカ― 植民地責任・戦争責任・戦後責任と被爆都市のあいだ	（登壇者未定）

参加方法

通し券のご購入

右記のチケット購入サイトにて、会場参加もしくはオンライン参加の通し券をご購入ください（クレジットカード決済）。クレジットカードをお持ちでない方や、海外発行のクレジットカードの方、購入に自信のない方は、お問い合わせ先のメールアドレスまでお名前と電話番号をお知らせください。お振込み先のゆうちょ口座を追ってご連絡します。なお、会場通し券は60枚限定です。新型コロナウイルス等の状況により、会場参加の通し券をご購入いただいてもオンラインでの参加をお願いする可能性もございます。

一回ごとのご購入（オンライン）

右記のチケット購入サイトにて、ご希望の回のチケットをご購入ください。
前日までに視聴用のURLをメールでお送りいたします。

一回ごとのご購入（会場参加）

当日、会場の受付で参加費をお支払いください。空席がない場合はお断りする場合がございますので、事前にお問い合わせいただくことをお勧めします。

通し券（会場もしくはオンライン参加）
およびオンラインでの単発の参加は、
以下のQRコードからお申込ください

ほかのアクセス方法

「Pass Market」というサイト（https://passmarket.yahoo.co.jp/）で、検索の窓に「植民地主義」と入力してイベントを検索してみてください。どうしても見つけられないという方は下記メールアドレスまでご連絡ください。

お問い合わせ先（主催）

広島・ジェンダー・「在日」資料室準備会
E-mail: hgz.library@gmail.com

第２回は中止になり、あらたに本書に収録した第２章「在日朝鮮人女性史生活史から学ぶ」（登壇者：李杏理さん・宋恵媛さん）を９月に開催しました。

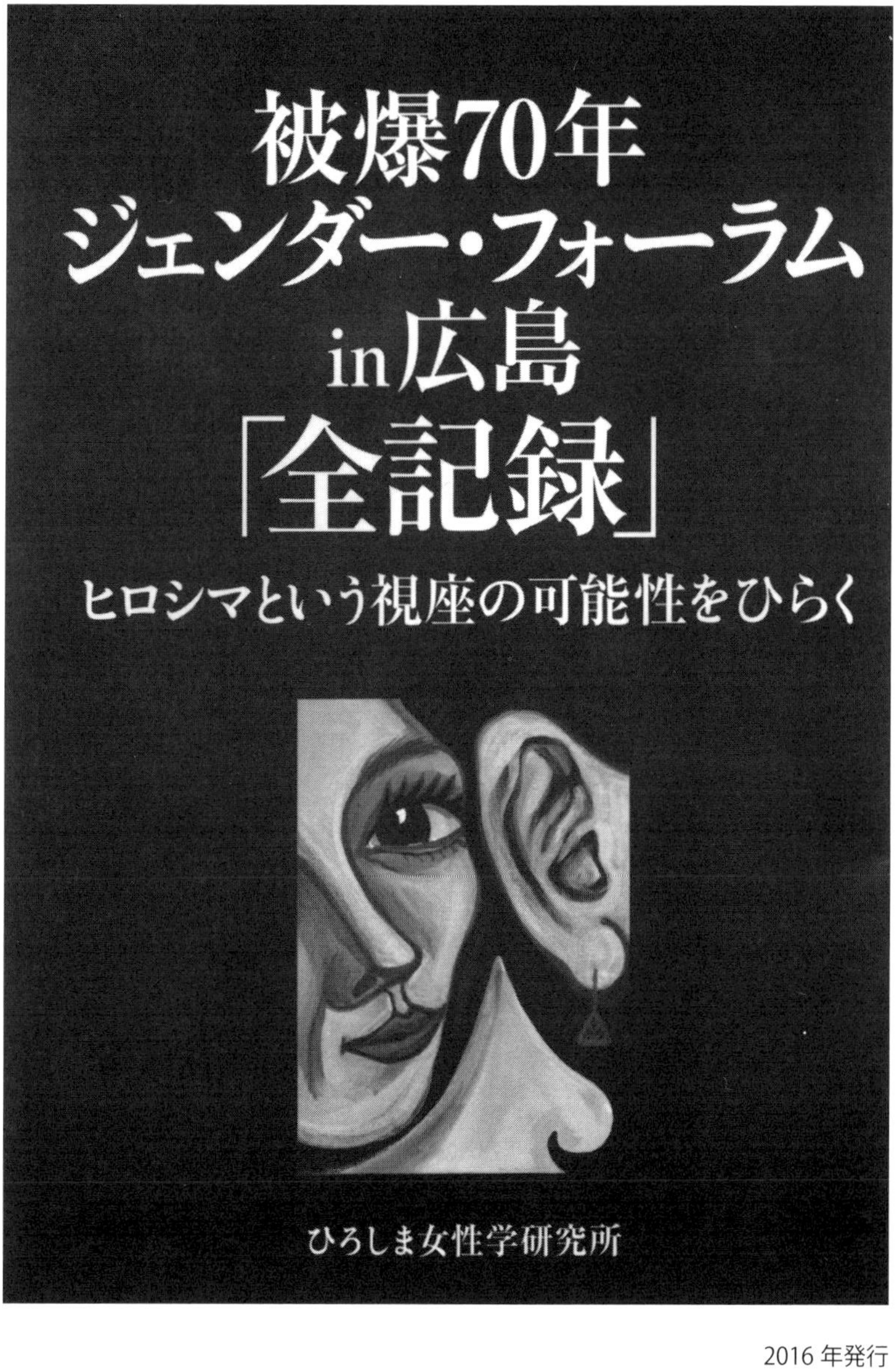

2016 年発行
3000 円＋税

これまでの好評発行・発売本

井上 浴 著
学校が火事にでもならんかいな
1987年

…と思っているコドモたちと〈学校〉に疑問を抱かないオトナたちへ。

1238円＋税

河合 藤子 編著
水《か》主《こ》町官有103番地が消えた日
広島県病院看護婦たちの8月6日
1996年

—あの日瀬戸に流れた「娘たちのわだつみの声」

1714円＋税

執筆／宮迫千鶴・樋口恵子・駒尺喜美・藤枝澪子
春日キスヨ・鄭暎恵・西川祐子・河野貴代美
長井八美・岩瀬成子
「家族」10人が語るフェミニズム
1996年

月刊家族創刊10周年記念として刊行（'86年3月～'96年3月まで毎月巻頭を飾ったエッセー）。変容していく女性・家族を映し出し、生きていくことへの多くのヒントを提示する。

1714円＋税

岡崎 勝 著
わし、教員だわ
—笑いと怒濤の学校社会学
1996年

名古屋弁教育実戦論。「面白さにもいろいろあるがこれだけ質の高い、教育の核心をついた本があっただろうか。岡崎ワールドのジュラシックな笑いは、“ゆとり”を生み、好奇心をかきたてる」。

1905円＋税

春日キスヨ 著
1998年 山川菊栄賞受賞
介護とジェンダー
男が看とる女が看とる
1997年

どうして女ばかりが看とるのか？ 介護はついに報われないのか？ 介護とジェンダー、介護とセクシュアリティをめぐって、春日さんは誰も答えたことのない問いに踏み込む。いのちに寄りそう「愛の労働」がくれる「贈り物」を、女も男も、子どもも地域も、分かちあうことの必要を、現実の深みから説く魂に届く研究書である。（上野千鶴子）
1714円＋税

井上 浴 著　study Inc 発行
太田川
評伝・渡康磨・川漁師
2003年

西中国山地から流れる太田川沿いに30戸余りの集落・野冠がある。本書は、その地で代々、狭い農地とアユ漁を生活の基盤にしてきた人々が、産業構造の激変に曝され変貌していく姿を、川漁師の人生を通して追う昭和史。

1800円＋税

ブックレットhiroshima 1000シリーズ

①ひろしま女性平和学試論
—核とフェミニズム

加納 実紀代 著　2002年

女性そしてヒロシマの「被害者であって加害者である痛苦」をバネに、核を容認する世界に対抗するフェミニズム平和論に挑む。　1000円＋税

②フェミニズムから見たヒロシマ
—戦争犯罪と戦争という犯罪のあいだ

上野 千鶴子 著　2002年

「…弱者の尊重を主張してきたのがフェミニズムである」とし、公的暴力・私的暴力を問わず「あらゆる暴力の犯罪化」という方向を目指す以外にフェミニズムの解はないと主張。もちろん、そこには「戦争の犯罪化」も含まれる。　1000円＋税

③不老少女コマタカのぼやき通信
—お気楽フェミニストは大忙し

駒尺 喜美＆中村 隆子 著　2003年

日本で初めてのウーマン・リブ集会で偶然隣り合わせた2人。その後、文学者・コマさんは大阪ウーマンズスクール、友だち村をつくり、ジャーナリスト・タカさんは家族社をつくり、女遊びまっしぐら。今、隠居仕事に忙しい70代フェミニストの辛口漫談——。　1500円＋税

④アジアで女性として生きるということ
韓国女性映画監督●ビョン・ヨンジュの世界

ビョン・ヨンジュ 著／田端かや 監訳／椿 朋子 翻訳　2003年

10年を費やして元日本軍「慰安婦」を描いたドキュメンタリー「ナヌムの家」3部作——監督が激動の韓国社会で映画づくりの夢を実現させていく格闘の軌跡を絶妙なユーモアを交えて率直に語る自伝。それは韓国女性史でもあり、女性映画史でもある。　1500円＋税

⑤CR（意識覚醒）グループ
—ガイドラインとファシリテーターの役割

田上 時子 著　2004年

10年ぶりの改訂版。『CRとは何か？』（わかったぷらんにんぐ）と『CRを実践するために』（家族社）が1冊に！ 語り合い、癒し合い、自尊感情を回復して私らしさを取り戻す。私の意識が変われば、社会の見方も変わる。そのための手法——CRグループ。　1000円＋税

⑥山代巴
—中国山地に女の沈黙を破って

小坂 裕子 著　2004年

作家・山代巴は、数々の作品を「呼び水」にして沈黙の底から女たちの言葉を引き出し、ともに自立と連帯に向かう道を模索した人である。『荷車の歌』から50年。山代の格闘はどこに着地し、何を積み残してきたのか。本書は広島女性史の忘れられた水脈を掘り起こし、いまにつなぐ試みの、はじめの、しかし大きな一歩である。　1500円＋税

⑦〈魔女〉が読む源氏物語

駒尺 喜美 著

2005年

『源氏物語』の作者・紫式部はフェミニスト」だと、これまでの紫式部言説に新たな視点で挑んだのが『紫式部のメッセージ』(1991)。著者は難解な古典『源氏物語』そのものに分け入り、光源氏という男と男をめぐる女たちの世界を女性の視点で読み直し、女と男のすれちがい、今も変わらぬ結婚制度の罠を明解に解き明かす。 1000円+税

⑧ジェンダーの憲法学
—人権・平等・非暴力

若尾 典子 著

2005年

「ジェンダーに敏感な視点」から憲法を読むと、いったい何が見えてくるのか。「日本国憲法もジェンダー研究も、政治の逆風のなかにある。どちらも、私たちの過去・現在・未来を照らし出す大切な智の泉。逆風に負けないで、このような時期にこそ、憲法をともに学びあいたい」と呼びかける。 1500円+税

⑨ジェンダーのアート散歩
—見る力・美の力・もうひとつの美術批評

いさじ 章子 著

2005年

若かりしころ、裸婦を描きながらふっと湧いた違和感、疑問——女であるわたしはいったい彼女の何を描きたいのか——西洋美術の「普遍性」に居心地の悪さを感じつづけた著者が、この根源的な問いとジェンダー視点を手に、アートを散歩し、道草して楽しむ、もう一つの美術批評。 1000円+税

⑩「ヒロシマ以後」の広島に生まれて
—女性史・「ジェンダー」…ときどき犬

平井 和子 著

2007年

犬好きで、女性史研究者で、戦後広島生まれの著者。著者は、ジェンダー視点によって見えてきた課題に対し、性別特性論や「日本の伝統」を持ち出し性別役割分担強化をはかる人々にはっきりと「物申す」。「ヒロシマを継承するため」に。 1000円+税

⑪高齢者とジェンダー
—ひとりと家族のあいだ

春日キスヨ 著

2009年

『介護とジェンダー』から10年、「高齢者介護と家族」というフィールドを研究し続けてきた著者は、日本の家族の変化を「高齢者の孤独」「高齢者をめぐる家族の変化」「高齢者虐待」「高齢者を支援するということ」の四章を通して再び問う。「一人で生きるときも…生きる支えとなる『家族』をどうすればつくることができるのだろうか」と。 1200円+税

⑫広島で性暴力を考える
—責められるべきは誰なのか? 性・家族・国家

東 琢磨 編

2009年

第1部は、'07年に発生した岩国米兵集団強姦事件とその顛末に関してのシンポジウムの記録。広島に暮らす私たち自身がどう考えているのか、私たち自身に、「私たち」であるだろう「あなたたち」に問いかける。第2部は、'08年9月初めに広島市で開催された「G8下院議長サミット」に対しての、「反」ではなく「非」の姿勢を貫くための「H8」の記録とその報告である。 1000円+税

藤目 ゆき 著

⑬女性史からみた岩国米軍基地

―広島湾の軍事化と性暴力

2010年

本州唯一の米軍海兵隊基地がある岩国と広島湾に焦点を当て、綿密な取材と歴史的・現在的考察で米軍犯罪、ことに性暴力の可視化を試み、「軍事基地と女性」のいまを明らかにする。著者は『性の歴史学―公娼制度・堕胎罪体制から優生保護法・売春防止法体制へ』で1997年度山川菊栄賞を受賞。

1500円＋税

テレーズ・スヴォボダ 著／奥田暁子 訳

⑭占領期の日本

―ある米軍憲兵隊員の証言

2011年

本書は占領期の日本で米陸軍のMPとして第八軍営倉（刑務所）の監視人（看守）を経験したドン・スヴォボダの姪によって書かれた。収容されていたのは第二次大戦中太平洋戦域で戦い、戦後レイプや殺人などの罪を犯した米兵である。著者は日本にまで足を伸ばし聞き取りをしている。占領者の側から占領とは何か、戦争の正義とは何かを問う姿勢が見られ、占領も戦争の一種であり、被占領者だけでなく占領者の側にも深刻なマイナスの影響を与えていることを明らかにする。

2000円＋税

高雄きくえ 編

⑮思考するヒロシマへ

―性暴力・ジェンダー・法

2011年

本書は「広島で性暴力を考える②」である。①をさらに深化させ、性暴力は〈家庭〉から〈戦場〉まであらゆる場で起きているなかで、広島が固有にはらむ性暴力をめぐる問題とは何なのかに迫る。一部は「性暴力禁止法をつくろうネットワーク」全国シンポジウムの一環として開催したシンポジウムの記録、二部は、東琢磨による「性暴力、法、身体」論考。これまで不可視化されてきた〝性暴力〟への眼差しを研ぎ澄ますために。

1000円＋税

石井出かず子 著

⑯鉄と石炭と女

―石井出かず子の戦後史

2013年

1928年島根県石見町（現邑南町）に生まれ、3歳のとき母の再婚のため筑豊へ。1945年3月17歳で渡満、西安（現遼源）で敗戦を迎える。翌年2月から約半年、八路軍とともに行動、12月に博多港へ。帰国後、美容師の資格を取り広島で美容院を（1958―1984）営む。1970年から筑豊に通い続け、美容院をやめた後はアルバイトをしながら、炭鉱・たたらの研究・執筆を続けるひとりの女の社会史。

1500円＋税

高雄きくえ 編

⑰言葉が生まれる、言葉を生む

―カルチュラル・タイフーン2012 in 広島

ジェンダー・フェミニズム篇

2013年

広島から／への〝異なる声〟に耳を傾けたときに「問い」は生まれ、「応え」として言葉を生み、言葉が生まれる。そのうまれたての言葉が本書で響きあっている。「女性化」の今日的意味を問う／女の「語り」／「差異」と「多様性」をことほぐ／「ローカリティ・ジェンダー・言葉」をめぐる地方文化の現在／原子力事故後を考える。

1800円＋税

シリーズ・シャリバリ

東 琢磨・高雄きくえ 編

〝平和構築〟ってなんですか？　ヒロシマズ・ノート①

愚直に、間抜けに、ヒロシマを問う

２００９年

広島には「平和」をめぐる言葉が溢れ、平和教育・平和運動・平和行政がさかんであるかのように思われている。はたして、そうか？ メールやメーリングリストでの議論が生んだライブ感覚そのままの熱い広島論。現在のことばを作る空間という意味でのもう一つの可能性がここにある。

定価 ５００円

行友 太郎・東 琢磨 著

フードジョッキー

その理論と実践

２００９年

カセットコンロをターンテーブルのごとくあやつり、とめどなく料理を作り、食らい、語り続け、楽しみ、片付け、厚かましいまでに人々をもてなす、歓待装置＝フードジョッキーいま・ここ広島から登場！

１２００円＋税

ヒロシマ平和映画祭実行委員会 編

ヒロシマ平和映画祭2009GuideBook

映画交歓都市・ヒロシマの創造に向けて

２０１０年

まったくの有志で隔年ごとに開催してきたヒロシマ平和映画祭。２００５年は「ヒロシマ・戦争・核をテーマにした映画群」、２００７年は「あらゆるスタイルで平和を語る映画群」が集結した。２００９年は「映画交歓都市ヒロシマ」という新たな都市像と平和像を提案する映画群をガイドブックに展開。映画の力が漲る１冊。

７００円＋税

柿木 伸之 編

アメリカ、オキナワ、ヒロシマ

新たな戦争を越えるために
ヒロシマ平和映画祭２００９ シンポジウム記録

２０１０年

アメリカ合衆国や沖縄で現在何が起きつつあるのか。アメリカや沖縄の人々はどのような経験をしつつあるのか。アメリカとヒロシマのあいだにオキナワを介入させることによっていま広島から何が見えていないかを照らし出す。

１０００円＋税

柿木 伸之 編

広島の現在と〈抵抗としての文化〉

政治、芸術、大衆文化

２０１０年

２００８年秋、Chim↑Pomが飛行機の排煙で広島の空に「ピカッ」という文字を描いた。結果、謝罪と自粛を強いられた。２０１０年、暴走族の少年を主人公とする『BAD BOYS』のロケ撮影に広島フィルム・コミッションは協力を拒否した――

１０００円＋税

高雄きくえ 編

「大震災」とわたし

２０１２年

世界にうごめく無数の、それぞれ特異な声たちに耳をすます（ヒロシマ平和映画祭２０１１テーマ）――２０１１年3月11日から半年間の軌跡を言葉にした15人の思考風景。共通点は、「ヒロシマと広島」を手放さないこと、その１点が「わたし」に込められている。

１０００円＋税

撮影・構成　青原さとし
〈DVD〉イトー・ターリ　パフォーマンス
「ひとつの応答」in 原爆ドーム
2012年
原爆被害者と元日本軍「慰安婦」と米軍性暴力被害者たち「当事者同士の邂逅」からしか希望は見えないというパフォーマンサー・ターリの皮膚呼吸が、開始直前に止んだ雨とともに、河に連なるドーム前の空気を揺らす。
1000円＋税

青木和子　著
「野溝七生子」を散歩する
―少女小説の視点
2014年
小説『山梔』で知られる野溝七生子（1897―1987）に出会って、「だらりとした日常に棘がささったような衝撃を受けた」著者は、〝過剰〟な情熱を喚起させられ、「寺」という家庭環境を生きた自らの「少女性」と重ねながら、野溝七生子をたっぷり散歩する。
2000円＋税

シリーズ・論

徳永恭子　著
なぜ防げない？
スクール・セクシュアル・ハラスメント
アンケート調査に見る教職員の実態
2012年
かつて勤務していた小学校で同僚が教え子へのわいせつ行為で逮捕される事件に直面した著者は、被害児童に何らのケアもなく、緘口令を敷かれた体験に衝撃を受け、退職後、大学院に入り研究を始めた。41年間の小学校教諭経験、現教職員へのアンケートから、事例や調査を踏まえた対策を提言する。
1000円＋税

シリーズ・広島県地域近現代史――1

阪上史子　著
大竹から戦争が見える
2016年
軍都廣島の衛星都市であり、戦地からの引揚港でもあった大竹の尋常ならざる戦争体験を明らかにした著者は、「戦地で外地でご苦労様、だけで終わったらアカンでしょ！」と、自らの足元の近現代史を掘り起こす重要性を訴える――今だからこそ。
1000円＋税

広島　爆心都市からあいだの都市へ
「ジェンダー×植民地主義　交差点としてのヒロシマ」連続講座論考集

2022年11月25日　初版第1刷　発行

編者　高雄きくえ

●

発行　インパクト出版会
〒113-0033　東京都文京区本郷2-5-11　服部ビル2階
TEL　03-3818-7576
FAX　03-3818-8676
E-mail　impact@jca.apc.org
URL　http://impact-shuppankai.com/
郵便振替　00110-9-83148

●

企画・編集　ひろしま女性学研究所（高雄きくえ）
〒730-0001　広島市中区白島北町16-25
携帯　090-7137-9576
E-mail　takaosan69@gmail.com
郵便振替　01350-4-86346

印刷所　モリモト印刷株式会社
装画　高雄きくえ